잊을 수 없는

생생 6·25전쟁사

정명복 지음

집문당

잊을 수 없는 생생 6 · 25전쟁사

2011년 3월 15일 1판 1쇄
2022년 2월 10일 1판 7쇄

저자 | 정명복
발행인 | 임동규
발행처 | **(주)집문당**
등록 | 1971. 3. 23. 제2012-000069호
주소 | 03134 서울시 종로구 돈화문로 82, 5층
전화 | +82-1811-7567
이메일 | sale@jipmoon.com
홈페이지 | www.jipmoon.com

ISBN 978-89-303-1510-4 93910

가격 25,000원

(주)집문당 이순신돋움체B (저작권자 아산시, 무료글꼴)

추천사 1

김병무(전 공주대 사범대학장)

추천사를 쓰고 있는 이 책, 『잊을 수 없는 생생 6 · 25전쟁사』는 전쟁의 아픔을 겪지 못한 세대에게는 전쟁의 본질을 일깨워주고, 전쟁에 대비할 수 있는 생각을 갖게 하는 책이다. 또한 전쟁을 겪은 세대에게는 해이해져 가는 안보의식과 애국의 정신을 되살아나게 해 준다.

전쟁은 인류를 파멸의 길로 가게 하는 비극 중의 비극이다. 인류의 역사를 보면 전쟁은 끊임없이 이어져 왔고, 전쟁을 억제하기 위한 노력 또한 꾸준히 계속되어 왔다. 그러나 전쟁의 참화는 아직도 인류의 곁을 떠나지 않고 있다.

지금 우리의 현실은 남북이 양보 없이 대치하고 있는 상황이다. 경제 강국으로 성장한 대한민국의 국민들은 물질적 풍요를 추구하는 데에 삶의 비중을 크게 두다 보니, 전쟁의 참혹상을 점점 잊어 가고 있다. 특히 전쟁의 비극을 경험하지 못한 젊은 세대들은 국가안보에 대한 필요성조차도 흐려져 가고 있는 실정이다.

휴전 후에 계속적으로 이어온 북한의 도발에 대해 우리는 동족의 인내심을 발휘하면서 북한을 이해하고 도움을 주려고 노력해 왔다. 그러나 최근 북한이 행한 도발들은 우리 국민들의 인내심에 한계선을 그어주고 있다. 더 이상 인내를 계속하다가는 국가의 안위가 위험할 수 있다는 것을 깨닫게 되었고, 더불어 안보의식의 필요성을 실감하게 되었다. 아무리 현대적인 군사장비가 잘 갖추어져 있다고 해도 국민들의 국가 안보의식이 취약할 때에는 그 장비들이 제 기능을 다할 수 없는 것이다. 세계 전쟁사를 살펴보면 국민의 안보의식 결여 때문에 패망한 경우는 얼마든지 있다. 우리와 관련이 깊은 베트남전쟁도 그 하나의 예이다.

국민의 안보의식은 국가를 수호하고 발전시키는 근간이다. 특히 남북이 대치 중인 우리의 현실에서는 국민안보의식이 국가의 안정된 발전을 위한 핵심 요소임을 잊어서는 안 된다. 그러므로 우리에게는 국민안보의식 함양이 무엇보다 중요하다고 생각한다.

국민안보의식 함양을 위한 근원적 방법은 교육이다. 특히 국가의 안전과 발전을 위해서 학교교육에서는 물론이고 학교 밖의 사회교육에서도 국민안보의식 교육이 반드시 이루어져야 한다. 본서는 국민안보의식 함양을 위한 학교교육과 사회교육의 지침서로 큰 역할을 할 수 있는 책이다.

이 책의 저자는 육군사관학교를 졸업한 후 국가 안위를 위해 평생을 바쳐왔으며, 현역에서 물러난 후에는 대학 강단에서 후학을 가르치고 있다. 학문탐구의 열정 또한 쉼 없이 이어져 이제는 우리나라 국민 안보교육 전문가의 반열에 들어섰다.

이 책이 앞으로 우리나라 국민안보의식 함양교육에 크게 기여할 것을 믿어 의심치 않는다. 아울러 저자는 앞으로도 학문 연구에 쉼 없이 정진하여 국가안보에 크게 이바지해주길 바라는 마음 간절하다.

추천사 2

명로진(인디라이터)

최근 "북한의 3대 세습체제는 최고의 리얼리티 코미디"라는 미국 국무부의 발표가 우리를 슬프게 한다. 세계적으로 보기 드문 동족상잔의 6 · 25전쟁으로 인하여 대한민국 국민 그 누구도 남북한의 대치라는 현실에서 벗어날 수는 없다. 6 · 25전쟁은 아직도 진행형이다. 그러나 우리는 과연 이 전쟁에 대해 얼마나 알고 있는가? 21세기 대한민국의 질곡과 번영의 근간이 되는 민족 간의 대결에 대해 얼마나 생각하고 있는가? 수백만 명이 희생된 형제끼리의 전쟁에 대해 얼마나 배우고 있는가?

오랜 시간 동안 전쟁사를 연구해 온 정명복 교수의 역작 『잊을 수 없는 생생 6 · 25전쟁사』는 위의 질문에 대한 명쾌한 대답이다. 논리적인 전개는 쉽게 읽을 수 있고 충실한 자료는 신뢰를 준다. 무엇보다 30여 년간 군 생활에서 쌓아온 저자의 경력은 잊혀가는 6 · 25전쟁사를 생생하게 살아 있는 저작으로 탄생하게 했다.

이 시대를 사는 한국인에게 이 책을 권한다. 과거를 잊지 않는 민족에겐 발전적인 미래가 있다는 명제가 맞는다면, 우리는 지나간 동족상잔의 흔적을 우리의 기억에서 쉽게 지워선 안 될 것이다.

시작하는 글

전쟁은 비극적인 것입니다. 더욱이 같은 민족끼리의 싸움이라면 더할 나위 없는 참상과 쓰라린 결과만이 존재합니다. 이런 일이 일어나서는 안 되겠지만 안타깝게도 우리나라는 그러한 아픈 기억을 지니고 있습니다. 1950년 6월 25일에 발발한 6 · 25전쟁이 바로 그것입니다.

일제 치하에서 해방된 지 불과 5년 만에 동족상잔의 6 · 25전쟁을 겪었으니 우리 모두가 어떻게 이를 잊을 수 있겠습니까?

시간은 상처를 잊게 해준다고 합니다. 아픈 기억을 잊기에는 시간만한 약이 없겠지요. 하지만 역사는 그렇지 않습니다. 왜냐하면 역사는 우리의 거울이기 때문입니다.

우리가 아픈 기억이라고 해서, 혹은 관심이 없어 그것을 잊어버린다면 아픈 역사를 또다시 되풀이할 수도 있습니다. 바로, 역사가 우리에게 주는 교훈을 얻어내지 못한다는 말입니다. 그렇기 때문에, 우리에게 뼈아픈 기억인 6 · 25전쟁이 '잊혀가는 전쟁'으로 되는 현실이 너무나 가슴 아프게 느껴지기만 합니다.

더욱이 우리는 아직도 전쟁의 어두운 그늘에서 벗어나지 못하고 있습니다. 왜냐하면 1953년 7월 27일에 휴전협정이 체결된 이후에도 그 상태가 지속되고 있기 때문입니다. 그동안 북한에 의한 천안함 피격과 연평도 포격 사건은 물론, 핵개발과 미사일 사격 등 천인공노할 도발행위가 이를 입증하고 있는 것입니다.

이러한 상태로 70년이라는 세월은 흘러갔고, 북한은 여전히 우리의 안보를 위협하는 존재로 자리 잡고 있는데도 현재 우리의 안보의식은 생각보다 많이 취약합니다. 동서고금의 역사를 통해서 잘 알고 있으며, 특히 베트남 전쟁과 최근의 아프가니스탄 사태를 겪으면서도 국가안보가 얼마나 중요한 것인가를 우리 모두는 절감하고 있습니다.

영국의 정치학자이자 역사가였던 에드워드 카(Edward Hallett Carr)는, 역사란 '과거와 현재의 끊임없는 대화'라고 정의를 내렸습니다. 이러한 관점에서 볼 때, 휴전상태인 한반도에서 살고 있는 우리가 6 · 25전쟁과 같은 비극을 되풀이하지 않기 위해서는 그것에 대한 이해가 반드시 선행되어야 할 것입니다.

"평화를 바란다면, 전쟁을 이해하고 이에 대비하라!"는 명언이 있습니다.

『잊을 수 없는 생생 6 · 25전쟁사』는 우리 모두가 아픈 역사를 쉽게 이해하는 데 조금이나마 도움이 되었으면 하는 뜻에서 만들어졌습니다. 그동안 재미없고 어렵게만 느껴지던 군사학 차원에서 벗어나 역사적인 시각으로 스토리를 전개했으며 독자들이 궁금해하던 사항도 별도로 정리하였습니다. 특히 최근에 비밀 해제된 자료로 내용을 새롭게 보강하였고 해군과 공군의 전투도 포함함으로써 총체적인 이해가 가능하도록 했습니다.

아무쪼록 독자 여러분들이 6 · 25전쟁을 이해하는 데 본서가 조금이나마 도움이 되었으면 하는 바람입니다.

그리고 『잊을 수 없는 생생 6 · 25전쟁사』가 나오기까지 물심양면으로 지원을 아끼지 않으신 임동규 사장님과 임용우 · 전정아 부장님을 포함한 집문당 관계자 여러분께 진심으로 감사드립니다.

끝으로 우리의 영원한 조국, 대한민국을 지키기 위하여 산화하신 호국전몰용사들의 영전에 이 책을 바치며 시작하는 글을 마치겠습니다.

계룡산과 금강산을 바라보며
정 명 복

일러두기

본서를 효과적으로 읽기 위해 기본적인 사항을 일러둔다.

1. 유의사항

① 맞춤법과 띄어쓰기는 '한글 맞춤법 통일안'에 따르는 것을 원칙으로 하여 문장은 한글 위주로 평이하게 썼으며, 혼동할 우려가 있는 용어와 고유명사 등은 원어를 ( ) 안에 넣었다.

② 연대는 모두 서기(西紀)로 표기하였다.

③ 이 책의 본문에 인용된 자료는 가능한 원문의 뜻에서 크게 벗어나지 않는 한도 내에서 평이한 현대문으로 번역하여 독자의 이해를 용이하게 했으며, 원문 제작 당시의 관용어나 제도어는 그대로 사용하였다.

④ 이 책은 남한, 북한, 조선 등 다양하게 사용되는 용어들을 각각 한국, 북한으로 통일했다. 따라서 그 군대도 한국군, 북한군으로 사용하였다.

⑤ 중국이나 북한과 관련된 용어는 전쟁사의 맥락에 맞도록 중공, 중공군, 공산군 등 적절하게 표현하였다.

⑥ 중공군의 편제단위는 다음 표와 같이 6·25전쟁 당시에 사용한 대로 썼다. 다만, 유엔군의 '연대'에 해당하는 중공군의 '단'만은 이해를 돕기 위해 '연대'로 통일하였다.

구 분	XXXXX	XXXX	XXX	XX
유엔군	집단군	야전군	군 단	사 단
중공군	야전군	병 단	군	사 단

⑦ 본서의 내용 중 상황도를 포함하여 일부 협조 작성된 자료들은 합동군사대학(전, 육군대학)에서 교육하고 있으며 해군과 공군의 전투는 해군본부와 공군본부의 적극적인 지원하에 연구 편찬되었음을 밝혀둔다.

2. 용어해설

■ **강습(强襲)**

적이 예상하지 못한 때에 호되게 공격함.

■ **거점(據點)**

어떤 활동의 근거로 삼는 중요한 지점.

■ **건제(建制)**

헌법이나 법률 및 군령에 의하여 전술상의 목적으로 편성법을 제정하여 군을 조직하고 유지하는 일을 말함.

■ **경계진지(警戒陣地)**

경계(적의 기습이나 간첩 활동 따위와 같은 예기치 못한 침입을 막기 위하여 주변을 살피면서 지킴)를 위해 만들어 놓은 진지. 주진지 바깥쪽에 적을 관측하기 좋은 곳에 만드는 것이 대부분임.

■ **공비(共匪)**

공산당의 유격대. 중국에서, 국민 정부 시대에 공산당의 지도 아래 활동하던 유격대를 비적(匪賊)이라고 부르던 데서 유래한다.

■ **교두보(橋頭堡)**

상륙 · 도하(渡河) 작전에서 적군이 점령하고 있는 강기슭이나 해안선의 한 모퉁이를 점거하고 그곳에 마련한 작은 진지.

■ **교란(攪亂)**

마음이나 상황 따위를 뒤흔들어 어지럽고 혼란하게 함.

■ **국지전(局地戰)**

한정된 지역에서 벌어지는 전쟁.

■ **군사분계선(軍事分界線)**

두 교전국(交戰國) 사이에 휴전이나 정전이 제의되었을 경우 그어지는 군사 행동의 경계선. 한국의 경우, 1953년 7월 27일에 성립한 '한국 군사 정전에 관한 협정'에 규정된 경계선을 말하며, 이것이 이른바 휴전선이다.

■ **군정(軍政)**

전쟁이나 사변 중에 점령 지역의 군사령관이 임시로 행하는 통치 행위

■ **근접항공지원(近接航空支援)**

아군에게 직접적인 위협이 되거나 위협을 줄 수 있는 지상표적을 공격하는

공중공격으로, 지상군의 가용 편제화력으로 제압이 곤란하거나 공중공격이 보다 더 효과적일 때 실시하며, 지상군부대의 화력 및 기동과 긴밀하게 협조 및 통합되어야 함.

■ **기도비닉**(企圖秘匿)

적과 대치상태에 있거나 침투 작전을 수행하여야 하는 경우에 몸을 숨기고 소음을 줄여 조용히 행동하여 발각되지 않게 하는 것.

■ **남로당**(南勞黨)

1946년 11월에 서울에서 결성된 공산주의 정당. 당시에 정판사 사건(精版社事件) 등으로 남한에서 공산당의 활동은 거의 정지 상태였는데, 남한의 공산주의 세력을 재정비하기 위한 목적으로 당을 조직하였다.

■ **내선작전**(內線作戰)

외부로부터 포위 태세로 전진해 오는 적과 대적하는 작전. 신속한 기동과 통신, 병참선 등 집중 및 분산의 이점을 활용할 수 있다.

■ **냉전체제**(冷戰體制)

직접적으로 무력을 사용하지 않고 경제나 외교 따위를 수단으로 하여 국제적 대립이 이루어지는 체제.

■ **단대호**(單隊號)

단위 부대 번호의 줄임말. 단위 부대마다 소속, 규모, 병과 따위를 정하여 붙인 번호.

■ **도하**(渡河)

강을 건너는 것.

■ **병참**(兵站)

부대의 전투력을 유지, 증대시키기 위하여 작전을 지원하는 기능으로 보급 · 정비 · 회수(回收) · 위생 등을 총칭하며, 개인이나 부대에 대한 식량 · 연료 · 탄약 · 무기 · 축성자재 등의 보급, 파괴된 각종 물자의 회수, 숙박 · 목욕 · 세탁 · 급식 등에 이르는 광범위한 업무를 포함함.

■ **봉쇄정책**(封鎖政策)

정치, 군사, 경제 등의 목적으로, 어떤 나라나 지역을 봉쇄하는 정책.

■ **부교**(浮橋)

다리를 받치는 기둥이 없이 배나 뗏목 따위를 여러 개 잇대어 매고 그 위에

널빤지를 깔아 만든 다리.

■ **빨치산**

파르티잔(partisan)에서 온 말로, 문화어로는 빨찌산. 파르티잔은 정규부대에 속하지 않은 무장 전사를 말함. 1930년대와 1940년대 중국 북동부 또는 소련 지역에 있던 항일 유격대를 '빨치산' 또는 '항일 빨치산'이라고 부름. 1940년대와 1950년대 한반도 이남에 있었던 조선인민유격대가 흔히 '빨치산'으로 불림. 빨치산파는 조선민주주의인민공화국 건국 때부터 형성된 정치 파벌.

■ **상병포로**(傷病捕虜)

부상을 입거나 병이 든 포로.

■ **소해**(掃海)

항해를 안전하게 하기 위하여 바다에 부설한 기뢰 따위의 위험물을 제거함.

■ **신탁통치**(信託統治)

국제 연합으로부터 신탁을 위임 받은 나라가 일정한 지역을 통치하는 일.

■ **쏘티**(Sortie)

한 대의 항공기에 의한 일회의 작전비행을 뜻하며 통상 전술공군의 근접지원시 출격횟수가 쏘티로 할당됨.

■ **엄호사격**(掩護射擊)

주력 부대의 군사 행동을 방호하고, 적의 행동을 방해하기 위하여 지원 부대가 실시하는 사격.

■ **예비진지**(豫備陣地)

필요할 때 쓰기 위하여 미리 마련하거나 갖추어 놓은 진지. 아군의 후퇴 경로 또는 적군의 예상 이동 경로에 예비로 마련해 놓는 진지.

■ **유격대**(遊擊隊)

형편에 따라 우군을 도와 적을 치는 임무를 가진 부대.

■ **의용군**(義勇軍)

국가나 사회의 위급 상황에서 민간인의 자발적 참여로 조직되는 군대.

■ **인민재판**(人民裁判)

공산주의 국가에서, 일정한 자격을 갖춘 법관 대신 인민이 뽑은 사람이 대중 앞에서 그들을 배심으로 삼아 재판, 처결하는 방식의 재판.

■ **인민해방군**(人民解放軍)

공산당에서 창건한 중공의 군대로, 육군, 해군, 공군을 모두 포함한 단일 조직체.

■ **인해전술**(人海戰術)

무기나 전술보다 인력의 수적인 우세로 적을 압도하는 전술.

■ **전면전**(全面戰)

일정한 범위 전체에 걸쳐 광범위하게 벌어지는 전쟁. 이때 모든 부대는 총력을 기울여서 싸움.

■ **전선**(戰線)

전쟁에서 직접 전투가 벌어지는 지역이나 그런 지역을 가상적으로 연결한 선.

■ **전진 기지**(前進基地)

작전 지역 안이나 그 가까이에 설치하여 군사 작전 지원을 주 임무로 하는 기지.

■ **전초 기지**(前哨基地)

전방 초소에 해당하는 전투 기지.

■ **전투근무지원**(戰鬪勤務支援)

전투를 효율적으로 하기 위해 군사작전에 필요한 군수물자를 충원 또는 보급하는 것.

■ **전투지경선**(戰鬪地境線)

각 부대가 맡은 전투 및 방어 구역을 지정한 경계선. 지형에 따라 가상의 선을 그어 인접부대와의 작전구역 중복을 막기 위한 일련의 조치.

■ **제한전**(制限戰)

한정된 정치 목적에 합치되도록 전쟁의 지역, 수단, 무기, 병력, 규모 등에 어떤 제한을 가하면서 수행하는 무력 전쟁.

■ **조공**(助攻)

한 세력을 도와 공격하는 것. 여기에서는 주공을 도와 공격하는 것을 말함.

■ **조수간만**(潮水干滿)

조수[潮水]는 해와 달, 특히 달의 인력에 의하여 주기적으로 바다면의 높이가 높아졌다 낮아졌다 하는 현상이며 간만[干滿]은 간조와 만조를 아울러 이르는 말.

■ **주공**(主攻)
부대의 주력을 기울여서 적 부대를 공격하는 것.

■ **주둔군지위협정**(駐屯軍地位協定)
한 국가의 군대가 다른 국가의 영토에 주둔하게 될 경우 출입국, 시설 및 지역 사용, 범죄 관련 형사 재판권 등 발생할 수 있는 문제를 해결하기 위하여 주둔군의 지위에 관하여 쌍방 국가가 체결한 국제 협정.

■ **주둔지**(駐屯地)
군대가 임무 수행을 위해 머무르고 있는 장소.

■ **주저항선**(主抵抗線)
전투 부대의 앞쪽에 설정한, 주력 부대의 방어선. 항공 및 함포를 포함한 모든 지원 부대의 사격을 협조하기 위하여 지정된 전투 지역 전단을 연결하는 선.

■ **주진지**(主陣地)
적에게 공격을 하거나 방어를 할 때 가장 중요한 곳에 설치한 진지.

■ **증원**(增援)
원조금 혹은 사람의 수를 더 늘려 돕는 것.

■ **진지**(陣地)
언제든지 적과 싸울 수 있게 설비 또는 장비를 갖춰 놓은 곳.

■ **진지전**(陣地戰)
튼튼하게 진지를 구축하여 놓고 공격하고 방어하는 전투.

■ **축선**(軸線)
전투부대의 공격 혹은 방어가 주로 이뤄지는 방향. 공격 축선이라 하면 그 부대의 공격이 지향하는 방향을 말함.

■ **축차**(逐次)
차례를 따라서 함.

■ **축차진지**(逐次陣地)
차례차례 만들어 놓은 진지.

■ **토벌**(討伐)
적 따위를 무력으로 쳐 없앰.

■ **팔로군(八路軍)**

항일 전쟁 중 화베이(華北)에서 활약한 중국 공산당의 주력 부대. 1937년 제2차 국공 합작 후의 명칭이며, 1947년에 인민 해방군으로 바뀜.

■ **팽창정책(膨脹政策)**

대외적으로 다른 나라를 정치, 경제적인 면에서 지배하여 영토 확장이나 세력 확장 또는 상품 시장을 넓히려는 운동이나 정책.

■ **학도의용병(學徒義勇兵)**

학생의 신분으로 자원하여 군대에 들어간 병사, 학도병이라고도 함.

■ **혼성부대(混成部隊)**

여러 병과의 병사나 여러 나라의 병사로 이루어진 부대.

■ **SOF(Special Operation Force, 특수작전부대(特秀作戰部隊))**

특수 작전을 수행하기 위해 고도로 훈련된 부대.

3. 전투장비

■ **고사포(高射砲)**

항공기를 공격하는 데 쓰는, 구경 75~150밀리미터의 앙각이 큰 대포.

■ **곡사포(曲射砲, howitzer)**

탄이 포물선을 그리도록 사격하여 장애물 뒤에 있는 적이나 적의 후방을 교란하기 위해 사용하는 포.

■ **구축함(驅逐艦, destroyer)**

대함 및 대잠 공격을 주 임무로 하는 중대형 함정. 크기와 무장 정도에 따라 프리깃, 호위함, 대잠함 등으로 나뉨. 우리나라는 광개토대왕함, 을지문덕함, 양만춘함, 충무공 이순신함, 문무대왕함, 대조영함 등을 보유하고 있음.

■ **기관포(機關砲)**

기관총과 같은 원리로 된 구경 20밀리미터 이상의 자동 연속 발사 화기.

■ **무반동총(無反動銃)**

발사할 때 포신(砲身)이 후퇴하지 않고 반동이 없는 강선화기(腔線火器).

■ **박격포(迫擊砲, mortar)**

포신이 짧고 고각사격(高角射擊)을 하는 포구장전식(砲口裝塡式) 화포.

■ **수송기**(輸送機)

사람이나 짐을 실어 옮기는 것을 주요 목적으로 하는 비행기.

■ **순양함**(巡洋艦, cruiser)

배수량이 항공모함보다 작고 구축함보다 큰 전투함. 일반적으로 제2차 세계대전 직후까지 건조된 것으로 항속력(航續力)이 크고 고속이며, 포의 위력에서는 전함 다음임.

■ **연락기**(連絡機)

공중 연락 임무를 수행하는 비행기. 포병대와 협력하여 포탄의 탄착점을 관측하여 알려주는 일 따위를 함.

■ **자주포**(自走砲, self-propelled artillery)

자체동력으로 기동이 가능하고 탑재하여 사격이 가능한 화포.

■ **전투기**(戰鬪機)

공중전을 주 임무로 하는 작고 민첩한 군용기.

■ **전폭기**(戰爆機)

공중전 임무 및 지상공격임무를 동시에 수행 가능한 다목적 군용 항공기.

■ **초계기**(哨戒機)

우군 전력을 보호하기 위하여 경비하는 것을 초계라 하며, 초계에 사용하는 항공기를 말함. 주로 해상을 날며 잠수함을 초계하는 항공기를 가리킴.

■ **폭격기**(爆擊機)

적의 시설이나 진지에 폭탄을 떨어뜨려 그 목표물을 파괴하는 것을 임무로 하는 항공기.

■ **프리깃함**(frigate)

대잠(對潛) 호위형의 소형 구축함으로 해상작전을 수행하는 적잠수함으로부터 방어, 정찰 등의 임무를 맡고 있으며 유도미사일이 장착된 프리깃도 있음.

■ **항공모함**(航空母艦, aircraft carrier)

50~100기의 고정날개 비행기를 탑재하여 발착시키고, 탑재 비행기에 대한 정비·보급과 항공관제·통신시설 등의 기지시설을 완비하여, 수상 이동항공기지 역할을 수행하는 군함.

■ **화염방사기**(火焰放射器)

가솔린, 석유, 중유 등의 액체 연료를 압축 공기나 압축가스로 분사시켜 그것을 점화하여 불꽃을 내뿜게 하는 무기.

■ **훈련기**(訓鍊機)

비행사를 훈련시키는 데에 쓰는 비행기.

■ **LST**(Landing Ship Tank, 전차양륙함(戰車揚陸艦))

미국에서 만든 양륙함. 전차 · 차량 · 물자 · 인원 등을 탑재한 채로 어떤 해변에도 접안할 수 있으며, 육지에 접안하면 선수를 좌우로 열고, 다리를 내려서 탑재인원과 물자를 차량에 실은 채로 양륙한다. 접안 및 양륙을 위해서 닻(anchor)이 함미에 있는 것이 특징.

목 차

제9장 해군과 공군의 전투

제10장 1953년 7월 27일, 그 이후

제 1 장

역사 및 전쟁사 연구

Ⅰ. 역사란 무엇인가?
Ⅱ. 전쟁의 개념과 분류
Ⅲ. 전쟁사의 이해

제1장

역사 및 전쟁사 연구

I. 역사란 무엇인가?

1. 역사의 어원

역사란 일반적으로 과거에 일어났었던 일련의 사건들을 가리키는 단어로 사용되고 있다. 영어로 역사라는 뜻의 'history'는 고대 그리스어인 'historia'에서 유래하였는데 이 단어의 의미는 그 시기에 따라 조금씩 달라졌다. B.C. 9~8세기경에는 '여러 종족들의 관습을 잘 알고 있는 지혜로운 사람'을 뜻하였고, B.C. 6~5세기경에는 '탐구하여 알아내다'라는 뜻으로 사용되어, 현재의 'inquiry(질문)', 'investigation(조사)'과 같은 의미가 내포되어 있었다.

2. 역사의 의미

동양에서 역사는 대체로 '사건 그 자체' 또는 '사건에 대한 기록'을 의미한다. 그리고 서양의 경우 중세에는 '과거에 일어난 사건 자체', '과거의 사건에 대한 탐구의 결과(사건의 재구성)'로 인식하였다. 이후 18~19세기에는 사건 자체를 의미하는 '객관적 측면'의 의미와 사건에 대한 기술을 중시하는 '주관적 측면'의 의미로 구분되었다.

이상의 내용을 종합해보면, 역사는 '사건 그 자체'와 그에 대한 탐구의 결과인 '사건에 대한 기록'이라는 이중적 의미로 사용되고 인식되어 왔음을 알 수 있을 것이다.

3. 역사의 기록

우리는 직접 겪어보지 못한 과거의 역사를 어떻게 짐작하고 추측하며 알아갈 수 있는 것일까? 우선 역사서가 있다. 또한 유적, 유물 등의 고고학적 성과물도 있다. 그리고 전해져 내려오는 설화나 전설 등에서 어떠한 역사적 단서를 유추해내는 경우도 있을 수 있겠다. 이러한 여러 수단 중에서 과거의 사실을 알아낼 수 있는 가장 일반적인 방법은 역시 '기록된 자료' 즉 역사서라고 할 수 있을 것이다.

기록에는 두 가지 종류가 있다. 첫째, '써진 기록(written records)'이다. 이것은 말 그대로 '문자로 써진 것'을 의미한다. 예를 들면 삼국사기, 조선왕조실록 등이다. 둘째, '써지지 않은 기록(unwritten records)'이다. 여기에는 유적, 유물, 전설 등이 속할 수 있겠다.

이때 중요한 사실은 바로 써진 기록과 써지지 않은 기록을 망라하여, 모든 기록이라고 하는 것은 무수한 과거 중 일부분으로서 기록자(역사가)의 주관이 개입되어 있다는 사실이다. 그러므로 우리는 어떠한 역사적 기록을 접할 때 위의 사실을 유념해야만 한다. 이탈리아의 고대도시 폼페이(Pompeii)의 사례를 소개하도록 하겠다. 이를 읽고, 폼페이의 경우엔 위의 두 가지 기록 중 어느 기록에 속할 수 있을지 한번 생각해보도록 하자.

조금 더 알아볼까요?

A.D. 79년, 폼페이에서는 무슨 일이?

16세기 말의 이탈리아 반도. 사르노강으로부터 토레안눈치아타로 물을 끌어오기 위해 구릉 밑에 터널을 파는 작업 도중, 한 건축가가 매몰된 도시 유적을 발견하였습니다. 이 유적은 1748년부터 본격적으로 발굴이 이루어지기 시작하였고, 1763년에는 이 매몰된 도시가 폼페이였음을 알 수 있는 비문까지 발견되었는데요.

폼페이는 이탈리아 캄파니아 지방에 실존했던 고대의 도시입니다(물론 지금도 폼페이라는 도시는 존재한답니다). 나폴리에서 남서쪽으로 23km 떨어진 베수비오 산 근처에 위치하고 있습니다. 폼페이는 서기 79년에 베수비오 화산의 폭발에 의해 헤르쿨라네움 및 스타비아이와 함께 매몰되었는데요. 이 고대도시들의 유적들은 지금까지도 그리스 · 로마 시대의 생활상을 잘 보여주는 중요한 자료가 되고 있습니다.

↘ 그림 1-1. **베수비오 화산 폭발 당시 모습을 재현한 그래픽 사진**

↘ 그림 1-2. **폭발 당시에 앉아서 사망한 사람들의 화석**
이 화석의 주인공들은 서로 끌어 안은 상태에서 죽음을 맞이하였다.

4. 역사연구의 필요성

그렇다면 우리는 왜 역사를 연구하는 것일까? 우리가 어떠한 일을 할 때에는 어떠한 필요성이나 혹은 당위성이 수반되므로, 마땅히 그에 따르는 이유가 있기 마련이다. 즉 역사라는 것 또한 어떠한 필요성이 있기 때문에 오늘날까지 연구가 지속적으로 이루어지고 있는 것인데, 그것에 대하여 살펴보도록 하겠다.

첫째, 역사가 삶의 교훈을 준다는 데에 있다. 로마의 석학 키케로(Cicero)는 '역사는 인생의 교사이다'라고 말했다. 역사지식은 바로 인성발달의 필수적인 요소라는 뜻이다. 만약 인간 자신들이 태어나기 전의 일들을 모른다면 인간은 집단적으로 영원히 어린아이의 단계에 머물러 있을 수밖에 없을 것이기 때문이다. 역사상 중요한 인물들이 역사책을 탐독(耽讀)하여 역사 속에서 교훈을 얻은 사례도 적지 않다.

그 대표적인 예로 러시아의 블라디미르 레닌(Lenin)은 프랑스 대혁명에서 교훈을 도출하여 1917년에 '10월 혁명'을 일으켜 성공시키기도 했다. 또한 역사를 '과거와 현재의 끊임없는 대화'라 정의내린 에드워드 카(E. H. Carr)의 말과 같이, 과거와 현재가 밀접한 상호관계를 맺고 있음을 어렵지 않게 알 수 있다. 제1, 2차 세계대전 이후 많은 국가들이 제3차 세계대전, 혹은 또 다른 전쟁의 발발을 막기 위해 많은 노력을 기울이고 있는 것을 예로 들 수 있겠다. 이와 같은 맥락에서 일본의 진주만 기습 공격에 의해 발발한 태평양 전쟁을 생각해보자. 일본의 경우는 태평양 전쟁을 통하여 섣부른 기습 공격은 혹독한 결과를 초래한다는 교훈을 뼈저리게 느꼈다고 한다. 그리고 미국의 경우에는 말할 것도 없이 유비무환의 교훈을 얻을 수 있었을 것이다.

둘째, 역사연구를 통한 인간의 자기발견이다. 영국의 역사가요 철학자인 콜링우드(Robin G. Collingwood)는 '역사연구를 통해 인간으로서 자신의 본성을 이해한다'라고 말했다. 이는 인간이 역사연구를 통해 자신의 정체성과 당위성 및 사회적 역할을 인식함으로써 스스로 어떤 인간으로서 어떤 인생을 살아갈 것인가를 결정할 수 있는 능력을 기를 수 있다는 말로 풀이할 수 있겠다.

셋째, 역사가 지식과 학문의 기초가 된다는 것이다. 역사는 우리에게 폭넓은 지식과 지혜를 제공해줄 수 있는데, 이는 인류가 겪어온 풍부한 경험에서 비롯된다.

또한 우리가 역사를 연구하기 위해서는 먼저 어떠한 시기의 일정한 경험이나 사건의 연구가 선행되어야 한다. 이를 위해서는 자신이 겪어보지는 못했더라도 일어났던 혹은 일어났을 법한 경험이나 사건을 상상, 추리하고 분석하며 판단하는 '종합적인 사고력과 표현력'이 필요할 것이다. 즉 역사는 우리에게 이러한 능력을 기를 수 있는 여건을 조성해 준다고 할 수 있다. 나아가 이를 통하여 앞으로 사회에 영향을 미칠 만한 사건들에 관련된 객관적이고 일반적인 예측을 가능하게 한다.

과거의 역사적 사실을 연구하고 이것을 일반화함으로써 앞으로의 변화 예측이 가능하다는 것은 곧 역사를 통하여 미래 예측이 가능하다는 것과 같다. 물론 구체적인 사건의 예측까지는 가능하지 않겠지만, 객관적이고 일반적이며 포괄적인 어떠한 사건의 흐름이나 진행은 예측이 가능할 것이다. 이것 역시 우리에게 있어서 역사 연구의 중요성을 환기시켜 주는 이유가 된다.

이처럼 역사는 인간이 미래 지향적이고 지혜로운 삶을 살 수 있게 해주는 실용적인 학문이라 할 수 있다.

II. 전쟁(戰爭)의 개념과 분류

1. 전쟁의 정의

사전에서 '전쟁'이라는 단어를 찾아보면 '국가 또는 정치 집단 간에 폭력이나 무력을 행사하는 상태 또는 사실, 특히 둘 이상 국가 간에 어떠한 목적을 위해서 수행되는 싸움'이라고 나와 있다.

역사상 많은 사람들이 '전쟁'이라는 것에 대해 각각 다른 정의를 내렸다. 헤라클레이토스(Herakleitos), 다윈(Darwin), 마르크스(Marx), 클라우제비츠(Clausewitz) 등 많은 인물들이 있지만, 이 중에서 현재 가장 많은 학자들이 채택하고 있는 것은 클라우제비츠의 정의이다.

클라우제비츠는 전쟁이라는 것에 대해 '자기의 의지를 실현하기 위해 상대를 굴복시키는 데 사용되는 폭력 행위이며, 다른 수단을 가지고 하는 정치의 연장이다'라고 정의를 내렸다. 즉 전쟁은 아방의 의지를 충족시키기 위해 상대방에게 강요하는 폭력행위이고 다른 수단으로 이어지는 정치의 연속이다. 그리고 이는 정치적 행위일 뿐만 아니라 실질적 정치도구로서 정치적 거래의 연속이라는 의미를 내포하고 있다.

결국 위와 같은 클라우제비츠의 정의가, 오늘날 우리가 말하는 '국가나 준국가가 상대국가나 준국가를 굴복 내지 패퇴시키기 위하여 전국가적 차원에서 무력을 조직적으로 운용하는 상황'인 전쟁의 개념과 가장 흡사한 의미를 나타내고 있는 것이다.

2. 전쟁의 원인

그렇다면 왜 인류의 역사가 시작된 이래 오늘날까지도 전쟁은 끊이지 않고 일어나는 것일까? 전쟁의 원인에 대하여 살펴보면 다음과 같다.

첫째, 무력을 사용하여 정치목적을 달성하려 하거나 강요당한 정치집단 간의 정책의지와 상호관계에서 그 이유를 찾을 수 있다. 어느 한쪽이 가만히 있더라도 다른 한쪽에서 어떠한 목적을 달성하기 위해 먼저 강제로 무력을 사용하여 온다면 어떠한 형태로든 전쟁이라고 불리는 충돌이 일어날 수밖에 없을 것이다.

둘째, 전쟁은 어떠한 두 정치집단의 정책적 의지와 관련하여 상호관계에 있거나 전쟁 당사국과의 복합적인 정치관계에서 발생한다. 전쟁은 서로 힘이 비슷하거나 긴장감이 느껴질 정도로 팽팽한 경우에는 거의 일어나지 않는다. 전쟁 당사국 간의 전략적 불균형에 기초하여 어느 한 쪽이 승리에 대한 확신이나 가능성이 있을 때에 그 불씨가 생겨나는 것이다.

이는 학교에서 힘세고 싸움을 잘하는 두 아이가 서로 가급적이면 충돌을 피하려고 하는 것, 그리고 또 힘센 아이가 힘이 약한 아이를 괴롭히는 것과 비슷한 모습이다. 하지만 필요한 경우 힘이 센 두 아이가 싸우는 때가 있듯이, 전쟁 또한 힘이 비슷한 전쟁 당사국이 서로 달성하고자 하는 분명한 목적이 있고 승리에 대한 확신이 있을 때 발생하는 경우도 적지 않게 있다.

3. 전쟁의 분류

전쟁은 그 종류가 매우 다양하여 많은 방법으로 분류할 수 있는데 여기서는 '전장 규모에 따른 분류', '전장 투입 규모에 따른 분류', '사용 무기체계에 따른 분류'로 나누어보도록 하겠다.

먼저 전장 규모에 따른 분류이다. 이 분류법에 따르면 전쟁은 크게 '전면전쟁(General War)'과 '국지전쟁(Local War)'으로 나뉜다.

전면전쟁은 말 그대로 맞부딪히는 성격의 전쟁이다. 전방이나 후방할 것 없이 국토의 모든 범위가 전장이 되며, 전쟁의 결과가 국가의 존망과 직접적으로 관련이 된다.

다음으로 국지전쟁은 일정한 영토 안에서 지역 또는 소규모 분쟁 형태로 진행되는 전쟁을 말한다. 예를 들어 전쟁 중에 바다를 통하여 적국에 상륙한 다음 측방에서 기습적으로 공격을 감행하는 형식의 전투양상을 '국지도발'이라고 하는데, 이 국지도발을 동시에 여러 곳에서 실시한다고 하면 상당히 혼란스러울 것이다. 이러한 방법으로 전투를 치르고, 나아가 전쟁을 진행하는 형식을 국지전쟁이라고 한다.

둘째, 전장 투입 규모에 따른 분류이다. 이에 의하면 '총력전(Total War)'과 '제한전(Limited War)'으로 구분된다.

먼저 총력전은 말 그대로 국가의 모든 역량을 총동원하여 전쟁을 수행하는 것을 말한다. 이때 정치, 군사, 경제 등 국가에서 동원 가능한 모든 자원을 투입하게 되는데 이는 곧 전쟁이 무제한적인 성격을 띤다는 것을 의미한다.

그리고 제한전이란 전장의 범위나 무기체계를 의도적으로 제한한 형태로 치러지는 전쟁을 말하는데, 현대적 의미에서의 제한전은 대부분 전면전쟁을 회피한 형태로서 핵무기 또는 화학무기 등 특수한 무기의 사용을 전략적으로 제한한 전쟁을 의미한다.

↘ 그림 1-3. **원자폭탄 투하 장면**
(1945년 8월 9일, 일본 나가사키, 출처: 동아일보)

셋째, 사용 무기체계에 따른 분류이다. 이 분류방법은 전쟁을 '핵전쟁(Nuclear War)'과 '재래식 전쟁(Conventional War)'으로 나눈다.

핵전쟁은 핵무기를 사용함에 따라 핵폭발에 의한 폭풍 · 열선(熱線) · 방사선의 세 효과를 전쟁에서 사용하는 형식의 전쟁이다. 이때 핵무기의 사용규모에 따라서는 단지 어느 한 나라의 괴멸뿐만이 아닌 전 세계의 파괴까지도 가져올 가능성이 있으며, 장기간에 걸쳐 인류에게 방사성 상해를 주게 될 우려가 있다.

다음으로 재래식 전쟁은 '재래식 무기(Conventional Weapon)'를 이용하여 치르는 양상의 전쟁을 뜻한다. 여기서 재래식 무기란 핵무기와 화학무기 및 생물학무기를 제외한 무기를 가리키는 총칭이며, 다른 말로는 '통상무기'라고도 한다. 재래식 무기에 대한 예로는 탱크 또는 전투기 등이 있다.

Ⅲ. 전쟁사(戰爭史)의 이해

1. 전쟁사의 정의

우리가 앞서 살펴본 역사와 전쟁의 의미가 합쳐지면 어떠한 의미가 될까? 위의 두 가지 의미가 합쳐진 것을 흔히 '전쟁사'라고 한다.

전쟁사란 전쟁에서부터 교전, 그리고 제반 군사문제와 이와 관련되는 정치, 경제, 사회, 문화, 이념 등 모든 요인과의 상호작용에 대해 연구하는 학문이다. 무엇보다도, 이것은 역사학의 한 분야이며 고대로 갈수록 전쟁사가 역사의 대부분을 차지하게 된다. 그 정도로 전쟁사의 가치는 작지 않은 것이라 할 수 있겠다.

2. 전쟁사 연구 목적

그렇다면 우리는 왜 전쟁사라는 분야를 따로 구분 지으면서까지 연구하고 공부하는 것일까? 이 역시 그 목적이 분명하므로, 본서에서는 전쟁사 연구 목적에 대하여 크게 '군(軍)'과 일반 독자를 포함한 '교육기관'으로 구분하여 살펴보려고 한다.

군에서의 전쟁사 연구 목적은 기본적으로 전쟁의 본질을 이해하고 이를 통해 미래전의 양상을 예측하며 대비할 수 있는 방향을 제시한다는 데에 있다. 전쟁사 연구를 통하여 전쟁에 대한 간접 경험을 체득하여 전술 및 전기를 연마할 수 있는 점도 전쟁사 연구의 목적이 될 수 있을 것이다. 또한 실상황에 부합된 신교리[1]를 도출하여 교리 발전을 도모하는 것도 중요한 목적 중 하나이다.

다음으로 일반 독자와 교육기관에서의 전쟁사 연구 목적에 대해 알아보도록 하자. 기본적으로는 전쟁의 본질과 양상을 이해하는 것, 그리고 전쟁에 관련된 지식을 습득한 다음 이를 통하여 올바른 역사 인식을 하는 것이 그 목적이라 할 수 있다.

본서는 6·25전쟁에 대한 이해를 돕기 위해 만들어진 책이므로, 이를 여기에 적용해 보면 '6·25전쟁에 관련된 지식습득 및 올바른 역사 인식' 정도로 정리할 수 있을 것이다. 또한 간접적인 전쟁 경험 및 교훈을 숙지하며, 더 나아가 전쟁의 재발을 방지하고 억제할 수 있는 창의적인 사고력을 배양하는 데에도 중요한 목적이 있다.

이렇게 살펴본 바와 같이 일반 독자 여러분과 학교를 비롯한 교육기관에서의 전쟁사 연구 목적은, 요컨대 '전장상황을 직시하여 미래 시대의 불확실성을 정확하게 판단하고 극복할 수 있는 혜안(慧眼)을 가질 수 있도록 하며, 나아가 역사 및 국가관이 확립된 인재를 육성하는 것'이라 할 수 있겠다.

---

1. 교리: 군 부대가 국가목표 달성을 지원하는 데 있어 군사행동(작전)을 유도하는 기본원칙을 말함. 현존 전투력을 가지고 현재로부터 가까운 미래까지의 싸우는 방법을 체계화한 것으로 기본적인 원칙과 준칙이 제시됨. 김광석, 『용병술어연구』, 병학사, 1993, p. 112.

제 2 장

6 · 25전쟁의 발발 원인 및 대비태세

Ⅰ. 한반도, 왜 분단되었는가?

Ⅱ. 6 · 25전쟁 발발 요인

Ⅲ. 북한의 남침계획과 남한의 대비태세

제2장

6 · 25전쟁의 발발 원인 및 대비태세

Ⅰ. 한반도, 왜 분단되었는가?

1. 제2차 세계대전 중의 회담

제2차 세계대전이 한창이던 1943년 11월, 이집트의 카이로에서는 미국의 루즈벨트(Roosevelt), 영국의 처칠(Churchill), 중화민국의 장제스(蔣介石)가 참석한 회담이 열렸다. 그것은 '카이로 회담'이었다. 총 2차례에 걸쳐서 이루어진 이 회담에서는, 제2차 세계대전의 전후 처리 문제와 한반도의 독립 문제 등이 논의되었다.

↘ 그림 2-1. 카이로 회담에 참석한(왼쪽부터) 장제스, 루즈벨트, 처칠
이 회담에서 최초로 한반도 문제가 논의되었다는 점에 주목할 필요가 있다.

이때 '적절한 절차(In due course)에 의거하여 한반도의 독립을 보장한다'

↘ 그림 2-2. **테헤란 회담에 참석한**(왼쪽부터) **스탈린, 루즈벨트, 처칠**
이 회담에서는 한반도에 대한 신탁통치가 잠정적으로 결정되었다.

는 내용의 말이 오갔는데, 이것은 한반도의 독립에 관하여 국제사회에서 논의된 최초의 사례로서 그 의미가 매우 크다고 할 수 있다.

이후 1943년 11월 28일부터 12월 1일까지 이란의 테헤란에서는 미국의 루즈벨트, 영국의 처칠, 소련의 스탈린(Stalin)이 참석한 가운데 '테헤란 회담'이 열렸다. 이 회담에서는 루즈벨트가 한반도의 신탁통치에 대해 언급하였는데, 스탈린이 이에 동의하면서 한반도에 대한 신탁통치가 잠정적으로 결정되었다.

제2차 세계대전이 종반으로 치닫고 있던 1945년 2월에는 소련 흑해 연안의 얄타에서 루즈벨트, 처칠, 스탈린(테헤란 회담 때와 같은 구성원)이 참석한 '얄타 회담'이 열렸다. 이 회담에서는 패전국 처리문제와 전후 이권 배분 문제가 논의되었고, 소련의 대(對)일전 참전 유도 등이 주요 내용으로 오갔으며 한반도의 신탁통치가 최종적으로 잠정 합의되었다.

↘ 그림 2-3. 얄타 회담의 미 · 영 · 소 대표

그리고 같은 해 7월에는 독일의 포츠담에서 또다시 회담이 열렸다. 이 '포츠담 회담'에서는 트루먼(Truman), 처칠, 장제스가 참석하여 일본에게 항복을 권고함과 동시에 소련에게는 얄타 회담에서의 대일전 참전 약속을 준수할 것을 요구하였다. 이에 소련은 1945년 8월 8일에 대일 선전포고를 하였고, 8월 15일에는 마지막 추축국 일본이 '무조건 항복'을 선언하면서 제2차 세계대전은 막을 내리게 되었다. 전 세계를 피로 물들였던 전쟁이 끝나고 한반도를 강제로 점령하고 있던 일본이 패망한 것이었다. 한민족은 일제치하로부터의 해방에 감격하여 얼싸안고 기뻐하였다. 그러나 기쁨은 잠시였다. 왜냐하면 한반도 분단의 '전주곡(前奏曲)'이 그 순간부터 이미 흘러나오고 있었기 때문이다.

2. 38도선 분단 및 고착화

1945년 8월 15일은 제2차 세계대전의 종결과 동시에 한반도의 분할이 결정된 날이기도 하다. 미국의 본스틸(Bonesteel) 대령이 한반도 분할에 대한 기안을 맡았고 다음날인 16일, 이에 대한 소련의 묵시적인 동의와 함께 확정지어졌다. 이에 따라 북위 38도선을 기준으로 하여 남쪽에는 미국의 하지 중장, 북쪽에는 소련의 치스차코프 대장이 각각 군정을 맡았다.

이후 같은 해 12월, 소련의 모스크바에서 미국 · 영국 · 소련 3국의 외상회의(外相會議)가 열렸다. 이 회의가 바로 '모스크바 3상회의'이다. 이 회의에서 한국에 미 · 소 공동위원회를 설치하고 일정기간의 신탁통치에 관하여 협의한다는 내용이 결정되었다. 이에 따라 한국의 독립정부 수립 과정으로서 임시민주주의 정부 수립을 원조하기 위한 미 · 소 공동위원회가 열리게 된 것이다.

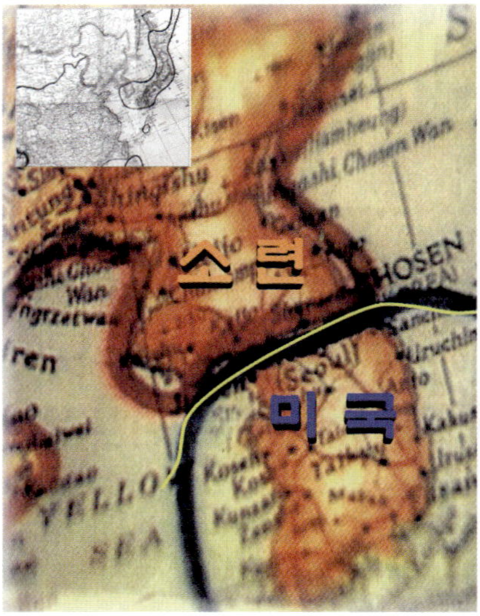

↘ 그림 2-4. **본스틸 대령이 작성한 분할 계획**
(일반명령제1호)

↘ 그림 2-5. **한자(漢字), 러시아어, 영어로 표기된 '북위 38도선'**

↘ 그림 2-6. 미 · 소 공동위원회

↘ 그림 2-7. 대한민국 정부수립 선포
(1948년 8월 15일)

모스크바 3상회의에서 한반도에 대한 5년의 신탁통치가 과도기의 정치로써 요구되었는데, 미 · 소 공동위원회가 열린 이때에 남한의 우익정당과 사회단체들이 신탁통치를 반대하였다(북한도 처음에는 같이 반대하였으나 소련의 사주를 받은 후 찬탁으로 돌아섰다). 소련은 이에 대해 반대하는 정당과 사회단체는 임시정부 구성에 참여시킬 수 없다고 하였다. 하지만 미국은 신탁통치를 반대한다고 하여 임시정부수립에서 제외시킬 수는 없다는 입장을 표명함에 따라 미국과 소련의 의견도 갈라지게 된다. 결과적으로 이때 의견 대립은 극복되지 못했고, 두 차례에 걸쳐 열린 미 · 소 공동위원회는 결렬되었다. 그리고 한반도 문제는 유엔(UN)에 이관되고 말았다.

유엔은 한국 임시위원단을 결성하여 남북한의 선거를 통한 정부수립을 지원하고자 하였다. 그러나 유엔 한국 임시위원단의 북한 방문이 소련에 의해 저지당하면서 유엔 총회의 결정에 따라 1948년 5월 10일에 남한의 단독 총선거가 실시되고, 8월 15일에는 '대한민국' 정부가 수립되었다. 또한 북쪽에서도 그해 9월 9일에 '조선민주주의 인민공화국'을 수립하였다. 결국 이렇게 한반도는 분단되고 말았다.

II. 6 · 25전쟁 발발 요인

1. 국제적 요인

한반도가 남과 북으로 분단됨에 따라 영토뿐만 아니라 정신적, 즉 사상과 이념적인 면에서도 분단화가 가속되었다. 이것은 이후 6 · 25전쟁이 발발하는 데 큰 요인으로 작용하게 된다. 그리고 이것 외에도 6 · 25전쟁이 발발하는 데 작용했던 요인들은 여러 가지가 더 있다. 먼저 국제적인 요인은 다음과 같다.

첫째, 제2차 세계대전 이후 미국과 소련이 첨예하게 대립하는 냉전체제의 구축이다. 1단계에 해당하는 소련의 팽창정책과 2단계는 미국의 봉쇄정책, 그리고 미 · 소의 냉전체제가 확실히 굳혀지는 3단계인 1949년 초까지를 가리킨다. 이에 따라 남한에서는 미국이, 북한에서는 소련이

↘ 그림 2-8. **극동방위선**(애치슨라인)

미국의 방위선 안에 한반도와 대만이 포함되어 있지 않음을 알 수 있다.

각각 그 영향력을 행사하게 되었다.

둘째, 미국의 대(對)한반도 정책 오류이다. 이것은 다시 두 가지로 나눌 수 있는데, 그중 하나는 한반도의 전략적 가치를 낮게 평가하여 미국의 극동방위선에서 한반도를 제외한 것이며 또 하나는 주한미군 철수이다. 1950년 1월, 미국의 국무장관 애치슨(Acheson)이 발표한 미국의 극동방위선에는 한국과 대만이 제외되어 있었다. 이는 방위선 밖의 한국과 대만에 대해서는 안보와 관련된 군사적 공격에 대해 보장할 수 없다는 내용으로서 결과적으로 보면 6·25전쟁의 위험성을 묵인한 것으로 해석할 수 있다. 당시 미국의 절대적인 관심이 일본에 있었다는 것은 이러한 상황에 큰 작용을 하게 되었다. 미국은 태평양을 자신들의 내해(內海)로 여기고 있었기 때문에 미국의 극동방위선은 알류산열도와 일본열도 그리고 필리핀열도를 연결하는 선이었으며, 한국은 일본을 지키기 위한 전초선(前哨線)[1]으로 생각하고 있었음을 알 수 있다.

또한 미국은 소련이 1947년 7월에 한반도에서 양 국가의 군대를 철수하자는 제안을 함에 따라, 1948년 4월부터 이듬해 6월까지 약 1년 2개월에 걸쳐 미 군사고문단 472명을 제외한 주한미군을 완전 철수하였다. 미국은 한반도의 전략적 가치를 낮게 평가하고 있었다. 제2차 세계대전 이후 병력과 국방예산을 감축하기 위해 이런 결정을 내렸다고 볼 수 있다.

셋째, 소련과 중공의 대 한반도 정책 일치 및 소련·중공·북한의 협력관계 성립이다. 소련의 대 한반도 정책은 그들의 기본적 대외정책인 '팽창정책'[2]의 틀을 크게 벗어나지 않은 범위 내에서 이루어졌다. 즉 이 정책의 목적은 극동아시아에서 자신들의 영향력을 확대하는 것이었다. 소련이 목적을 달성하기 위해선 전진기지를 확보하는 것이 시급했다. 미

1. 적의 공격이 있을 경우 이를 경고, 지연, 와해시키기 위한 부대가 점령한 지역을 가상적으로 연결한 선.
2. 다른 나라를 정치적·경제적으로 예속하여 영토나 세력 또는 상품 시장을 넓히려는 정책.

↘ 그림 2-9. 소련의 지원으로 편제된 중공 공군의 LA-11 전투기비행단

국에 효과적으로 맞섬과 동시에 일본에게까지 영향력을 행사할 수도 있어야 했다. 가장 빠른 방법은 바로 '한반도 완전 적화'였다.

한편 중공의 입장에서는 국공내전 이후 중공의 안보 및 소련의 원조 획득을 위해 한반도 장악이 필수적인 요소였다. 국공내전 간 장제스 정부를 지원한 미국이 한국을 지원함으로써 자연스럽게 한국과 중공 사이에 적대관계가 형성되었다. 또한 당시 중공은 국공내전 종료 직후였으므로 정치적, 경제적, 사회적 혼란의 극복 및 대만을 통합하기 위해서는 소련의 공군·해군 지원이 절대적으로 필요했다. 따라서 중공 또한 한반도를 장악하고자 하는 의도가 다분히 있었던 것이었다.

이렇듯 소련과 중공의 이해관계가 상호 일치하면서 여기에 자동으로 북한의 의도 또한 부합하였음은 너무나도 당연했다. 이리하여 소련·중공·북한의 '삼각 협력관계'가 형성됨에 따라 1950년 3월 30일에 김일성과 스탈린 간에 회담이 이루어지게 되었다. 이 회담에서 김일성은 오늘날까지도 북한에서 말하는 '해방전쟁'을 일으키겠다고 스탈린을 설득하기 시작했고, 결국 승인을 받아냈다. 이때 스탈린의 승인 조건은 미국이 개입하지 않을 것과 중공의 승인도 받아내야 한다는 두 가지였다.

곧이어 김일성은 5월 13일에 마오쩌둥(毛澤東)에게 모스크바 회담 내용을 설명하고 스탈린의 의도를 전달하였다. 이에 마오쩌둥은 스탈린의 의도에 대해 직접 확인을 요청하였고, 스탈린은 마오쩌둥에게 자신의 의도를 문서로 작성하여 발송하였다. 결국 마오쩌둥은 김일성의 계획에 동의하였으며, 중공은 비록 미군이 참전한다 해도 병력을 파견하여 북한을 지원할 것을 약속하였다.

이처럼 미국 · 소련 · 중공 등 한반도를 둘러싼 다양한 국제적 요인들로 인하여 6 · 25전쟁의 어두운 그림자는 조금씩 한반도를 덮어가고 있었다.

2. 국내적 요인

6 · 25전쟁이 발발하게 된 국내적 요인에 대해 살펴보기에 앞서 개전 직전 남 · 북한의 군사력 불균형에 대해 알아보도록 하겠다.

먼저, 표 2-1에서 알 수 있듯이 병력의 숫자를 비교해보면 개전 직전에 북한군 전체 병력은 20만 1,050명이었고, 한국군은 10만 3,827명으로 약 두 배 가까이 차이가 났다. 무기를 비롯하여 장비분야에 있어서도 양이나 질적으로도 북한군이 한국군보다 월등히 앞섰으며, 결정적으로 당시 한국군은 전차를 단 한 대도 보유하지 못하고 있었던 데 비해 북한군은 소련제 T-34전차를 242대나 보유하고 있었다. 더군다나 이것을 당시 한국군이 보유하고 있던 그 어떤 대전차 무기로도 파괴할 수 없었다고 하니, 그 전력의 차이는 어렵지 않게 짐작할 수 있을 것이다.

↘ 표 2-1. 6 · 25전쟁 직전의 한국군과 북한군 군사력 비교
그 당시 한국군이 북한군에 비해 얼마나 열세였는가를 알 수 있다.

구 분	한국군	북한군	비 고
병 력	103,827명	201,050명	1:2
전 차	없음	242대	
야 포	91문	728문	1:8
항공기	22대	211대	1:10
훈련 상태	대대급 훈련완료(16개 대대)	사단기동훈련 및 보전포 협동훈련 완료	
전투경험	대부분 비정규전 경험 (공비토벌, 38도선에서의 분쟁)	-한인계 중공군(28,000명) ※ 5, 6, 12사단/1, 4사단에 각 1개 연대 -한인계 소련군(5,000명)	
	소수의 일본군 지휘관 ↓ 소부대 전투지휘 경험	다수의 팔로군 출신 지휘관 ↓ 대부대 전투지휘 경험	

뿐만 아니라, 부대 훈련 정도와 실전경험 및 지휘관의 지휘능력 등에 있어서도 당시 한국군과 북한군의 차이는 비교가 되지 않을 정도였다. 당시 한국군은 훈련 면에서 16개 대대만이 대대훈련을 겨우 끝낸 상태였던 반면, 북한군은 사단[3]기동훈련 및 보전포(步戰砲)[4] 협동훈련을 모두 끝낸 상태에서 남한의 지형연구까지 실시하였다.

그리고 28,000여 명의 중공군 내 한인병력과 5,000여 명의 소련군 내 한인병력이 북한에 입국함으로써 실전경험을 가진 병사가 많았던 북한군과 달리, 한국군은 공비 토벌작전과 38도선상에서 소규모 분쟁 등의 침투 및 국지도발 경험만 약간 있었을 뿐 전면전(全面戰) 경험은 거의 없었다.

이러한 남 · 북한 간의 군사적 불균형은 북한으로 하여금 전쟁을 일으키면 반드시 승리할 수 있을 것이라는 자신감을 심어주게 되었으며, 결국 이런 자신감은 북한이 불법으로 전면 남침을 하는 데 큰 영향을 주었다.

이 외에도 또 하나의 전쟁 발발 요인이 있다. 그것은 바로 국내정세의 혼란이었다. 광복 직후 한반도에는 48개의 정당이 어지럽게 난립하였다. 특히 경제적으로도 일본이 패망 후에 각종 재화를 본국으로 수거해 가면서 국가재정이 부족해지자, 정부에서는 화폐를 마구 찍어내

↘ 그림 2-10. 소련제 T-34전차로 무장한 북한군

3. 군대의 편성 단위 중 하나로서 군단보다 작고 여단 및 연대보다 큰 조직집단을 가리킨다. 일반적으로 평시의 군대 편성 단위는 최소단위부터 순서대로 '분대-소대-중대-대대-연대-(여단)-사단-군단' 순이다.
4. 보병(步), 기갑(戰), 포병(砲)을 가리킨다.

면서 인플레이션이 발생하여 물가가 33배나 뛰었다.

↘ 그림 2-11. 지리산지구 전투사령관과 참모 일동

이때 북한은 남한을 교란할 목적으로 총 10회에 걸쳐 2,400여 명에 달하는 인민유격대를 남파하였다. 또 남로당 및 무장공비의 활동으로 폭동, 반란, 파업 등이 여기저기서 일어났다. 그 대표적인 예가 바로 1948년 전라남도 여수 · 순천에서 한국군 제14연대의 일부 좌파 계열 군인들이 무장봉기한 '여 · 순 반란사건'이다(10월 19일에 발생하였다고 하여 지금은 '여순 10 · 19사건'이라 한다).

한편 38도선에서는 북한군이 한국군의 경계태세와 전투력을 탐색할 목적으로 불법 도발을 자행하여 군사적인 불안감을 조성하였다. 1949년 5월부터는 울진, 개성, 춘천, 강원 지구에 중대－연대규모 병력을 투입하여 분계선을 침범하고 정규전 못지않은 치열한 전투를 치른 연후에야 마지못해 철수하는 무력충돌을 끊임없이 야기시켰다. 이러한 분쟁도발은 인민유격대의 후방교란과 38도선을 북한군의 실전 훈련장으로 이용하는 등의 추가적인 효과도 있었다.

반면에 한국군은 내부의 좌익세력들에 의한 하극상 등 병영에서도 문제가 많았으며, 심지어는 2개 대대가 건제단위로 월북하는 일까지 발생하였다.

이처럼 남한이 내부적인 혼란을 겪고 있을 때 북한은 각종 도발뿐만 아니라 대남 평화공세를 취하기도 했는데, 전단 살포와 대남방송을 하거나 북한주민을 대상으로 평화통일 서명운동 등을 전개하였다. 이러한 방법을 통해 남한이 방심할 수밖에 없는 여건을 조성해 놓은 후, 전쟁준비에 박차를 가하고 있었다.

전쟁이 일어났을 때, 상대적으로 더 극심한 혼란에 빠져 있는 국가가 전쟁에서 승리한 사례는 찾아볼 수 없다. 당시 북한이 전쟁 승리에 대한 자신감에 고취되었던 것도 이러한 이유에서 비롯되었을 것이다. 결과적으로 남북한의 군사력 불균형과 남한 국내정세의 혼란, 그리고 앞서 살펴본 국제적 요인은 6 · 25전쟁이 발발하는 데 도화선과 같은 역할을 하게 되었다.

III. 북한의 남침계획과 남한의 대비태세

1. 북한의 남침계획

1945년 8월 8일, 소련은 일본에 대한 선전포고를 하고 태평양 전쟁에 참전하게 된다. 나진과 청진 일대에 소련 공군의 폭격이 시작되었고 육군은 두만강 쪽으로 진격하였으며, 13일에는 1개 사단 규모의 소련군이 청진에 상륙하였다.[5]

이렇게 한반도에 영향력을 행사하기 시작한 소련과 김일성은 우선 북쪽을 공산화한 후 한반도 전체를 공산화시킨다는 목표를 가지고 있었다. 소련의 도움을 받아 북한의 실권을 장악한 김일성은 한반도 전체를 공산화시키기 위해서는 무력 외에 다른 방법이 없다는 생각을 굳히게 되는데, 이때가 1949년이다. 이를 실행하기 위해서 소련의 승인과 지원은 없어서는 안 될 요소였다. 김일성은 앞에서 살펴본 대로 스탈린을 찾아

5. 국방군사연구소(채한국 외 2인), 『한국전쟁(상)』, 1995, p. 8.

조금 더 알아볼까요?

1. 6 · 25전쟁, 6 · 25사변, 6 · 25내전/내란 중 어느 것이 바른 표현이죠?

1) 사변 · 동란(X)

- 불법적이고 폭도적인 북한 공산 세력에 의해 자행된 무장폭력을 강조
- 대한민국의 정통성 강조 및 전쟁의 외인적 요소가 배제

2) 내전 · 내란(X)

- 남 · 북한 쌍방의 권력투쟁
- 전쟁의 책임이 남 · 북한에 동등하게 내재한다는 점을 부각

3) 전쟁(O)

- 남북분단 체제의 갈등과 대치상황이 배경, 남북 간의 전면전
- 미국과 중공의 정규적인 군사력이 충돌

'6 · 25전쟁'이 적합한 표현이랍니다.

2. 6 · 25전쟁을 '한국전쟁'이라고도 하던데, 모두 맞는 말인가요?

한국전쟁은 우리나라에서 있었던 모든 전쟁을 뜻하기도 하며 6 · 25전쟁을 제3국의 입장에서 사용하는 용어이므로, 2004년 4월부터 교육부에서 '6 · 25전쟁'이라는 용어를 사용하도록 확정하였습니다.

참고적으로 현재 국방부에서는 국제 교류 시에만 두 명칭을 혼용하고 있습니다.

이번에도 역시 '6 · 25전쟁'이 적합한 표현이군요!

하지만 국제적으로 사용해야 할 경우엔 두 가지 모두 사용할 수도 있겠네요!

가 설득하여 결국 승인을 받아내었고 지원까지 약속받았으며, 이후엔 마오쩌둥의 지원약속까지 받아내게 되었다.

사실 스탈린은 이승만 등 당시 남한의 지도자들에 의해 공공연하게 제기되고 있던 '북진통일' 주장을 심각하게 받아들여, 한반도에서의 전쟁 가능성을 크게 우려하고 있었다. 이에 따라 스탈린은 북한의 군사력 증강에 적극적으로 나서는 한편 북한으로 하여금 38도선 도발 등 전쟁으로 이어질 수 있는 군사적 행동을 자제하도록 적극적으로 통제하기도 하였다.[6] 그런데 왜 이후에 갑자기 스탈린은 김일성의 설득에 넘어가서 북한의 남침전쟁 지원에 동조하게된 것일까? 그 이유는 다음과 같다.

1949년 6월 29일, 미군이 남한에서 철수를 하였다. 이는 곧 남한에서 미국의 군사력이 떠남을 의미하는데, 이렇게 되자 스탈린도 김일성의 주장을 받아들이게 되었고, 나아가 마오쩌둥까지 북한의 남침전쟁에 동조하였다. 앞서 살펴본 바와 같이 마침내 소련 · 중공 · 북한의 '삼각 협력관계'가 완성된 것이다. 이후 스탈린은 김일성이 말하는 '무력에 의한 조국해방'을 지원함은 물론, 전쟁의 계획을 지시하기도 하였다. 당시의 사실을 입증하기 위하여 스탈린이 김일성에게 당부하였던 내용을 요약하여 소개하도록 하겠다.

> 전쟁의 철저한 준비가 필수적임. … 사단들은 보다 많은 무기, 보다 기계화된 이동 및 전투수단을 보유해야 함. … 그 다음 구체적인 공격계획이 수립되어야 함. 전쟁계획은 3단계로 수립되어야 함. 첫째, 38도선에 인접한 북한지역에 병력을 집중 배치함. 둘째, 북조선의 최고 권력자가 새로운 평화통일의 제안들을 제시함. 분명 이러한 제의들은 상대에 의해 거부될 것임. 셋째, 거부가 이루어진 후 이에 대해 반박이 이루어져야 함. 어느 측이 전투를 시작했는지 위장하는데 도움을 줄 것임. … 전

6. 최용호 · 최용성, 『6 · 25전쟁의 이해』, 2008, p. 13.

쟁은 속전속결을 지향해야 함. 남조선과 미국이 정신을 차릴 시간을 주어서는 안 됨.[7]

이와 같은 지침을 받고 김일성은 북한으로 돌아오자마자 북한군 총참모장[8] 강건에게 남침계획을 수립하도록 지시하여, 강건과 소련 군사고문단장 바실리에프(Vassyliev)가 중심이 되어 5월 29일에 남침계획을 완성하였다. 계획은 곧 스탈린에게 보고되었고, 이후에 검토 및 보완되었으며 공격개시일은 6월 25일로 정해졌다.

이때 작성된 계획의 명칭은 '선제타격계획'이었는데, 한 가지 이상한 점은 후에 나오는 북한군의 작전 명칭에 이 선제타격계획은 한 번도 사용되지 않는다는 점이다. 대신에 '조선인민군 배치 및 반격계획' 또는 '조선인민군 반격'이라는 명칭을 사용하는 모습이 보이는데, 이것은 소련군 군사 고문단장이었던 라주바예프(Razuvaev) 중장의 보고서에서 확인할 수 있다. 그렇다면 왜 이들은 전쟁계획을 세워놓고 굳이 명칭을 바꾸어 놓았을까? 그 이유에 대해 살펴보도록 하자.

이렇게 명칭을 바꾸는 데 영향을 준 사람은 역시 스탈린이었다. 스탈린은 전쟁계획에서부터 반격의 개념을 부여하고자 했다. 즉 '남한이 북침하였기 때문에 북한이 반격을 했다'라고 하는 일종의 명분을 만들어 놓기 위함이었을 것이다.[9]

북한군의 선제타격계획과 반격계획을 비교해 보면 알 수 있는 내용이 있다. 그것은 바로 선제타격계획보다 반격계획이 실제 전쟁의 양상과 더 비슷하게 작성되어 있다는 점이다.

---

7. 예프게니 바자노프 · 나딸리아 바자노바, 『소련의 자료로 본 한국전쟁의 전말』, pp. 53~54.
8. 현재의 '참모총창'과 유사한 용어.
9. 개전 다음날인 1950년 6월 26일에 북한방송은 김일성이 '남한의 공격을 격퇴하기 위해 반공격전(反攻擊戰)으로 넘어가라'는 명령을 내렸다고 방송하였다.

↘ 그림 2-12. 김일성과 소련 군사 고문단과의 남침회의

물론 이러한 주장은 반격계획이 사후 북한에 의해서 자신들의 주장을 합리화하기 위해 작성한 계획이 아니냐는 반론의 여지가 있다.

하지만 결과적으로 6 · 25전쟁의 양상이 반격계획과 흡사하게 흘러갔다는 점, 그리고 군이 계획의 명칭을 수정했다는 사실들을 감안해보면, 결국 반격계획이 당시에 북한이 계획하였던 '진짜'남침계획이었음을 어렵지 않게 추측할 수 있을 것이다.

2. 북한의 전쟁준비

소련은 전쟁물자와 장비 지원 및 군사고문단을 파견하여 북한군 훈련과 군 간부 육성교육을 지원하는 등 여러 방면에서 끊임없이 북한의 전쟁준비를 밀어주었다. 급격히 북한군의 전투력이 상승함에 따라 소련도 군사고문단의 규모를 줄이고 군사사절단을 파견하여 북한군의 전쟁준비에 직접적으로 관여하였다.

이처럼 소련이 북한에 대해 아낌없이 지원을 하고 있을 때 중공도 지원을 해주었는데, 그 방식이 소련과 조금 달랐다. 중공은 한인계 중공군을 북한군으로 전환시킴으로써 북한의 병력을 증강시켰다. 김창덕이 이끄는 중공군 제164사단이 북한군 제5사단으로 개편된 것과 방호산이 지휘하는 중공군 제166사단이 북한군 제6사단으로 편입된 것 등이 북한군으로 편입된 중공군의 사례이다. 그리고 무엇보다도 이때 북한군의 가장 큰 변화는 바로 전차여단이 생긴 것이었다. 평양에 주둔하던 소련군 전차사단이 1947년에 북한군 제115전차여단을 창설하고 훈련을 지도한 결과, 1948년 12월에는 북한군이 스스로 전차를 운용할 수 있게 되었다.

북한군은 이러한 전력증강을 통해 남침 직전까지 보병사단 10개, 전차여단 1개, 독립연대 3개 및 경비여단 5개를 갖추었다. 이후 전력증강은 계속되어 개전 직전에 이르러서는 지상군 182,680명(전투병력만 120,880명)과 해군 15,570명, 공군 2,800명 그리고 지원 및 특수병력 61,820명 등 막강한 전력을 보유하게 된다.

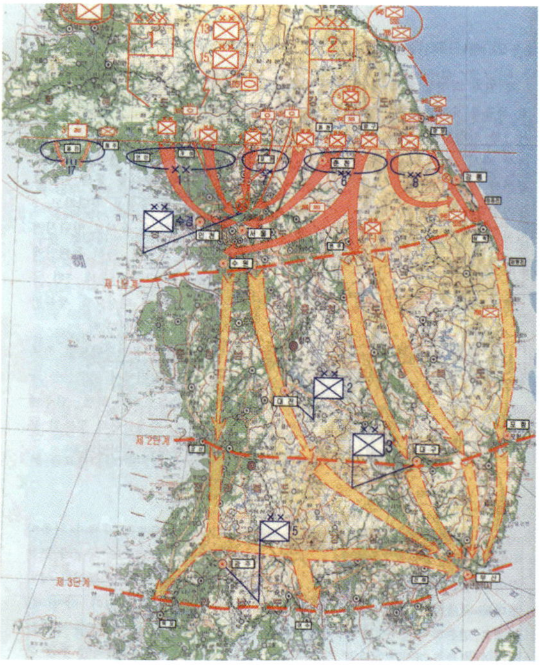

↘ 그림 2-13. **북한군 3단계 작전 상황도**
「6·25전쟁사 ②, 북한의 전면남침과 초기 방어전투」, 국방부 군사편찬연구소, p. 10.

3. 남한의 전쟁대비상황

38도선은 지형을 따라 명확히 구분해 놓은 경계선이 아니라 지도상에서 일직선으로 갈라놓은 선이다. 이곳에서는 한국군과 북한군 사이에 서로 조금이라도 유리한 진지를 차지하기 위하여 크고 작은 신경전과 충돌이 잦았다. 때문에 한국군에는 수시로 비상경계령이 발령되었다. 그러자 북한의 위협에 대한 위기감은 갈수록 퇴보되었고, 이는 결정적으로

↘ 그림 2-14. **남침을 앞두고 군사훈련 중인 북한군의 모습**

↘ 그림 2-15. **해방 4주년 기념식 사열중인 북한군**(1949년 8월 15일)

경계태세가 느슨해지는 원인이 되었다.

또한 당시 대한민국 정부는 재정난 극복 및 군사적 증강을 위해 북한의 남침 가능성을 미국에 호소하여 원조를 받고자 하였다. 그러나 미국은 북한의 남침은 없을 것이며 오히려 '한국군을 과도하게 증강시킬 경우에 한국군에 의한 북침이 우려된다'라는 시대착오적인 판단을 내리기도 했다. 이러한 판단착오는 애치슨라인을 탄생시키는 계기로 작용하였다.

한편 한국군의 경우를 살펴보자. 당시 한국군은 미국의 안일한 판단에만 기대어 북한의 위협에 대한 경계심을 느슨하게 풀고 있는 상태였다. 따라서 북한의 위협에 대한 실질적인 대비책을 강구하지 못하였음은 너무도 당연한 사실일 것이다.

↘ 그림 2-16. **조선 국군 준비대**

광복을 맞아 귀환한 장병들을 중심으로 국군준비대가 결성되었고, 1945년 12월 26일에는 중앙학교 강당에서 전국대회가 개최되었다. 미 군정은 1946년 1월 21일 모든 군사단체의 해산령을 내렸다.

↘ 그림 2-17. **명명식과 AT-6훈련기**(건국기)

전쟁 발발 직전 북한군과 한국군의 차이는 바로 이와 같았다. 북한군이 전쟁을 위해 바삐 전력을 증강하고 있던 그 순간에 한국군은 한가롭게 시간을 보내고 있었던 것이다. 결국, 양쪽 군대의 전력차이는 걷잡을 수 없이 커져가고 있었다.

4. 한국군, 대규모로 지휘관을 교체하다

1950년 5월 30일에 남한에서는 제2대 민의원 총선거가 있었는데, 결과는 여당의 패배였다. 이에 따라 대규모의 인사이동이 있었으며 군 수뇌부도 포함되었다. 1950년 4월 10일에 제4대 육군 총참모장으로 채병덕[10] 소장이 부임하였고, 참모부장으로 있던 정일권 준장이 해임되는 등 인사이동의 규모는 건군 이래 최대 규모였다.

---

10. 채병덕 총참모장은 어릴 적부터 수재로 불릴 정도로 재능이 많았다. 이종찬과 함께 일본 육군사관학교 29기로 입학하였고, 이를 계기로 후에 많은 한국인들이 이들의 뒤를 이어 일종의 라인을 형성한다. 그는 거구의 외모와 상반되는 부지런함과 민첩함을 겸비하고 있음은 물론, 문 · 무의 다양한 재능을 가지고 있어서 믿음직스러운 '탱크' 같은 '뚱보 장군'이라는 애칭으로 불렸다. 이후 이승만 대통령은 군 조직을 개편하는 과정에서 당시 충주의 제4여단장으로 보직되어 있던 33세의 채병덕을 젊음과 패기 및 실천력과 충성심, 그리고 미 군사고문단의 두터운 신임을 바탕으로 하여 육군 총참모장으로 임명하였다.

당시의 인사이동 내역을 살펴보자. 1950년 4월 22일에 김백일 대령이 작전참모부장에, 제1사단장에 백선엽 대령, 제3사단장에 유승렬 대령, 제5사단장에 이응준 소장이 임명되었다. 또한 전쟁 발발 직전인 같은 해 6월 10일에는 육군본부의 2개 국장과 전국의 5개 사단장에 대한 인사이동이 있었다. 이것은 당시 육군본부의 군수국장과 정보국장만을 그대로 두고 나머지 육본의 전체 참모 및 전국의 모든 사단장을 바꾼 인사이동이었다.

특히, 6월에 진행된 대규모의 지휘관 교체는 이후 심각한 부작용을 일으키게 되었다. 이 교체작업은 전쟁이 발발하기 불과 15일 전에 이루어졌는데, 이는 개전 직후 초기 전투에서 한국군이 패퇴를 거듭하게 되는 큰 요인으로 작용하였다.

한 부대를 지휘하는 지휘관의 자리는 전시가 아닌 평시에도 적당한 기간 동안 업무를 인계받아야 하는 중요한 자리이다. 중대급 부대의 지휘관인 중대장만 하더라도 약 백여 명의 병사들을 관리하고 통솔하는 업무를 인계받는 데 걸리는 기간이 결코 짧지 않다. 그런데 당시 인사이동이 이루어진 직급은 육군본부 국장이나 사단장급이었으니 전쟁 발발 직전에 있을 수 없는 크나 큰 착오를 범하게 된 것이다.

↘ 그림 2-18. **육군 총참모장 소장 채병덕**

물론 이것은 제2대 민의원 총선거에 따른 인사이동이었다. 그러나 당시 북한의 남침 징후가 곳곳에서 포착되었고 38도선 부근에서는 크고 작은 국지도발과 교전이 심심치 않게 일어나고 있었던 것을 감안해보자. 아무리 생각해봐도 그 무렵에 이러한 착오를 범했다는 것은 정말 안타까운 일이 아닐 수 없다.

↘ 그림 2-19. 육탄 10용사의 신화 개성 송악산전투

5. 남침 징후 무시

1949년부터 38도선 부근에서는 남북 간에 교전이 일어나는 등 심상찮게 군사적 충돌이 일어나고 있었다. 그중 대표적인 충돌이 육탄 10용사[11]가 산화한 '송악산 전투'인데, 이 전투는 거의 준전시 상태의 상황이었다. 또한 여수 · 순천 등의 도시에서 벌어지는 게릴라들의 공격도 무시할 수 없는 심각한 수준의 위협이었다.

이리하여 1949년 말경에는 북한군이 남침한다는 이야기가 돌고 있었고 1950년에 들어서서는 2월, 3월, 4월에 남침이 이루어진다는 소문이 무성하였을 정도로 이미 북한의 남침 징후는 농후하였다. 이는 1950년 5월에 이승만 대통령이 '북쪽에서 위기가 다가오고 있다. 5~6월에는 무슨 일이 일어날지 모른다'고 언급한 점과 북한에서 귀순한 병사가 진술한 북한의 남침계획 내용 등을 통해서 확인할 수 있다.

11. 1949년 5월 4일 북한군의 기습작전으로 점령된 개성부근의 송악산을 탈환하기 위하여 한국군 제1사단 11연대의 서부덕 상사 등 10명의 특공대가 박격포와 수류탄을 지니고 육탄 돌격하여 북한군의 진지를 모두 파괴하고 산화함.

↘ 그림 2-20. **미 군사고문단의 훈련사열**
(1949년 7월 춘천)

↘ 그림 2-21. **댈러스 미 대통령 특사 38도선 방문**(1950년 6월 17일)
한국전쟁 발발 8일 전 미국의 댈러스(중간 흑색 양복을 입은 사람)가 남한을 방문하여 개성부근의 북한을 관측하고 있다.

그리고 전쟁 발발 직전인 그해 6월, 북한이 조만식 선생과 남한에서 억류중인 A급 간첩을 교환하자는 일종의 평화공세를 취하였다. 채병덕 총참모장은 이러한 제의 자체가 평화를 위장한 속임수일 가능성이 있다는 이유로 6월 11일 오후 4시에 비상경계령을 발령하고 38도선 부근의 경계를 강화하는 등의 조치를 하였다.

이와 같은 경계강화태세가 유지되었더라면 좋았겠지만, 안타깝게도 그로부터 13일 후인 6월 24일 00시를 기해 비상경계령을 해제하였다. 너무 장기간 지속되는(6월 11일 이전에도 가끔 비상경계령이 걸리곤 했었다) 비상경계령의 효율성 약화를 우려하여, 잠시 풀어서 휴식을 취한 이후 상황을 준비하려 했던 조치로 판단된다.

게다가 하필이면 1950년 6월 24일 밤에 채병덕 총참모장과 수도권 내에 있는 사단장 및 육군본부의 주요참모들, 그리고 미 군사고문단요원들까지 참석한 '육군 장교구락부'의 개관식이 열려서 군의 주요 수뇌부들이 회식을 가졌다. 심지어 일부 장교들은 2차와 3차 회식까지 갔다고 한다. 평소 같았으면 충분히 있을 수 있는 상황이었지만 이날은 전쟁 발발 하루전이었기 때문에 결과적으로 굉장히 치명적인 일이 아닐 수 없다.

이뿐만이 아니었다. 그날의 상황은 너무나 좋지 않았다. 우선 토요일이었고 하필 때마침 농번기였다는 점, 그리고 00시부로 비상경계령이 해제되면서 각 부대에서 밀려 있던 휴가 및 외출 · 외박을 허가하여 많은 병사들이 주둔지 밖으로 나가 있었다는 점 등이 큰일이었다. 부대에 남아 있는 병력이 많지 않은 상태에서 대한민국은 북한의 남침공격을 받게 되는 최악의 상황을 맞이하게 된 것이었다.

6. 양 진영의 작전계획

전쟁에 있어서 무엇보다 중요한 것은 전쟁을 어떻게 수행할 것인가 하는 구체적인 작전계획이므로, 6 · 25전쟁 당시 한국군과 북한군의 작전계획을 살펴보도록 하겠다. 먼저 북한군의 작전계획은 기본적으로 주공(主攻)[12]인 제1군단을 서울 북쪽 방면에 위치하여 서울을 공격하고자 했다. 동시에 조공(助攻)인 제2군단은 춘천을 돌파한 후 그 일부 병력을 서울 동남쪽 방면으로 이동시켜 한국군 주력 병력의 퇴로를 차단한다는 것이었다. 그 다음 한수 이북[13]에서 퇴로가 차단된 한국군을 포위 · 격멸하고 상황에 따라 다시 일부를 대전 혹은 대구 방향으로 이동시켜 한국군을 소백산맥 이북에서 포위 · 섬멸하려 했다. 그리고 또 다른 일부 병력은 동해안을 따라 신속히 부산으로 진격하여 주공의 진출에 기여한다는 작전이었다. 실제로 북한군은 전쟁 직전 보유하고 있던 10개의 사단 중 9개 사단을 38도선 부근 전방에 배치함으로써 전쟁 발발 직후 신속히 남한을 점령하려는 움직임을 강하게 보이고 있었다.

---

12. 결정적 작전(목표)에 대부분의 공격역량을 집중 지향하는 전술집단.
13. 한강 북방 일대.

한국군의 경우는 전쟁이 발발했을 시 방어의 중심을 의정부 정면에 두고 38도선을 기준으로 경계진지, 주진지, 예비진지로 나누어 구분 편성하였다. 만약 북한군이 주진지를 돌파하였을 경우에는 사단 자체 역습(逆襲)[14]으로 방어지대를 확보하는 것이 기본적인 방어개념이며, 예비진지는 최후저항선으로서 반드시 확보해야 했다. 그리고 후방에 배치되어 있는 사단은 예비 전력으로서 위급한 지역부터 순차적으로 역습을 실시하여 방어지대를 확보한다는 임무를 가지고 있었다. 당시 한국군은 4개 사단과 1개 독립연대를 전방에 배치하고, 4개 사단은 후방에 배치시켜서 예비 전력으로 분류해 놓은 상태였다.

---

14. 상대편의 공격을 받고 있던 쪽에서 거꾸로 기회를 보아 급히 공격함.

제 3 장

북한군의 남침과 서울 함락

Ⅰ. 개전 초기 전황

Ⅱ. 개전 초기 주요전투

Ⅲ. 서울 함락과 한강교 폭파

제3장

북한군의 남침과 서울 함락

I. 개전 초기 전황(戰況)

1. 6 · 25전쟁 발발

1950년 6월 25일 새벽 4시. 북한군은 서쪽의 옹진반도로부터 동해안의 양양군 잔교리에 이르는 38도선의 모든 전선에서 일제히 야포의 포문을 열고 약 30분 동안 한국군 방어진지를 포격한 후 38도선을 넘어 남침을 개시했다. 이와 동시에 동해안을 따라서 후방지역인 강릉 방면에는 북한군 유격대와 육전대(陸戰隊)[1]가 침투하였다. 정동진과 임원진에 이들이 상륙하여 전면전과 국지전(局地戰)이 동시에 진행되면서 38도선 부근과 동해안 일대가 순식간에 아비규환의 전장으로 전락하게 되었다.

북한군의 주공인 제1군단은 서울에 대한 집중 공격을 감행하였고 중부전선의 춘천과 동부전선의 강릉 방면에서도 제2군단의 공격이 동시에 이루어졌다. 한국군은 즉시 전투태세에 돌입하여 취침 중이던 병사들

1. 해병대의 이전 명칭이며, 해병대가 없는 국가에서는 해군에 소속되어 상륙 작전이나 지상 작전 임무를 수행하는 부대를 가리킨다.

↘ 그림 3-1. 1950년 6월 25일 새벽 4시에 북한군은 38도선을 넘어 전격적인 공격을 가해 왔다. 북한군 부대원들이 인공기를 세워 든 채 공격하고 있는 모습이다(출처: 중앙포토).

은 다급히 새벽잠에서 깨어나 바쁘게 전투 준비를 하였다. 그러나 앞서 살펴보았듯이 많은 병력이 휴가 및 외출 · 외박을 나가 있어서 그 긴박했던 순간에 남아 있는 병력은 많지 않은 상황이었다.

그 시각 38도선에서는 한국군과 북한군의 전투가 이미 전개되고 있었다. 방어태세도 채 갖추지 못하고 있던 한국군의 방어진지를 기습한 북한군은 T-34전차와 SU-76자주포를 앞세워 밀고 내려왔다. 그러나 당시 한국군은 전차와 자주포를 보유하고 있지 못하였음은 물론, 무엇보다도 북한군의 전차를 공격할 수 있는 대전차 무기조차도 가지고 있지 못했다. 따라서 전쟁 발발 직후 북한군의 전차 부대는 말 그대로 '무적(無敵)'이었다.

날이 밝은 뒤에는 북한군 전투기가 김포공항을 폭격하고 서울 시가지에 기총소사(機銃掃射)[2]를 가하기도 했다.

이처럼 모든 전황이 한국군에게 절대적으로 불리한 상황으로 흘러가고 있었다. 특히 전장에서 북한군 전차의 위력을 눈으로 직접 바라본 한국군은 패닉상태에 빠지게 되어 전의(戰意)를 상실할 수밖에 없었다.

그러나 수많은 한국군 병사들은 가만히 있지 않았다. 북한군은 한국군이 대전차포를 보유하지 못했다는 사실을 알고 방심하여 해치(hatch)[3]를

---

2. 주로 근접 또는 저공비행을 하면서 기체에 장비된 기관총 · 로켓포 등으로 적의 지상 · 해상 목표를 난사하는 일.
3. 본래는 선박의 창구(艙口) 및 승강구를 가리키는 말. 화물을 싣고 내리거나 사람이 출입하기

열어놓은 채 진격하였다. 이때 한국군 용사들은 북한군 전차에 올라타 전차 내부에 화염병을 던지거나 포탄을 등에 지고 육탄으로 전차를 향해 돌격하기도 하였다.[4]

↘ 그림 3-2. 북한 YAK-9전투기

이와 같은 한국군 용사들의 몸을 던진 활약으로 인해 북한군은 예상치 못했던 타격을 받았으나, 결국 이러한 눈부신 활약도 불리한 전세를 뒤집는 데는 역부족이었다.

2. 개전 직후의 상황 전파

38도선 부근 전방의 이상 징후는 24일 밤부터 감지되기 시작, 25일 01:00에 옹진반도의 제17연대에서, 03:00경에는 문산의 제1사단과 의정부의 제7사단으로부터 북한군의 특이사항이 보고되었다. 총참모장 채병덕 소장은 취침 중 06:00경 육군 본부 당직사령(當直司令)[5]으로부터 상황 보고를 받자마자 상황장교[6]를 호출하여 자세한 사항을 확인한 후 전군에 비상을 발령하고 각 국장들을 소집하라는 구두 명령을 내렸다. 또한 국방부장관 공관으로 전화를 걸었으나 연락이 안 되었고, 장관 비서실장으로부터 '장관님은 일요일에는 누구하고도 만나지 않고 전화도 받지 않

위하여 갑판에 열려 있는 구멍을 말하는데, 여기에서는 전차에 병사가 출입하기 위하여 설치해 놓은 구멍 또는 그 뚜껑을 가리키고 있다.

4. 1950년 6월 25일~28일의 초기 전투에서 한국군은 북한군의 전차 및 자주포 20대를 파괴하였다.
5. 군부대에서 야간 또는 휴일에 지휘관을 대신하여 부대의 제반 업무를 책임지는 장교.
6. 주로 군부대의 지휘통제실에서 근무, 그때그때의 상황을 실시간으로 파악 및 보고하는 임무를 담당하는 장교.

는다'라는 대답만이 돌아왔다. 그러나 엄청난 사건이므로 직접 찾아가서 보고하게 되었다.

이승만 대통령은 일요일이면 연못에서 낚시를 했는데, 이날 역시 오전 9시경부터 낚시를 하고 있었다. 그로부터 한 시간이 지난 10시경이 되어서 겨우 대통령에게 북한의 남침 소식이 전달되었다. 이때 국방부 장관인 신성모 장관이 '이미 개성이 함락되었으며 탱크를 앞세운 북한군이 춘천 근교에 도달했다'라는 내용의 보고를 하였을 정도로 상황이 긴박하게 흘러가고 있었다.

이에 대통령은 바로 임시 국무회의를 소집하도록 지시하였다. 그렇지만 회의의 주관은 신성모 장관에게 위임되었다.

이제 더 이상 여유가 없었다. 대한민국이 건국 이후로 최대의 위기에 봉착하게 된 것이었다.

3. 북한의 남침 사실 은폐 및 북침 주장

북한의 평양방송은 25일 오전 11시경에 '남조선이 북침했기 때문에 자위조치로서 반격을 가해 전쟁을 시작했다'는 내용의 방송을 통해 대한민국에 대한 선전포고를 발표했다. 오후에는 김일성이 직접 '리승만 괴뢰정부의 군대가 침략전쟁을 일으켰으며, 공화국 경비대와 인민군대에게 반격을 실시하라고 명령했다'는 내용의 방송을 하였다.

이는 북한 자신들이 일으킨 남침전쟁의 사실을 은폐하고 심지어 한국군이 먼저 북침하였다는 거짓 주장을 펼침으로써 전쟁의 책임을 대한민국에게 떠넘기려 했던 얄팍한 술수였음이 틀림없다고 하겠다.[7] 이후 일

7. 북한에서 1979년부터 1983년까지 간행한 역사서인 『조선전사』에는 이러한 내용의 북침설이 기술되어 있다.

부 인사들이 북한의 주장에 동의하여 한국군이 먼저 북한을 공격하였고 이에 대응해 북한군이 반격하였다는 내용의 '북침설'을 주장하기도 한다.

4. 남침의 증거

6·25전쟁 발발 당시 남·북의 군사력을 비교해 보면 병력은 한국군이 10만 3,827명, 북한군은 20만 1,050명으로 약 1 : 2의 비율이었다. 전투 시 강력한 무기가 되는 전차의 보유 현황을 비교해 봐도 북한군이 242대를 보유하고 있었던 반면에 한국군은 단 한 대도 보유하고 있지 못하였다.

그리고 당시 38도선 부근 전방 전선에서의 병력 배치상황을 보면 한국군은 4개 사단과 1개 연대가 배치되어 있었던 것에 비해 북한군은 9개 사단과 1개 전차여단, 특히 1개의 특수부대까지 배치되어 있었다. 상식적으로 생각해 보면 이러한 상황에서 한국군이 먼저 북침했다는 내용은 매우 비현실적인 주장인 것이다.

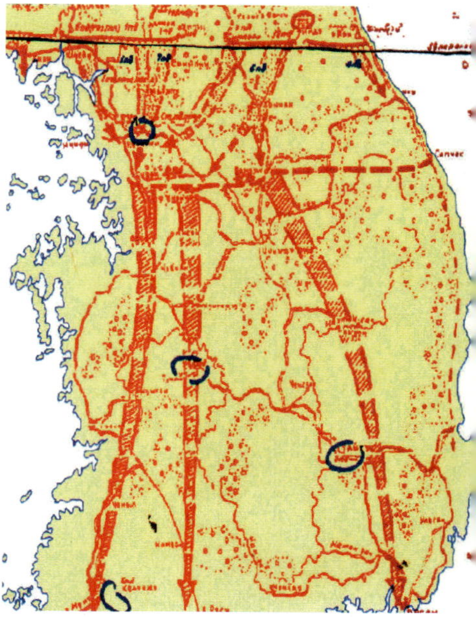

↘ 그림 3-3. 북한군 선제타격계획 상황도

북한을 비롯한 북침설을 주장하는 사람들은 한국군의 해주 진입설을 그 증거로 제시하고 있지만 이는 오보임이 판명되었고 입증할 만한 증거 또한 발견되지 않았다. 무엇보다도 한국군의 어느 부대도 38도선 이북으로 공격 혹은 진격한 사실이 없었다. 이에 반해 북한군은 38도선 부근에서 방어전을 실시하거나 후퇴한 적이 없었으며, 오직 38도선 이남을 향해 진격 및 공격만을 하였다.

또한 북침설의 내용은 한국군이 북

조금 더 알아볼까요?

1. 남침을 하기 전에 북한이 치밀한 작전계획을 세웠다고 하는데요, 그 구체적인 내용을 알고 싶습니다!

■ 북한군 제4사단 전투명령 1호 내용 中

1. 아군의 방어정면에는 적 제7사단 1연대가 방어한다.
2. 사단은 군단의 공격정면에서 적의 방어를 돌파하며 최초 마지리, 535고지를 점령하고 서울방향으로 진격한다.
3. 우익에는 제1보사가 공격하며 좌익에는 제3보사가 공격한다.
9. 포병 공격준비사격은 30분간이다.
10. 항공대는 적의 군사시설, 도로를 파괴한다.
11. 반 항공대책은 적기 내습 시 보병무기의 30%를 동원한다.
13. 지휘소는 6월 23일부터 전개하며 이동 축은 의정부로 통하는 도로 방향이다.
16. 기본신호 ➔ 공격개시 - 폭풍(전화), 244(무전)
 ➔ 돌격개시 - 녹색 신호탄, 224(무전)

2. 북한의 남침 사실을 증명해 주는 증거물 중 러시아의 비밀문서가 있다고 하는데, 다른 나라의 비밀문서를 어떠한 방법으로 확인할 수 있었나요?

1994년, 러시아의 옐친(Yel'tsin)대통령이 러시아를 방문한 김영삼 대통령에게 6 · 25전쟁 관련 구소련의 비밀문서를 공개함으로써, 6 · 25전쟁이 북한의 남침으로 시작되었다는 사실을 확인할 수 있었습니다.

■ 1994년 5월 24일 동아일보 내용 中

「金日成(김일성)은 6월 30일경에 南侵(남침)공격을 개시하려 하고 있다. 공격개시를 늦추는 것은 남한에서 북한의 의도를 탐지해 그들의 군대를 증강할 우려가 있고 7월이면 장마가 시작돼 공격을 9월로 연기해야 되는데 이는 매우 바람직스럽지 못하다.

- 蘇(소)대사 비밀電文(전문) 내용 中 일부

이는 6 · 25가 개전되기 직전 구소련의 주 북한대사 스티코프가 1950년 5월 30일 자로 스탈린에게 보낸 비밀전문 내용입니다. 이 전문은 스탈린 외에도 몰로토프, 말렌코프, 베리야, 비신스키 등 당시 소련의 관계각료 9명을 공동수신인으로 하고 있습니다. 이를 통해 당초 북한이 6 · 25의 개전일자를 6월 30일로 잡았다가 소련 측의 주도로 5일 앞당겼다는 사실을 확인할 수 있겠습니다.

침한 후 북한군의 반격이 이어졌다는 것인데, 약 20만 명이나 되는 북한군이 먼저 공격을 당한 후 불과 몇 시간 만에 반격을 했다는 것은 어불성설(語不成說)이다. 따라서 위의 사실에서 보듯이 북침설은 날조된 주장이라 아니할 수 없다.

결정적인 물증도 제시되고 있다. 전쟁 중 노획된 북한군의 선제타격계획에는 북한군의 남침 의도가 완연히 드러나 있다. 특히 전쟁 이후 러시아에서 발견된 그들의 비밀문서에 의하면 소련 · 중공 · 북한이 사전에 전쟁준비를 치밀하게 하였고 구체적인 남침계획까지 세운 상태에서 전쟁을 시작하였음을 확인할 수 있다.

II. 개전 초기 주요전투

1. 전반적인 전황

북한군의 기습공격으로 말미암아 혼란에 빠진 한국군은 옹진, 개성, 문산, 동두천, 의정부, 포천, 춘천, 홍천, 강릉에 연하는 38도선 부근의 서부 · 중부 · 동부전선에서 대응했다. 절대적으로 불리한 병력의 숫자와 전투력, 그리고 무기 및 장비의 질적 · 양적인 열세에도 불구하고 온몸을 던지며 치열한 방어전을 펼치고 있었다.

다음은 이때 각 지역의 전선에서 치러졌던 개전 초기의 주요전투에 대해 알아보고, 당시의 전투로부터 얻어낼 수 있는 교훈은 무엇인지를 살펴보도록 하겠다.

↘ 그림 3-4. 개전 초기 주요전투 상황도

2. 옹진반도 전투

한반도 서쪽에 위치한 옹진반도에서는 한국군 독립 제17연대가 45km에 달하는 넓은 지역을 지키고 있었다. 사실 45km의 광(廣)정면은 1개 연대로는 감당하기 힘들 정도로 넓은 지역이다. 물론 6·25 전쟁 발발 이전에도 이곳에서는 한국군과 북한군의 국지적인 충돌이 몇 번 있었다. 한국군은 그때마다 위축즉발의 상황을 비교적 잘 넘겨 왔지만, 이번에는 달랐다. 정말 풍전등화(風前燈火)와 같은 상황이었던 것이다.

남침을 개시하여 옹진반도로 치고 내려오는 북한군의 규모는 무려 제6사단 1연대와 제3경비여단 등 2개 연대의 규모로, 한국군 제17연대가 단독으로 방어하기에는 너무나도 역부족이었다. 제17연대는 기습 남침한 북한군은 제6사단 1연대와 제3경비여단으로 밀고 내려왔다.

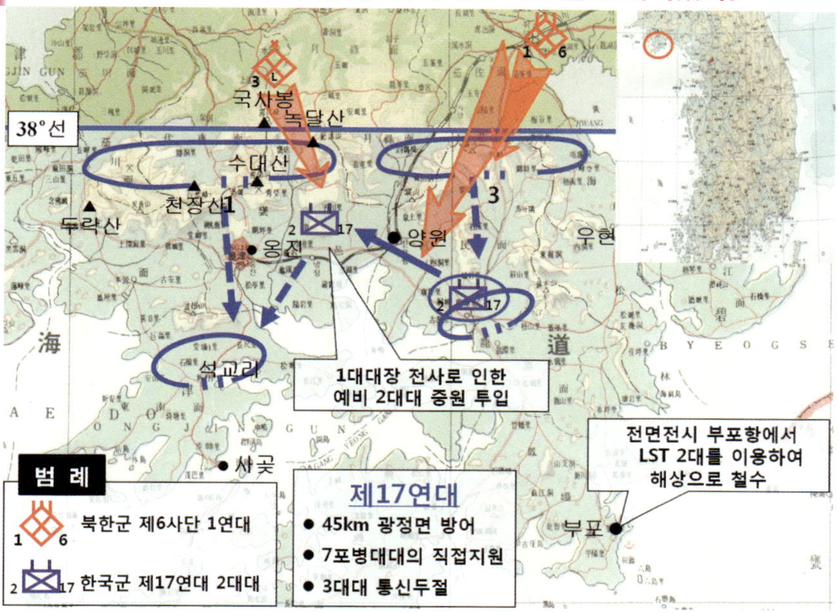

↘ 그림 3-5. 옹진반도 전투 상황도(1)

북한군에 맞서 광정면에 부대를 배치하여 지연전(遲延戰)[8]을 전개하였다.

그러나 같은 시각에 개성과 문산 지역에서 북한군에 밀린 한국군이 후퇴하는 상황이 발생함에 따라 제17연대가 적의 수중 안에 고립되어 버릴 수 있는 위기를 맞게 되었다. 이에 따라 작전지역 및 주저항선이 양분됨으로써, 연대장 백인엽 대령은 더 이상 버틸 수 없다는 판단하에 연대를 해상으로 철수하도록 하였다.[9]

마침내 철수를 시작한 제17연대는 6월 27일~28일에 걸쳐 인천을 경

---

8. 시간을 얻기 위한 목적으로, 결전을 피하면서 적의 전진을 늦추기 위해 치르는 전투를 뜻함.
9. 만일 옹진반도가 전면공격을 받았을 시 부득이한 경우 해상으로 철수한다는 계획이 세워져 있었다(반도라는 지리적 특성 때문에). 당시 한국군 독립 제17연대의 주력병력은 해군의 LST(병력 · 전차 등을 상륙시키는 용도로 사용하는 양륙함(揚陸艦))를 이용하여 철수를 하고, 제2대대(+)는 기관선과 목선을 이용하여 철수를 하였다.

한국군 제17연대는 해상으로 철수할 수밖에 없었다.

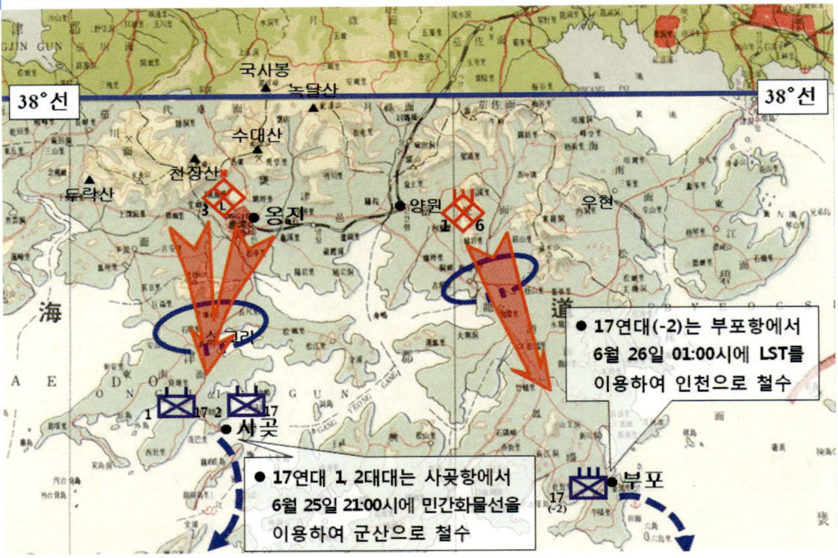

↘ 그림 3-6. 옹진반도 전투 상황도(2)

↘ 그림 3-7. 한국군 독립 제17연대 장병들
옹진반도에서 방어태세를 취하고 있다
(출처: 전쟁기념관).

↘ 그림 3-8. 옹진반도에 진입하는 북한군의 모습
(출처: 전쟁기념관)

유하여 수원으로 집결한 후에 육군 예비전력으로 재편성되었다. 이렇게 철수를 완료한 제17연대는 정비 후에 훗날을 기약하게 된다.

3. 개성 · 문산 전투

개성에서 문산을 거쳐 서울로 이어지는 통로를 중심으로 청단으로부터 고랑포에 이르는 94km에 달하는 넓은 지역은 한국군 제1사단이 지키고 있었다. 이때 사단은 방어정면이 너무 넓었기 때문에 적의 정면공격을 받게 될 경우 임진강 남쪽 기슭에서 방어를 하고, 부득이한 경우엔 남쪽 예비진지로 철수한다는 계획을 세워두고 있던 상태였다.

개전 직후 이 지역에는 북한군 제203전차연대(−1)의 지원을 받는 북한군 제1사단과 제6사단이 공격해 들어왔는데, 그날 바로 임진강과 한강 부근까지 밀고 내려왔다. 한국군 제1사단은 임진강과 곡릉천이라는 천연장애물을 활용하여 이곳에 주저항선을 편성한 후 북한군의 공격을 막

북한군 제1사단과 제6사단이 공격해 내려왔다.

↘ 그림 3-9. 개성 · 문산 전투 상황도(1)

한국군 제1사단은 방어선을 구축하여 용전분투하였으나 수도 서울이 함락되자 시흥으로 철수하였다.

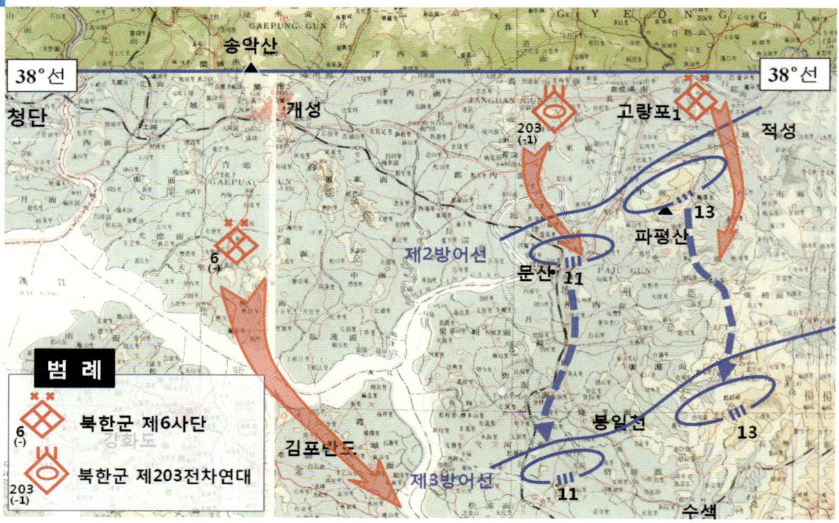

↘ 그림 3-10. 개성 · 문산 전투 상황도(2)

아내고 있었다.[10] 그러나 6월 28일 서울이 실함(失陷)[11]되어 한강교가 폭파됨에 따라 퇴로가 차단되어 버렸고, 결국은 이산포 · 행주 나루에서 한강을 도하해 시흥으로 철수할 수밖에 없었다.

사단이 철수하고 있던 도중에 북한군의 공격으로 인해 측면이 노출되었는데, 이때 하필이면 도하장비까지 부족하여 결국 병력이 분산되어 버렸다. 뿐만 아니라, 모든 공용화기(共用火器)[12]와 장비가 유기되는 손실

10. 6월 26일에 북한군 전차가 나타나자 제13연대 제1대대장은 대전차 특공조를 편성해 이를 격퇴하여 국군의 사기를 높였다. 또한 육군본부의 조치로 지원부대들이 도착하자, 이에 고무된 백선엽 사단장은 역습을 감행해 주저항선의 취약점을 보완하고자 했다. 그러나 이때, 동두천 · 포천 전선의 제7사단이 철수하자 우측방이 적에게 노출되었고 정면에선 계속 적 전차가 공격해옴에 따라 전황은 급격히 불리해지고 있었다.
11. 방어하던 진지나 도시가 잘못하여 함락되어 버린 상황.
12. 부대의 공동 임무를 수행하기 위하여 개인 단위가 아닌 공동 단위로 사용하는 화기를 뜻함. 기관총, 박격포 등이 그 예이다.

까지 입게 되었다. 반면 북한군은 한수 이북지역을 손아귀에 넣게 되었으며, 이에 따라 한국군은 한강 방어선 구축에 어려움을 겪게 되었다. 이 전투 이후 한국군 제1사단은 한강 방어선으로 투입되어 차후 전투 준비에 박차를 가하게 된다.

4. 의정부지구 전투

북한군 제1군단과 2군단은 서울 지역으로 주공격방향을 지향해놓고 있었다. 북한은 역사적으로 수도가 갖는 상징적 의미와 서울의 정치 · 경

북한군은 의정부 방향으로 주력을 투입하였다.

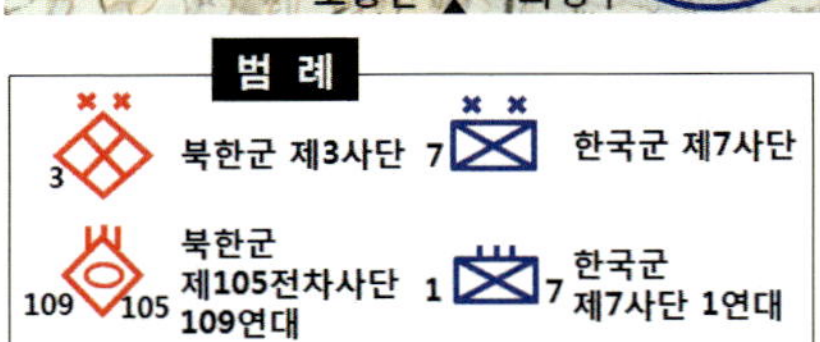

↘ 그림 3-11. 의정부지구 전투 경과 상황도(1)
당시 한국군 제7사단의 방어계획 내용이다.

제 · 사회 · 문화 등의 제반요소를 무너뜨려 대한민국을 적화시킬 목적을 가지고 있었다. 제1군단은 주공을 연천 · 운천－의정부－서울에 이르는 축선에 집중시키고, 개성－문산－서울에 이르는 축선에 조공을 투입하였다. 그리고 제2군단의 주력을 춘천－가평－서울 및 춘천－홍천－수원 방향에 투입함으로써 서울을 양익(兩翼)[13]에서 포위하여 점령한다는 목적을 달성하려 하였다.

북한군의 주공이 지향된 동두천 · 포천지역에는 한국군 제7사단이 배치되어 있었는데 이들은 적성에서 사직리까지 47km의 광정면을 방어하고 있었다. 북한군 제109전차연대의 지원을 받는 제3사단이 운천에서 포천으로, 제107전차연대의 지원을 받는 제4사단이 연천에서 동두천 방면으로 공격해 들어왔다.

당시 동두천을 담당하였던 한국군 제1연대와 포천을 담당하고 있던 제9연대의 주력은 의정부에서 교육훈련 중이었다. 따라서 이들이 감악산－마차산－소요산－가랑산－천주산을 연하는 주저항선에 투입되기까지는 적지 않은 시간이 소요되었다. 게다가 사단 예하의 제3연대가 수도경비사령부로 예속 · 변경되고, 그 대신 충남 온양에 있는 제3사단 예하의 제25연대가 편입되도록 명령이 떨어졌다. 그러나 이들이 도착하는 데에는 어느 정도 시간이 걸렸기 때문에, 사단은 예비대도 제대로 갖추지 못한 상태였다.

북한군 제4사단은 전곡－초성리－동두천 방향에 제16연대를 주공으로 투입하고, 서쪽 방면에 있는 적암－봉암리 축선에 제18연대를 조공으로 투입하여 동시타격을 실시하였다. 전곡에서 한탄강을 건너 한국군 제1연대 2대대의 경계진지를 돌파해 초성리까지 점령한 북한군 제4사단

13. 양쪽 날개라는 뜻으로, 여기에서는 중간에 있는 군대를 기준으로 좌우 양쪽에 있는 군대를 뜻한다.

한국군 제7사단은 동두천과 포천지역에서 북한군 제3, 4사단을 맞아 싸웠다.

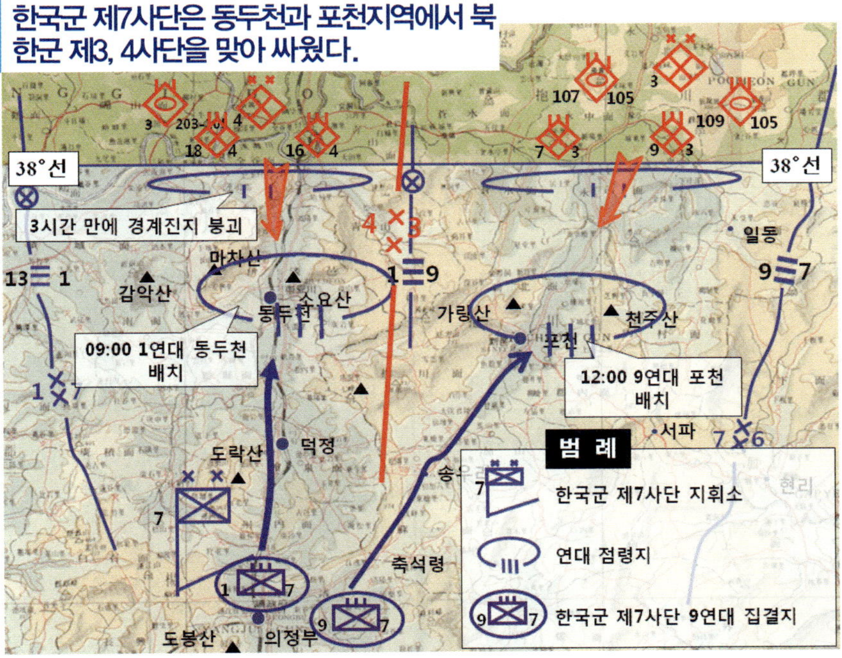

↘ 그림 3-12. 의정부지구 전투 경과 상황도(2), 주저항선 배치

16연대는 전차를 앞세워 동두천 방향으로 밀고 내려왔다.

한편 동두천 부근 보산리에서 방어진지를 구축하고 있던 한국군 제5야전포병대대가 제2대대 정면에서 도로를 따라 남하하는 북한군 1개 대대에 포격을 가하여 대부분을 격멸하는 전과를 올리기도 하였다.

몇 시간 후, 북한군이 다시 전차 2대를 앞세워 공격을 재개하였고 이때 한국군 제1연대 57mm대전차포 중대장은 창말고개(소요산역 북쪽 500m)에서 적 전차 2대를 집중 사격하여 파괴하는 저력을 보여주었다.

이에 따라 기세등등하게 밀고 내려오던 북한군의 공격제대는 다시 초성리 방면으로 후퇴하였다.

얼마 지나지 않아 한국군 제1연대 2대대와 지원부대병력은 탄약이 떨어져 재보급을 기다리고 있었지만 즉각적인 재보급이 이루어지기에는

한국군 제1연대와 9연대가 용전분투하였으나 6월 25일 동두천과 포천이 북한군에게 점령당하였다.

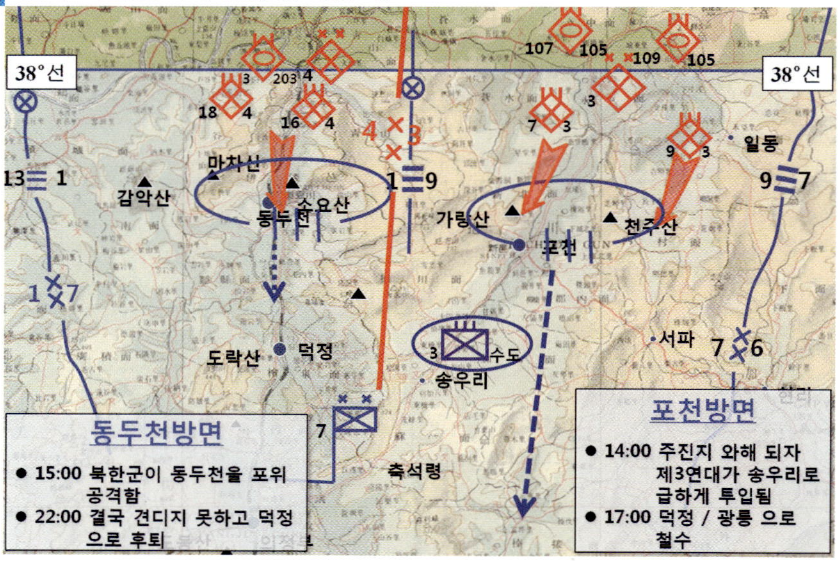

↘ 그림 3-13. 의정부지구 전투 경과 상황도(3)

힘든 상황이었다. 결국 북한군 제4사단은 한국군의 소요산 일대 주저항선을 돌파하고 25일 해질 무렵에는 동두천시내로 진입하였다.

그리고 이미 같은 날 오전 9시경에는 북한군 제3사단의 주력이 포천읍 북쪽 방면 주저항선까지 진출하였고, 오전이 채 지나가기도 전에 포천은 북한군의 수중에 떨어졌다. 이처럼 첫날 동두천과 포천이 북한군에게 점령당하면서 서울의 관문인 의정부가 직접적으로 위험에 처한 상황이 되었다.

의정부의 위기는 곧 수도인 서울의 위기와 직결되는 것이었다. 그러므로 육군본부에서는 서울 부근의 부대는 물론 후방에 있는 부대들까지 이곳 전선에 투입해 북한군을 막으려 했다. 곧 대전의 제2사단, 대구의 제3사단, 광주의 제5사단에 의정부로 투입하라는 명령이 내려졌다.

역습도 해 보았으나 결국 의정부까지 함락당했다.

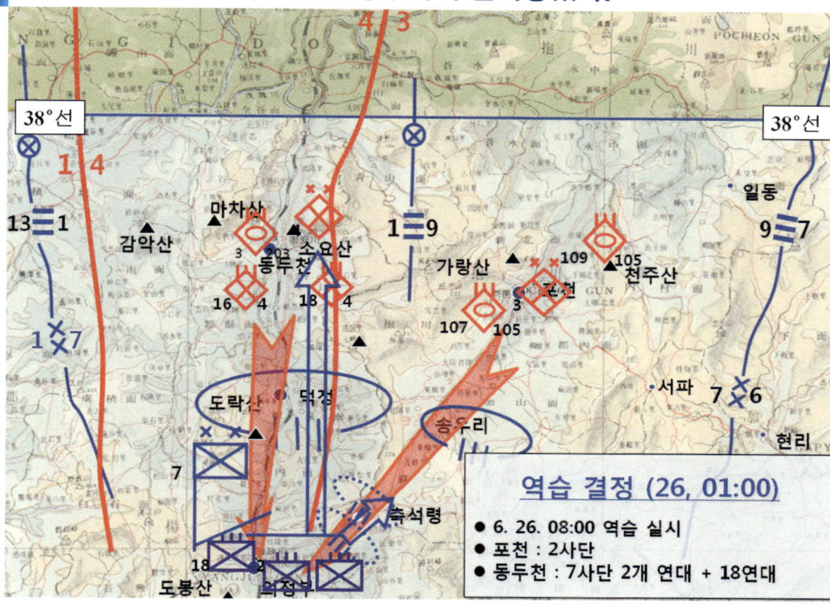

↘ 그림 3-14. 의정부지구 전투 경과 상황도(4)

그러나 전황이 워낙 급했기 때문에, 이 3개 사단은 완전한 편성체제를 갖추지 못하고 대대단위로 각기 출동하게 되었다. 이들은 목적지에 도착한 후에도 먼저 도착한 단위부대와 후발대인 본대가 제대로 합류하지 못한 채 전선에 투입되었다.

이처럼 대부분의 부대들은 100%의 전투력을 발휘할 수 없는 상황이었다. 그러나 채병덕 총참모장은 제7사단장 유재흥 준장과 제2사단장 이형근 준장에게 동두천과 포천 공격을 지시하였다. 이 공격은 누가 봐도 성공 가능성이 희박했지만, 제7사단은 26일 아침 기습적인 역습을 감행하였다. 그리고 거짓말처럼 막강한 화력의 북한군으로부터 동두천을 탈환하는데 성공하였다.

하지만 제2사단이 포천 공격에 실패하면서 상황은 긴박하게 흘러가

↘ 그림 3-15. 개전초기 서울로 향하는 북한군

고 있었다. 포천을 손에 넣지 못한다면 동두천에 있는 한국군의 퇴로 확보가 불가능하기 때문이다. 뿐만 아니라 그 상태에서 시간이 더 흐른다면 북한군에 의해 완전히 둘러싸여 버릴 위험도 컸다. 이에 한국군은 분산되어 철수할 수밖에 없었고, 부대의 전투력도 분산되었으며 이후 의정부 방어가 위태로운 상황으로 치닫게 되었다.

결국 26일 오후 1시에 서울의 관문이자 교통의 요지인 의정부가 북한군에 점령당하면서 서울의 위기는 더욱 가까워지고 있었다.

조금 더 알아볼까요?

책을 읽다 보니까 부대의 편성 단위 옆에 괄호가 있고 또 그 안에 +, -표시가 된 것이 있는데요, 이게 무슨 뜻이죠?

① 한국군 독립 제17연대 2대대(+)를 예로 들어 살펴보겠습니다. 그림으로는 아래와 같이 표현할 수 있습니다.

이 경우엔, '제17연대 예하 제2대대 안에 중대급 규모의 부대 하나가 증강되어 있는 상태'라고 할 수 있겠군요.

② 조금 더 쉽게 풀어보겠습니다.
한국군 독립 제17연대에 소속된 제2대대가 있다는 말인데요, 그림에서 보면 (+)표시가 되어있죠? 그것은 대대로부터 바로 한 단계 아래의 부대, 즉 중대 하나가 더해졌다는 뜻이 되겠습니다.

③ 그리고 반대로 마이너스(-)라고 표시되어 있는 경우라면, 해당 부대에서 바로 한 단계 아래의 부대(여기에서는 중대가 되겠지요?)가 빠져 있다는 말이 됩니다.

④ 아 참! 만약 (+2)나 (-2)처럼 +, - 부호 뒤에 숫자가 붙는다면, 그 수만큼 해당 부대의 바로 한 단계 아래의 부대가 더해져 있거나 혹은 빠져 있다는 뜻이랍니다. 어때요? 쉽죠?

5. 춘천 · 홍천지구 전투

중부 · 동부전선을 담당했던 한국군 제6사단은 제7연대를 춘천에, 제2연대를 홍천 북쪽 방면에 배치하고 제19연대를 예비대로 원주에 집결시켜놓고 있었다. 개전 직후 북한군 제2사단은 화천에서 춘천 방향으로, 제12사단은 인제에서 홍천 방향으로 공격해 들어왔다.

북한군 전차부대가 춘천으로 들어오기 위해서는 북한강을 건너야만 하는데, 이 북한강을 건너기 위해서는 화천과 춘천 사이에 있는 모진교를 건너야만 했다. 만약 북한군이 춘천으로 진입한다면 전차를 비롯하여 그

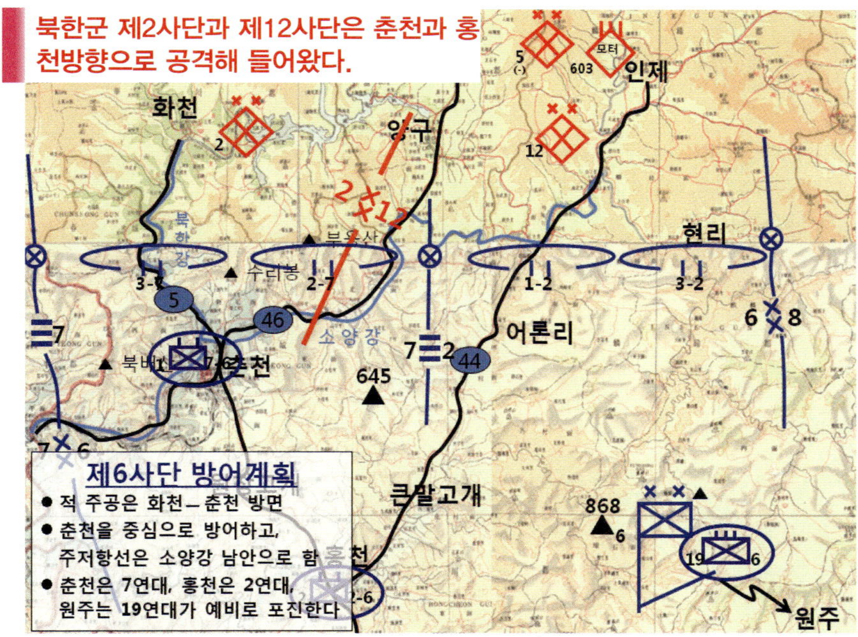

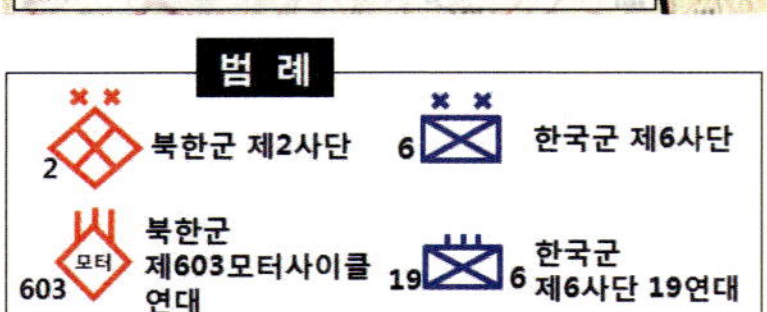

↘ 그림 3-16. 춘천 · 홍천지구 전투 경과 상황도(1)

당시 한국군 제6사단의 방어계획이다.

↘ 그림 3-17. 제16포병대대의 춘천대첩비

들의 우수한 장비의 화력에 밀려 전황이 좋지 않게 될 가능성이 컸다. 따라서 한국군 제7연대는 모진교를 폭파하여 북한군의 진군을 저지하고자 하였다.

그러나 한국군은 모진교 폭파에 실패하였고, 북한군의 SU-76자주포에 밀려 주저항선으로 긴급 철수하게 되었다. 그러나 한국군 제6사단 7연대 장병들은 당하고만 있지 않았다. 연대 대전차포중대 소대장 심일 소위가 북한군의 자주포 2문을 파괴함으로써 한국군이 크게 고무되었음은 물론, 무엇보다 전차도 파괴할 수 있다는 자신감을 가질 수 있게 되었다. 뜻밖의 저항

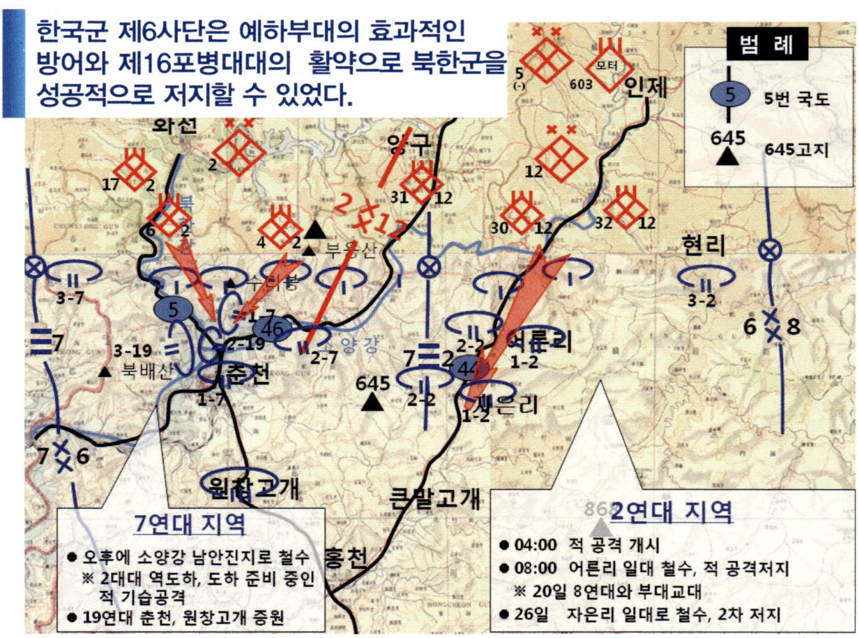

↘ 그림 3-18. 춘천 · 홍천지구 전투 경과 상황도(2)

에 급해진 북한군은 논·밭이 펼쳐져 사방이 뻥 뚫려 있는 지대에서 정면 공격을 반복했다. 이에 한국군 제6사단 16포병대대가 집중포격을 가함으로써 이곳을 돌파하지 못함에 따라 북한군은 소양강을 도하하지 못하였다.[14]

홍천 북쪽 방면의 한국군 제6사단 2연대는 자주포를 앞세워 남쪽으로 치고 내려오는 북한군 제12사단에 맞서 전투를 벌였다. 제2연대장은 특공대를 편성하여 북한군의 자주포를 파괴하는 등 효과적인 방어 전술을 성공적으로 펼치고 있었다.

같은 시각, 춘천 일대에서는 한국군 제6사단이 소양강을 도하하여 남하하려는 북한군 제2사단의 공격을 막아내고 있었다. 그리고 한국군은 이 전투에서 승리하였다. 이에 북한군 제2군단장은 신속히 소양강을 도하하기 위해 제12사단의 일부 병력을 춘천 전선으로 증원하였다. 하지만 앞서 살펴본 바와 같이, 끝내 북한군은 소양강을 도하하지는 못했다.[15]

이처럼 한국군 제6사단이 북한군을 상대로 개전 후 유일하게 적의 남하를 완벽히 저지하는 눈부신 활약을 펼치고 있던 와중에 육군본부 참모부장 김백일 대령으로부터 연락이 왔다. 그 내용은 '서부전선이 무너졌고 육군본부도 시흥으로 철수할 것이다. 그러니 이에 따라 제6사단은 사단장의 판단에 따라 철수하면서 중부전선에서 지연전을 전개하라'는 것이었다.

앞서 살펴본 대로 춘천·홍천지구의 전투에서 밀고 내려오는 북한군을 저지한 것은 분명 눈부신 성과였다. 그러나 주변 전선이 남쪽으로 후퇴함에 따라, 만약 제6사단이 이곳에 계속 남아서 적을 저지한다고 하면

---

14. 이때 북한군이 공격하기 위해 위치했던 지역에는 나무 한 그루조차 없었기 때문에 그들은 완전히 노출되어 있는 상태였다.
15. 이 전투에서 한국군은 대전차포와 곡사포로 북한군에 맞서 방어전을 전개했는데, 당시 전사한 북한군의 피로 소양강이 붉게 물들었을 정도로 많은 적을 사살하였다.

제6사단 19연대는 대전차특공대(육탄11용사)를 운용하여 적 전차를 저지/격멸하기도 했다.

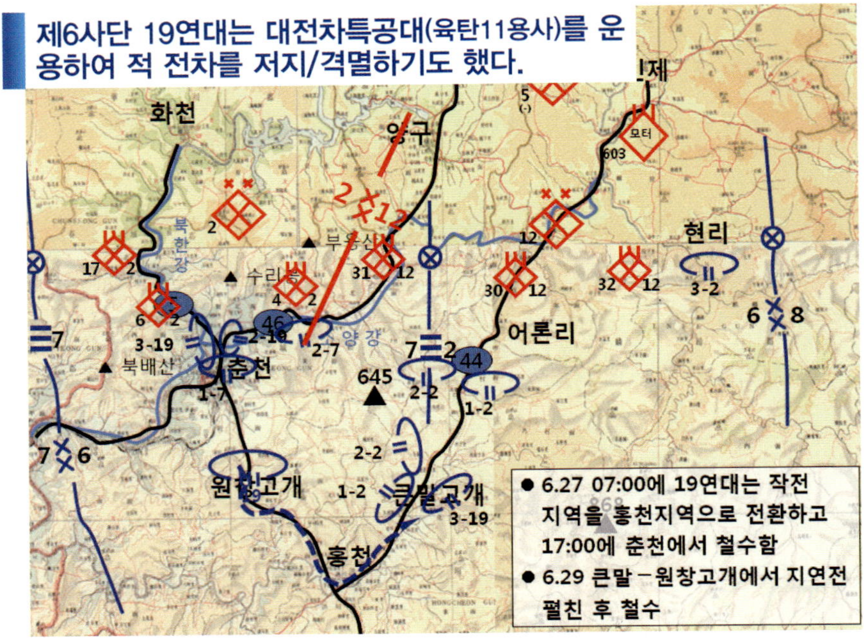

↘ 그림 3-19. 춘천 · 홍천지구 전투 경과 상황도(3)

위치상 적에게 둘러싸여버릴 상황이었던 것이다.

결국 한국군 제6사단은 원주 방향으로 철수를 시작하였다. 사단은 비록 철수를 하긴 했지만, 그 과정에서도 수류탄과 화염병을 이용하여 북한군 자주포 10여 대를 파괴하는 전과를 올렸다.[16]

이처럼 춘천과 홍천 지역에서 3일이라는 기간 동안 북한군의 남하를 성공적으로 저지하였던 한국군 제6사단은, 철수[17] 이후 지연전에 돌입할 준비를 하였다.

---

16. 6월 28일, 제6사단 19연대 특공대(육탄11용사)가 말고개(홍천 동북14km)에서 박격포탄, 화염병, 수류탄 등으로 전차를 파괴하였다.

17. 비록 철수를 하긴 했지만, 이 전투로 인해 한국군은 한강 방어선을 구축할 시간적 여유를 조금이나마 얻을 수 있었다. 반면에 북한군은 수도권을 포위하기 위해 2개 사단을 춘천－홍천－이천－수원 축선으로 우회한 후 기동시키려던 최초의 계획에 큰 타격을 입게 되었다.

6. 동해안 일대 전투

동해안 일대의 전투는 주로 강릉지역에서 이루어졌는데 이곳은 한국군 제8사단이 방어하고 있었다. 사단은 예하의 제10연대를 전방 38도선에 배치하고 제21연대는 예비로 삼척에 집결시켜 북한군이 남침할 경우 38도선에서 적을 저지하고 강릉을 방어한다는 계획을 세워놓고 있었다.

당시 한국군은 전쟁 임박 시점인 6월 중순에 북한군 게릴라를 토벌하기 위해 각 연대에서 1개 대대씩을 차출함에 따라 개전 직후 즉각 대응할 수 있는 부대가 4개 대대뿐이었다. 반면에 북한군은 제5사단과 38도선경비 제1여단이 남하해왔고, 여기에다가 제945부대와 제766부대까지 정동진과 임원진 등으로 동해바다를 통해 상륙한 후 합류하였다.

한국군 제8사단은 오직 4개 대대의 병력으로 북한군을 맞아 싸워야만 했다.

↘ 그림 3-20. 동해안 일대 전투 상황도

이렇게 되자 강릉 전선의 한국군은 상당히 불리한 상황에서 전투를 치르게 되었다. 전방 38도선 부근에 배치되어 있던 제10연대는 파죽지세로 밀고 내려오는 북한군을 막을 방법이 없었기에 바로 철수를 시작하였다. 게다가 앞서 살펴본 대로 북한군 제945부대와 제766부대가 후방지역에 대거 상륙하였다는 소식을 접하자 사단장 이성가 대령은 육군본부에 증원을 요청했다.

그러나 이때 육군본부에서는 서울을 방어하는 데 총력을 기울이고 있었으므로 강릉지역에는 지원이 불가능하다는 대답이 돌아왔다. 이에 사단장은 삼척에 있는 예비대인 제21연대를 강릉으로 올린 후 사단 주력과 38도선에서부터 철수해 내려온 제10연대를 연합시켜 강릉을 사수하기로 계획을 세웠다. 하지만 북한군이 도로를 차단하고 있었던 관계로 제21연대는 산악도로를 이용하여 겨우 사단에 합류할 수 있었다. 합류 이후 사단장은 적황을 유심히 살핀 다음 무모한 전투를 피하기 위해 27일에 대관령 서쪽의 유천리 및 횡계리 방면으로 철수를 감행했다. 제8사단은 이곳에서 부대를 추스르고 강릉 탈환을 위한 반격 작전을 세웠다. 그리고 다시 강릉을 향해 이동하였으나, 그 시각 육군본부로부터 원주로 철수하라는 명령이 하달되었다. 결국 사단은 다시 대관령을 넘어서 원주로 철수를 감행하였으며, 원주에서는 다시 제천으로 철수를 하게 된다.

이후 한국군 제3사단 제23연대가 울진으로 북상할 때까지 북한군은 아무런 저항도 받지 않고 남하하였다. 동부전선에서는 한국군 부대의 모습을 찾기가 힘들었으며, 북한군은 한수 이북지역을 완전히 손아귀에 넣게 되었다.

7. 초기 전투의 교훈

먼저 개전 직전의 부대 배치 상황부터 살펴보도록 하자. 북한군은 총

10개 사단 중 1개 사단만을 후방에 예비로 배치하고 나머지 9개 사단과 1개 전차여단, 3개 38도선 경비여단, 2개 독립연대 등 전력의 거의 대부분을 전방에 배치시켜 두었다. 이에 반해 한국군의 경우는 보유하고 있던 8개 사단과 2개의 독립연대 중 4개 사단과 1개 독립연대만을 전방 38도선 부근에 배치시켜 놓았다. 또한 앞서 살펴본 바와 같이 개전 직전 비상경계령 해제로 인해 절반에 가까운 병력이 휴가 및 외출 · 외박을 나가 있었다. 이러한 상황에서 병력의 우세는 물론 양질의 장비 및 무기를 갖추고 있는 북한군을 막아내기란 거의 불가능한 상태일 수밖에 없었다. 결국 대부분 전장에서의 일방적인 초기 전투 패배는 어찌 보면 예견된 일이었다.

그리고 북한군의 기습 남침이 이루어진 후에 이에 대처하는 정부의 모습에서 아쉬운 부분이 있다. 국가의 수장이자 국군의 통수권자이기도 하며 전시에는 전쟁을 지도하는 최고사령관 역할을 수행하는 자리가 바로 대통령이다. 당시 이승만 대통령은 현실적 상황파악보다는 정치적인 부분에 입각하여 북진통일을 주장하고 능력보다는 충성심 위주로 주변 사람들을 곁에 두어 양성하였다. 그리고 무엇보다도 전쟁 초기에 전쟁지도 업무 대부분을 신성모 장관에게 위임한 후 자신은 주로 천도와 피난에 치중하는 모습을 보임으로써, 결과적으로 볼 때 아쉬운 장면을 남기게 되었다.

군 수뇌부의 모습도 이와 다를 바가 없었다. 한국군의 능력을 제대로 파악하지 못한 채 "일거에 북한군을 격멸하고 평양과 신의주까지 진격하겠다"는 근거 없는 자신감만 내비쳤다는 사실에서 잘 알 수 있다.

그러나 당시 병력과 장비 및 무기, 그리고 교육 훈련 등 모든 분야에서 북한군에 비해 절대적 열세였으며 암울한 상황에도 불구하고 용감히 육탄으로 적의 전차와 자주포에 맞선 장병들의 활약은 눈부시게 빛났다.

특히 대부분의 한국군 부대들이 전쟁 발발 직전에 비상경계령이 해제됨에 따라 장병들의 밀렸던 휴가 및 외출 · 외박을 보내주고 있던 분위기에서, 제6사단은 사단장 김종오 대령의 특별지시로 장병들의 출타를 통제하고 있었다. 더욱이 자체적으로 훈련을 실시하고 방어진지를 구축하는 등 전투준비태세를 갖추는 데 게을리하지 않았다. 결과적으로 제6사단의 이러한 노력은 북한군의 남침 초반 계획에 큰 타격을 주었음은 물론, 한국군이 부대를 추스르고 한강 방어선을 구축할 수 있는 시간적 여유를 벌어주었다는 점에서 그 의의가 크다고 하겠다.

Ⅲ. 서울 함락과 한강교 폭파

1. 의정부 함락

한국군은 6월 26일 새벽에 의정부 북방 축석령 지역에서 북한군을 저지하기 위하여 모든 노력을 경주하고 있었다. 특히 기동부대를 지원하는 포병부대까지 북한군과 맞서 직접조준사격을 할 정도였다. 축석령을 넘어 의정부로 향해 고개를 내려오는 북한군 전차를 포병학교 1교도대대장 김풍익 소령의 지휘 아래 장세풍 대위와 포반요원들이 직접조준사격으로 파괴하였다. 그러나 뒤따르던 북한군 전차에 의하여 대대장을 포함한 포병 11용사는 모두 전사되었으며 축석령은

↘ 그림 3-21. 한강 방어선을 시찰 중인 맥아더 장군 (왼쪽에서 3번째)

피탈되고 말았다.

결국 6월 26일 오후 1시경, 의정부가 북한군의 수중에 넘어감에 따라 채병덕 총참모장은 17:00부로 제7사단장 유재흥 준장을 '의정부지구 전투사령관'에 임명하였다. 동두천 · 포천지역에서 후퇴해 내려온 유재흥 준장은, 부대를 추스르고 창동을 중심으로 도봉산-수락산을 연결하는 방어선을 구축하여 북한군을 저지하려 하였다.

급기야 27일 오전, 미처 방어진지를 편성하기도 전에 전차와 자주포의 막강한 화력을 앞세워 밀고 내려오는 북한군의 공격을 받게 되었다. 이에 결국 한국군은 창동지역을 포기하고 미아리, 태릉 방면으로 소부대 단위로 분산하여 철수를 시작하였다.

2. 수도를 옮기고 대통령이 피난가다

26일 밤. 신성모 국방부장관은 육 · 해 · 공군 총참모장들을 긴급 소집하여 군 수뇌부를 대상으로 긴급회의를 열었다. 이 회의에서는 초기 전투의 연이은 패배에 따른 강구대책이 논의되었으며, 결국 수도를 이전한다는 결정이 내려졌다.

날짜가 바뀌어 27일 새벽 1시에 비상 국무회의가 소집되어 신성모 장관과 채병덕 총참모장이 같이 참석하게 되었다. 이때 낙관적으로 전황을 설명하는 채 총장의 주장을 뒤로한 채 수원으로의 천도를 결정짓게 된다. 그러나 이 회의에서는 150만 명에 달하는 서울 시민의 피난경로 계획 등 일반 시민들을 위한 대책은 전혀 강구하지 않았다.

국무회의 결과에 따라 이승만 대통령은 새벽 3시경 피난길을 떠났고,[18] 오전 6시에는 정부가 정식으로 수원으로의 천도를 발표함으로써 시

18. 하지만 이때 이승만 대통령이 탔던 특별 열차는 목적지가 수원이 아니라 대구였다. 전해지

민들은 비로소 사태의 심각성을 깨닫게 된다. 이에 따라 남쪽으로 내려가려는 피난행렬과 후방에서 증원되어 북상하는 부대 차량들이 뒤섞이면서 서울 시내는 이루 말할 수 없을 정도로 혼잡스러운 상황이 되었다.

한편 서울을 떠나 대전에 위치하고 있던 이승만 대통령은 북한군의 공격에 의해 미아리 방어선이 무너지기 일보 직전의 긴박한 상황이었지만 이럴 때일수록 대국민 담화의 필요성을 느꼈다. 왜냐하면 이 당시 유엔군의 참전 계획 검토가 수면 위로 떠오르고 있었기 때문이었다. 대통령은 27일 오후 10시경에 중앙방송국과 전화를 이용하여 유엔군이 참전하므로 국민은 안심하라는 내용의 대국민 담화를 발표하였다. 그러나 담화가 발표되자 국민들은 대통령이 서울에 있는 줄로 알고 어느 정도 안심하게 되었으며 심지어 피난길을 되돌려 집으로 되돌아간 사람들도 있었다.[19]

3. 미아리 방어선

창동지역 방어에 실패한 후 제7사단이 철수해 내려온 미아리 부근에서는, 26일에 육군본부로부터 서울 방어의 임무를 하달받고 '미아리지구 전투사령관'으로 임명된 제5사단장 이응준 소장이 새로운 방어진지를 편성하고 있었다. 부대를 수습한 제7사단과 제5사단은 온 힘을 다하였다. 투입 가능한 최대한의 인원을 동원하여, 27일 오후까지 3,000여 명의 병력으로 정릉–미아리–청량리를 잇는 미아리 방어선을 구축할 수

는 이야기에 따르면 당시 이승만 대통령조차도 자신의 피난열차가 대구까지 간다는 사실을 모르고 탑승했다고 한다. 이후 대통령은 열차를 되돌리도록 지시, 27일 15:00경 대전에 도착하였다.

19. 이 방송은 계속해서 재방송되었는데, 북한군이 서울을 점령한 이후 방송국에 진입한 순간까지도 계속 방송되고 있었다.

있었다. 유리한 지형을 이용하여 방어선을 구축하여 담당구역을 동·서로 양분한 후 나누어 방어를 하기로 하고 전차를 포함한 적의 진입 및 남하를 막아내기 위해 도로를 차단하였다.

이날 저녁 7시경이 되자 쏟아지는 폭우에도 아랑곳하지 않고 북한군의 공격이 시작되었다. 전차 10여 대를 선두에 세워 밀고 내려오는 북한군의 화력은 너무나도 막강하였으나, 한국군도 완강히 저항하였다. 한국군은 대전차포, 박격포, 105mm곡사포 등 쓸 수 있는 모든 무기를 총동원하여 집중 포격을 가하였는데, 이때 북한군 선두에 있던 전차를 파괴하면서 적의 공격을 막아낸 듯했다.

그러나 27일 자정이 되자 북한군은 공격을 재개하였는데, 역시 이번에도 전차를 앞세워 공격해 들어왔다. 보병 정찰대의 선도하에 수대의 전차가 기습적으로 미아리 방향으로 진격, 삼거리에 설치해 놓은 장애물을 간단히 밀어내고 길음교로 진입하였다. 설상가상으로 서울 시내 곳곳에 침투해 있던 북한군의 편의대(便衣隊)[20]가 후방에서 국지적 교란 작전을 펼침으로써 한국군은 더욱 혼란에 빠지게 되었다. 무엇보다도 전투가 지속되면서 실탄이 거의 고갈되어 갔다. 이윽고 실탄이 다 떨어진 한국군은 육탄공격을 감행하면서 방어에 최선을 다하였지만 결국 28일 새벽 1시경, 2대의 북한군 전차가 길음교를 건넜다. 이 전차들은 미아리 고개를 넘어 서울 도심으로 진격을 시작하였다. 이렇게 하여 서울을 방어하는 마지막 방어선이었던 미아리 방어선마저 무너지게 되었다.

북한군의 전차가 서울 시내로 진입하였다는 사실을 모르고 새벽을 맞이하게 된 미아리 방어선의 한국군 잔류 병력들은, 날이 밝은 후 북한군 보병 부대의 기습공격을 받고 분산되어 철수할 수밖에 없었다.

---

20. 무장하지 않고 사복차림으로 적지에 잠입해서 후방교란을 주 임무로 하던 비정규군 부대를 가리키는 말로, 주로 중공에서 많이 사용되었었다.

4. 서울에 진입한 북한군

북한군이 서울 시내에 완전히 돌입한 것은 28일 오전 11시 30분경이었다. 시내 곳곳에 차량, 목책 등을 활용한 즉석 장애물 설치 방안이 모색되었지만 제대로 된 저항을 하지는 못하였다.[21] 결국 28일 오전이 채 지나가기도 전에 서울은 북한군의 수중에 떨어지게 되었다. 서울을 점령한 후, 이들은 마포형무소와 서대문형무소를 비롯하여 각 경찰서의 유치장까지 습격하여 정치범은 물론이고 일반 죄수들까지 석방시켰다. 이렇게 석방된 죄수들은 앞 다투어 북한을 찬양하기에 바빴으며, 또한 이들은 소위 말하는 '반민족주의자'들을 색출해내는 데 앞장서기까지 하였다.

한편 김일성은 이날 바로 서울 점령의 축하연설을 방송하였고, 서울에 인민위원회를 설치하여 위원장에 사법상 이승엽을 임명한다는 내용을 발표하였다.[22] 애초 북한의 생각은 서울을 점령하면 남한에 있는 남로당원들이 봉기하여 자연스럽게 남한 정부가 붕괴될 것이라고 생각하였다.

↘ 그림 3-22. **전차를 타고 서울에 진입하는 북한군**
전쟁 초기에 T-34전차는 강력한 파괴력을 보여주었다(출처: 전쟁기념관).

그러나 북한군이 서울을 점령한 28일 당일은 물론이고 6월이 다 지나갈 때까지도 봉기는 일어나지 않았다. 또, 이와 동시에 미국의 참전 가능성이 점점 커져갔다. 이에 북한군은 미군의 증원이 이루어

21. 즉석 장애물을 설치하는 방법이 강구되었다고는 하나, 애초부터 전쟁 발발 시 서울에서의 시가전 상황을 전혀 고려하지 않았던 까닭이었다.
22. 국방군사연구소(채한국 외 2인), 앞의 책, 1995, pp. 163~164.

지기 전에 남한을 적화시켜야 한다는 '속전속결 전략'의 필요성을 인식하였다. 속전속결로 남하하기 위해서는 신속히 한강을 건너야 하므로 이를 위해 30일부터 한강 방어선 돌파에 역량을 집중하게 되었다.

5. 한강교 폭파

당시 한강에는 경부 복선화 철교, 경인 상·하행선 철교, 광나루의 광진교(인도교), 그리고 용산–노량진을 잇는 한강대교(인도교)까지 총 5개의 교량이 있었다. 한강 이남으로 진출하기 위해서는 이 교량을 건너야만 했는데, 이에 따라 서울이 돌파된 상황에서 이들 교량의 폭파는 북한군의 남하를 막기 위한 필수적인 조치였다.

최초에 육군본부가 세웠던 한강교 폭파 계획은 북한군이 서울 시내에 진입하기 2시간 전에 폭파시키는 것이었다. 채병덕 총참모장은 28일 새벽 1시경에 북한군 전차가 미아리 방어선을 돌파하였다는 보고를 받았고, 그로부터 45분 후에는 그 전차들이 서울 시내까지 진입하였다는

↘ 그림 3-23. 서울에 진입한 북한군의 모습

↘ 그림 3-24. 시가전을 전개하는 북한군 T-34전차
(출처: 전쟁기념관)

↘ 그림 3-25. **폭파되고 있는 한강철교의 모습**(출처: 미 국립문서 보관소)

보고를 받았다. 그는 즉시 공병감(工兵監)[23] 최창식 대령에게 전화를 걸어 한강교를 폭파할 것을 지시했다.

폭파 명령을 받은 최 대령은 공병학교장 임홍섭 중령에게 폭파명령을 하달하였고, 이에 임 중령은 공병학교 교관들을 동원하여 28일 새벽 2시 30분경에 한강대교를 비롯한 3개의 철교를 폭파시켰다.[24]

↘ 그림 3-26. **폭파된 한강대교**

6. 한강교 폭파의 영향

이렇게 실행된 한강교 폭파는 궁극적으로 북한군의 남하를 효과적으로 저지하려는 목적으로 이루어진 것이었다. 그러나 이것으로 인해 많은 부작용이 나타나기도 하였는데 그 내용은 다음과 같다.

우선 폭파 당시 한강 이북에서 철수 명령을 받지 못한 채 북한군과 싸우고 있던 한국군 주력부대가 한강교가 폭파되면서 자동적으로 퇴로를 잃게 되었다. 이로 인해 한국군의 거의 절반에 가까운 병력이 분산되었다는 점이다. 결국 병력의 숫자상으로도 개전 당시 약 10만여 명이었던 한국군의 수는 한강교 폭파 이후 약 2만 5,000명으로 줄어들게 되었는데,

---

23. 육군 본부 공병감실의 수장.
24. 이때 2개의 철교는 완전히 폭파되지 않고 일부분만 폭파됨으로써, 며칠 후에 비교적 손쉽게 북한군 전차가 강을 건너게 되는 요인으로 작용하게 된다.

이는 최초 병력의 1/4 수준에 불과하였다.

그리고 수많은 민간인들이 희생되었다는 점이다. 폭파 당시 한강대교의 상황을 살펴보면, 그때 수많은 차량과 피난민이 다리를 건너고 있었는데 이때 다리가 폭파되었다. 그로인해 약 800여 명의 피난민들이 희생되고 말았다. 이때의 사건은, 당시 '서울을 사수할 것'이라는 방송만 믿고 피난길을 떠나지 않은 사람들과 미처 피난길에 오르지 못해 서울에 남아 있던 시민들에게 큰 충격을 안겨주기에 충분하였다.

7. 한강 방어선 구축

한강교가 폭파되고 서울이 북한군에 완전히 넘어가자, 육군본부에서는 한강선 방어를 위해 임시로 '시흥지구 전투사령부'를 편성하였다. 그러나 앞서 살펴본 대로 주력병력 대부분이 한강 이북에 고립되어 버린 상황이었으므로 병력이 턱없이 부족했다. 북한군에 맞서기 위한 방어선을 구축해야만 했던 한국군은 그러기 위해서는 어떻게든 한강 이북에 있는 고립된 병사들을 도하시켜, 그들을 추슬러야만 했다.

한국군 병사들은 모든 장비를 버리고 헤엄을 쳐서 강을 건너거나, 나룻배를 비롯한 강을 건널 수 있는 도구를 이용하여 무리를 이루어 도하를 실시하였다. 이렇게 수습된 병력들은 한강 남쪽 둑에서 전열을 재정비, 자연스럽게 한강 남안을 따라 방어선이 형성되게 되었다.

물론 이 한강 방어선은 병력 및 장비가 제대로 갖춰진 상태에서 구축된 방어선이 아니라, 자연이 선물한 한강이라는 천연장애물을 이용하여 지리적 이점을 최대한 살린 것이었다. 그러나 당시 수도가 침탈당하는 총체적 위기상황하에서 탄생한 이 방어선은, 미군의 증원 병력이 도착하는데 걸리는 시간 동안 북한군의 공격을 버텨낼 수 있을 것이라는 희망을 안겨주었다. 그런 점에서 매우 큰 의미를 찾을 수 있을 것이다.

조금 더 알아볼까요?

전시에 다리는 매우 중요한 전략적 가치를 지니게 되죠!

■ 여기에서는 중국 삼국시대의 장판교 이야기와 6 · 25전쟁 때의 한강교 폭파 사건을 비교해보는 시간을 갖도록 하겠습니다.

장판교의 대략적인 줄거리는 이렇습니다. 약 10만 명의 형주(荊州)백성들이 조조를 두려워하여 유비를 따라나서게 되는데, 이로 인해 유비의 피난행렬은 하루에 약 4km 정도밖에 이동하지 못할 정도로 느려지게 되죠. 그러나 유비는 이들을 버리지 않고 피난길에 동행하게 됩니다. 결국 머지않아 조조군의 공격을 받게 되는데, 장비와 조자룡이 장판교를 끊어버림으로써 겨우 추격을 벗어나게 되죠. 유비는 끝까지 자신을 따르는 백성들에 대한 의리를 지킨 것입니다.

■ 이번엔 6 · 25전쟁 때 있었던 한강교 폭파에 대해서 알아볼까요?

대통령이 비밀을 유지하면서 서울을 떠난 지 약 22시간 만에 대전에서 서울을 사수하겠다는 방송을 하였고, 이 방송이 나간 후 약 3시간 30분 만에 한강교는 폭파되게 됩니다. 파죽지세로 밀고 내려오는 북한군을 저지하기 위해서 한강교 폭파는 필수적인 작전이었습니다. 이로 인해 28일 오전에 서울을 점령한 북한군이 30일에서 7월 1일 사이에 겨우 한강을 건너게 되었고, 전차부대의 경우는 7월 3일에 한강을 건너게 되었지요. 한강교 폭파의 목적이 궁극적으로 적의 남하를 지연시킨다는 것이었으니, 이것만 놓고 본다면 한강교 폭파는 성공적이었다고 할 수 있겠죠.

그러나 문제는 그 시기였습니다. 당시 폭파된 한강교 위에는 수많은 피난차량과 피난민 등 약 800여 명의 민간인들이 있었는데 이들은 한강교 폭파와 함께 그대로 희생되었습니다. 또한 한강 이북에 있던, 철수 명령을 받지 못한 한국군 병사 수만 명이 퇴로를 차단당하게 되죠. 알려지기로는 당시 서울 시민의 약 7%만이 피난을 갔다고 합니다. 물론 피난의 필요성을 느끼지 못하고 스스로 피난길에 오르지 않은 사람들도 있었겠지만, 수많은 서울 시민들이 미아리 방어선에서 포격소리가 들리는 와중에 서울을 사수하겠다는 대통령의 방송을 들으면서 의아해했던 것은 분명한 사실일 것입니다.

옛 삼국시대 중국의 장판교와 1950년 우리나라의 한강교.
똑같은 다리를 끊었지만, 그 느낌이 매우 다르게 느껴지는 것은 왜일까요?

참고: 역사학연구소, 『교실 밖 국사여행』, 1993, p. 260.

8. 한강 방어선 전투

한강 방어선 전투를 수행하기 위하여 육군본부는 시흥지구 전투사령관에 김홍일 소장을 임명하였다. 김 소장은 무질서하게 철수하는 한국군 장병들을 추스르고 급식을 제공함은 물론, '미군참전'이라고 쓴 간판 수십 개를 길목마다 세우는 등의 방법으로 사기 증진에도 힘을 쏟았다. 이뿐만이 아니었다. 피난민과 함께 후퇴하던 한국군 병사들을 500명 단위의 '혼성대대'로 편성한 후 '혼성 수도사단', '혼성 제7사단', '혼성 제2사단'으로 분류하였다.

하지만 이때 편성된 이들은 정규 편성단위의 사단이 아닌 급히 편성된 '급조부대'일 수밖에 없었고, 장비와 무기의 상황도 아주 열악하였다. 이러한 상황에서 김 소장은, 곧 증원이 예상되는 미군이 도착하기까지 어떻게 하든 시간을 벌어야 한다는 계획을 세웠다.

즉 이 방어선에서 3일을 버팀으로써 그 기간 동안에 북한군의 남하를 지연시키겠다는 목표가 생겨난 것이다.

6월 29일 밤부터 한강을 도하하기 위한 북한군의 공격이 시작되었다.

조금 더 알아볼까요?

북한군이 한강 방어선 돌파를 위해 공격을 개시할 준비를 하고 있던 6월 29일, 혼성 수도사단이 방어를 담당하는 영등포지역에 미 극동 군사령관 맥아더(MacArther) 원수가 전선 시찰을 나왔습니다. 그는 쌍안경을 이용하여 한강 방어선 일대를 살펴보았는데 이때 호 안에서 진지를 지키고 있는 국군 병사를 보게 됩니다.

그는 병사에게 다가가 말을 걸었습니다. "자네는 언제까지 그 호를 지키고 있을 것인가?"라고 물었지요. 그러자 그 병사는 이렇게 대답하였습니다. "저의 상관이 철수하라는 명령을 내릴 때까지 이곳을 지키겠습니다."

병사의 대답을 들은 맥아더 원수는 크게 감동하였고, 그 자리에서 바로 최대한 빠른 시일 내에 병력을 증원해줄 것을 약속하였다고 합니다. 우리 국군 용사들의 불타는 애국심이 맥아더 원수의 마음을 움직이게 한 것입니다.

↘ 그림 3-27. **북한의 인민재판**

전쟁 초기, 북한은 곳곳에서 이른바 '인민재판'을 벌여 협조적이지 않은 인사들을 처형하였다(출처: 중앙포토).

북한군은 전차를 도하하기 위해 부서진 한강철교를 복구하는 작업에 치중하였는데, 한국군은 이에 대항하기 위해 미군 항공기의 지원을 받은 후 필사적으로 이를 저지하였다. 이로 인해 철교를 복구하는 작업에 차질을 빚게 된 북한군은 헤엄을 치거나 나룻배를 이용하는 방법으로 6월 30일에는 노량진, 7월 1일에는 영등포에 상륙한 후 재차 복구 작업에 착수하게 된다.

결국 7월 1일 새벽 4시경, 철교를 복구하는 데 성공한 북한군은 7월 3일까지 우선적으로 4대의 전차를 도하시켰다. 그리고 열차를 이용해 전차 13대와 보병을 도하시키는 데 성공하면서 그 기세로 영등포까지 밀고 내려오게 되었다.

노량진과 영등포지역이 적에게 공격받는 어려운 상황에 직면한 한국군은 결코 쉽게 굴복하지 않았다. 오히려 결사적인 방어태세에 돌입하였다.

북한군이 서울을 점령한 6월 28일부터 전차가 직접적으로 한강을 도하하게 되는 7월 3일 아침까지, 이들은 무려 6일이라는 시간을 버텨 내었다. 적에 비해 절대적으로 열세한 병력과 장비 및 무기를 보유한 3개의 혼성사단을 이용하여 한강 방어선을 지켜낸 것이었다.

이때의 한강 방어선 작전의 의의는 다음과 같다. 6일 동안 북한군의 남하를 지연하였음은 물론, 한국군으로 하여금 분산된 부대를 수습하고 미군과 유엔군이 참전할 수 있도록 필요한 시간을 확보하는 데도 큰 도움을 주게 되었다는 것이다.

9. 김포반도 전투

당시에 치러진 서울 부근의 전투 중에서 한강 방어선 전투만큼 또 하나 중요하게 살펴보아야 할 것이 있다. 그것은 바로 김포반도 전투이다.

김포반도는 폭이 2~3km이며 한강이라는 천연방어막으로 둘러싸여 있는 방어에 아주 적합한 지역이었다. 그러나 개전 첫날 옹진반도가 북한군에 의해 돌파되고 한국군 제17연대가 철수를 감행하자, 김포반도는 위기에 처하게 되었다. 당시 한국군의 서쪽 방면 방어선이 옹진－연안－개성 부근으로 정해지면서 한강 남쪽에 위치한 김포반도의 방어계획은 세워지지 않았기 때문이다.

이처럼 제대로 된 방어계획조차 없었지만, 사실 김포반도의 군사적 중요성은 굉장히 컸다. 개활지(開豁地)[25] 및 구릉(丘陵)[26]으로 이루어진 지역이었으며, 무엇보다 영등포와의 거리가 불과 40km 정도였기 때문이었다. 실제로 북한군의 입장에서 보았을 때, 김포반도를 점령하는 것이 영등포는 물론이고 수원으로 가는 것에 있어서도 최단거리의 이동로였던 것이다.

개전 직후부터 옹진반도 전투에서 밀려 후퇴하는 등의 위기에 봉착한 육군본부는 그제야 비로소 김포반도의 중요성 및 위기를 실감하게 되었다. 이에 따라 26일 오전에는 김포에 있는 남산학교(정보학교)의 기간요

25. 막힘없이 탁 트인 땅.
26. 산의 지형이 풍화와 침식을 받으면서 평원화되는 과정에 나타나는 지형.

원을 모체로 하여 '김포지구 전투사령부(이하 김포사)'가 편성되었다. 이날 밤까지 김포반도에는 장갑차소대, 제12연대 제2대대, 장갑대대, 보국대대, 후보생대대까지 하여 4개 대대 규모의 병력이 위치하게 된다. 물론 이 부대들은 급조된 계획에 따라 구성된 병력들이었기 때문에 각 부대가 서로의 상황을 잘 알지 못하였고, 소통 또한 원활하지 못한 상태였다.

김포반도 전투에서 한 가지 주목할 만한 점은 북한군의 어느 부대가 이 김포반도로의 도하를 시도하였으며 또 공격을 해왔냐는 점이다. 김포반도의 공격부대에 대해 한국군과 유엔군의 전쟁사는 '북한군 제6사단 예하의 제14연대가 6월 26일 17:00경에 김포반도의 조강리 일대로 도하하여 김포반도를 따라 공격했다. 그리고 제6사단(−1)은 제1사단과 함께 금촌−일산 축선으로 공격하다가 행주 일대에서 한강을 도하하여 김포비행장 방향으로 공격하였다'고 기록하고 있다. 그러나 '라주바예프 보고서'를 비롯한 최근 자료에 의하면 전쟁 초기 북한군 제14연대는 제1사단의 예하부대로 문산−금촌 축선을 따라 기동하였다고 되어 있다. 반면에 제1사단과 함께 문산 축선으로 기동한 것으로 알려졌던 제6사단(−1)이 배속된 전차중대와 함께 김포반도에 상륙하여 영등포 방향으로 공격하였다는 내용이 주를 이루고 있어 추가적인 연구가 필요하다고 생각한다.[27]

한편 옹진반도를 공격했던 북한군 제6사단 예하 제1연대는 옹진반도 전투가 26일 오전 10시 30분부로 종료되었음으로 제6사단의 본대를 후속하여 한강을 도하하였을 것으로 예상된다. 북한군의 입장에서는 임시 혼성부대들로 구성된 한국군 김포사의 전투력보다 더 껄끄러운 것이 바로 한강이라는 천연적인 장애물이었다. 이곳에서는 조수의 영향을 받아 하루 두 차례씩의 간만조(干滿潮)[28] 현상이 반복된다. 만조기에는

27. 김중생, 『조선의용군의 밀입북과 6 · 25전쟁』, 명지출판사, 2000, pp. 174~176.

28. 간조(干潮)와 만조(滿潮)를 일컫는 말로서 달의 인력이 지구에 미쳐 바닷물을 세게 끌어당겨서 일어나는 현상을 가리킨다.

1~1.5m/sec의 격심한 유속에 의해, 또 간조기에는 강바닥 밑에 있다가 노출된 갯벌에 의해 도하가 제한되고 있었던 것이다. 라주바예프 보고서는 당시 북한군 제6사단의 상황을 이렇게 기록하고 있다.

> 한강은 진격에 있어 치명적인 장애물이기 때문에 이 강을 도하하는 데는 충분한 량의 도하 장비와 군관 및 병사들에 대한 교육훈련이 필요하였다. 그러나 적절한 조직력이 부재하고, 도하 장비도 부족했기 때문에 6월 26일 아침 6시 30분 무렵까지도 15보병연대 예하 1개 대대 및 제13보병연대 예하 1개 대대와 교육대대 및 76mm야포 2문만이 한강 남쪽 강변으로 도하할 수 있었다.
>
> 이후 제6사단 예하부대들의 진격은 서울로부터 투입된 적 제22보병연대 2개 대대, 2개의 보병학교 생도대대 및 여타 부대들의 조직적인 저항에 의해 약산리–도이곶을 연하는 선에서 저지되었다. 6월 27일 주간에 시도된 포병의 도하는 적의 수차례에 걸친 항공공격으로 인하여 계속 지연되었다.
>
> 6월 27일 밤부터 28일까지 사단 내 보병과 제13연대 포병 및 대대포병, 사단포병연대 예하의 2개 포대, 76mm자주포 포대, 제17군단 포병연대 예하의 제2포대 및 전차중대 등이 강을 완전히 도하하였다. 6월 28일 여명을 기해 짧은 시간동안 포병 공격준비사격을 실시한 후에 보병이 전차와 합동으로 적을 공격하여 적을 대곡리, 김포지역으로 퇴각 시켰다.[29]

위의 자료를 통하여 북한군 제6사단이 한강이라는 장애물의 영향을 받아 김포반도 기동에 있어서 3일 이상 지체하였음을 알 수 있을 것이다.

그렇다고 해서 단지 북한군이 한강의 방해라는 하나의 요소만으로 김포반도에 발을 들여놓기까지 3일 이상을 소모한 것은 아니었다. 당시

29. 국방부 군사편찬연구소, 『라주바예프의 6·25전쟁 보고서(제1권)』, 2001, pp. 133~137.

에 급조된 한국군 김포사는 지휘체계도 제대로 갖추지 못하였고 인접부대의 소식에도 어두웠던 어려운 상황에도 불구하고, 막강한 화력을 자랑하는 북한군 제6사단에 맞서 용감히 싸웠다. 이와 같은 김포사의 용감한 저항은 북한군의 진격을 3일 이상 지연시켰음은 물론이고, 한국군 제1사단 등 2개 사단 규모의 병력이 행주 일대에서 한강을 도하하여 철수하는 시간을 확보할 수 있게 해준 직접적인 요인이 되었다.

10. 육군 총참모장 교체

육군 총참모장 채병덕 소장은, 앞에서 살펴본 바와 같이 의정부가 북한군의 수중에 떨어진 일촉즉발의 상황에서 오로지 서울을 사수할 것을 작전계획으로 삼았다. 물론 전쟁에 있어서 수도가 함락된다는 것은 패전으로 가는 지름길이 될 수도 있을뿐더러, 국민들의 사기에도 큰 악영향을 끼칠 수 있는 요인이 될 수 있을 것이다. 하지만 당시의 상황에서 무조건적인 서울 사수 계획은 큰 위험성을 내포하고 있었는데, 그것에 대해 간단히 살펴보도록 하겠다.

↘ 그림 3-28. 육군 총참모장으로 임명된 정일권 소장

앞에서 소개한 바와 같이 북한군 초기 전투 계획을 보면, 서울을 공격하는 방법에 있어서 정면공격은 물론 한국군의 퇴로를 차단할 목적으로 일부부대를 춘천-수원, 김포반도-영등포 방면으로 침투시킨다는 내용이 있다. 즉 서울의 후방을 차단하여 서울 부근에 있는 한국군을 포위·섬멸하겠다는 작전인 것이었다. 그런데 이때 만약 채 총장의 주

장대로 서울 사수를 위해서 즉각 동원 가능한 최대 병력을 모두 의정부 축선에 배치시키고, 전쟁을 지도해야 할 전쟁 지도부를 그대로 서울에 유지하였더라면 어떻게 되었을까?

수많은 전차를 앞세운 막강한 화력으로 남침을 전개하였던 개전 초기 북한군의 기세와, 그들의 초기 전투 계획 내용 중 서울의 후방을 차단하는 임무를 지닌 북한군 침투부대의 경로를 고려해보도록 하자.

채 총장의 주장대로 최대한의 가용 병력을 의정부 축선에 배치시켰다면 당시 한국군의 전투력, 장비 및 무기 등을 감안하였을 때 아마도 북한군의 막강한 화력에 오래 버티지 못하고 밀려났을 가능성이 크다. 그리고 한국군의 주력이 모두 의정부에 집중되어 있는 와중에 북한군 침투부대가 그 틈새를 파고들어 원래의 목적지로 침투하였다면, 아무래도 서울의 후방은 차단되었을 가능성이 크다고 할 수 있겠다.

만약 이렇게 되었다면 나중에 유엔군이 참전을 했다 하더라도 아예 그들이 성공할 만한 여유 자체가 사라짐에 따라, 결국 북한의 목적대로 대한민국이 완전 적화되는 최악의 시나리오가 전개되었을 수도 있을 것이다. 이것은 어떻게 보면 과장스러운 부분도 있지만 가능성 있는 가정이므로, 결코 무리한 생각이라고 볼 수는 없겠다.

그러나 이와는 조금 다른 견해도 있다. 당시의 열악한 상황을 고려해보았을 때, 채 총장이 아닌 그 누가 전쟁의 지휘를 맡았다 해도 상황은 크게 다르지 않았을 것이라는 내용이다. 실제로 개전 직후 당시 한국군의 암울했던 전황을 생각해보면 이러한 견해 또한 과언이 아니므로 위와 같은 두 가지 견해에 대해서 생각해 보는 것도 의미 있는 일일 것이다.

정부는 1950년 6월 30일부로 초기작전 실패를 명분으로 삼아 채병덕 소장을 제4대 육군 총참모장의 직위에서 해임하였다. 새로운 총참모장에는 미국 유학 중에 급히 귀국한 정일권 준장을 소장으로 진급시킨 후 임명하였다. 한편 채병덕 소장은 이후 '영남지구 전투사령관'으로서 임무를 수행하게 된다.

11. 북한군의 전술적 실패

북한군은 전쟁을 치르면서 전술적인 실책을 범하게 되는데, 그것은 바로 서울에서 3일간 지체하게 된 것이었다. 이로 인해 한국군은 다행히 위기를 벗어나게 되었고 병력을 수습할 시간적 여유까지 얻을 수 있게 되었다. 즉 초기 전투에서 밀려 한강 이북에서 와해된 한국군이 결정적으로 이 3일간의 북한군 지체 기간을 통해 갖가지 방법으로 한강을 건너 철수해 오는 병력들을 수습한 후 한강 방어선을 구축할 수 있었던 것이다. 그렇다면 북한군은 무엇 때문에 서울에서 3일간 지체하게 된 것일까? 그 이유에 대해서는 세 가지 추측이 있어 왔다. 그 내용을 간단히 살펴보도록 하겠다.

첫째, 북한군이 서울을 점령하게 되면 남한지역에 있는 20만여 명의 남로당원이 봉기하게 될 것이며 따라서 남한 정부는 저절로 붕괴되거나 항복할 것으로 예상하였기 때문이다.

둘째, 춘천에서 서울을 향해 공격하는 제2사단이 수원을 차단한 이후에 공격을 개시하여 한국군을 격멸시키기 위함이다.

셋째, 한강을 건널 수 있는 도하장비의 도착을 기다리고 있었다.

이러한 세 가지의 주장이 있으나 라주바예프의 보고서에 의하면 해석을 달리하고 있다. 그럼 라주바예프의 보고서에서는 북한군이 서울에서 3일간을 지체한 이유를 어떻게 보고 있는지 분석해보도록 하자.

첫째, 남로당원의 봉기로 인한 한국 정부의 자멸이나 항복을 기대했다는 주장은 '북한의 남침계획이 부산으로 진격하는 것을 포함하여 한반도 전 지역을 점령하도록 계획되었다'는 점에서 사실이 아니라는 내용이다.

둘째, 북한군이 춘천 축선에서 서울의 동남방으로 진격하는 부대를 조공 부대의 엄호 내지는 보조수단으로서 활용하였음이 확인되었다. 즉 이것이 조공의 진격에 영향을 끼칠 정도는 아니었음을 알 수 있다.

셋째, 한강을 도하할 수 있는 장비를 기다렸다는 주장에 대해서는 김일성이 소련에 요청한 전쟁물자 및 장비와 인도시기를 살펴봄으로써 확인할 수 있다. 김일성은 1949년 4월 28일에 스티코프 소련대사에게 100여 대의 항공기 및 132종의 장비와 물자를 요구하였고, 소련이 이를 대부분 제공하면서 개전 직전에 북한은 이때 요청했던 장비를 대부분 갖춘 상태였다. 그렇다면 이 주장도 사실이라고 하기엔 너무나도 빈약하다.

결국 정리해보면 앞서 소개한 세 가지 이유를 받아들이기에는 문제가 있다는 것인데, 그럼 혹시 위에서 제시된 세 가지의 주장 말고 애초에 서울에서 머물기로 했던 계획이 있었던 것은 아닐까? 당시 스탈린이 북한대사 스티코프에게 긴급 타전하였던 전문 내용을 소개한다.

> 동무는 조선 군사당국의 계획이 무엇인지에 관하여 전혀 보고하지 않고 있음. 조선 군사당국은 전진하려는 생각을 갖고 있는가? 또는 진격을 멈추기로 결정하였는가? 우리의 견해는 진격은 의심할 나위 없이 계속되어야 하며, 남조선이 빨리 해방되면 될수록 그만치 더 미국의 개입 가능성이 줄어들게 될 것임.[30]

위의 내용을 살펴보면, 애초에 북한군이 서울에서 머물기로 했던 계획이 있었던 것도 아님을 알 수 있다. 그럼 도대체 왜 북한군은 서울에서 3일간을 지체하였을까? 이 물음에 대한 궁금증을 풀기 위해, 한 번 더 라주바예프 보고서 내용 중 이것에 관한 부분을 살펴보도록 하겠다.

---

30. 예프게니 바자노프 · 나딸리아 바자노바, 『소련의 자료로 본 한국전쟁의 전말』, p. 77.

각 부대에 대한 전투행동의 지휘가 평양으로부터 직접 이루어지도록 계획되었다. 통신장비가 부족하고 전선과 총참모부가 매우 멀리 떨어져 있는 상황에서, 그리고 군단 및 군급 지휘부가 부재하고 각 사단이 총참모부의 직접지휘를 받는 조직구조 상황에서, 이러한 행위는 각 부대의 효율적 지휘를 곤란하게 만들었다.

…(중략)… 서울을 점령한 후 각 부대가 행한 극단적으로 완만한 행동과 개별부대 지휘관들의 임무 유기(遺棄)로 인하여, 적은 한강을 도하하고, 교량을 파괴하였으며, 남쪽 강변에 방어선을 조직하여 조선인민군의 진격을 늦출 수 있었다.

…(중략)… 하천장애물을 도하하는 경우, 대포 및 박격포는 하천 대안의 가장자리뿐 아니라, 최 근접 종심 2.5km부터 3km까지의 주요 고지들에 대해서도 사격을 실시해야 한다. 도하장비가 불충분하였기 때문에 포병의 도하가 1일 내지 2일 지연되었다. 이는 보병이 도하에 성공했음에도 확보한 교두보에서 보병이 성공적으로 행동하지 못하도록 하는 결과를 초래하기도 하였다. 1950년 6월 27일부터 28일까지 제6보병사단, 1950년 6월 29일부터 30일까지 제2, 3, 4보병사단 및 제105땅크 사단의 경우가 그러하다.[31]

위의 내용 중, 가장 앞부분에 보면 '각 부대에 대한 전투행동의 지휘가 평양으로부터 직접 이루어지도록 계획되었다 …(중략)… 이러한 행위는 각 부대의 효율적 지휘를 곤란하게 만들었다'라는 말이 있다. 당시 북한군은 한강을 돌파하기 위한 역량을 김포반도－영등포 방향으로 공격방향을 지향하고 있던 제6사단에게 집중하고 있었다.

만약 제6사단이 그들의 임무 그대로 한강 남쪽을 향해 신속히 진출한 후 후속으로 오는 주력이 서울에 도착하기 전에 한강의 대안[32]을 점령한다

31. 국방부 군사편찬연구소, 『라주바예프의 6 · 25전쟁 보고서(제1권)』, 2001, pp. 182~184.
32. 강, 호수, 바다 따위의 건너편에 있는 언덕이나 기슭.

고 하면, 북한군의 입장에서 보았을 때 아주 유리한 상황을 만들어갈 수 있었기 때문일 것이다. 여기서 북한군은 오판을 하게 되는데, 그들이 계획대로 신속히 서울에 진출하였을 때 한국군이 서울의 동맥이라고 할 수 있는 한강교를 조기에 폭파할 수 없을 것으로 판단했던 것이다. 이는 도하지점을 확보하는 임무를 지니고 서울에 진입한 북한군 전차가 도하지점을 찾지 못하여 방황하였던 사례를 통해 확인할 수 있다. 또한 지휘관들도 갈피를 잡지 못하고 우왕좌왕하였다고 하는데, 아마 그들의 전쟁작전계획 대부분이 소련의 고문단에 의해 작성되었다는 것을 감안해 볼 때 당시 북한군 지휘관들이 그 상황에서 융통성을 발휘하기란 쉽지 않았을 것이다.

↘ 그림 3-29. **부교(M-2) 건설 장면**

여기서 한 가지만 더 짚고 넘어가도록 하겠다. 앞의 라주바예프 보고서 내용을 보면 '도하장비가 불충분하였기 때문에 포병의 도하가 1일 내지 2일 지연 …(중략)… 확보한 교두보에서 보병이 성공적으로 행동하지 못하도록 하는 결과를 초래하기도 하였다'라는 구절이 있다. 이를 통해 북한군이 전차 및 자주포 등의 도하수단이 부족했다는 것을 확인할 수 있는데, 북한군이 이러한 상황에 직면하게 된 것은 철저한 그들의 전술적 실패가 요인이었다. 앞서 살펴본 대로 소련은 전쟁 전에 북한이 요청한 장비 및 물자를 대부분 지원해주었다. 그런데 북한이 소련에 요청한 장비 목록에 문교·부교와 같은 대형 무기나 장비를 도하시킬 수 있는 장비가 없었기 때문에, 그들은 서울의 한강에서 도하장비가 부족한 상황에 맞닥뜨리게 된 것이다.

지금까지 라주바예프 보고서 내용을 종합·분석해본 결과, 북한군이 서울에서 3일 동안 지체하게 된 이유가 결국 그들의 전술적인 실책 때문이었음을 확인할 수 있었다. 그러나 김일성이 생전에 작성했다는 친필 메모(스탈린이 보내겠다는 무기를 주지 않아 서울에서 지체했다는 내용)와 스탈린이 의도적으로 뒤에서 조종을 했다는 소련의 고의적 개입설[33]이 발표되고 있어 추가적인 연구가 필요하다고 하겠다.

---

33. 2005년 러시아 사회정치사 문서보관소(RGASPI)에서 찾아낸 스탈린이 체코슬로바키아 대통령인 고트발트에게 보낸 극비 전문에 의하면 "미국과 중공이 한반도에 말려들게 된다면 그것은 우리에게 유럽에서의 사회주의 강화와 국제세력균형에 도움을 줄 것이다"라고 되어 있어 북한군 남하지연을 의도적으로 유도했을 가능성도 있다고 하겠다.

제 4 장

유엔군의 참전과 지연전

제4장

유엔군의 참전과 지연전

I. 미국 및 유엔의 참전 결정

1. 미국의 조치

미국 워싱턴 시각으로 1950년 6월 24일 오후 3시, 같은 시각 한반도에서는 북한군에 의한 남침이 시작되었다. 그리고 그날 오후 9시경, 이 소식은 미국에 전해지게 된다. 이 소식은 즉시 미주리 별장에서 휴식을 취하고 있던 트루먼 대통령에게 보고되었고, 그는 먼저 이 사태를 유엔에 호소하기 위해 유엔 안전보장이사회(이하 유엔 안보리)를 소집하도록 요구하는 방안에 대해 의논하였다.

이후 트루먼 대통령을 포함한 당시 미국의 정책결정자들은 한반도에서의 이 사태를 어떻게 헤쳐 나갈 것인가에 대한 방안을 고심한 끝에 다음과 같은 결정을 내리게 된다. 그 결정은 바로 '소련의 지원을 받았을 수밖에 없는 북한이 남한을 침공한 것은 미국과 유엔의 권위를 위협하는 것은 물론 소련이 미국의 반응을 시험하고 있는 것이므로 이것을 방조한다면 공산당의 세력이 아시아 전역에 두루 뻗칠 것이다'라는 것이었다.

즉 소련과 북한을 필두로 하는 공산권 세력들이 미국과 유엔을 중심으로 하는 자유진영을 위협하고 있으므로 이에 대하여 단호한 조치를 취해야 한다는 것이었다. 물론 실질적으로는 극동지역을 포함한 아시아지역에서 미국의 이익을 위해 단호한 조치를 취해야 한다는 실리추구적인 성격도 내포되어 있는 면이 강하였으나, 미국은 한반도에서의 전쟁 발발 소식을 접하자마자 적극적인 입장을 표명하고 있었던 것이다.

이때 회의에 참석했던 모든 이들이 '한국을 원조해야 할 것'이라는 방침에 대해 찬성하였으나, 그 방법에 있어서는 의견이 나뉘었다. 그것은 지상군을 투입해야 한다는 의견과 해 · 공군의 지원이면 충분할 것이라는 의견이었다.

2. 유엔군사령부 편성

당시 미국 정부가 참전의사를 표시하며 취한 입장을 정리해보면 다음과 같다. 첫째, 한국에서의 공산 침략을 방관하지 않겠다는 것이고 둘째, 한국 정부를 탄생시킨 유엔을 통해 대처하겠다는 것이었다.

뉴욕 시간으로 1950년 6월 25일. 유엔은 안전보장이사회를 소집하고 미국이 제출한 '북한군의 침략 중지 및 38도선 이북으로의 철수'를 요구하는 결의안을 채택하였다. 유엔은 이 결의안을 통해 북한, 그리고 배후에 있는 소련으로 하여금 공격을 멈출 것을 강력히 표현함으로써 그들이 스스로 물러나기를 바랐다. 그러나 북한과 소련은 이 결의안을 무시해 버렸고, 공격을 중지하지도 않았다. 이에 따라 유엔 한국임시위원단(UNTCOK)이 '북한이 유엔의 결의안을 준수할 가능성이 전혀 없으며 조기에 한국 정부가 전복될 수 있다'는 내용의 보고서를 유엔에 제출하였다. 유엔 안보리는 긴급회의를 소집한 후 '그들의 침략을 격퇴하기 위해 모든 지원을 제공하자'는 내용의 '6 · 26결의안'을 통과시켰다. 당시 장면 주미

대사가 이 긴급회의에서 한국의 위급한 상황을 호소하였던 사실은 잘 알려져 있는 사실이다.

↘ 그림 4-1. **당시 소집된 유엔 안보리 회의가 진행되고 있는 모습**
(출처: 미 국립문서 보관소)

통과된 결의안에 의거하여 미국의 육·해·공군이 한반도에서의 전쟁에 참가하게 되었고 이어서 자유진영 32개국이 이를 지지하였다. 7월 중순에 이르러서는 이러한 지지국이 52개국으로 늘어났다. 마침내 16개 국가가 한국에 전투부대를 파병하겠다고 했으며, 5개국이 의료부대 및 시설을 지원하겠다는 의사를 유엔에 통보하기에 이르렀다.[1]

이와 같이 유엔 안보리가 한반도 문제에 즉시 개입할 수 있었던 데에는 소련의 불참이 크게 한몫하였다. 소련은 '장제스의 대만이 참가하고 있는 유엔에는 참가하지 않겠다'는 입장을 고수하고 있었는데, 이것은 한국으로서는 천만다행의 상황이었다. 만약 소련이 유엔 안보리에 참석하여 한반도 문제에 영향을 행사하였다면 한반도에 유엔군을 파견하자는 미국의 제안은 아마도 바로 거부당했을 것이다. 그렇게 되었다면 미국에서는 '단독으로라도 참전을 할 것인가? 아니면 남한을 포기할 것인가?'를 놓고 복잡한 논쟁이 일어났을 것이다. 결국 대한민국의 입장에서 보았을 때는 미국의 참전을 확신할 수 없는 상황을 맞이함에 따라 심리적으로나 사기적인 면에서 아마 크게 동요되었을 것이다.

유엔군 파병 건의안이 통과되자 유엔 안보리는 한국에 파견하게 될

1. 김행복, 『6·25전쟁사』, 군사편찬연구소, 2005, p. 36.

↘ 그림 4-2. **미 극동군사령관 겸 유엔군사령관 맥아더**(Douglas MacArthur) **원수**

↘ 그림 4-3. **미 제8군사령관 워커**(Walton Harris Walker) **장군**

유엔 회원국들의 통합 부대를 누가 지휘할 것인가 하는 지휘체제에 관한 논의를 해야 할 필요성을 느끼게 된다. 그러자 이에 대한 일환으로 7월 7일에 영국과 프랑스가 공동으로 제안한 유엔군사령부 설치에 관한 결의안을 가결시키게 되었다. 이때 결의안의 내용에는 '유엔군사령부의 설치 및 사령관의 임명권을 미국에 부여하며 유엔기 사용을 승인한다'는 내용이 포함되어 있었다.

이에 따라 미국은 극동군사령관 맥아더 원수를 유엔군사령관으로 임명하게 된다. 곧이어 맥아더 원수가 도쿄에서 유엔군사령부(United Nation Command)를 창설한 후 극동군사령부의 주요 참모진들을 유엔군사령부 참모로 발령시킨다. 기존의 미 극동군사령부에 한국 작전 임무를 추가시킨 형식으로 유엔군사령부가 정식으로 그 모습을 드러내게 되었다.

7월 8일에 미 제8군사령관인 워커 중장을 유엔군 지상군사령관으로 임명하였다. 또한 맥아더 원수는 미 제8군사령관, 미 극동해군사령관, 미 극동공군사령관을 통해 지상 · 바다 · 하늘에서 부대를 모두 지휘할 수 있는 지휘체제를 수립하였다. 이것은 차후 유엔군사령부가 유엔군을 통합 · 지휘할 수 있는 토대를 마련하기 위한 작업이었다. 이러한 내용은 모두 훗날 유엔군사령부가 한반도에 파병된 모든 유엔군을 효과적으로 통합 · 지휘할 수 있게 한 일련의 과정이었다고 정리할 수 있겠다.

이처럼 유엔 안보리에서 6월 26일과 28일에 두 번의 긴급회의를 소집하여 한국을 침략한 북한을 저지하기 위해 유엔이라는 이름으로 자유진영의 여러 나라가 하나로 뭉친 것은 매우 큰 의미를 갖는 이례적인 사례였다. 물론 지나칠 정도로 미국의 주도하에 이루어졌다는 비난도 있다. 그러나 공산주의의 팽창을 막고 자유주의 진영을 보호하기 위하여 참전 의사를 밝혔던, 미국을 제외한 다른 국가들 또한 중요한 역할을 수행하였음은 분명한 사실일 것이다.

II. 지연전의 본격적 전개

1. 한강 방어선 붕괴, 그 후

한강 방어선이 붕괴된 후 정일권 총참모장은 미군 증원까지의 시간을 벌기 위해 적의 진격을 최대한 늦출 수 있도록 영등포-수원을 연결하는 축선을 형성하고 지연전을 전개할 것을 명령하였다. 7월 4일에는 시흥지구 전투사령부가 평택으로 철수하게 되고, 수원 방면으로 집결한 한국군의 각 부대도 평택으로 철수하였다. 곧이어 미 제24사단의 선두부대가 평택에 도착함에 따라 한국군은 7월 4일에 평택-제천-울진을 연하는 선에서 유엔군과 연합전선을 형성하였다. 이와 같은 연합전선 구축을 계기로 하여, 이때부터 한국군의 단독작전은 유엔군과의 연합작전으로 전환되었다. 그리고 유엔군사령부가 구성된 7월 7일부터는 한반도에서의 전쟁이 '자유진영 대 공산진영'의 양상으로 흘러가면서, 세계전쟁

정일권 총참모장은 미군 증원까지의 시간을 벌기 위해 지연전을 하도록 명령했다.

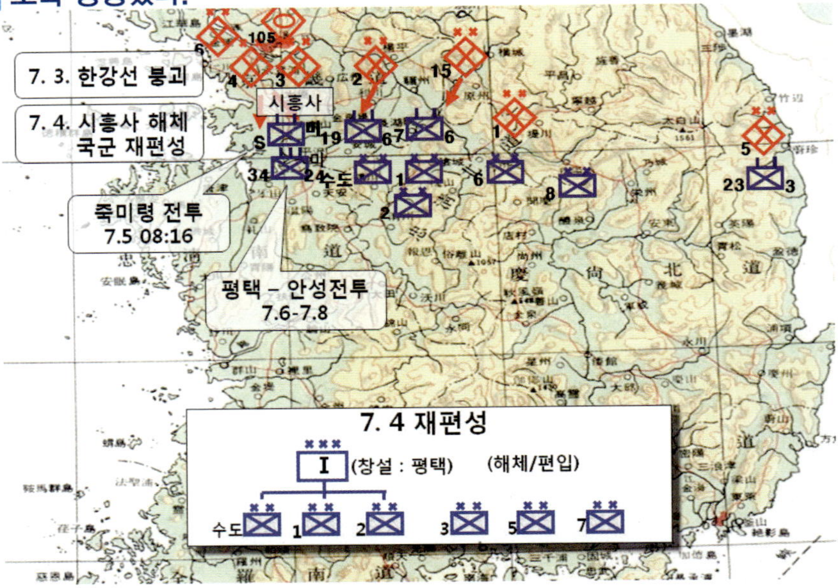

↘ 그림 4-4. 한강 방어선 붕괴 이후 진행된 한국군의 재편성 및 주요전투들

의 성격까지 띤 상태로 확대 · 전개되기 시작하였다.

이후 전쟁의 양상은 한국군과 유엔군이 남하하려는 북한군을 최대한 지연시키면서 증원을 기다리는 방식의 시간싸움으로 흘러가게 된다. 여기에서 시흥지구 전투사령부의 활약을 살펴보고 넘어가고자 한다. 앞서 소개한 바와 같이 시흥지구 전투사령부는 정식으로 갖춰진 부대가 아닌 급조된 혼성부대였다. 그럼에도 불구하고 이들은 한강 방어선에서 결사적으로 북한군에 저항함으로써 북한군의 남하 속도를 최대한 늦추었다. 이로 인해 이후 한국군과 유엔군이 안정적으로 연합할 수 있는 여건이 조성될 수 있었다. 뿐만 아니라, 개전 초기 북한군의 공격을 받아 급속도로 분산되어 버린 한국군의 전투력을 수습할 수 있는 귀중한 시간까지 벌게 되는 계기가 되기도 하였다.

2. 한국군의 전력 회복 과정

북한군의 기습 남침을 받은 한국군은 개전 초기 많은 부대들이 와해되거나 분산되었고 수많은 장비 및 무기도 유기되었다. 이에 따라 효과적인 전투력 발휘가 어려워지게 되어 한국군은 지휘체계를 비롯한 군의 조직체계를 개괄적으로 개편할 필요성을 느끼고 이를 점진적으로 실행하게 되었다.

육군 총참모장 겸 육 · 해 · 공군을 모두 통합하는 3군 총사령관에 임명된 정일권 소장은 전선 후방에서 부대를 재편성하여 전선에 투입하는 방식으로 개편을 시작하게 된다. 이리하여 7월 5일부로 평택에서 시흥지구 전투사령부를 모체로 제1군단사령부를 창설하였고, 그 예하 6개의 혼성사단(수도, 제1, 제2, 제3, 제5, 제7사단)을 3개 사단(수도, 제1, 제2사단)으로 재편성하였다. 곧이어 7월 15일에는 경북 상주 함창읍에서 제2군단을 창설하였고, 예하에 제6사단과 제8사단을 편성하였다. 이리하여 대한민국 육군은 2개 군단 5개 사단 체제로 개편되었다.[2] 물론 여전히 각종 장비 및 무기의 보급률이 낮음으로 인해 턱없이 열악한 상황이었지만, 한국군 병사들의 나라를 지키겠다는 의지만큼은 전혀 부족함이 없었다.

결과적으로 볼 때, 위와 같이 편성 및 지휘체계가 개편되면서 대한민국 육군은 건군 이후 최초로 군단 편제를 갖추게 되었다. 그리고 전투력 수준 또한 전쟁발발 직전 수준으로 회복할 수 있었다.

2. 큰 틀이 이처럼 개편되었다는 뜻이며, 이것은 이후 조금씩 변동되기도 한다.

Ⅲ. 서부전선의 지연전

1. 미군의 지원이 시작되다

6월 30일, 맥아더 원수는 한반도에 지상군 파병에 대한 승인을 얻게 된다. 이에 그는 바로 미 제8군사령관 워커 중장을 통해 큐슈에 위치하고 있던 미 제24사단에 출동명령을 내리게 된다. 이에 다시 워커 중장은 미 제24사단장인 딘(Dean) 소장에게 대대 규모의 특수부대를 편성하여 부산으로 공수한 후, 사령부와 1개 대대를 공수하고 남은 부대는 해상으로 수송하도록 지시하였다.

그리고 딘 소장은 미 제24사단 예하 제21연대 1대대장 스미스(Smith) 중령에게 이 명령을 하달하면서 부산으로 이동한 후에는 처치(Church) 준장의 지휘를 받도록 지시하였다.

2. 죽미령 전투(6 · 25전쟁에서 미군의 최초 전투)

스미스 중령은 명령을 받은 당일에 대대병력을 440명으로 보강하였

↘ 그림 4-5. 부산항에 도착한 미 지상군 부대가 버스로 이동준비 중이다.

↘ 그림 4-6. 오산 북방 죽미령 전경

↘ 그림 4-7. 스미스 부대의 최초 교전

고, 7월 1일 오전 9시경에는 C-54수송기에 탑승하여 일본에서 부산으로 출발하였다. 안개 때문에 착륙시간이 약간 지연되어 오후 2시경에 부산에 착륙한 스미스 대대는 다음 날 오전 8시경에 대전에 도착하게 된다. 이렇듯 일본에서 여유 있는 나날을 보내고 있던 스미스 부대가 급히 재편성되면서 일본을 출발하여 부산에 도착하기까지는 채 며칠이 걸리지 않았다. 그만큼 급하게 진행되었다는 이야기인데, 따라서 전투준비가 미흡할 수밖에 없었다.

처치 준장은 스미스 중령에게 가능한 북쪽으로 진출하여 북한군의 공격을 막아내라는 명령을 내렸다. 이에 따라 스미스 부대는 7월 5일 오전 3시경에 미 제52야포대대 A포대와 함께 오산 북쪽의 죽미령에 방어진지를 편성하게 되었다. 당시 북한군과 단 한 번도 접촉한 적이 없었던 미군은 자신감으로 가득 차 있었다.

특히 스미스 부대 같은 경우, 비록 일본에서 안락하고 여유 있는 생활을 즐기다가 급히 전선으로 투입되었다고는 해도 그들은 전혀 북한군을 겁내지 않았다. 왜냐하면, 불과 몇 년 전 제2차 세계대전에서 세계 최강으로 불리던 독일군과 일본군을 상대로 승리를 거둔 군대가 바로 자기 자신들이었기 때문이다. 심지어 그들은 북한군이 전투 현장에서 자신들을 발견하면 스스로 도망칠 것으로 생각하고 있었다. 하지만 그들의 자신감은 잘못된 것이었다는 사실을 깨닫게 되는 데는 오랜 시간이 걸리지 않았다.

스미스 부대와 북한군 제4사단이 처음 맞닥뜨린 것은 7월 5일 07:30이었다. 마침내 8시 16분경 북한군은 8대의 전차를 앞세워 공격해왔고, 이에 스미스 부대는 접근해 오는 전차를 기다렸다가 기습 공격하기로 하였다. 그들은 사격을 하기에 가장 적합한 장소를 찾아 그곳에서 조용히 북한군의 전차가 가까이 접근하기를 기다렸다. 이윽고 전차가 근접하자 75mm무반동총을 이용, 지체 없이 대전차고폭탄을 발사하여 적 전차에 명중시켰다. 하지만 전차는 명중을 당하고도 큰 문제없이 계속 전진하였다. 당황한 미군은 미 제52야포대대 A포대에 긴급 요청을 하여 북한군에 포탄을 퍼부었다. 놀랍게도, 북한군의 전차는 또다시 아무 일 없었다는 듯이 계속 진격하였다. 이렇게 미군의 대전차무기를 가볍게 넘기고 깊숙이 전진한 북한군 전차는 스미스 부대의 진지를 공격하였고, 곧이어 보병까지 스미스 부대의 진지를 공격하였다.

할 수 없이 스미스 부대는 오후 2시 30분경부터 퇴각하였으며 이 전투에서 440명 중 150여 명이 전사하거나 실종되었다. 그리고 미 제52포병대대 A포대 또한 모든 화포를 잃고 131명 중 31명이 전사하거나 실종됨에 따라, 미군과 북한군의 첫 전투는 미군의 참패로 끝이 나게 된다.

3. 죽미령 전투 후 미군과 북한군의 반응

앞서 살펴본 바와 같이 미국은 북한의 남한 침략에 대해 소련이 북한을 사주(使嗾)하여 자신들을 시험하는 것이라고 생각하였다. 그리하여 미국이 참전하여 공산세력의 제제 및 자유진영 수호를 위한 확고한 의지를 보여준다면 소련과 중공이 굳이 직접 참전하지는 않을 것이라고 판단하였던 것이다. 게다가 미국은, 미군이 참전하면 북한군이 놀라서 스스로 물러날 것이라는 근거 없는 확신까지 가지고 있었다.

이러한 오판의 결과를 확인하는 것은 그리 어렵지 않을 것이다. 소련으로부터 지원받은 최신형 장비와 무기로 무장한 북한군은, 미군이 생각했던 것보다 훨씬 더 막강한 화력을 지니고 있던 부대였다. 결국 미국은 최초 전투인 죽미령 전투를 겪고 난 이후, 비로소 북한군에 대한 제대로 된 전력 파악을 할 수 있었다.

↘ 그림 4-8. 사격을 준비하는 미 105mm 1개 포대

한편, 북한군의 상황은 어땠을까? 이후 확인된 북한군의 기록이나 증언에 의하면, 이들은 미군의 참전을 예상하지 못하고 있었다.

> "그때는 미국이 전쟁에 개입할 것이라고는 전혀 생각지 않았기 때문에 오산(죽미령)에 미군이 와 있었다는 사실은 하나의 충격이었다."[3]

또한 북한군의 공간사(公刊史)에 보면 다음과 같은 기록이 있다.

> 미군은 국방군의 엄호 하에 지상부대를 평택, 안성 북방지역에 전개하고 차령산맥을 연해서 아군을 저지시키려 하였다. …(중략)… 미 지상군 부대와 처음으로 조우한 우리 인민군 장병들의 가슴속에는 미군에 대한 분노와 증오의 불길이 타올랐다. …(중략)… 선두부대는 주력의 도착을 기다리지 않고 바로 돌격전으로 들어갔고 전투부대는 그대로 적진에

3. 낙동강 전선에서 포로가 되었던 북한군 제2군단 작전참모 이학구 대좌의 증언.

돌입하여 일거에 미군의 방어진지와 포병진지를 유린했다.

위의 증언을 보면 북한군의 장교, 즉 전쟁지도부가 미군의 참전을 확인하고 충격을 받았음을 알 수 있다. 반면 그 다음 소개한 기록을 통해서는 전쟁지도부와 달리 병사들은 크게 놀라지 않았으며, 오히려 미군에 대한 투지만 추가로 생겨났음을 확인할 수 있을 것이다.

4. 북한군의 조치

죽미령 전투를 통해 미군의 참전을 확인한 북한군은 이후 세 가지 조치를 취한 것으로 알려졌다. 그 내용은 다음과 같다.

> ① 전선 총사령부(사령관 김책 대장)를 설치하여 제1, 2군단의 작전지휘를 담당하게 한다.
>
> ② 3개 사단(제7, 8, 9사단)을 추가 편성하여 총 13개 사단으로 고도의 공격 속도를 발휘하여 미군과 한국군에게 맹렬한 타격을 가함으로써 금강과 소백산맥을 신속히 돌파하고 대전지역에서 미군 및 한국군의 주력을 포위 · 섬멸한다.
>
> ③ 김일성 강조사항으로 어떠한 상황하에서도 반드시 적의 후방으로 우회하여 포위 · 섬멸하여야 하며, 특히 야간 전투를 강화하고 공격 속도를 더 한층 빨리 올려야 한다.[4]

위의 세 가지 내용 중 2번의 '…금강과 소백산맥을 신속히 돌파하고 대전지역에서 미군 및 한국군의 주력을 포위 · 섬멸한다'는 내용과 3번의 '…특히 야간 전투를 강화하고 공격 속도를 더 한층 빨리 올려야 한다'

4. 일본 육전사보급회(이원복 번역), 『한국전쟁(1)』, 명성출판사, 1991, pp. 167~178.

는 내용을 통해 볼 때, 당시 북한군은 미군에 대응할 수 있는 방법은 오직 '지금보다 더더욱 빠른 진격'뿐이라고 판단하였던 것 같다.

5. 한국군, 작전 지휘권을 이양하다

7월 7일에 유엔군사령부가 창설되고 곧이어 자유진영 연합국의 병력들이 도착하자 마침내 유엔군이 편성되었다. 미국을 제외한 타 참전국들의 병력이 유엔군에 배속되면서 유엔군사령관인 맥아더 원수의 지휘를 받게 되었다. 반면, 한국군의 경우에는 유엔군에 배속되어 있지 않았기 때문에 유엔군사령관의 지휘를 받지 않는 상태였다.

이에 정부는 원활한 작전수행을 위하여 한국군의 작전 지휘권(작전 통

유엔군사령부가 구성된 7월 7일부터는 전쟁이 '자유진영' 대 '공산진영'의 양상으로 되면서 '세계전쟁화'되었다(경부선의 서부지역은 미군이 중 · 동부지역은 한국군이 담당하였다).

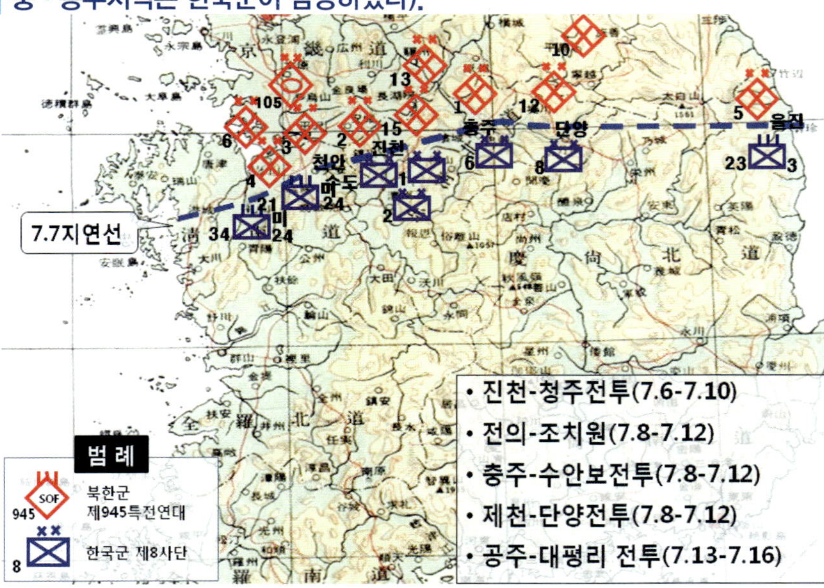

↘ 그림 4-9. 1950년 7월초 서부전선의 지연선. 그리고 비슷한 시기에 치러진 주요 전투들

제권)[5]을 유엔군사령관에게 이양하는 것에 대해 의논하기 시작하였다.

결국 이승만 대통령이 7월 14일에 '국군의 작전 지휘권을 현 작전상태가 계속되는 동안 이양한다'는 내용이 담긴 서한을 맥아더 원수에게 전함으로써 한국군의 작전 지휘권은 본격적으로 유엔군사령관에 이양되게 된다. 그리고 이후 맥아더 원수가 한국 육군의 작전 통제권을 미 제8군사령관에게, 한국 해·공군의 작전 통제권을 미국 해·공군 사령관에게 위임함으로써 한국군과 유엔군이 모두 하나의 지휘체계하에서 전투를 치를 수 있게 되었다.

6. 평택·천안지역 전투

평택—안성을 연하는 방어선을 구축한 미 제24사단장 딘 소장은 7월 2일에 부산에 도착한 예하의 제34연대를 이곳에 위치시켰다. 그러나 죽미령에서 스미스 부대를 격파하고 이곳까지 진격한 북한군을 보고 지레 겁을 먹은 제34연대 장병들은 7월 6일 아침에 천안으로 철수하였다. 이에 화가 난 딘 소장은 연대장을 교체하는 등 나름대로의 조치를 취하지만, 신임 연대장은 그만 전투 중에 전사하고 말았다. 결국 딘 소장은 제34연대를 공주 방면으로 철수하게 하였고, 제34연대보다 하루 늦게 부산에 도착했던 미 제21연대를 긴급히 조치원 북방에 투입하였다. 하지만 이때 조치원에 투입되었던 미 제21연대도 7월 12일에 북한군에 의해

↘ 그림 4-10. 천안전투를 지원하는 155mm M1

5. 작전 지휘권과 작전 통제권은 그 의미가 조금 다르다. 지휘권은 군의 인사·상벌·보급 등을 모두 포함하지만, 통제권은 이 부분이 제외된다.

돌파됨으로써 미군은 금강으로 철수하게 되었다.

하지만 미군은 이렇게 계속 후퇴에 후퇴를 거듭할 수밖에 없었던 암울한 상황 속에서도 그냥 얌전히 후퇴만 하지는 않았다. 7월 9일에 수원과 조치원 간의 1번 국도를 따라서 진격하고 있던 북한군의 병력과 차량을 공중에서 공격하여, 그날 저녁 8시까지 총 100여 대의 적 차량을 파괴하였다. 또한 다음날인 7월 10일 오후에는 유엔군의 F-80전투기 1대가 평택 일대에서 길게 늘어선 북한군 전차와 차량 대열을 발견하고 지체 없이 공격을 가해 적 전차 38대, 자주포 7대, 트럭 117대를 파괴하였다.

이처럼 유엔 공군이 북한군에 두 차례의 굵직한 공격을 성공시킴으로써, 이후 북한군은 낮에 부대를 이동하는 것을 지양하고 주로 밤에 이동하는 방식을 선호하게 되었다.

7월 14일 이승만 대통령은 유엔군에게 작전지휘권을 위임하였다.
금강 방어선은 위치적으로 더할 나위 없이 방어에 좋은 지형이었다.

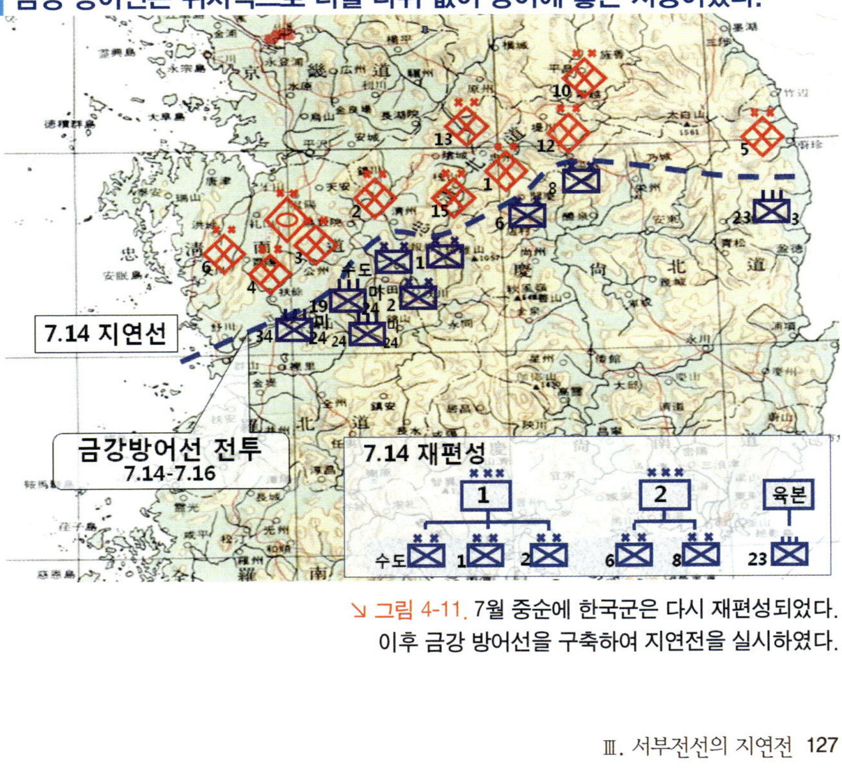

↘ 그림 4-11. 7월 중순에 한국군은 다시 재편성되었다.
이후 금강 방어선을 구축하여 지연전을 실시하였다.

7. 금강 방어선 구축

북한군에 밀려 후퇴한 미군이 새로운 방어선을 구축하게 된 금강은 방어에 적합한 요소를 갖추고 있는 곳이었다. 특히 미 제24사단 예하 제34연대가 위치한 공주와 제19연대가 배치된 대평리 부근의 강은 폭이 500~1,000m, 수심이 2~5m로서 더할 나위 없이 방어에 좋은 지형이었다.

조금 더 알아볼까요?

금강 방어선 전투가 벌어진 금강에 대해서 잠시 알아보도록 하겠습니다.

↘ 충남 공주에 위치한 금강철교

↘ 금강의 위치

금강은 전라북도 장수군 장수읍에서 발원하여 충청남북도를 거쳐 황해로 흐르는 강으로 강경에서부터 충청남도 · 전라북도의 도계를 이루면서 군산만으로 물이 흘러들어 갑니다.

금강은 총 길이 394.79km, 유역면적 9,912.15km^{2}인 강으로 한강 낙동강에 이어 우리나라에서 세 번째로 긴 강입니다. 금강 주변은 옛날부터 농업 생산과 해상교통의 발달, 방어에 유리한 지형의 발달로 일찍이 공주, 강경, 부여 등 고도와 옛 상업도시가 발달했습니다.

금강은 물살이 잔잔하여 호강이라고도 불리었습니다. 그래서 호남지역이라 하면 금강이남 지역을 뜻하는 말입니다. 또 백강이라는 이름으로도 불려서 현재 부여군 근처에서는 백마강이라는 이름으로 불리고 있지만 모두 같은 강입니다.

금강의 상류에는 대청댐이 있고, 하류에는 금강 하구 둑이 위치해 있는 국가 하천입니다.

방어선 구축을 완료한 미군은, 제21연대를 예비대로 운용한다는 방침을 세운 후 지체 없이 금강의 모든 교량 및 도선장과 나룻배까지도 파괴시켰다. 이렇듯 만반의 준비를 마친 유엔군이었지만, 이곳에 배치된 두 연대는 모두 2개 대대씩으로만 구성되어 있었기 때문에 북한군에 비해 전투력이 매우 빈약한 상황이었다.

8. 공주 및 대평리 전투

북한군 제3, 4사단이 금강 북쪽 방면에 나타난 것은 7월 12일 밤부터 다음날 아침까지였다. 적의 제4사단은 미 제34연대가 방어하고 있는 공주 방면으로 공격해 들어왔고, 제3사단이 대평리 부근의 미 제19연대를 공격하였다.

북한군 제4사단은 14일 오전 6시경, 제34연대의 주둔지에 포격을 가함과 동시에 목선을 이용하여 기습적인 도하를 시도하였다. 즉 전면에서는 포격만을 실시하면서 기습적으로 후방에 침투하려는 작전이었던 것이다. 이때 북한군은 중장비를 도하시키는 도구인 도선판(渡船板) 조립을 신속히 하지 못함으로써 16일까지 100% 전투력을 발휘하지 못하게 되는데, 그나마 이것이 유엔군의 입장에서 보면 다행이었다. 왜냐하면 이로 인하여 다음날 아침에 철수를 할 때 크게 위협받지 않으면서 실행할 수 있었기 때문이었다.

이처럼 주력이 모두 도하에 성공하지는 못했다고 하지만, 그래도 후방침투작전을 성공시킨 북한군은 제34연대를 혼란에 빠뜨렸다. 결국 제34연대는 제대로 맞대응 한번 해보지 못한 채 15일 아침이 밝자 논산 방면으로 철수하게 되었으며, 이후 이들은 다시 대전으로 이동하여 새로운 방어선을 구축하게 된다.

위와 같이 제34연대는 철수하였다. 그러나 이로 인해 혼자 남은 제19

↘ 그림 4-12. **폭파 후 파괴된 대평리의 금남교**

연대는 꼼짝없이 북한군에 노출되게 되었다. 공주지역이 공격받고 있던 14일, 이곳 대평리 정면에서도 북한군 제3사단의 공격이 시작되었다. 적은 전차를 앞세우고 주로 좌·우 측면을 공격해 들어왔는데, 이때는 이미 제34연대가 논산으로 철수한 이후여서 좌측면이 텅텅 비어 있는 상황이었다. 결국 북한군이 별다른 저항을 받지 않은 상태에서 이곳을 공략하여 도로까지 차단해 버림에 따라, 제19연대는 고립되게 되었다.

이에 미 제24사단에서는 장갑차를 동원하여 어떻게든 미 제19연대의 탈출구를 마련하려고 하였지만, 별다른 성과를 거두지 못하였다. 결국 제19연대는 100여 대의 차량을 포함한 모든 중장비를 스스로 파괴한 후에 유성방향으로 철수함으로써 금강 방어선도 붕괴를 맞이하게 되었다. 사실 이 전투는 애초부터 유엔군이 두 가지의 불리한 요인을 가지고 시작한 전투였다. 그 요인에 대해 집중적으로 탐구해보도록 하겠다.

첫째, 전투력의 차이였다. 예비대까지 포함, 이곳에 미 제24사단의 3개 연대가 모두 배치되어 있기는 했지만 앞서 소개한 바와 같이 각 연대마다 병력은 단지 2개 대대씩만 편성되어 있었다. 게다가 금강 방어선 전투 이전에 이미 평택과 천안지역 전투에서 피해를 입은 부대가 많았기 때문에, 이 중에서도 즉시 전투에 투입이 가능했던 부대는 딱 절반인 3개 대대뿐이었다.

둘째, 넓은 방어 범위였다. 애초부터 보유하고 있던 병력이 적에 비해 현저히 부족하였음은 물론, 그중에서도 가용병력이 겨우 절반뿐이었던 상황에서 정면 30km가 넘는 넓은 범위를 담당하였던 것이다. 또한 북한군은 이러한 넓은 지역에서 정면뿐 아니라 측면으로도 우회하여 공격해 오는 등 유연한 전술을 사용하였다. 결국 미 제24사단은 너무도 감당하기 버거운 상황을 떠안게 되었던 것이었다. 그리고 비단 이 전투에서뿐만 아니라, 전쟁이 치러지는 내내 이러한 북한군의 후방침투전술은 한국군과 유엔군을 혼란에 빠뜨리곤 하였다.

한편 미국은 서부전선의 미 제24사단이 연이어 패배하자, 1개 사단의 증원만으로는 북한군을 막아낼 수 없음을 인지하고 추가로 미 제25사단과 미 제1기병사단의 증원을 서두르게 된다.

9. 대전지역 전투

1950년에도 대전은 지금과 마찬가지로 경부선과 호남선 철도가 통과하고, 주변 도시로 바로 연결되는 5개의 도로가 놓여 있는 등 교통의 요지 역할을 담당하고 있었다. 그러므로 남한의 전 지역을 적화시킨다는 목적을 지닌 북한군으로서는 반드시 거쳐 가야만 하는 전략적 요충지이기도 했다. 또한 당시에는 충남의 도청이 대전에 있었으며 이곳은 지방행정의 중심지 역할을 수행하고 있었다. 결국 이러한 이유로 유엔군으로서는 반드시 대전을 지켜내야 했을 것이고, 반면 북한군도 반드시 점령하고자 하였을 것이다.

↘ 그림 4-13. **대전에 진입한 북한군**
전차 위에서 펄럭이고 있는 인공기가 보인다(출처: 전쟁기념관).

딘 소장은 금강 방어선 붕괴와 함께 논산을 거쳐 대전으로 후퇴해 온 미 제34연대에게 대전을 방어하라는 명령을 내렸다. 이때 세운 작전 내용을 살펴보면, 금강 방어선에서와 같은 북한군의 우회공격에 효과적으로 대응하기 위해 제21연대를 대전 동쪽 마달령에 배치하고 제19연대를 영동지역으로 보내는 등 확실히 이전에 비해 좀 더 탄탄해진 모습을 보이고 있었다. 그러나 이러한 모습에도 불구하고, 여전히 전황은 미 제34연대에게 너무도 불리하게 돌아가고 있었다.

제34연대의 방어지역은 정면이 10km가 넘었다. 이전의 금강 방어선의 30km에 비하면 1/3 수준이겠지만, 그래도 역시 보유하고 있는 병력 수준으로는 감당하기 힘든 범위였다. 물론 사단장 역시 이들이 대전을 방어해 내리라고는 기대하지 않고 있었다. 왜냐하면 이전에 치른 오산, 평택, 천안, 그리고, 금강 방어선의 공주 및 대평리 전투까지 모든 목적 자체가 북한군의 진격속도 및 후속 증원을 늦추기 위한 지연전이었기 때문이었다.

이를 잘 뒷받침해주는 사례를 하나만 꼽아보자면, 바로 7월 18일에 제34연대 지휘소를 방문한 워커 미 제8군사령관의 지시를 들 수 있다. 워커 중장은 '포항에 상륙 중인 제1기병사단을 영동 일대에 투입하기 위해 향후 2일 동안 대전 고수가 요망된다'고 말했다. 워커 중장이 대전을 방문한 날이 7월 18일이었으므로, 결국 제34연대의 임무는 20일까지 대전을 사수하는 것으로 결정된 것이었다.

↘ 그림 4-14. **불타고 있는 대전시가지**
(출처: 전쟁기념관)

북한군 제1군단은 애초에 대전지역에 대하여 제3사단과 제4사단으로 하여금 정면 및 측면을, 또 제2사단은 대전의 동쪽 방면으로 이동하여 후방을 차단한다는 계획을 세워둔 상태였다. 그러나 이 계획은 변경되는데, 그 이유는 제2사

↘ 그림 4-15. **대전전투에 최초 투입된 3.5인치 로켓 발사기**

단이 진천에서 한국군 수도사단에 의해 큰 피해를 입었기 때문이었다. 이리하여 북한군은 제4사단으로 하여금 논산-대전 서측 방면으로 공격하도록 하고, 그 예하의 1개 연대를 투입시켜 대전의 후방 도로를 차단하도록 급히 계획을 수정하였다.

한편 미 제34연대는 대전 외곽의 갑천 줄기를 따라 배치되었다. 북한군이 7월 19일 아침에 야크기 6대를 이용, 영동철교와 대전비행장 부근을 공격하면서 대전지역 전투가 전개되었다. 이곳에서도 역시나 북한군의 전차는 그 위력을 떨치고 있었는데, 이로 인해 시간이 흐름에 따라 제34연대의 방어선은 조금씩 무너져갔다. 이에 다급해진 제34연대장이 직접 3.5인치 로켓[6]반을 이끌고 적 전차에 접근하여 사격을 가하게 된다.

이 로켓포를 정통으로 맞은 북한군 전차는 순식간에 불타버렸다. 이

6. 3.5인치 로켓포는 6 · 25전쟁 발발 직전에 개발된 무기로서, 7월 3일에 맥아더 원수가 본국에 이 로켓포의 보급을 요청함으로써 일주일 후인 10일에 보급이 완료되었다. 그리고 이 로켓포는 바로 대전 전투에서 처음으로 그 모습을 드러낸 것이었다.

↘ 그림 4-16. 미군이 파괴한 북한군 전차

것이 그동안 북한군의 전차에 시달려왔던 한국군과 미군에게는 청색 신호였고, 북한군에게는 적색 신호였음은 당연했을 것이다. 이제 한국군과 미군도 북한군의 전차에 제대로 대응할 수 있는 수단을 얻게 된 것이었다.

그러나 고무되었던 순간도 잠시, 대전 후방을 차단한다는 임무를 지닌 북한군 제4사단의 1개 연대가 보문산 남쪽으로 이동하여 금산 도로와 옥천으로 연결되는 대전터널을 점령해 버렸다. 이렇게 되면서 또다시 미 제34연대는 후방이 차단되게 되었다. 결국 7월 20일이 되자 더 이상 버티기가 힘들어진 이들은 차량을 비롯한 중장비들을 스스로 파괴한 후 소부대 단위로 분산되어 금산과 옥천 방면으로 철수하였다. 이 전투로 인하여 미 제24사단은 사단장이 실종되고 사단 병력의 30%와 사단 장비의 65%를 잃는 등, 매우 큰 피해를 입게 되었다.

그나마 다행스러운 점은 북한군이 결정적인 순간에 오판을 했다는 점이다. 북한군은 7월 16일에 공주, 그리고 대평리 일대까지 모두 장악하였다. 그리고 그곳에서부터 불과 10km 정도밖에 떨어져 있지 않은 대전을 공격한 날짜는 그로부터 3일이나 지난 19일 아침이었다. 북한군은 도대체 왜 10km 정도 떨어져 있는, 그것도 전략적으로 보나 상징적으로 보나 아주 중요한 대전이라는 도시를 공격하는 데 3일이나 지체하였던 것일까?

그 이유는 바로 서울에서와 마찬가지로 '북한군의 오판'이었다. 10일부터 15일까지 부산으로 상륙을 마친 미 제25사단이 대전에 투입된 것으로 판단하였던 것이다(하지만 미 제25사단은 상주, 의성으로 투입되었다). 이와 같이 북한군이 공격 시기를 놓침에 따라, 미 제24사단은 1~2일에 걸쳐 지연전을 펼칠 수 있었다. 그러나 오랜 지연전에 따른 미 제24사단의 피해는 결코 적지 않았다.

조금 더 알아볼까요?

딘 소장 이야기

미 제24사단장 딘 소장은 대전에서 전투가 벌어졌을 때 끝까지 전선에 남아 전투를 지휘하다가 상황이 여의치 않자 급히 철수를 하게 됩니다. 옥천 방향으로 가야 안전한 철수가 이루어지는 것이었는데, 이때 사단장 일행은 실수로 옥천이 아닌 금산 방향 도로로 진입을 하게 되었지요. 이윽고 그 도로를 차단하고 있던 북한군에게 공격을 받은 사단장 일행은 분산되었고, 산으로 피신하게 됩니다. 산으로 은둔하게 된 그 일행 중에는 부상당한 병사도 있었는데, 딘 소장은 이 병사에게 줄 물을 직접 구하러 다니다가 낭떠러지로 떨어져 큰 부상을 입고 대열을 이탈하게 되었습니다. 이후 미군은 실종된 딘 소장이 사실상 전사하였다고 판단하게 됩니다.

하지만 이때 딘 소장은 살아 있었습니다. 딘 소장은 36일간 산속을 헤매다가 한두규라는 한국인을 만나게 되는데, 그는 당시 3천원에 해당하는 돈을 받고 북한군에게 딘 소장을 넘겨버립니다. 이렇게 딘 소장은 포로가 되었고 시간이 지나 휴전협정이 체결되고 난 후인 1953년 9월 4일, 교환 포로 1순위로 판문점을 통해 귀환하면서 포로생활을 마치게 됩니다. 딘 소장이 이렇게 포로생활을 마치고 돌아왔을 때, 한두규는 체포되어 서대문 교도소에서 수감생활을 하고 있는 상태였습니다. 이때 딘 소장은 놀라운 결정을 합니다. 자신을 북한군에게 팔아넘긴 한두규의 감형을 바란다는 내용의 탄원서를 제출하였던 것이지요. 이로 인해 한두규는 형이 감량되어 1957년 5월 21일에 출소하게 됩니다.

여러분은 위와 같은 딘 소장의 결정을 어떻게 생각하시나요? 자신을 죽음과 맞먹는 암담한 상황으로 밀어 넣은 사람을 용서한 딘 소장의 이 이야기는, 오늘날까지도 우리에게 많은 메시지를 전해주고 있습니다.

Ⅳ. 중 · 동부전선의 지연전

1. 중 · 동부전선의 형성

7월 5일, 미 제24사단이 서부전선(경부국도 포함)에 배치됨으로써 한국군은 중 · 동부전선을 담당하게 되었다. 이곳 전선에서는 한국군의 수도사단과 제1, 2사단이 서쪽을, 제6, 8사단은 동쪽을 방어하였다. 그리고 동해안 방면은 제3사단이 담당하였다. 이곳에서의 작전목표는 서부전선과 마찬가지로 지연전을 전개하여 북한군의 남하속도를 최대한 늦추는 것이었다. 왜냐하면 이곳 전선이 적에게 돌파당한다면 경부 축선의 동쪽 측면이 노출되면서 가깝게는 대전, 멀게는 부산으로 향하는 공격로를 적에게 내주게 될 것이 분명했기 때문이었다.

↘ 그림 4-17. M15대전차 지뢰를 도로에 매설하는 모습

2. 진천 · 청주지역 전투

경부국도를 포함한 서부전선이 미군에게 맡겨지자 한국군은 중 · 동부전선에 집중하여 지연전을 전개하게 되었다. 한국군 제1군단은 수도사단을 진천에, 그리고 제1사단을 음성에 배치하였다. 진천－청주를 지나 대전으로 진격하려는 목적을 지니고 있던 북한군 제2사단은 7월 8일이 되자 본격적으로 진천북단을 공격하였다. 이때 진천 북단에는 아직 재편성조차 완료되지 않은 수도사단 예하 제1연대가 배치되어 있었는데, 이들은 공격해오는 북한군의 막강한 화력을 당해낼 수가 없었다.

↘ 그림 4-18. **한국군의 곡사포에 비해 사정거리가 배나 되었던 북한군의 122mm곡사포**

↘ 그림 4-19. **진천전투 전황보고**
수도사단장이 군단장 김홍일(좌)에게 전투상황을 보고하고 있다.

결국 제1연대는 진천 북단에서 후퇴하여 남단으로 이동한 후 그곳에서 마침 도착한 제8, 18연대와 제1군단 예비인 제2사단 제20연대, 그리고 육군본부에서 지원된 제17연대(−), 독립기갑연대, 1포병단 1개 포대로 방어선을 구축하고자 하였다. 문안산—봉화산을 연하는 방어선 구축을 완료한 사단장은, 이어 방어진지를 편성하려 하였으나 북한군은 이때를 놓치지 않았다. 9일 아침이 되자 북한군은 공격을 재개하였는데, 이에 한국군은 문안산—봉화산 방어선을 포기하고 또다시 후퇴를 할 수밖에 없었다.

이후 사단장은 공격적인 전술을 운용한 결과, 다시 문안산과 봉화산 지역을 탈환하는 등 일시적인 효과를 보이기도 했다. 사단은 이 여세를 몰아 진천 탈환 계획을 세우기도 하였지만, 10일 저녁이 되자 청주로 철수하라는 명령이 내려졌고 결국 수도사단은 청주로 철수하게 된다.

한편 수도사단이 청주로 철수한다는 소식을 입수한 북한군 제2사단은 병력을 우회시켜 퇴로를 차단하고자 하였으나, 지원요청을 받은 유엔군 F-51전투기가 네이팜탄[7]을 투하하는 등의 방법으로 엄호를 해줌에 따

7. 제2차 세계대전 때 개발된 네이팜을 연료로 하는 유지소이탄(油脂燒夷彈). 3,000℃의 고열을

라 수도사단은 청주로 철수할 수 있었다.

청주 북쪽 방면의 미호천으로 철수한 수도사단은 이곳에다가 방어진지를 편성하였다. 11일 아침, 북한군 제2사단이 미호천으로 진격해오자 수도사단은 재빨리 항공지원 및 포병지원을 요청하여 북한군에 일격을 가하였다. 그러나 이때 서부전선에서 평택 · 천안지역 전투 이후 조치원에서마저 미군이 후퇴하는 상황이 발생함에 따라, 수도사단 단독으로 청주지역을 방어하기는 불가능하다는 판단하에 결국 이곳에서도 철수를 하게 되었다.

3. 음성지역 전투

음성지역은 한국군 제6사단 제7연대가 맡고 있었고, 북한군 제15사단이 공격해 들어왔다. 한국군과 북한군의 음성지역 첫 전투는 7월 5일 무극리와 동락리에서 벌어졌다. 6일이 되자 무극리를 지키고 있던 제7연대 제1대대는 북한군의 공격을 받아 기름고개로 후퇴하였고, 동락리의 제3대대도 신양리 부근으로 후퇴하게 된다. 이에 제7연대장은 제2대대를 전선에 배치하고 제1대대가 위치하고 있는 지역에 증원받은 제19연대 제2대대를 추가 배치시킴으로써 방어를 한층 강화시켰다.

↘ 그림 4-20. **음성·무극리 전투에서의 한국군**(출처: 전쟁기념관)

한편 7월 7일 북한군 제15사단 제48연대는 한국군이 동락리에서 철수했다

내면서 반지름 30m 이내를 불바다로 만들어 버린다.

는 주민들의 제보를 듣고 신양리 부근을 정찰한 후 한국군이 모두 철수했음을 확인하였다. 이에 지나치게 안심한 북한군은 경계를 소홀히 하였다. 동락리에서 철수했었던 한국군 제6사단 7연대 2대대장은 7월 7일 15:00 동락초등학교 김재옥 선생의 제보에 따라 북한군이 동락리 부근에서 경계를 소홀히 하고 있음을 확인하고 기습적인 공격 계획을 세웠다.

조금 더 알아볼까요?

동락리 전투와 김재옥 선생

김재옥 선생은 음성군 감곡면 상평리에서 1932년 출생하였습니다. 어린 시절에 총명하고 예의가 바르며, 특히 효심과 애국심이 남달랐다고 합니다. 그녀는 음성여자중학교와 충주사범학교를 졸업한 후 1950년 6월 20일에 동락초등학교로 첫 발령을 받았습니다.

당시 나이 19세였던 선생은 부임 후 채 1개월도 안 되어 북한군의 불법남침에 의한 6 · 25전쟁을 맞이하였습니다. 전쟁준비태세를 완벽히 갖추지 못한 한국군은 제대로 싸워보지도 못하고 후퇴를 거듭하였고, 7월 7일에는 북한군 제15사단 소속 제48연대 병력이 동락초등학교 운동장에 집결하는 상황에 맞닥뜨리게 되었습니다.

이때 피난을 가지 않았던 선생은, 학교 뒷문으로 몰래 빠져나간 후 한국군이 있다는 인근의 부용산으로 달려가서(약 4km 거리) 대대장 김종수 소령에게 상세한 정보를 제공해주었습니다. 대대장은 즉시 기습 작전을 감행하여 북한군 1개 연대를 완전히 섬멸하였습니다.

그 후 선생은 당시의 병기장교였던 이득주 소위와 결혼하여 군인 가족으로 생활하게 되었습니다. 강원도 인제 지방에 있을 때에는 어론초등학교 설립과 군인교회를 건립하는 등 군인 및 지역주민들에게 사랑의 정신을 심어주는 노력을 기울이기도 했습니다. 그러다가 1963년 10월 일생을 마치셨습니다.

이러한 선생의 빛나는 애국정신을 널리 알리기 위해 〈전쟁과 여교사〉라는 영화가 제작되어 전국적으로 상영된 사실도 있습니다. 그리고 1968년 12월 5일에는 동락리 전투 당시 제8중대장이었던 신용관 중위(준장 예편)가 해양경찰대장으로 재임하면서 선생의 충혼을 달래기 위해 동락초등학교 교정에 현충탑을 건립하였습니다.

방심하고 있던 북한군 제15사단 제48연대는 한국군 제6사단 7연대 2대대의 공격을 받고 분산되어 혼비백산 달아났다. 작전결과 2대대를 포함한 7연대는 대통령부대표창을 수상하였으며 전 장병은 1계급 특진의 영예를 안았다. 다음날 정오경에 북한군은 부대를 수습한 후 공격을 재개하였고, 이에 따라 제7연대 제2, 3대대에 철수 명령이 하달되었다.

이 전투로 한국군은 북한군을 상대로 이길 수 있다는 자신감을 갖게 되었고, 노획한 북한군의 소련제 장비 및 무기를 통해 소련이 북한을 지원하였다는 사실을 확인할 수 있었다.

이후 한국군 제1사단이 음성지역 방어를 위해 증원되게 되는데, 7월 8일 15시에 제7연대로부터 음성지역을 완전히 넘겨받게 된다. 이로써 음성지역의 방어 부대가 교체된 것이다. 이날 오후 6시경, 북한군 제15사단은 공격을 감행했으나 한국군 제1사단은 105mm곡사포 등으로 사격을 가하여 이를 막아냈다. 그리고 9일 새벽에 북한군 제15사단은 세 방향으로 공격을 재개, 이번에도 제1사단은 이를 막아내는 데 성공하였다.

그러나 10일 새벽 북한군 제15사단의 공격을 받은 한국군 제1사단은 조금씩 돌파되기 시작, 결국 그날 낮부터 제13연대의 엄호하에 괴산 북쪽 방면으로 철수를 했다가 12일 밤에는 미원으로 철수하게 된다. 이렇게 하여 음성지역은 제6사단 7연대의 승리에도 불구, 결국 북한군의 수중에 떨어지게 되었다.

4. 계속되는 지연전의 전개

음성지역 전투 이후 많은 지연전이 전개되었다. 여기에서는 개괄적으로 치러진 여러 전투를 살펴보고 넘어가도록 하겠다.

충주에서는 한국군 제6사단 2연대(−)와 북한군 제1, 12사단이 전투를 벌였다. 한국군 제6사단 2연대는 1개 연대규모도 채 되지 않는 병력으로 적 2개 사단을 상대해야 했는데, 이는 사실상 무리였다. 유엔 공군기 1개 편대의 지원도 있었으나, 이후 충주도 결국 북한군에 점령되고 만다.

제천 · 단양 지역에서는 강릉에서 대관령을 넘어 철수해 온 한국군 제8사단과 북한군 제8사단이 맞붙었다. 한국군 제8사단은 7월 2일에 제천에 위치한 후 예하의 제10연대(+)를 원주 방향으로 나 있는 신림(神林)에 추진시키고 제21연대(-)로 하여금 평창, 영월 쪽에서 북한군의 남하를 저지하도록 하였다. 방어선을 구축하고 전투 준비에 박차를 가하고 있을 무렵, 사단은 느닷없이 충주로 이동하라는 전문을 접수하게 된다. 이때가 7월 4일 오후였다. 사단장은 편성해 놓은 중앙 축선을 비워두고 충주로 이동하라는 명령이 이해가 가지 않았지만, 통신망의 두절로 인해 명령의 진위여부에 대해 즉시 확인할 방법도 없었다.

다음날인 7월 5일, 부대를 안동과 대구를 거쳐(철도를 이용) 충주로 향하게 하고 한국군 제8사단장은 직접 육군본부로 가서 명령의 진위여부에 대해 알아보았다. 확인결과, 충주이동에 대한 명령이 잘못된 명령이었다는 사실을 알게 되는데, 이때 이미 전선은 북한군 제8사단의 전위(前衛)부대[8]가 남한강 부근까지 진격해 내려온 상황이었다. 결국 통신망의 두절로 인해 잘못된 명령의 진위여부를 제때 가려내지 못한 한국군 제8사단은 제천을 포기하고 단양으로 후퇴할 수밖에 없었다.

이후 북한군 제8사단은 남한강을 도하하여 한국군 제8사단을 공격하여 제압한 후 안동을 조기에 점령할 목적으로 단양 부근으로 이동하여 전투 준비에 착수하였다. 이때 한국군 제8사단은 피난민들로부터 북한군 제8사단의 지휘소가 단양 북방 15km지점인 매포리에 포진되어 있다

---

8. 적을 격멸 혹은 지연시킴으로써 적의 기습적인 공격으로부터 주력부대(본대)를 방호하고 주력부대의 중단 없는 전진을 보장하기 위하여 주력부대 전방에서 작전을 전개하는 부대.

는 소식을 접하게 되었고, 바로 기습공격을 계획하게 된다. 이에 따라 한국군 제8사단 10연대 1대대는 7월 8일 04:00경 평동리 남쪽 고지까지 이동하여 정찰을 한 결과, 북한군이 전선으로부터 12km 정도 떨어져 있다는 사실에 방심하고 있음을 확인하게 된다. 경계도 소홀히 한 채 방심하고 있던 북한군을 향해 제1대대는 2중대를 주공으로 하여 기습공격을 감행하였고, 이에 당황한 북한군은 분산되어 달아났다.

그러나 갑자기 북한군 제12사단 예하 제30, 32연대가 비가 내리는 날씨에도 불구하고 남한강을 도하하여 7월 9일 새벽부터 공격에 가담하게 되면서 한국군은 큰 피해를 입게 되었다. 7월 11일 낮에는 유엔 공군기 F-51 2개 편대가 북한군을 향해 공격하기도 하였다. 그러나 북한군은 낮에는 최대한 노출되지 않으면서 야간에 본격적으로 공격을 감행하는 방식을 이용, 한국군 제8사단의 방어선을 조금씩 무너뜨리기 시작했다. 결국 한국군 제8사단은 죽령 부근으로 철수를 하게 되었다.

여기서 반드시 더 살펴보고 넘어가야 할 부분이 있는데, 그것은 바로 당시 동해안전선의 상황이다. 동해안 지역은 해안선을 연한 동해안 도로가 유일한 통로였기 때문에 전투는 지역적으로 제한된 형태로 전개되었다. 강릉을 담당하고 있던 한국군 제8사단이 대관령을 넘어 제천으로 철수하게 됨에 따라 이 지역이 텅텅 비게 되자, 육군본부는 제3사단 23연대를 이곳에 투입시켰다.

한편 북한군 제5사단은 강릉을 점령한 후 사단에 흡수된 제549육전대의 병력까지 수습하여 동해안 도로를 따라 남하하고 있었다. 죽변 부근까지 남하한 북한군 제5사단은 제549육전대와 한국군 제23연대 간에 접전이 일어나자 제10연대를 해안 도로로, 제12연대는 산악으로 우회 기동시켜 공격해 들어왔다. 공격을 받은 한국군 제23연대는 7월 1일 평해 북쪽 방면으로 철수하였다가, 3일 후인 7월 4일에는 영해로 철수하게 된다. 이때 북한군 제5사단 11연대가 울진에서 본대와 합류함에 따라 한국군 제3사단장은 수도권 방어에 차출되었던 예하의 제22연대를 복귀시켜 줄 것을 요청하였다. 그러나 7월 5일에 단행된 한국군 재편성에 의해, 이쪽 지역은 당분간 계속 제23연대가 단독으로 방어임무를 수행할 수밖에 없게 되었다.

5. 영덕 탈환작전

한국군 제3사단은 예하 제23연대와 독립 1대대로 이 지역을 방어해야 했다. 북한군 제5사단은 제10연대를 진보 방향으로 우회 기동시키고 제11, 12연대를 동원하여 7월 14일부터 공격을 시작하였다. 유엔 공군기와 함대가 북한군의 집결지 및 접근로를 공격함으로써 적의 남하 속도를 지연시켰으나, 결국 한국군 제23연대와 독립 1대대는 북한군을 저지하지 못하고 영해와 영덕을 잇는 도로, 교량, 터널을 파괴하고 철수를 시작하였다.

이처럼 7월 17일에는 영덕이 북한군에게 점령당했다. 그리고 다음날인 18일에는 유엔군의 함정이 북한군에 포격을 개시한 후 제23연대가 공격을 감행하여 영덕을 탈환하였다. 그러나 19일에는 다시 북한군이 영덕을 점령하면서 이곳에서 빼앗고 빼앗기는 치열한 전투가 전개되었다. 유엔 공군기 및 함정의 엄호 사격을 받으며 한국군은 끊임없이 공격을 거듭하여 7월 29일에는 영덕을 다시 탈환하였다.

이후 북한군은 7월 31일까지 한국군의 방어선에 부분적인 탐색전을 시도하였을 뿐, 그들의 전력은 현저하게 약화되었다.

6. 미 제25사단 투입

미 제25사단은 예하에 제24, 27, 35연대를 두고 있었다. 사단장은 킨

(Kean) 소장이었다. 제25사단은 제27연대가 7월 10일에, 제24연대가 12일에, 제35연대가 13~15일에 각각 부산에 상륙하기로 했다.

애초부터 킨 소장은, 7월 4일 00:00부로 주한 미군의 지휘권을 부여받은 딘 소장의 지시를 받기로 되어 있었다. 이에 따라 7월 12일에 딘 소장은 다음과 같은 내용의 지시를 내리게 된다. '사단은 주력으로서 한국군을 증원하여 북한군이 충주 이남으로 진출하지 못하도록 하는 동시에 1개 대대로써 영일 비행장을 경계토록 하고, 1개 연대를 김천에 위치시켜 군의 예비로서 언제든지 대전 또는 청주 방면으로 증원할 수 있도록 준비하라'는 지시였다.

이에 킨 소장은 제24연대를 상주에, 제27연대를 의성에 배치시키고 제35연대는 예비대로 편성하여 김천에 위치시켰다. 이때 제35연대의 1개 대대로 하여금 딘 소장의 지시에 따라 영일 비행장을 경계하도록 하였다.

7. 미 제1기병사단 투입

당시 미 육군에서 말하는 기병사단은 사실 일반 보병사단과 크게 다를 바 없는 부대였다. 다만, 기병사단이라고 하면 오랜 전통을 자랑하는, 이른바 '메이커 부대'로서 일반적으로 신뢰할 수 있는 부대라는 인식이 강했다. 그래서 병사들도 기병사단에서 복무하는 것에 대해 큰 자부심을 가지고 있었다.

6 · 25전쟁이 발발하자, 미 제1기병사단은 한반도에 추가로 증원되었다. 이들은 1950년 7월 18일부터 22일에 걸친 기간 동안 일본에서 포항으로 상륙하여 바로 지연전을 전개하였고, 이것을 시작으로 이후 많은 전투에 참가하게 되었다.

↘ 그림 4-21. **포항에 상륙하는 미 제1기병사단**(1950년 7월 18일)

V. 서남부전선의 지연전

1. 전선의 형성 및 상황

미 지상군이 서부전선에 배치되고 한국군의 주력이 중·동부전선에 투입되자 육군본부는 호남지역의 방어를 위해 광주에서 제5사단, 전주에서 제7사단을 새로 편성하였다. 이 신생 사단들은 기존 사단에 대한 보급도 어려운 상황하에서 편성된 상황이었기 때문에, 무기조차도 제대로 보급받지 못하였다. 병력 중 20%만이 개인화기를 지급받았고 나머지 80%는 목총, 또는 이것도 없어서 그냥 맨몸으로 훈련을 받았다고 하니 당시 상황이 어떠하였을지는 가히 짐작이 가고도 남을 것이다.

이와는 달리 이곳 호남지역으로 우회 기동하여 공격해 내려온 북한군의 규모는 2개의 정예 사단이었다. 북한군 제3사단을 후속하여 대전 전투까지 참가한 북한군 제6사단은 제4사단과 연락망을 유지하면서 은밀히 서해안을 따라 호남지역으로 진격하고 있었다. 곧이어 이들은 7월 19일에 군산을 점령하고 22일에는 전주, 23일에는 광주까지 진격하였다. 이처럼 호남지역으로 우회한 북한군이 서쪽으로부터 부산을 목표로 측면 공격을 해온다면 한국군의 입장에서도, 그리고 미 제8군의 입장에서도 대단히 막아내기 어려운 상황이었다.

하지만 다행히 북한군은 그들의 병참문제를 해결하기 위해 항구가 있는 목포와 여수를 거치게 되었다. 그동안 워커 중장은 상주 남쪽에서 방어진지를 편성하고 있던 미 제25사단을 신속히 마산 정면으로 이동시킴으로써[9] 아슬아슬하게 방어선을 구축할 수 있게 되었다.

2. 북한군의 우회기동에 따른 조치

한국군과 미군은 호남지역, 즉 서남부전선을 통해 동쪽으로 진격하려는 움직임을 보이고 있는 북한군에 대해 조치를 취하지 않으면 안 되었다.

우선 한국군은 채병덕 소장을 영남지구 전투사령관으로 임명하여 영남지역을 방어하도록 하였다. 그리고 미 제8군사령관은 7월 24일, 미 제24사단을 진주-함양-거창축선으로 투입하였다. 명령을 받은 처치 소장은(처치 준장이 대전 전투 이후 실종처리 된 딘 소장의 후임으로 임명됨) 25일에 19연대를 안의-진주방면에 배치시키고 34연대를 거창, 21연대를 합천에 배치시켜 방어선을 구축하였다. 하지만 역시 각 지역을 안전하게 방어할 수준의 충분한 병력은 갖추지 못한 상태가 계속되고 있었다.

9. 이때 이루어진 미 제25사단의 상주에서 마산까지의 기동은 제2차 세계대전에서도 그 유례를 찾아볼 수 없었던 가장 빠른 기동이었다고 평가되고 있다.

VI. 대전 전투 이후의 전황

1. 북한군의 작전 및 전술 변화

북한군 전선사령부는 대전을 점령한 후 제4차 작전(7월 29일~9월 25일)[10]으로 전환하였다. 이 작전의 내용은 영동, 함창, 안동지역을 돌파한 후 신속히 낙동강을 도하한다는 것이었다. 북한군은 서부전선보다는 중·동부전선에 병력을 더 집중시켰다. 그 이유는 도하장비가 심히 부족한 상황에서 한국군과 유엔군이 낙동강에서 방어선을 구축하기 전에 수심이 얕은 낙동강 상류지역인 낙정리–안동지역에서 도하를 하고자 했기 때문이었다.

또한 그 전부터 조금씩 보였던 모습이기는 했지만 최근에 북한군이 유엔 공군기의 공중 공격에 노출되는 상황이 잦아지게 되었다. 그리하여 북한군은 주·야간 크게 신경 쓰지 않고 도로를 따라 병력을 기동시키며 공격을 가하던 과거의 방식을 지양하였다. 주로 야간에 기동하며 협소한 산간 소로를 이용하여 후방으로 우회 기동한 후 기습 공격을 가하는 방식으로 전투를 전개하고 있었다.

↘ 그림 4-22. 지상군 전투를 지원하기 위해 항모에서 이륙하는 코르세어 전투기

10. 국방부군사편찬연구소, 『소련군사고문단장 라주바예프의 6·25전쟁 보고서 1』, 2001, p. 209.

2. 한국군 제1군단의 지연전

7월 5일, 한국군 개편 및 지연전이 본격적으로 전개되기 시작할 때부터 한국군 제1군단은 중부전선을 담당하였다. 군단 예하 제8사단은 풍기, 영주방어선에서 12일간 북한군을 지연시키는 데 성공하였으나, 7월 24일에는 정면과 후방에서 동시에 공격을 받고 옹천, 안동지역으로 철수하였다.

한국군 제1군단은 25일이 되자 제8사단과 수도사단을 이끌고 안동으로 이동하였는데, 당시 수도사단은 예하 2개 연대가 타 사단에 차출되어 비어 있었고 제1연대만 보유하고 있었다. 또한 그나마도 안동에서 비교적 멀리 떨어져 있는 예천(안동으로부터 서쪽 23km)에 위치하고 있어 접근성이 양호하지 못한 상황이었다.

한편 한국군 제8사단은 북한군 제12사단과 대치하면서 25일에 내천성 연변에 방어선을 구축했으나 3일 후 돌파당하고, 후퇴하여 옹천과 안동축선에 새로 방어선을 구축하고 지연전을 전개하였다.

하지만 이처럼 지속적인 지연전의 전개에도 불구하고 결국 며칠이 지난 7월 31일 저녁 7시경, 미 제8군은 한국군 제1군단에 철수명령을 하달하게 된다.

↘ 그림 4-23. **안동 시가지와 안동교**

3. 북한군 제2군단의 공격

북한군 제2군단의 공격 계획은 대구를 목표로 주공(제1, 13, 15사단)을 문경－상주－대구축선에 배치시키고, 조공(제8, 12사단)을 영주－안동－의성－대구축선에 투입하는 것이다. 또한 영덕지역에서 전투를 벌이고 있는 제5사단의 병력을 증강시키고 유격부대인 제766부대를 한국군 방어선 후방지역인 구암산과 보현산으로 침투시켜 거점을 확보하였다. 그 결과 한국군을 교란하였음은 물론 한국군 부대의 배치상황까지 확인할 수 있었다.

이후 8월 1일 안동을 점령한 북한군 제12사단은 다음날 주변정찰을 통해 구미동－신덕동에 한국군이 없음을 확인하고 야간을 이용해 결국 도하를 하였다. 뿐만 아니라 기존의 작전을 변경하여 길안－청송 통로를 확보한 후에, 후방지역에 침투시켜놓은 제766부대와 함께 동시 배합작전을 계획하기에 이른다.

4. 한국군 제1군단의 철수

당시 미 제8군사령관은 철수준비명령을 하달하는 그 순간까지도 서남부축선으로 우회하여 공격해오는 북한군의 규모를 제대로 파악하지 못하고 있었던 것으로 보인다. 미 제8군사령관은 철수 명령이 본격적으로 하달되는 31일에서야 공격해오는 북한군의 규모가 2개 사단이라는 것을 인지하고 급히 낙동강 선으로 철수할 것을 명령하였던 것이다.

31일 저녁에 미 제8군사령부로부터 철수명령을 접수한 한국군 제1군단은 이날 오후 8시경에 군단 수뇌부가 모여서 철수에 대해 토의하였다. 사실 이 철수 명령은 그 시기가 적절치 못한 것이었다.

회의 주요 내용은 아군이 제공권을 장악한 상태에서 야간에 철수하는 것, 제8사단과 수도사단 중 누가 먼저 철수할 것인지 정하는 것, 기도비닉(企圖秘匿)을 잘 유지하는 것 등이었다. 이때 각 사단 참모장들은 서로 자신의 사단이 먼저 철수할 것을 주장하며 논란이 커져 많은 시간을 소모하기도 하였다. 결국 회의는 비교적 원거리에 위치하고 있는 제8사단이 먼저 철수하고 수도사단은 제8사단을 엄호하다가 나중에 철수하는 것으로 결론지어졌다.

한국군 제8사단 예하 제10연대는 06:30~07:20 사이에 안동교를 통과하였다. 이때 제2대대는 연대 후미에 있었기 때문에 10분 정도 늦게 안동교에 도착하였는데, 갑자기 북한군의 일부 병력이 나타나 공격을 가하여 혼란에 빠지게 되었다.

제16연대의 경우는 철수 중 북한군과 접선하여 교전을 벌이게 되는데, 당시 16연대 병사들이 대부분 신병이었고 또 철수명령을 받은 후 패배감에 젖어 있던 상태에서 제대로 북한군에 대응하지 못하였다. 병사들은 하나둘씩 진지를 이탈하였고, 연대는 결국 분산되었다. 이후 낙동강을 도하하여 연대집결지에 도착한 16연대 병력은 약 250여 명이었다.

그리고 제21연대는 북한군의 추격에 대비하여 교전을 수행하면서 후퇴를 하느라 약간 더디게 철수하고 있었는데, 이로 인해 연대 주력은 안동읍에 늦게 도착하게 되었다. 안동교는 제1대대와 제3대대의 일부 병력이 통과할 무렵 한국군에 의해 폭파되었는데, 제2대대는 미처 통과하지 못하였다. 이들은 앞서 안동교에 약 10분 정도 늦게 도착하여 철수가 늦어졌던 제10연대 2대대가 도섭한 그 지점에서 낙동강 도하를 시도하였으나, 북한군의 사격으로 인해 전체 전투력의 77%를 잃게 되었다.

한편 수도사단의 경우 사단 전술지휘소를 의성으로 이동시킨 후, 제8사단이 철수할 때 주어진 엄호 임무를 수행하였다. 엄호 임무를 수행하고 나서는 잠시 안동교 부근에서 공격해오는 북한군과 교전을 하기도 하며 철수를 감행, 이날 22시경이 되어서야 우여곡절 끝에 낙동강을 건너게 되었다.

이처럼 제8사단과 수도사단 모두 낙동강을 도하하여 철수를 완료하였지만, 철수 과정에서 북한군의 기습적인 공격을 받음으로 인해 입은 피해는 생각보다 훨씬 컸다. 그러나 한국군 장병들은 더 이상 물러설 수 없다는 각오를 다지며 철수해 내려간 낙동강 일대에서 방어 진지를 편성하며 다시 한번 전의를 다지고 있었다.

제 5 장

낙동강 방어선에서의 공방전

Ⅰ. 낙동강 방어선의 형성
Ⅱ. 북한군의 8월 공세
Ⅲ. 북한군의 9월 공세

제5장

낙동강 방어선에서의 공방전

I. 낙동강 방어선의 형성

1. 낙동강 주변의 전황

7월의 전황은 대체적으로 한국군과 유엔군에게 매우 불리하게 흘러가고 있었다.

중부전선의 상황을 보면 소백산맥을 돌파한 북한군 제1, 13, 15사단이 문경과 상주 일대로 진입하고 있었고, 제8, 12사단은 안동까지 진출하였으며 제2, 3사단이 김천 외곽에 출현하였다.

동해안전선에서는 북한군 제5사단이 계속 남하를 실시하여 영덕을 위협하고 있었다.

또한 서남부전선에서는 호남지역으로 우회 기동한 북한군 제6사단이 하동－진주 방향에서 나타났고, 제4사단 또한 소백산맥을 통과한 후에 거창을 경유하여 대구 근방에 있는 고령까지 진출한 상황이었다.

2. 낙동강 방어선

한국군과 유엔군이 지속적으로 지연전을 전개한 결과, 전 국토의 90%가 북한군에 의해 짓밟히고 약 7만여 명의 병력이 손실되는 등의 엄청난 피해를 입었다. 그러나 이러한 피해와 희생은 유엔군 증원부대가 한반도에 도착하기까지의 시간을 벌어주었음은 물론, 북한군에게도 어느 정도 피해를 주는 데 기여하였다. 특히 지연전 전개 과정에서 주목되는 점은 해상 및 공중을 완전히 장악하였다는 것인데, 이것은 결정적으로 북한군의 증원과 군수지원에 큰 타격을 입힐 수 있는 원동력이 되었다.

미 제8군사령관 워커 중장은 8월 1일이 되자 모든 부대를 낙동강 부근으로 철수시킬 것을 지시하였다. 이는 한반도 최후의 보루인 부산을 사수하기 위함이었는데, 이때부터 지연전은 막을 내리게 되고 낙동강을 사이에 둔 치열한 공방전이 막을 올리게 된다. 낙동강 방어선은 남해안의 마산으로부터 북쪽으로 낙동강을 따라 낙동리까지 약 160km에 이르며, 또 이 지점에서부터 동해안까지 약 80km의 산악지대를 연하는 총 길이가 약 240km에 달하는 방어선이었다.

이곳은 지리적으로 서쪽으로는 낙동강이 흐르고 북쪽에는 높

↘ 그림 5-1. 미 제8군사령관 워커
낙동강이라는 천연적인 장애물을 이용하여 적을 저지하고자 8월 1일부로 전 부대에 낙동강 방어선을 점령토록 명령하였다.

↘ 그림 5-2. 낙동강 지역 전경

은 산들이 능선을 이루며 버티고 서 있어서 방어에 적합한 지역이었다. 또 북한군의 최종 목적지인 부산으로 향하는 종적, 횡적 도로망이 잘 갖춰져 있어서 내선작전수행에 적합하다는 장점도 있었다. 그리하여 워커 중장은 이곳에서 북한군의 남하를 저지한 후 증원되는 유엔군 병력을 수습하여 역습을 실시하고, 나아가 총반격을 실시할 계획을 세웠다.

이렇게 하여 형성된 낙동강 방어선은 '부산교두보' 또는 '워커라인(Walker Line)'이라고도 불렸다.

3. 한국군과 유엔군의 방어편성

낙동강 방어선에서 왜관－낙동리－의성－청송－영덕에 이르는 약 120km는 한국군 5개 사단이 맡았고, 마산－남지－왜관에 이르는 약

낙동강 방어선은 마치 단단히 막아 놓은 울타리와 같은 형태로써 한국군과 UN군에게는 최후의 방어선이었으며, 반격작전을 위한 교두보이기도 하였다.

↘ 그림 5-3. 낙동강 방어선
방어 작전을 펼치기에 유리한 지역이었다.

↘ 그림 5-4. 낙동강 방어선의 미군
(출처: 미 국립문서 보관소)

120km의 구간은 미군 3개 사단이 담당하였다. 이러한 방어지역 편성으로 인해 낙동강 방어선은, 마치 단단히 막아 놓은 울타리와 같은 형태를 띠게 된다.

한국군과 유엔군의 각 부대들은 8월 3일이 되어 방어진지 편성을 거의 완료하게 되었다. 방어선의 북동쪽을 담당하게 된 한국군은 왜관으로부터 동쪽으로 제1, 6, 8, 수도, 3사단을 배치하였고, 남서쪽을 담당한 미군은 왜관으로부터 남쪽으로 제1기병, 24, 25사단을 배치하였다. 그리고 육군본부와 미 제8군사령부는 대구에 위치시켰다.

4. 북한군의 상황

북한군은 한국군과 유엔군의 지연전이 전개되던 7월 말까지 전 국토의 90%를 점령하였으나, 약 5만 6,000여 명의 병력손실과 전차의 80%를 잃는 피해를 입었다. 그리고 결정적으로 북한군은 낙동강까지 철수해 내려간 한국군과 유엔군을 확실히 추격하여 격멸하지 못하였다. 오히려 한국군과 유엔군은 낙동강을 도하하여 철수한 후 새로운 방어선을 구축하였으므로, 북한군의 입장에서 보면 황금과도 같은 공격 시기에 차후를 도모한 부대정비를 함으로써 공격 기회를 놓쳐 버리는 실책을 범하고 만 것이다. 뿐만 아니라 유엔 함대와 전투기의 활동으로 북한군은 주간활동이 어려워졌다. 여기에 엎친 데 덮친 격으로 300여 km로 늘어나버린 병참선은 북한군의 기본적인 보급과 장비의 보충을 더욱 힘들게 하는 요인으로 작용하였다.

상황이 점차 어려워지자 북한군은 점령지의 주민을 강제로 징집하기에 이른다. 본격적인 징집은 7월 1일부터 실시되었는데, 기록에 의하면 그 후로 3개월 동안 약 30만 명이 북한군으로 징집되었다고 한다. 이는 개전 직후 양군의 병력을 합친 것과 거의 맞먹는 수준으로서, 점령지의 주민들이 북한군에 의해 얼마나 큰 고통을 감내해야 했을지 짐작이 가는 부분이다. 그중에서도 가장 충격적인 것은 당시 북한군이 비전투 상황에서 자행했던 학살인데, 이는 노획된 북한군의 수기를 보면 확인할 수 있다. 이처럼 점령지역에서 자행된 북한군에 의한 살육행위는 대내적으로는 반공의식을 더욱 굳건하게 하였고, 대외적으로는 북한의 입지를 더욱 좁게 만드는 결과를 가져왔다.

↘ 그림 5-5. **북한군이 자행한 양민학살의 참상**
전쟁은 끔찍하고 무서운 것이었다
(출처: 한국전쟁 민간인 학살 진상규명).

7월 말을 전후한 시점에서 전쟁의 주도권은 조금씩 한국군과 유엔군에게 넘어오고 있었다. 그러나 지연전의 전개 과정에서 북한군에게 받은 충격이 아직 채 가시지 않았던 유엔군사령부는 이때까지도 북한군이 여전히 우세하다는 과대평가를 하고 있었다. 물론 이러한 오판은 오래가지 않아 사라지게 된다.

지연전이 전개되던 시기의 북한군은 정면을 공격함과 동시에 후방지역으로 일부 병력을 침투시켜 후방을 교란하는 작전으로 한국군과 유엔군을 괴롭혀왔었다. 그러나 낙동강 방어선이 구축되고 하늘에는 유엔의 공군이, 바다에는 유엔의 해군이 활동하고 있는 상황하에서 북한군은 더 이상 후방 침투작전을 쓸 수 없게 되었다. 즉 북한군의 입장에서 보면 이제는 피해가 크든 작든 무조건 정면으로 공격해 들어갈 수밖에 없는 상황이 도래한 것이었다.

II. 북한군의 8월 공세

1. 북한군의 작전개념

북한군이 8월 공세를 펼치기 직전에 확립해 놓은 작전개념은 다음과 같았다.

① 경부도로를 따라 대구를 공격

② 동해안 도로를 따라 포항－경주방향으로 공격

③ 창녕 서쪽의 낙동강 돌출부를 공격해 유엔군의 병참선 차단

④ 남해안을 따라 마산－부산방향으로 공격

8월이 되면서 북한군은 전투력의 50~60%가 손실되었고, 유엔군이 해상과 공중 모두를 장악하고 있음으로 인하여 부대 행동에 큰 제한을 받게 되었다. 서서히 전쟁의 주도권이 한국군과 유엔군 쪽으로 넘어가고 있었으나, 그래도 8월 초반까지는 북한군이 주도권을 잃지 않고 있던 상황이라고 볼 수 있겠다. 이러한 상황하에 북한군은 8월 공세를 준비하고 있었다.

2. 8월 공세의 시작

북한군에 의한 8월 공세는 8월 5일을 전후하여 낙동강 모든 전선에서 동시다발적으로 개시되었다. 8월 공세는 한국군이 배치된 왜관－영덕 구간과 유엔군이 배치되어 있는 마산－왜관 구간을 북한군이 돌파하면,

북한군의 8월 공세는 주공을 대구 정면으로 지향하고 모든 전선에서 동시다발적으로 개시되었다.

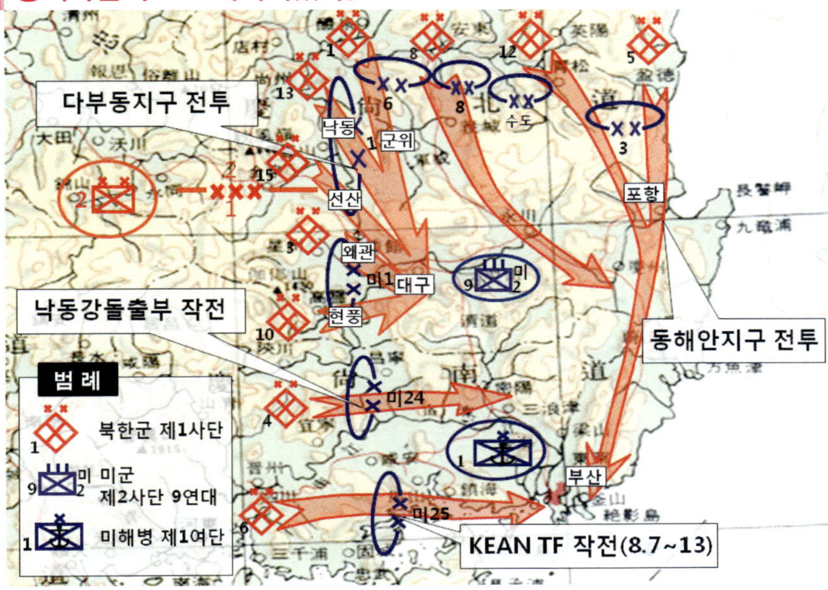

↘ 그림 5-6. 북한군의 8월 공세

한국군과 유엔군이 역습을 하여 이를 다시 격퇴시키는 방식의 치열한 양상을 띠며 전개되고 있었다.

8월 5일 자정경에 낙동강을 은밀히 도하한 북한군이 미 제24사단이 담당하고 있는 영산 일대에 기습공격을 가하였다. 이 기습공격은 성공하였고 영산이 북한군에 의해 점령됨에 따라 밀양이 직접적으로 위협받는 위기상황을 맞이하였다. 그러나 미 제8군사령부는 신속히 예비대를 투입, 다시 영산을 탈환하였다.

한편 미 제1기병사단이 담당하고 있던 왜관－현풍 일대로 8월 9일에 북한군은 또다시 낙동강을 은밀히 도하한 후 기습을 가해왔다. 그러나 미 제1기병사단은 곧바로 이에 대응하여 교전을 벌였고, 바로 침투병력을 제압하였다.

이렇듯 이 시기에 미군은 지난날의 과오를 모두 씻어버리고 전투력을 유감없이 발휘하기 시작하고 있을 무렵, 한국군이 담당하고 있는 방어선에서는 계속되는 병력 및 장비의 열세로 인해 곳곳이 돌파되는 위기상황이 조성되고 있었다. 사실, 당시 한국군의 어려운 상황은 이것뿐만이 아니었다.

미군이 담당하고 있는 방어지역은 낙동강이라는 천연장애물이 버티고 있어 방어에 적합한 조건을 갖추고 있었다. 이에 반해, 한국군이 담당하는 방어지역에는 낙동강과 같은 천연장애물이 따로 없었기에 미군이 담당하는 지역에 비해 방어하기 좋지 않은 지역이었다. 이리하여, 미군의 경우는 제외하더라도 화력과 전투력이 열세한 한국군이 왜관으로부터 영덕까지 120km를 방어한다는 것은 무리가 있다는 주장이 나오게 되었다. 이에 육군본부는 8월 11일에 한국군의 담당방어지역을 왜관－다부동－신령－기계－포항을 연하는 약 80km의 선으로 축소하여 수정하였다.

3. 안강 · 기계 전투

청송으로부터 서쪽으로 15km 떨어진 길안 부근에 자리 잡고 있던 한국군 수도사단은 북한군의 기습공격을 받았다. 결국 수도사단은 8월 5일, 의성 방향으로 철수하게 되고 이로 인해 의성－청송－영덕 간 약 50km 구간의 빈틈이 생기게 되었다. 이러한 취약부분이 생겨났음에도 불구, 당시 육군본부와 미 제8군사령부는 북한군의 대부대가 이 빈 구간의 험준한 산악지역을 신속히 기동하지 못할 것으로 판단하고 있었다. 그러나 이러한 판단과는 달리 북한군 제12사단은 한국군과 유엔군의 취약부분을 놓치지 않고 강행군을 감행, 산악지역을 통과하였다. 이들은 7일 오후 도평동을 통과, 다음날인 8일엔 죽장에 도착하였으며 10일이 되면서 기계에 진출하게 되었다.

이 사실을 알고 놀란 육군본부는 10일에 바로 '포항지구전투사령부'를 설치하였으나, 가용한 병력이 없었다. 다급한 대로 아직 채 편성조차 완료되지 않은 제25연대를 투입하였다. 그러나 상황이 상황인지라 투입방법에 있어서 체계적인 투입이 아닌 축차적인 투입[1]이 이루어졌고, 그 결과 제대로 된 대응을 할 수 없게 되었다. 마치 개전 초기 의정부지구에서의 전투와 비슷한 상황이 도래한 것이었다. 큰 위기상황이 아닐 수 없었다. 기계는 포항과 안강을 잇는 교통의 요지였으므로, 만약 이곳을 북한군이 점령한다면 바로 포항이 위협받게 되는 상황으로 치닫게 될 것이 분명했다.

↘ 그림 5-7. 노무동원[2]에 의한 탄약수송

이에 한국군은 획기적인 작전계획을 수립하기에 이른다. 제17연대와 수도사단 제1연대를 동원하여 안강에서 북한군 제12사단의 전진을 저지한 후, 수도사단 제18연대를 북한군 제12사단의 후방(기계)에 침투시켜 교란하겠다는 작전이었다. 이렇게 새로운 작전이 세워지자, 결국 이후 상황은 시간 싸움으로 전개되게 된다. 즉 북한군의 경주 혹은 포항으로의 진출이 빠른가 아니면 제17연대와 수도사단의 안강 도착이 빠른가 하는 시간 싸움이 전개되는 것이었다.

다행히도 유엔 해·공군의 활발한 활동으로 북한군의 기세등등한 진

1. 부대가 가용하게 되는 대로 차례를 따라서 투입하는 것.
2. 인력동원의 한 가지로서 '어떤 일을 하기 위한 육체적 노력의 동원'을 말함.

출이 조금씩 늦어지기 시작했다. 북한군 제12사단의 후속부대 진출 및 보급 속도가 늦어지고 있었던 것이다. 그사이 제17연대가 8월 12일에 안강에 도착하여 안강에서 포항을 이어주는 도로를 차단하였다. 하루 뒤인 13일에는 수도사단 제1연대와 제26연대가 이곳에 도착하여 경주로 진출하고자 하는 북한군을 저지하였다. 또한 같은 시기 수도사단 제18연대와 독립기갑연대가 기계 북쪽 북한군의 퇴로를 차단함으로써, 북한군 제12사단은 한국군에 의해 앞뒤로 포위당하게 되었다.

8월 18일. 마침내 한국군은 총공격을 감행하였다. 유엔 해 · 공군의 활동으로 보급률이 현저히 떨어지고 퇴로마저 차단당한 북한군은 한국군의 공격을 받고 뿔뿔이 흩어졌다. 이 전투로 인해 북한군 제12사단은 전투력에 큰 손실을 입게 되었고, 이후부터는 전투력을 제대로 발휘하지 못하게 된다. 한국군은 북한군 1,245명을 사살하였고 수많은 장비와 무기를 접수하는 승리를 이루었다. 이때의 승리는 전쟁 발발 이후 그 당시에 이르기까지 한국군이 거둔 최대의 승리였다.

4. 포항지역 전투

북한군 제5사단은 기계 방향으로 공격준비를 하고 있는 제12사단과 호흡을 맞추어 영덕－포항 방향으로 공격을 개시하였다. 영덕은 한국군 제3사단 22, 23연대가 방어하고 있었는데, 북한군의 화력이 너무나 강력했기 때문에 막아내기가 쉽지 않았다. 결국 제23연대의 진지가 조금씩 돌파당하기 시작하였고, 이에 한국군 제3사단은 8월 10일에 영덕의 남쪽 강구에서 또 남쪽 방향에 있는 장사동으로 철수하게 되었다.

한편 위기를 직감한 미 제8군사령관 워커 중장은 영일비행장 사수를 위해 미 제19연대 제3대대로 '브래들리 특수임무부대'를 편성하였고, 영일비행장에서 포항으로 이어지는 도로를 차단하였다. 이 브래들리 특수

임무부대는 포항지역 전투가 이어지는 동안 내내 이곳 영일비행장에 대한 북한군의 공격을 막기 위해 대비태세를 갖추고 전투대기 상태를 유지하였다.

8월 11일, 북한군 제766유격연대의 일부 병력이 포항 시내까지 진입하였는데 이것은 한국군과 유엔군에게 큰 위협으로 작용하기에 충분하였다. 또 포항 북방에서는 북한군 제5사단의 일부가 우회 기동을 실시, 홍해까지 진출함으로써 한국군 제3사단이 포위당하게 되었다. 자력으로 포위망을 뚫을 능력이 부족했던 제3사단은 결국 유엔 LST 4척을 이용하여 해상철수작전을 실행하게 되었다. 이때가 8월 17일 오전 6시경이었다. 약 4시간 30분 동안에 걸쳐 포항 남쪽에 있는 구룡포까지 이루어진 이 해상철수는 단 한 명의 낙오자 없이 성공적으로 완료되었다.

↘ 그림 5-8. **북한군 모터 싸이클 정찰대**

비슷한 시각, 육군본부는 민기식 대령의 지휘하에 포항 탈환의 임무를 부여하고자 민기식부대(이하 민부대)를 조직하여 형산강 남쪽으로 이동시켜 배치하였다. 이때 유엔 해군 함정이 포항에 주둔하고 있는 북한군에 포격을 가하였다. 이로 인해 산악지역에서의 계속되는 강행군 및 전투로 피로가 누적되었음은 물론 장비 및 탄약 등의 보급 또한 제대로 이루어지지 않고 있던 북한군은 포항 외곽으로 철수하였다. 이 사실을 확인한 민부대는 18일 새벽에 텅텅 비어 있는 포항 시내에 신속히 진입, 마침내 포항을 탈환하는 데 성공하였다. 이 과정에서 민부대는 북한군 180명을 포로로 잡는 전과를 올렸고, 19일이 되면서 한국군 제3사단에게 이곳 지역을 인계하고 대구로 복귀하였다.

5. 서남부 반격작전

호남지역을 우회하여 마산까지 위협하던 북한군 제6사단의 기세에 대하여 미 제8군사령부는, 상주에 위치하고 있던 미 제25사단을 급히 마산으로 이동시킴으로써 일단 위기에서 벗어나긴 하였다. 그러나 북한군은 여전히 마산을 위협하고 있었는데, 그 이유는 한국군과 유엔군의 입장에서 보나 북한군의 입장에서 보나 마산이라는 도시가 아주 중요했기 때문이었다. 왜냐하면 마산은 부산으로 이어지는 교두보로서의 성격을 짙게 띠고 있었기 때문에 그만큼 중요하다고 판단했던 것이었다. 위기를 맞이한 도시는 비단 마산뿐만이 아니었다. 북한군의 8월 공세에 있어서 대구도 자유롭지 못했다.

이에 미 제8군사령부는 진주—사천 방향의 역공격을 계획하였는데, 그 작전개념은 다음과 같았다.

> 마산 정면의 방어선을 진주—사천을 연하는 선으로 추진함으로써 부산 교두보의 서측방 위협을 제거하고 대구 정면에 집중된 북한군과 남하 중인 그들의 예비대를 마산 정면으로 유인하여 대구 정면의 압력을 분산시킨다.

이 작전을 수행하기 위해 미 제25사단은 2만 4,000여 명의 병력과 101대의 전차를 동원하여 특수임무부대를 편성하고 그 이름을 '킨 특수임무부대'로 하였다. 여기서 '킨'은 사단장의 이름이며, 이로 인해 이 서남부 반격작전을 '킨 작전'이라고도 표현하게 된다. 7일 오전 6시 30분경, 마침내 킨 특수임무부대의 역공격이 개시되었다.

당시 미군에 비해 이에 맞서고 있던 북한군 제6사단은 병력이 7,500명 정도에 전차가 한 대도 없었다. 이처럼 화력에 있어서는 미군이 압도적으로 우세하였으나, 북한군은 험준한 산악 능선의 주요 지점을 선점하고 있어 미군 역시 쉽게 승리를 장담할 수 없는 상황이었다.

↘ 그림 5-9. 마산 지구 전투의 현장
(출처: 전쟁기념관)

공격이 시작되자, 지리적인 우세를 점하고 있는 북한군에게 있어서 도로를 따라 공격해 들어오는 미군은 공격하기 딱 좋은 타깃과 같았다. 또한 장마가 끝난 8월의 폭염은 극에 달해, 기온이 무려 섭씨 35℃까지 올라감에 따라 햇볕을 그대로 내리쬐며 공격해 들어가는 미군의 전투력 손실은 더욱 커져만 갔다.[3] 이러한 상황이 전개되면서 미군의 선두 부대가 장천리–진주 고개를 연하는 선까지 진출하기도 했다. 능선에 매복하고 있던 북한군은 미군 선두 부대를 지원하기 위해 후속해오는 병력을 기습적으로 공격하여 차단하였다.

12일 새벽 1시경에는 봉암리에 배치되어 있던 미군 지원포병 3개 대대가 북한군의 기습공격을 받아 200여 명이 전사하였고, 150여 명이 부상을 당하였으며 30여 명이 실종되는 참담한 패배를 겪게 된다. 이후에도 이어진 미군의 공격은 큰 성과를 거두지 못하게 되자 결국 미 제8군 사령부는 킨 특수임무부대가 목적을 달성하기 어려울 것으로 판단하여

3. 기록에 의하면 이때 일사병에 걸려 전투력을 상실하게 된 미군의 숫자가 전투를 치르다가 입은 전투 손실의 6배에 달하는 수준이었다고 한다.

작전을 중지할 것을 지시하였다.

킨 특수임무부대의 역공격은 미군이 6 · 25전쟁에 참전한 이후 최초로 시도한 공격작전이었으나, 작전 목표를 달성해내지 못하고 앞에서 살펴본 바와 같이 종료되었다. 비록 킨 특수임무부대의 작전이 큰 피해를 입고 종료되긴 하였지만, 긍정적인 측면으로도 바라볼 수 있다고 하겠다. 미군 병사들에게 공격전투의 경험을 안겨주었으며, 무엇보다도 마산을 빼앗기지는 않았다는 점이 크다. 이로 인해 부산에 대한 직접적인 위협도 감소하게 된 것이었다.

6. 다부동 전투

'8월 15일 점심은 부산에서 먹겠다'라고 북한 전쟁지도부가 공공연히 이야기할 정도로, 북한군의 최종 목표는 8월 15일까지 부산을 점령하여 한반도 전체를 손아귀에 넣는 것이었다. 그러나 낙동강 방어선이 형성되고 한국군과 유엔군이 손실된 전투력을 차근차근 보강해가고 있을 무렵, 북한군은 손실된 전투력에 대한 체계적인 보강이 이루어지지 못하고 있었다.

이리하여 북한군은 목표를 수정하지 않을 수 없게 되는데, 수정된 목표는 '8월 15일까지 대구를 점령한다'는 것이었다. 앞서 살펴본 대로 당시 대구에는 대한민국 정부와 미 제8군사령부가 위치하고 있어, 이곳이야말로 핵심 중의 핵심 도시라고 할 수 있는 곳이었다.

북한군 제1, 13, 15사단은 대구를 공격하기 위해 8월 5일부터 3일간에 거쳐 낙동강을 도하하고 한국군 제1사단을 압박하였다. 이에 한국군 제1사단은 왜관－낙동리를 연하는 선에서 북한군에 맞섰다. 그러나 한국군 제1사단을 제외한 나머지 4개 사단이 북한군의 공격에 밀리자 결국 11일에 앞서 살펴본 대로 한국군의 담당방어지역을 약 80km로 축소 ·

조정하였다.

이와 같은 방어지역의 축소에 따라 한국군 제1사단은 13일이 되면서 다부동 일대에 새로 배치된다. 다부동이라는 지역은 대구로 들어가는 관문과도 같은 곳이었기에, 한국군 제1사단에 주어진 이곳의 사수 임무는 매우 중요한 것이었다.

↘ 그림 5-10. **공중에서 투하되고 있는 폭탄**
융단폭격의 전형적인 모습이다(출처: 전쟁기념관).

그러나 상황은 좋지 않았다. 동시다발적으로 여러 지역에서 북한군의 공세가 시작되었기 때문이었다. 한국군 제1사단이 다부동에 도착하였을 때 이미 북한군의 일부가 328고지와 유학산(839m)을 점령하고 있었다. 또한 북한군 4개 사단과 기갑부대가 왜관 북방에 집결하여 도하를 준비하고 있는 것을 미리 예측하고 있던 미 제8군사령부는, 말 그대로 '알아도 못 막는' 상황을 맞이하게 되었다. 이에 미 제8군사령부는 유엔군사령부에 북한군에 대한 융단폭격(絨緞爆擊)[4]을 건의하였고, 유엔군사령부에서는 이 건의를 받아들여 8월 16일 오전 11시 58분부터 오후 12시 24분까지 26분 동안 폭격을 실시하게 된다. 목표지점은 왜관 북방 낙동강변의 5.6×12km지역이었으며, 투하된 폭탄의 양은 960톤이었다. 하지만 미 제8군사령부의 기대와는 달리, 이 융단폭격의 전과는 생각보다 크지 않았던 것으로 보인다. 실제로 당시 그 목표지점에서는 상공에 형성된 먼지와 연기로 인해 성과 자체를 확인하지 못하였다. 이후 포로들의 진술에 의하면 이때의 폭격으로 인해 낙동강으로부터 서쪽에 자리 잡고 있

4. 여럿 또는 많은 수의 폭격기가 일정한 지역을 대상으로 철저하게 폭격하는 일.

던 보급 및 지원시설은 피해를 입었으나 북한군 부대들은 그때 이미 도하를 끝마친 상태여서 병력의 손실은 입지 않았다고 한다.

이렇듯 병력의 손실을 입지 않은 북한군이었기에 융단폭격이 실시된 그날 바로 북한군은 다부동 서측면의 고지를 공격해왔다. 이에 미 제8군 사령부는 한국군 제1사단만으로는 다부동을 방어해내기 어려울 것으로 판단, 다음날인 17일에 예비대인 미 제25사단 예하 제27연대를 증원하였다.

이리하여 한국군 제1사단과 미 제27연대는 개전 이후 최초로 협동작전을 전개하게 되었다. 이는 이전까지 한국군과 미군의 연합작전이 사실상 각자 맡은 담당구역 안에서 자군(自軍)위주로 개별성이 짙은 형식으로 실행되어 왔고 그동안 미군이 한국군의 전투력을 신뢰해 오지 않았던 점으로 미루어볼 때 상당히 이례적인 장면이 아닐 수 없었다.

이후 미 제8군사령부는 미 제2사단 23연대를 추가 투입하였고, 한국군도 제8사단 10연대를 추가 투입시킴으로써 전력을 더욱 탄탄하게 보강하였다. 북한군도 가만히 보고만 있지는 않고 전차를 보충하여 전면적인 야간공격을 행하였다. 시간의 흐름에 따라 피·아 간의 병력 손실도 비례하여 늘어갔는데, 한국군 제1사단의 경우 하루 평균 약 600~700여 명의 병력이 손실되어 전투력이 약화되어 갔다.

이에 한국군은 많은 장정들을 징집하였으며, 많은 학생들도 자원입대하여 학도병으로서 참전하기에 이르렀다. 뿐만 아니라 1개 대대마다 평균 50~60명의 노무자[5]들이 배치되어 식사 및 보급품과 탄약을 지게로 운반하여주고, 필요시 부상자까지 후송해주며 최선을 다해 지원해주었다.

며칠이 지나 8월 21일 저녁, 북한군은 새로 증강한 전차와 자주포를

5. 임금을 받으려고 육체적 노력을 들여서 일을 하는 사람. 군대에서는 주로 전투근무지원 업무에 종사하였다.

↘ 그림 5-11. **다부동 구희장 계곡**(球戲場, Bowling Alley)

앞세워 다부동 계곡으로 야간공격을 감행하였다. 이에 대비하고 있던 미 제27연대도 전차를 동원하여 반격을 개시, 전투는 9시간 동안 이어졌다. 이때의 전투를 '볼링장 전투(Bowling Alley)'라고 하였다. 그 이유는 전투가 어두운 밤에 치러졌는데 전차에서 발사된 포탄의 섬광이 서로의 전차에 명중하다보니 마치 볼링공이 볼링 핀을 향해 미끄러져가는 모습과 흡사했기 때문이었다.

8월 23일, 마침내 한국군 제1사단은 방어지역을 안정시키는 데 성공하였다. 곧이어 미 제27연대는 마산에 위치하고 있는 소속부대로 복귀하였으며, 북한군은 이 전투로 인해 큰 피해를 입게 되자 이쪽 지역에서의 공격을 중단하였다. 이후 한국군 제1사단은 유엔군의 병력 증원이 이루어짐에 따라 이곳을 미 제1기병사단에 인계하고 팔공산 북쪽 방면으로 이동하였다.

Ⅲ. 북한군의 9월 공세

1. 8월 공세 이후의 전황

개전 직후부터 7월 말까지 한반도 전 국토의 90%를 점령하고 승승장구하던 북한군은, 한국군과 유엔군이 낙동강 방어선을 구축하고 방어전에 돌입할 무렵에 그 기세가 눈에 띄게 약화되었다. 하늘과 바다를 완벽

↘ 그림 5-12. **파괴된 왜관 철교와 도로교**

히 장악한 유엔 공군기와 해군 함정의 활발한 활동으로 인해 북한군의 기동 및 보급은 큰 타격을 입었다. 계속적으로 약화되고만 있는 북한군의 전력과는 달리 한국군과 유엔군의 전력은 병력이 증원됨에 따라 조금씩 보충되면서 회복되어 안정화를 이루게 되었다.

결정적으로 북한군은 대한민국 정부와 미 제8군사령부가 위치하고 있던 대구를 손에 넣지 못하였다. 이것은 이후 전쟁의 양상에 중요한 작용을 하게 된다. 이때 한국군과 유엔군은 그동안 낙동강 방어선에서 이루어졌던 전투, 그리고 북한군의 보급상황 등을 감안하여 이미 북한군의 전력이 한계점에 다다랐다고 판단하게 된다. 급기야 한국군과 유엔군은 본격적인 반격작전으로의 전환을 준비하게 되는데, 이러한 상황에서 북한군은 마지막 힘까지 짜내다시피 하여 9월 공세를 계획하기에 이른다.

2. 9월 공세의 시작

9월 공세의 주 목표지역은 왜관－영천－기계－포항의 동북부지역이었음에도 불구하고 북한군은 마산－남지－영산－창녕의 서남부지역부터 공격하기 시작했다. 그 이유는 서남부지역을 공격함으로써 유엔군의 일부 병력을 서남부지역으로 보내버린 후에 동북부지역을 공격하려고 했기 때문이었다. 이때 북한군은 제7, 9(－), 10사단을 추가로 전선에 투입하는 모습을 보이는데, 이는 곧 총력전을 준비하고 있다는 것과 같은

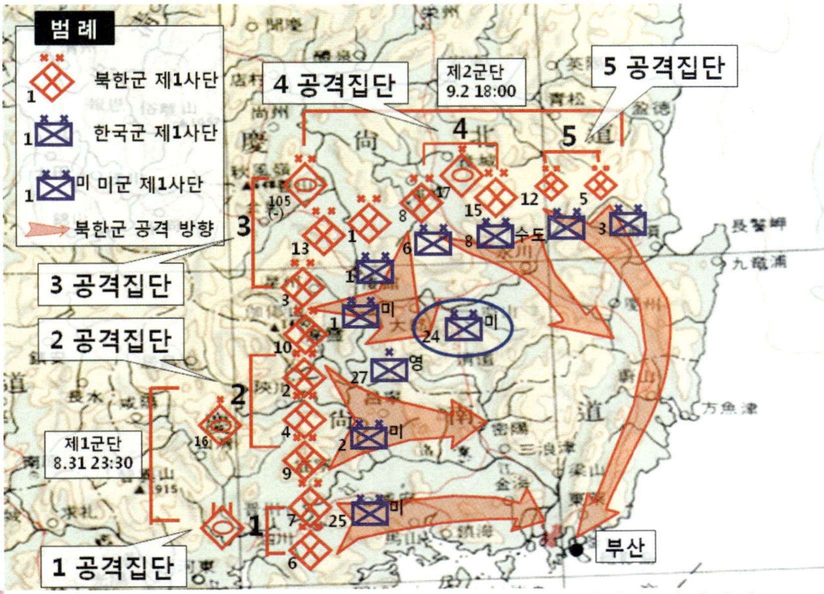

9월 공세에서도 김일성은 직접 전선사령부를 방문하여 독전하였다.

↘ 그림 5-13. 북한군의 9월 공세

↘ 그림 5-14. 산악지역에 보급을 위한 지게부대

의미였다.

북한군의 9월 공세 작전개념은 '낙동강 일대에 압축된 한국군과 유엔군을 두 개의 강력한 타격집단으로 대구 및 영천 일대에서 포위, 소멸하여 최종목표인 부산을 점령한다'는 것이었다.

이러한 작전의 성공을 위해 김일성은 8월 22일에 전선사령부를 방문, '공세준비에 총력을 경주할 것'을 독전하였다.

또한 새로이 소련에서 공수해온 T-34전차로 재정비를 마친 북한군은 제16, 17기갑여단까지 추가로 투입시키기도 하였다. 이로써 북한은 낙동강 방어선을 돌파하여 부산을 점령한 후 한반도 전체를 적화시키겠다는 야욕과 그 모습을 완연히 드러내고 있었다. 지난 8월 공세에 이어서 다시 한번 낙동강 일대는 쌍방 간의 최대의 격전지가 되고 있는 것이다.

3. 한국군과 유엔군의 재충전

미 제2사단의 주력이 7월 31일부터 8월 19일까지 부산에 도착하였고, 8월 27일에는 영국군의 2개 대대가 부산에 도착하였다. 또한 전차도 증강되었는데, 이에 따라 8월 16일까지 6개의 전차대대가 배치되게 되었다. 이 중 1개의 전차대대는 M46패튼 전차를 보유하고 있었고, 나머지 전차대대는 M26퍼싱 전차와 M4A3셔먼 전차를 균등하게 보유하고 있었다.

이때 유엔군의 전차는 총합 500여 대 정도로, 북한군의 전차의 총합보다 약 5배나 많은 수준이었다. 또한 8월 30일에는 제714철도수송대대가 도착하여 원활한 보급수송에 큰 역할을 담당하게 되었다.

당시의 상황을 한마디로 표현하자면 '시간은 한국군과 유엔군의 편이다'라고 말할 수 있는데, 그 근거는 다음과 같은 사실에서 찾아볼 수 있다.

↘ 그림 5-15. **낙동강을 도섭 중인 미군 M46전차 6전차대대**(1950년 9월 18일)

우선 한국군과 유엔군의 병력이 꾸준히 증원 및 보충되고 있었던 반면, 북한군의 경우는 이맘때의 병력이 개전 초기 병력의 1/2도 되지 않았다.

그리고 개전 초기 공포의 대상이었던 북한군의 전차가, 추가로 증원된 유엔군의 전차에 질·양적인 면 모두 뒤처지게 되면서 북한군의 전차는 더 이상 막강한 화력을 발휘할 수 없게 되었다. 또한 앞서 강조하였던 바와 같이 유엔 공군과 해군의 활발한 활동으로 북한군의 병력 이동 및 보급수송은 큰 타격을 입게 되었다. 화포에서도 한국군 및 유엔군이 원활한 탄약 보급으로 사용하는 데 이상이 없었던 반면 북한군은 탄약의 보급이 제대로 이루어지지 않아 큰 제약을 받고 있었다.

이제는 전쟁의 주도권이 확실히 한국군과 유엔군에게로 넘어온 상황인 것이었다. 이러한 상황하에 왜관 · 다부동 전투가 치러지게 된다.

4. 왜관 · 다부동 전투

한국군 제1사단으로부터 왜관 · 다부동 지역을 인수받은 미 제1기병사단은, 이곳으로 공격해 들어오는 북한군 제1, 3, 13사단과 맞서게 된다. 북한군이 대구를 점령하기 위해 3개 사단을 한꺼번에 투입하는 총공세를 펼침으로써, 이곳은 큰 위기에 봉착하게 되었다.

9월 3일, 수암산 후방으로 진출한 북한군이 미 제1기병사단 7기병연

그림 5-16. 학도의용군의 용산역 환송과 참전하는 모습

조금 더 알아볼까요?

학도병의 편지

다부동에서 치열한 전투가 한창이던 1950년의 8월. 서울 동성중학교 3학년으로 재학 중에 참전한 이우근(李佑根) 학도병은 8월 11일 포항여자중학교 앞 벌판에서 숨을 거뒀습니다(이날 전투에서 제3사단 학도의용군 71명 중 48명이 전사하였다). 그리고 싸늘한 시신이 된 그의 바지 주머니에서는 다음과 같은 내용을 담은 한 통의 편지가 발견되었습니다.

이우근 학도병이 어머니에게 쓴, 그러나 부치지 못한 편지

어머니,
나는 사람을 죽였습니다.
수류탄이라는 무서운 폭발 무기를 던져
일순간에 죽이고 말았습니다.
어머니,
적은 다리가 떨어져 나가고
팔이 떨어져 나갔습니다.
아무리 적이지만
그들도 사람이라고 생각하니
더욱이 같은 언어와 같은 피를 나눈
동족이라고 생각하니 가슴이 답답하고 무겁습니다.
어머니,
전쟁은 왜 해야 하나요?
이 복잡하고 괴로운 심정을
어머님께 알려드려야 내 마음이 가라앉을 것 같습니다.
저는 무서운 생각이 듭니다.
지금 내 옆에서는 수많은 학우들이
죽음을 기다리는 듯
적이 덤벼들 것을 기다리며
뜨거운 햇빛 아래 엎드려 있습니다.
적병은 너무나 많습니다.
우리는 겨우 71명입니다.
이제 어떻게 될 것인지를 생각하면 무섭습니다.
어제 저는 내복을 손수 빨아 입었습니다.
그런데 저는 청결한 내복을 갈아입으며
왜 수의(壽衣)를 생각해냈는지 모릅니다.
죽은 사람에게 갈아입히는 수의 말입니다.

어머니,
어쩌면 제가 오늘 죽을지도 모릅니다.
저 많은 적들이
그냥 물러갈 것 같지는 않으니까 말입니다.
어머니, 죽음이 무서운 게 아니라
어머님도 형제들도 못 만난다고 생각하니
무서워지는 것입니다.
하지만, 저는 살아가겠습니다.
꼭 살아서 가겠습니다.
어머니, 이제 겨우 마음이 안정이 되는군요.
어머니, 저는 꼭 살아서 어머님 곁으로 가겠습니다.
상추쌈이 먹고 싶습니다.
찬 옹달샘에서 이가 시리도록
차가운 냉수를 한없이 들이키고 싶습니다.
아, 놈들이 다가오고 있습니다.
어머니 안녕! 안녕!
아, 안녕은 아닙니다.
다시 쓸 테니까요...
그럼...

출처: 매일신문, "어머니, 전쟁이 어서 끝나 어머니 품에 안기고 싶습니다".

1950년 8월 포항여자중학교에서 북한군의 공격에 맞서 싸운 71명 학도병들의 실화를 바탕으로 제작한 영화 **'포화속으로'**(2010년 6월 16일 개봉)

대를 포위하는 상황이 발생하였다. 결국 미군은 이곳에서 후퇴하여 4km 후방으로 철수하였는데, 이렇게 됨에 따라 전선에서 대구까지의 거리는 10km로 줄어들게 되었다.

9월 5일은 미군의 피해가 극에 달했던 날이었다. 이날 하루 동안 미군은 전사 및 실종이 724명, 전상 521명으로 하루의 피해치고는 너무나도 심각한 피해였다. 이러한 암담한 전투의 패배에도 불구하고, 미 제8군사령부는 자신들의 사령부 주지휘소와 육군본부를 부산으로 이동시키고, 전방지휘소는 그대로 대구에 유지하면서 낙동강 방어선을 고수할 것을 고집하였다. 그 이유는 간단하였다. 만약 낙동강 방어선이 무너진다면, 계획하고 있던 인천상륙작전을 제대로 실행도 하지 못한 채 실패할 가능성이 너무나 컸기 때문이었다. 하지만 기세등등하던 북한군에게는 치명적인 약점이 존재하였다. 바로 제공권을 완벽히 유엔군에게 빼앗겼다는 것이었다. 이러한 제공권의 장악은 한국군과 유엔군에게 매우 큰 이점이 되었다. 유엔 공군기는 활발하게 북한군의 주둔지 및 보급로를 공격하였고, 이에 북한군은 동요하였다. 머지않아 북한군은 한계에 도달하게 되었고 천신만고 끝에 미 제8군은 대구를 사수할 수 있었다.

5. 영천 전투

북한군이 대구를 점령하기 위해 계획했던 공격루트에는 사실 다부동을 돌파한다는 작전만이 있었던 것은 아니었다. 다부동 루트를 제외한 다른 루트는 바로 영천을 돌파하여 대구로 진격한다는 것이었다. 이때 영천에는 한국군 제2군단 6사단과 제1군단 8사단이 배치되어 있었고, 공격을 해오는 북한군은 제2군단 8, 15사단이었다.

여기에서 짚고 넘어가야 할 부분이 있다. 이 무렵 한국군 제8사단 방어선의 오른쪽 방면에 위치하고 있는 운주산 일대에는 수도사단이 배치되어 있었는데, 9월 3일에 북한군 제12사단이 이곳 일대를 공격해오자 수도사단은 남쪽으로 철수를 하게 된다. 이로 인해 한국군 제8사단의 오른쪽에는 약 14km의 빈틈이 생기게 되었다. 당시 북한군 제2군단장 김무정 중장은 위와 같은 제12사단의 공격성공을 가리키며 '제12사단은 저렇게 돌파를 하는데 왜 제15사단은 영천돌파를 못하느냐?'며 그 책임을 물어 제15사단장을 교체하였다. 새로 임명된 사단장은 한국군 제8사단의 오른쪽에 생긴 약 14km의 빈틈으로 바로 진격, 아무런 저항을 받지 않고 후방으로 침투하게 되었다.

이러한 상황에서 9월 5일, 북한군 제15사단은 새벽 1시경 기습공격을 감행하여 다음날 새벽 3시경에 결국 영천을 점령하였다. 이것은 한국군과 유엔군의 입장에서 보면 큰 위기가 아닐 수 없었다. 만약 북한군이 영천에서 경주—부산방면으로 진격한다면 시간이 많이 소요될 것이므로 그나마 다행이었다. 하지만 북한군이 하양—대구방면으로 진격한다면, 이후 상황을 예측할 수 없었다. 다급해진 육군본부는 한국군 제1사단 11연대, 제6사단 19연대를 영천지역으로 보내 증원하였다. 결국 북한군은 경주—부산방면으로 이동하였고, 이에 한숨 돌린 한국군 제6사단과 제8사단은 집요한 북한군 제8사단의 공격을 막아냈다. 북한군은 제8사단의 공격이 수포로 돌아가고 큰 피해를 입음으로써, 이제는 제15사단만이 남게 되었다. 한국군 제2군단은 예하의 제7사단과 제8사단을 투입하여 9월 8일 오후에 영천을 탈환하였다. 이틀 후인 10일에는 후퇴하는 북한군 제15사단을 추격한 끝에 포위 · 섬멸함으로써 다시 영천에 방어선을 구축할 수 있었다. 북한군의 9월 공세 당시 벌어진 영천지역 전투는 8월 공세의 다부동 전투와 함께 대한민국의 운명이 걸린 낙동강 방어선의 분수령이라고 할 수 있다.[6]

6. 육군본부(이성가 장군 참전기), 『영천 대회전』, 1995, pp. 190~220.

6. 북한군 9월 공세의 영향

개전 직후부터 7월 말까지의 전황은 북한군의 압도적인 우세였다. 그러나 8월로 접어들면서 점점 한국군과 유엔군의 전력 증강이 이루어졌고, 8월 말에 이르러서는 전력이 완전히 역전되어 북한군의 공세는 사실상 한계에 부딪힌 상황이었다.

그러나 김일성을 비롯한 북한의 수뇌부들은 한반도의 90%를 장악한 상태에서 이러한 한계를 인정하지 않았다. 그들은 주력병력은 물론, 경인지역에 위치하고 있던 예비대까지 낙동강 전선에 투입시킴으로써 말 그대로 총공세를 펼쳤다. 그러나 그들은 끝내 단단한 낙동강 방어선을 무너뜨리지 못했다. 이것의 여파는 결코 작지 않았다. 이를 분수령으로

조금 더 알아볼까요?

하버드 대학의 고풍어린 교내 예배당 벽에는 6 · 25전쟁에 목숨을 바친 20여 명의 하버드생 병사들 이름이 동판으로 새겨져 있다. 미국은 한 도시에서 한 명 나올까 말까 한 '미국의 희망'들을 한국의 자유를 지키기 위해서 내보냈다. 심지어는 교수들도 참전하여 더러 전사했다.

이와 마찬가지로 한국에서도 많은 학도병들이 전사했다. 그런데 한국의 어느 학교에도 전사 학도병들의 이름이 새겨져 지나는 자들의 머리를 숙이게 하는 표지는 없다. 존경하는 소대장님, 용감한 대대장님, 그리고 생명을 던져 진지를 지켜낸 병사들의 얘기는 입으로만 전해질 뿐 그들을 기릴 수 있는 흔적은 어디에도 없다. 한국은 전후 팔을 잃은 국회의원, 눈이 날아간 국방장관을 갖지 못했다. 행사장이나 연회장 같은 데서 한국전 전상자(戰傷者)들을 만나 본 기억이 없다.

\- 6 · 25전쟁 당시 미군 대위였던 짐 하우스맨의 회고록 中 일부

워커 중장이 운전병의 부주의로 인한 교통사고로 사망하자, 그 운전병을 사형에 처하려고 했던 이승만 대통령을 말려 결국 3년형을 받게 하기도 했던, 당시 미군 대위였던 짐 하우스맨의 회고록 중 일부 내용입니다.

짐 하우스맨의 이 한마디는, 매우 날카로운 지적이라는 생각이 듭니다.

하여 이후 전쟁의 양상은 급격히 한국군과 유엔군에게 유리하게 흘러갔으며, 북한군은 헤어날 수 없는 패퇴의 길로 들어서게 되었다.

제 6 장

인천상륙작전과 반격

Ⅰ. 인천상륙작전
Ⅱ. 타오르기 시작한 반격의 불씨
Ⅲ. 38도선을 넘어 북으로 진격하다
Ⅳ. 북진작전
Ⅴ. 평양을 점령하라!
Ⅵ. 웨이크도 회담
Ⅶ. 압록강을 향해 진격하다

제6장

인천상륙작전과 반격

I. 인천상륙작전

1. 상륙작전의 계획

유엔군사령관 맥아더 원수는 이미 6월 29일부터 상륙작전을 통한 전세역전을 도모하고 있었다. 이에 따라 최초의 작전계획인 '블루하트(Blue Heart) 계획'이 세워지게 되었다. 블루하트 계획이란, 미 제24사단을 이용하여 북한군의 남진을 저지하면서 미 제1기병사단을 7월 22일경 인천에 상륙시켜 북한군을 공격한다는 내용의 작전이었다. 그러나 미 제24사단이 지연전을 전개하는 과정에서 북한군의 남진을 효과적으로 저지하지 못함에 따라 미 제1기병사단이 불가피하게 전장에 조기 투입되면서 이 계획은 전면 취소되었다.

이후 맥아더 원수는 블루하트 계획보다 조금 더 큰 규모의 작전인 '크로마이트(Chromite) 계획'을 세우게 되는데, 그 내용은 다음과 같았다. 이 계획의 수립 과정에서 가장 큰 쟁점은 바로 '어느 지점에 상륙을 개시할 것인가' 하는 문제였다. 이에 작전기획단은 다음과 같이 3개 지역의 상

북한군은 인천지역에 약간의 방어부대를 두고 해안경비에만 주력하고 있었다.

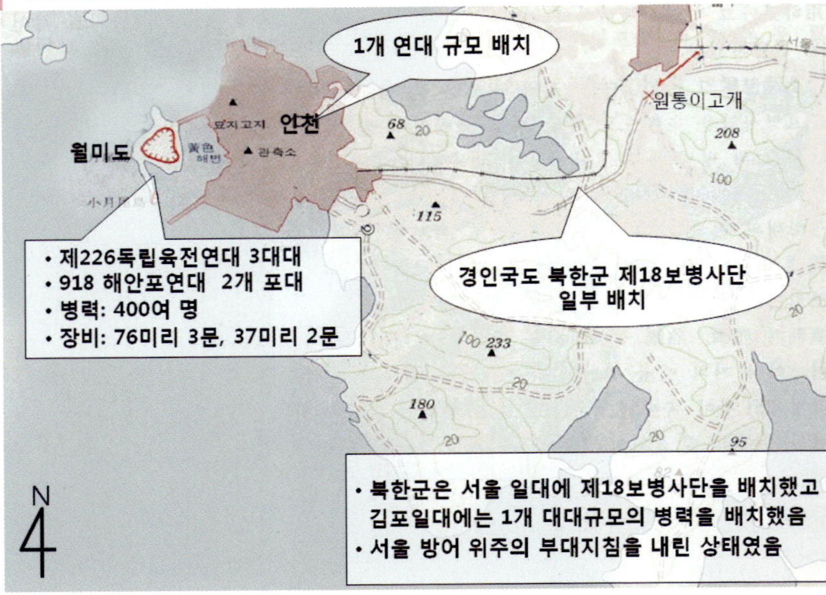

↘ 그림 6-1. 인천상륙작전 당시 북한군의 배치 현황 및 규모

륙지점을 제시하였는데 구체적으로 살펴보자면 100-B(인천), 100-C(군산), 100-D(주문진)였다. 당시 유엔군사령관 맥아더 원수는 인천을 상륙지점으로 하는 100-B계획을 선택하였다. 그러나 미 육군참모총장 콜린스(Collins) 대장과 미 해군참모총장 셔먼(Sherman) 대장 등을 비롯한 미 합동참모본부에서는 군산을 상륙지점으로 하는 100-C계획이 채택되어야 한다는 의견이 대세였다. 특히 미 해군 고위층 전문가들은 조수 간만의 차와 협소한 지형의 문제를 들어 인천이 상륙지점으로 적합하지 않다는 주장을 펼쳤다. 이에 많은 수의 미 합참 요원들은 인천을 상륙지점으로 선택한 맥아더 원수를 설득하고자 하였다.

그러나 맥아더 원수는 끝까지 인천으로 상륙해야 한다는 주장을 굽히지 않았다. 당시 맥아더 원수는 인천으로 상륙을 해야만 북한군의 병

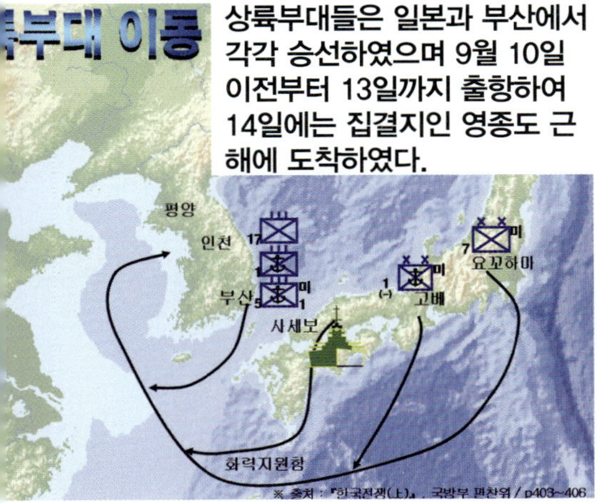

↘ 그림 6-2. 인천상륙작전 시 상륙부대들의 이동경로이다
(출처: 국방군사연구소, 『한국전쟁(上)』, pp. 403~406).

↘ 그림 6-3. 부산항에서 승선하고 있는 모습

참선을 효과적으로 차단할 수 있고 또 기습적인 공격도 감행할 수 있다고 강하게 주장하였다. 이에 따라 결국 맥아더 원수는 미 합참으로부터 100-B작전의 실행을 인정받게 되었고, 상륙작전실행 날짜는 9월 15일로 결정하였다. 날짜까지 확정되자 맥아더 원수는 곧바로 상륙부대의 편성 작업에 착수하였다.

그는 인천상륙작전을 위해 제10군단을 새로 창설하고 군단장에 알몬드(Almond) 소장을 임명한 후, 극동군 사령부에 근무하는 참모장교들을 대거 불러들여 군단사령부를 구성하도록 하였다. 이때 신설 제10군단에 배속된 주요 부대들을 살펴보면 한국군 제1해병연대, 한국군 제17연대, 미 제1해병사단, 미 제7사단이 배속되었으며 지원부대로 미 제2특수공병여단까지 포함되어 있었다. 이렇게 하여 상륙에 동원될 병력은 총 7만여 명에 이르렀다.

한국군 제1해병연대와 한국군 제17연대, 그리고 미 제5해병연대는 부산에서 인천으로 이동을 시작하였고 미 제1해병사단은 고베(神戶)에서, 미 제7사단은 요코하마(横濱)에서 각각 출발하였다. 또한 수송선단과 화력지원함대 및 지휘함은 사세보(佐世保)에서 출발하여, 9월 14일이 되면 제10군단 예하의 모든 부대들은 인천 부근 덕적도 근해로 집결을 완료한다는 계획이었다.

조금 더 알아볼까요?

인천상륙작전은 오늘날까지도 성공적인 작전으로 평가되고 있는데, 왜 그렇게 반대의견이 많았던 것인지 구체적으로 알고 싶습니다.

미 합동참모본부에서는 다음과 같은 다섯 가지의 이유를 들어 인천상륙작전이 불가함을 설명하였는데요, 그 다섯 가지의 내용을 소개하도록 하겠습니다.

① 인천은 조수 간만의 차가 9m나 되어 간조 시에는 함정이 갯벌 위에 노출됨으로써 상륙시간이 극히 짧을 수밖에 없다.
② 낙동강 방어선과 거리가 너무 멀어 각개격파 위험성이 증대 된다.
③ 인천에 상륙을 한다면 원거리 상륙을 한다는 것인데 상륙용 선박이 부족한 상황에서 그것은 힘든 이야기다.
④ 상륙병력 차출 시 병력 부족으로 낙동강 방어선 유지가 곤란하다.
⑤ 상륙병력 차출로 인해 일본방어의 공백이 발생한다는 것이었는데요, 사실 이러한 주장은 틀린 말은 아니었죠. 지금이야 인천상륙작전이 성공적으로 완료된 작전이라는 평가를 받지만, 당시로서는 인천으로 상륙을 감행하였을 때 100% 성공할 것이라는 보장이 없었겠죠? 게다가 위에서 소개한 다섯 가지의 반대 이유를 보면 당연히 반대 의견이 많았을 수밖에 없었을 것이라는 생각이 듭니다. 하지만 맥아더 장군은 이때 "인천상륙작전은 바로 이러한 이유로 인해 방심하는 적을 기습할 수 있으며 또 반드시 성공할 것이다"라는 말을 하며 인천상륙작전을 강행할 것을 주장하게 됩니다. 즉 우리가 이렇게 많은 이유를 들어 반대하는 모습을 보니, 북한군도 우리와 다르지 않게 똑같은 생각을 하고 있을 것이 분명하므로 이러한 적의 예상을 깨고 허를 찌르는 공격을 하게 되면 충분히 승산이 있다는 말이었지요. 결국 맥아더 원수의 주장은 관철되었고, 이후 실행된 인천상륙작전은 매우 큰 성과를 거두게 되었습니다.

2. 상륙을 위한 준비공격

인천상륙작전의 개시일은 9월 15일이었지만, 그 전부터 한국군과 유엔군의 사전 작전은 치밀하게 이루어졌다. 이를 '준비공격'이라 간단히 표현하기도 하는데, 그 내용을 잠시 살펴보도록 하겠다.

유엔 공군은 8월 말부터 9월 초에 걸쳐 인천-서울 간의 구간을 치밀하게 정찰하였다. 9월 4일부터는 인천을 중심으로 반경 50km 이내의 도로와 교량 및 터널과 주차장 등에 주기적으로 폭격을 가하여 북한군에게 큰 압박감을 심어주었다. 그리고 원산-서울을 잇는 경원선과 평양-서울을 잇는 경의선을 공격하기도 하여 기능을 정지시켜놓는 등 지속적으로 북한군에게 압박을

↘ 그림 6-4. **상륙작전을 앞두고 촬영된 사진이다**(출처: 미 국립문서 보관소).

↘ 그림 6-5. **월미도를 탈환하기 위한 전투 수행중인 장면**(출처: 미 국립문서 보관소)

↘ 그림 6-6. **월미도상륙 후 화염방사기로 공격**

가하는 형세였다.

또한 실제 상륙개시일에 보다 수월한 작전의 수행을 위해서는 인천의 관문인 월미도를 신속히 돌파하여야 했다. 이를 위해 9월 4일부터 해병의 자체 항공기와 항공모함에서 발진한 함재기[1]들이 출격하여 월미도 일대를 사전에 포격하였다. 뿐만 아니라 13일부터는 함포사격까지 가세하여 상륙작전이 임박했음을 암시하고 있었다.

3. 인천상륙작전 개시

1950년 9월 15일, 인천상륙작전이 개시되었다. 인천상륙작전은 총 2단계로 나누어 이루어졌는데 제1단계는 월미도 점령이었고, 제2단계는 인천 해두보[2] 확보였다. 작전의 순서에 따라 유엔군은 먼저 제1단계 작전에 돌입하게 되었다.

이날 새벽 2시경에 상륙작전을 지시하는 명령이 하달되어 19척의 선두함대가 비어수로(飛魚水路)를 따라 인천항을 향해 움직이기 시작했다. 이윽고 오전 5시경이 되어 유엔군의 각 함정들이 지시된 자리에 위치하여 월미도를 에워쌌다.

잠시 후 유엔군의 공격이 시작되었다. 항공모함에서 출격한 해군기(코르세어기) 8대가 출격하여 목표를 강타하고 순양함과 구축함들이 함포사격에 치중하기 시작하였다.

급히 함재기들이 출격하여 이곳 인천으로 증원되는 북한군의 통로를 폭격하기 시작했다. 이때 인천을 중심으로 반경 40km의 지역에 있는 교량이 모조리 파괴되었으며, 도로 곳곳에는 큰 구멍이 뚫리게 되었다. 북

1. 항공모함이나 기타 함선에 싣고 다니는 항공기.
2. 적의 해안에 마련하는 상륙의 근거지.

1950년 9월 15일, 세기적인 상륙작전이 시작되었다.

↘ 그림 6-7. 인천상륙작전 경과도(1)

인천상륙작전 기간 동안에 한국군 해병대도 큰 활약을 보였다.

↘ 그림 6-8. 인천상륙작전 경과도(2)

↘ 그림 6-9. 함포 사격을 실시하는 미국 함대
(출처: 미 국립문서 보관소)

↘ 그림 6-10. 사다리를 이용한 레드비치상륙

한군 전차 및 중장비의 진입을 어렵게 하기 위한 조치였다.

시간은 흘러 오후 4시 45분경, 만조가 시작되었다. 이와 동시에 유엔 해 · 공군의 상륙 엄호사격도 실시되었는데, 해두보 확보를 위한 주력부대 상륙도 이때 실시되었다. 미 제5해병연대 1, 2대대가 각각 적색해안(Red Beach)의 북쪽과 남쪽에 상륙하여 20:00까지 기상대고지를 확보했다. 그리고 미 제1해병연대는 송도 부근에 있는 작전지역인 청색해안(Blue Beach)에 상륙하였다.

↘ 그림 6-11. 한국군 해병대 인천 시가지 진입

↘ 그림 6-12. 서울공격에 앞서 미 해병 제1사단에서 전황보고를 받는 맥아더

이 두 연대는 9월 16일 새벽까지 인천 시가지를 장악하는 데 크게 기여하였으며, 시내를 탈환하기 위한 시가전도 벌어졌는데, 이 과정에서 한국군 해병대가 큰 활약을 보이기도 하였다.

적색해안 및 청색해안 상륙 이후 전투지역이 인천 내륙으로 확대되면서 미 제5해병연대는 동쪽으로 진출하였고, 18일 아침에는 김포비행장을 탈환하는 데 성공하게 된다. 그리고 한국군 제1해병연대가 19일 밤에 영등포 외곽지역까지 진출하는 등, 전황은 급속도로 밝아지고 있었다.

성공 확률 1/5,000이라고 여겨지던 인천상륙작전이 보란 듯이 성공한 것이었다. 이 작전의 성공을 계기로 이후 전쟁의 양상은 크게 변화하였다. 그동안 방어에만 급급했던 한국군 및 유엔군이 공세로 전환할 수 있는 계기가 되었다. 상륙작전을 배제하고 낙동강 방어선에서의 반격작전으로만 북한군을 축출해낼 경우 예상되었던 약 10만 명 정도의 인명피해도 겪지 않을 수 있었다. 이후 해상에서 대기 중이던 미 제7사단이 17일부터 상륙을 시작하여 수원 · 오산방면으로 진격해 나아갔다. 이로써 유엔군은, 낙동강 방어선에서 반격작전을 수행하고 있는 미 제8군과 연결하여 즉시 북진을 생각해볼 수도 있을 정도의 유리한 상황에 접어들게 되었다. 드디어 전세(戰勢)가 뒤집어진 것이다.

4. 인천상륙작전의 특징

'세기의 도박'이라고까지 불리던 인천상륙작전이 놀랍게도 성공함에 따라 전황은 급격히 전환되었다. 이 작전의 성공은 그냥 이루어진 것이 아니었다. 앞서 살펴본 바와 같이 맥아더 원수의 상대방의 허를 찌르는 틈새 공략, 제공권 및 제해권의 완벽한 장악 등 치밀한 준비가 있었기에 확실한 승리를 쟁취할 수 있었던 것이었다. 그러면 인천상륙작전의 특징을 조금 더 구체적으로 살펴보도록 하겠다.

① 인천상륙작전은 상륙전사에서 유례를 찾아보기 힘든 천연적 장애요인을 극복하고 성공한 상륙작전이다. 또한 상륙작전의 가치와 기습의 의미를 일깨워준 대표적인 작전이다.
② 인천상륙작전은 또한 태평양 전쟁 시의 미 해군 및 해병대의 상륙작전 경험을 맥아더 장군 자신의 전략적 안목과 결합시켜 적의 최소예상선과 최소저항선에 투사시킴으로써 결정적 승리를 달성한 작전이라고 할 수 있다.
③ 인천상륙작전은 적의 전투력을 격멸하는 데 있어서 병참선의 차단이 효과적이며, 특히 신장된 병참선의 경계는 전방전투 못지않게 중요하다는 점을 잘 보여주고 있다.
④ 인천상륙작전은 전략적 대 포위 기동의 대표적 전례이며, 미 해군 및 해병대의 전문화된 상륙전 능력을 보여주는 대표적 사례이다.[3]

인천상륙작전이 비단 한국군과 유엔군에게만 영향을 끼쳤던 것은 아니었다. 북한군은 한국군과 유엔군이 인천상륙작전을 성공함에 따라 전쟁의 주도권을 빼앗기게 되었다. 이후 북한군은 패퇴를 거듭함에 따라 전투력이 와해되었고 이에 따라 중공군이 전쟁에 개입하고 나서부터는 중공군을 지원하는 수준의 역할을 수행하게 되었다.

II. 타오르기 시작한 반격의 불씨

1. 낙동강 반격작전과 추격작전

인천상륙작전이 종료되고 바로 다음 날인 9월 16일 오전 9시에 낙동강

3. 최용호 · 최용성, 『6 · 25전쟁의 이해』, 2008, p. 221.

조금 더 알아볼까요?

추격작전 개시 후, 미 제1기병사단과 미 제7사단 31연대가 감격적인 조우를 하였을 때에 벌어진 웃지 못할 일화 하나를 소개하도록 하겠습니다.

미 제1기병사단 소속 린치(James H. Lynch) 중령의 제3대대는 '린치 특수임무부대'로 편성되어 전위(前衛)[4] 임무를 부여받게 됩니다. 린치 특수임무부대장은 배속된 제70전차대대 C중대 제3소대장 베이커(Baker) 중위에게 수색소대를 재배속해 특수임무부대를 편성한 후, 보은–청주–천안–오산 방향을 따라 최고 속도로 전진할 것을 명령하였습니다. 베이커 부대가 오산에 진출하였을 때, 전방으로부터 갑자기 총알이 날아오기 시작하였고 이에 전차병 1명이 전사했습니다. 그런데 이상하게도 전방에서의 사격은 금세 중단되었습니다. 알고 보니 이들은 인천에 상륙한 미 제7사단 31연대였는데, 최초에 적이라 생각하여 사격을 했으나 베이커 부대의 과감한 돌진 속도, 엔진소리 등을 파악하여 적이 아니라고 판단하여 사격을 멈췄던 것입니다.

방어선의 한국군과 유엔군은 반격을 개시하였다. 인천상륙작전과 맞춰 적을 협공하기 위해서였다. 먼저 한국군과 유엔군은 북한군의 방어선을 돌파한 후 경부축선을 따라 진격해 인천 상륙부대와 연결할 계획이었다.

당시 북한군은 13개 보병사단과 1개 전차사단 및 2개의 기갑여단을 낙동강 전선에 배치시켜놓고 있었다. 그리고 8~9월에 걸쳐 새로 편성된 5개의 보병사단 및 여단을 후방에 예비전력으로 배치시켜 두었다. 이때 북한군의 총병력은 낙동강 지역의 70,000여 명을 포함하여 총 100,000여 명이었다. 특히 당시 낙동강 전선에 투입된 사단의 전투력은 30% 정도로, 그들의 사기는 뚝뚝 떨어지고 있었다.

한편 반격작전에 임하는 한국군과 유엔군의 총병력은 15만 8,000여 명으로서 북한군의 2배 이상을 웃도는 수준이었다. 이외의 전차, 야포

4. 전위대(前衛隊)의 준말. 앞에서 먼저 나가는 호위(護衛)의 역할을 담당한다.

등 중화기는 보유 숫자는 물론 탄약 및 장비 등의 보급 측면까지 고려할 때 북한군에 비해 무려 10배 이상 앞서는 전력이었다. 게다가 유엔군의 일방적인 제공권과 제해권까지 고려한다면, 쌍방의 전투력 격차는 크게 벌어진 상태였다.

낙동강 지역의 북한군 사단장에게까지도 한국군과 유엔군의 인천상륙작전 소식은 바로 전해지지 않았기에 그들은 여전히 공세를 취하고 있었다. 때문에 낙동강 반격작전 개시 직후에는 어느 쪽이 공격이고 어느 쪽이 방어인지도 모를 정도로 치열한 공방전이 이어졌다.

이후 한국군 제1사단 지역에서 문제가 해결되기 시작하였다. 제1사단은 북한군의 방어지역을 공격하다가 가산산성 우측계곡에 북한군이 없는 것을 확인하고 그곳으로 돌파를 실행하였다. 그들은 9월 18일에 가산산성의 북한군을 고착견제[5]하며 진출하여 하루 뒤에는 다부동–군위 중간 지점에 위치한 갈뫼를 점령했다. 이 갈뫼 점령은 그 영향이 막대하였다. 왜냐하면 이로 인해 대구 공격에 투입되었던 북한군 제1, 3, 13사단의 동측방면 퇴로가 차단되었기 때문이었다. 퇴로가 차단되면서 북한군은 크게 동요되었다.

낙동강 반격작전이 개시된 지 일주일 만인 9월 23일, 마침내 한국군과 유엔군은 낙동강 전선을 돌파하는 데 성공하였다.

9월 23일 이후 전 전선에서 후퇴하기 시작한 북한군을 따라 한국군과 유엔군은 추격을 개시하였다. 서부지역에서는 유엔군이 경부축선과 호남 우회로를 따라 진격하였고, 중부와 동부지역에서는 한국군이 중앙 축선과 동해안을 따라 진격하였다. 주공인 미 제1군단은 낙동리–상주–보은–청주–천안을 거쳐 진격을 개시한 지 3일 만인 9월 26일 22시 26

---

5. 적이 어느 한 지역에서 부대의 전부 혹은 일부를 다른 지역에 운용할 목적으로 전환하는 것을 방지하는 전술적 행동을 고착이라 하며, 적 부대를 아군의 주력방향 이외의 불필요한 지역에 고착시키거나 포위하는 전술적 행동을 견제라고 한다.

분에 오산 북방에서 인천 상륙부대인 미 제7사단 31연대와 연결되었다. 이어서 27일 오전 8시경에는 미 제1기병사단 본대가 제7사단의 본대와 연결할 수 있었다.

한편 남한지역에 남아 있던 북한군 패잔병의 소탕작전은 제대로 이루어지지 못했다. 이것은 잔적소탕에 정규 병력을 투입하지 못한 것도 있겠지만, 무엇보다도 당시 한국군과 유엔군은 반격의 기세를 몰아 전쟁이 금방 끝날 것이라 생각하고 있었다. 그리하여 이때 남한지역에 남아 있던 북한군 패잔병들은 백두대간과 지리산에 잠입하여 게릴라가 되었는데, 이들이 바로 소위 말하는 '빨치산'인 것이다.[6]

2. 서울 수복작전

인천에 상륙한 부대가 경인지역에서 북한군의 후방을 공격하자 여유가 생긴 미 해병 제1사단과 한국군 해병연대는, 서울 탈환에 주력하여 김포공항과 영등포 외곽으로 진출하기 시작하였다. 또한 미 제7사단과 한국군 제17연대는 낙동강 반격부대와 연결을 위해 안양, 수원, 오산방향으로 진출하고 있었다.

인천에 상륙한 부대들이 한강남쪽으로 빠르게 진출하자, 북한군은 황급히 서울시민을 동원해 서울 주변 고지대와 중요지역에 전투진지를 구축하였다. 시내에도 바리케이드 등의 장애물과 사격진지를 구축

↘ 그림 6-13. 서울 탈환 직전 한강이 내려다 보이는 곳에서 도강을 준비하고 있는 미군

6. 유격전을 수행하는 비정규군(非正規軍) 요원의 별칭. 우리나라에서는 주로 6 · 25전쟁 때 각지에 준동하였던 공산 게릴라를 가리키는 경우가 많다.

↘ 그림 6-14. 연희고지를 점령한 한국군 해병대

↘ 그림 6-15. 미 해병대의 시가전 장면

↘ 그림 6-16. 중앙청에 게양되고 있는 태극기(출처: 중앙일보)

해 시가전을 준비했다. 이때 북한군이 서울 방어를 위해 배치한 부대는 제18사단, 철원에 있던 제25여단, 사리원에 있던 제78독립연대, 김천에 있던 제9사단 제87연대였고 병력은 20,000여 명이었다.

9월 18일 아침에 미 제5해병연대와 한국군 해병대는 김포공항을 탈환하였다. 그리고 20일 02시부터는 한강 도하를 시도해 09시 40분경에는 북한군을 제압하고 행주산성을 장악하게 된다. 이어서 21일 저녁에는 한강을 우측에 두고 65고지(현 마포구청 동남쪽)－104고지(현 연희1동)－백련산(△216: 현 응암동, 홍은동 경계)을 연하는 능선을 확보하면서 중앙청으로 진출 준비를 하였다.

미 제1해병연대는 9월 19일 117고지(현 화곡동과 등촌동 경계)까지 진출하였다. 이어서 20일 새벽에 경인국도를 따라 안양천(현 목동 부근)으로 진출, 21일 새벽에는 영등포 시가지에 대한 공격준비까지 완료하였다. 영등포는 서울방어의 전초기지로 여겨지고 있었기 때문에, 북한군의 저항은 매우 강력했다. 결국 반복되는 공방전에서 상황이 열악했던 북한군이 먼저 전투력의 한계에 봉착하였음은 당연한 것이었고, 미 제1해병연대는 22일 아침에 노량진 일대의 한강으로 진격하게 되었다.

한편 북한군은 서울방어를 위해 서쪽에 와우산—노고산—안산을 연하는 능선의 유리한 지형조건을 이용하여 약 5,000여 명의 전투력을 배치하고 있었다. 9월 22일 07시에 미 제5해병연대와 한국군 해병대는 북한군 방어선에서 연희고지를 목표로 공격했으나, 북한군의 강한 저항에 막혀 많은 사상자를 내고 목표를 점령하지 못했다. 그리고 이틀 후인 24일 오후가 되자 공군의 집중적인 지원하에 어렵게 연희고지를 탈환할 수 있었다. 이후 노고산과 터널고지를 탈취해 북한군의 서울 서측방어선을 붕괴시켰다.

이렇게 승리를 쟁취하면서 당시 한국군과 유엔군은 전쟁을 빨리 끝내고자 하였다. 속도전의 전개를 원했던 것이었다. 하지만 미 제1해병사단과 한국군 해병대의 서울 탈환이 지연되자 미 제10군단장 알몬드 장군은 미 제7사단과 한국군 제17연대를 서울에 추가 투입하여 서울 남쪽을 장악했다. 9월 25일부터 미 제7사단 32연대와 한국군 제17연대가 서울 남쪽에서 공격하고 있는 동안, 서울 서측의 미 제1해병사단과 한국군 해병연대는 서울중심부로 진격하여 북한군과 치열한 시가전을 벌였다.

이때 북한군은 흙으로 바리케이드를 가슴높이까지 쌓아놓고 그 앞에 대전차 지뢰를 매설해두었다. 이를 뚫기 위하여, 보병이 박격포와 기관

총사격으로 엄호하고 그와 동시에 공병이 지뢰를 제거하는 방식으로 공격을 실시하였다.

그리고 26일 오후 3시 30분경, 미 해병대가 미국대사관을 탈환하였고 곧바로 중앙청으로 진격을 시작하였다. 마침내 27일 15시 08분에 해병대는 중앙청을 점령하였고, 인공기를 내린 후 태극기를 게양할 수 있었다.

서울 수복작전에 있어서 비단 미군만이 활약한 것은 아니었다. 한국군 해병대는, 미 해병 연대에 1개 대대씩 배속되어 그들과 함께 서울 시가지 패잔병 소탕에 주력했다. 그리고 27일 밤부터 북한군은 서울에서 철수하기 시작하였다. 이에 따라 한국군과 유엔군은 28일 서울 전역의 소탕작전을 완료하고 경계를 강화했다. 9월 28일 이후 서울은 한국군과 유엔군에 의해 완전히 통제되었으며, 서울은 복구되기 시작했다. 이는 북한군에 점령된 지 91일 만이었고, 9월 29일에는 서울수복을 기념해 환도식(還都式)이 중앙청 중앙 홀의 국회의사당에서 거행되었다.

III. 38도선을 넘어 북으로 진격하다

1. 38도선 돌파 여부에 대한 논쟁

한국군과 유엔군이 서울을 수복하자 '38도선을 돌파하느냐'와 '38도선에서 멈추느냐'를 놓고 논쟁이 벌어졌다. 두 주장 모두 나름의 명분을 가지고 있었지만, 대한민국 정부의 입장은 '북진통일'이었다. 왜냐하면 '조국통일을 이룩하기 위한 최적기는 바로 이때'라 여겼기 때문이었다. 따라서 유엔군이 38도선에서 정지하는 것이 한국 정부가 가장 염려한 상황이었다. 이승만 대통령은 이와 같은 우려에 따라 9월 20일 '유엔군이 38도선에서 정지하더라도 한국군은 북진한다'는 결의를 강력하게 표명

↘ 그림 6-17. 서울 환도식에서 이승만 대통령이 연설을 하고 있다.

하였고, 곧이어 국회도 북진을 결의하기에 이르렀다.

그러나 여전히 미국 등 세계의 자유진영에선 38도선 돌파냐 정지냐를 두고 논란이 심화, 가속되고 있었다. 특히 유엔군사령부로부터 하달되어온 38도선에서 '일단 정지' 지시는 이승만 대통령을 비롯한 정부 수뇌부의 감정을 자극하기에 충분한 것이었다. 이때부터 이승만의 독자노선은 미국과 사사건건 충돌을 일으키게 된다. 그러나 이승만의 북진에 대한 열망은 트루먼 행정부로서도 어찌할 수 없었다.[7] 결국 미국의 트루먼 정부는 소련과 중공이 개입시기를 이미 놓쳤으며 이에 따라 참전할 가능성이 적다는 판단을 내렸다. 이어서 영국을 비롯한 자유진영 8개국은 38도선 돌파 결의안을 유엔에 제출하여 미국의 입장을 지지하였다. 결국 트루먼 대통령은 9월 11일 '중공과 소련이 개입할 염려가 없는 경

7. 최용호 · 김병륜, 『그때 그날』, 삼우사, 2003, pp. 119~121.

↘ 그림 6-18. 해병 M26퍼싱(Pershing) 전차
(1950년 9월 26일, 서울시내)

우에 한해 지상 작전을 북한 지역으로 확대한다'는 합참의 방침을 승인하고 9월 27일에 훈령으로 맥아더 원수에게 하달하였다.[8]

38도선 돌파를 결정한 자유진영은 유엔의 결의가 필요하였지만 소련이 거부권을 행사하여 계속 부결되었다. 이에 따라 10월 7일에 할 수 없이 영국을 비롯한 자유진영 8개국은 38도선 돌파결의안을 총회에 회부한 후 가결시켰다(찬성 47, 반대 5, 기권 8).[9]

한편 중공은 이미 압록강 북쪽으로 제4야전군 19개 사단(25만여 명)을 이동시키고 있는 상태였고, 공식적으로 적대국가와 국경을 연하게 되는 상황을 보고만 있지 않겠다는 입장을 표명하게 된다. 중공 수상 저우언라이(周恩來)는 '중공은 미군이 38도선을 넘는 것을 결코 좌시하지 않을 것이다'며 줄곧 미군을 포함한 유엔군의 위협에 대해 경고하였다. 반면 소련은 유엔에서의 반대 의사 표시를 제외하고는 별다른 반응을 보이지 않았다. 이러한 상황에서 한국군과 유엔군은 마침내 38도선을 넘어 진격하기 위한 작전을 세우는 데 착수하게 되었다.

한편 북한군 전쟁지도부는 38도선 북방으로 철수를 단행하였고 그들은 '한국군이 38도선을 넘어서 공격해올 수는 있겠지만 유엔군이 38도선을 넘는 일은 없을 것이다'라는 생각을 바탕에 깔고 있었다.

---

8. 국방군사연구소(채한국 외 2인), 『한국전쟁(상)』, 1995, p. 489.
9. 일본육전사보급회(이원복 역), 『한국전쟁(제4권)』, 명성출판사, 1991, p. 208.

2. 한국군의 38도선 돌파작전

이승만 대통령은 서울 환도식 이후 군 수뇌부들을 소집하여 회의를 열었는데, 이때 북진을 명령하였다.[10] 이에 따라 정일권 총참모장은 한국군이 진격하는 데 방해되는 요지(하조대)를 미리 알아두고, 워커 제8군사령관을 찾아갔다. 그는 워커 중장에게 '한국군 제3사단이 북방의 하조대에서 사격을 받아 큰 손실을 입고 있으니, 이에 대응하여 공격할 수 있게 해달라'고 요청하였다. 이 요구는 바로 수락되었고, 이후 그는 9월 30일에 강릉의 제1군단 사령부를 거쳐 제3사단 23연대 진지를 시찰하고 북진할 것을 명령하였다.

제1군단은 북진 명령에 따라 10월 1일 오전 5시에 한국군 제3사단 제23연대가 선두로 38도선을 돌파하여 오후 2시에 수도사단 제18연대와 양양에 돌입하였다. 이어 10월 3일에는 간성을 점령하였고 10월 9일에는 원산 외곽에 도달하였다. 그리고 10월 10일, 수도사단과 함께 공격을

↘ 그림 6-19. 38도선 돌파하는 제3사단 23연대
(1950년 10월 1일)

↘ 그림 6-20. 38도선을 넘는 한국군
플래카드의 문구가 인상적이다
(출처: 전쟁기념관).

10. 정일권, 『정일권회고록』, 광명출판사, 1996, pp. 258~277.

개시하여 원산 시가지에 진입하였으며 마침내 11일에는 원산을 완전 점령하게 되었다.

3. 유엔군의 38도선 돌파작전

1950년 9월 27일, 맥아더 원수는 미 합참으로부터 북한지역 작전을 승인받았다. 10월 2일에는 북진작전 계획을 수립하여 예하부대에 하달하였다. 작전계획의 요지는 다음과 같다.

① 미 제8군은 38도선을 돌파하여 개성–사리원–평양축선으로 진격한다.
② 미 제10군단은 원산에 상륙하여 제8군과 연결 및 동부지역 작전을 담당한다.
③ 정주–영원–함흥선 이북지역 작전은 한국군에게 일임한다.[11]

작전의 전체 골격은 미 제8군을 주공으로 하고 미 제10군단은 조공으로 원산을 상륙한 다음 북진하여 일명 '맥아더 라인'[12]까지 진출한 후 그 이북지역은 한국군이 전담한다는 것이다. 또한 이 계획 외에 미 제8군사령부에서도 별도의 북진작전 계획이 수립되었지만, 맥아더 원수의 계획에 따라 북진작전이 확정되면서 실행되지 못했다.

맥아더 원수는 북진작전 시행 전인 10월 1일과 10월 9일에 두 차례에 걸쳐 북한에 항복을 요구하는 성명을 보냈으나, 북한이 응답하지 않음에 따라 10월 9일, 북진작전이 전면적으로 시행되었다. 이는 한국인의 입장에서 볼 때 조국 통일의 염원을 이룰 것이란 기대를 갖게 하기에 충

11. 합동참모본부, 『한국전사』, 1984, pp. 448~450.
12. 한국군 및 유엔군의 북진작전 전개 시에 선천–고인동–평원–풍산–성진을 연하였던 선.

소련 · 중공군이 개입하지 않는다는 전제조건하에 동계 이전 전쟁종결을 목표로 한 계획이었다.

↘ 그림 6-21. 당시 맥아더 원수가 계획한 북진작전의 상황도

분했다.

유엔군사령부의 북진작전 계획에 따라 서부전선의 미 제1군단은 10월 4일부터 작전에 돌입하여 10월 8일 임진강을 건너 개성까지 진출하게 되었다.

북진작전의 주력인 미 제1군단은 미 제1기병사단을 주공으로 하여 군단에서 지원 가능한 전투력의 대부분을 지원하고 작전지역 중앙의 가장 양호한 통로인 금천–사리원–평양 축선을 따라 공격하게 하였다.

미 제1군단에 배속되어 있던 한국군 제1사단은 미 제1기병사단의 우측에서 조공으로 시변리(토산)–신계–수안을 거쳐 평양 동쪽으로 진격하기로 하였다. 미 제24사단은 제1기병사단의 좌측에서 조공으로 연안–해주로 우회하여 재령–진남포를 공격하기로 했다.

한편 미 제1군단의 북진은 10월 9일 오전 9시에 북한군 2개 사단이 배치되어 있던 금천을 공격하면서 시작되었다. 금천은 지뢰가 대량으로 매설되어 있어 제한이 많았고, 평양방어의 최후보루였기 때문에 북한군의 저항은 매우 강력하였다. 이에 미 제1기병사단은 북한군 주력에 대한 정면공격과 병행하여 2개 연대를 북한군의 좌 · 우측으로 우회시켰다. 마침내 10월 12일 저녁에는 이들의 후방지역인 한포리에 진출시키는 양익 포위전술을 성공시키면서 북한군 2개 사단을 포위하여 승리할 수 있었다.

4. 38도선 돌파의 교훈

유엔군의 38도선 돌파는 한국의 입장에서는 당연한 것이었지만 당시 미국 등 참전국의 입장에서는 획기적인 사건이었다. 이런 획기적인 사건이 큰 무리 없이 결정될 수 있었던 것은 경이적인 승리를 가져온 인천상륙작전 결과와 함께 맥아더를 신뢰한 결과였다. 사실 유엔군의 38도선 진격이 지지부진했다면 연합국의 조치도 달라졌을 것이다. 연합국 역시 인천상륙작전의 경이적인 승리에 고무돼 38도선 돌파를 쉽게 결정한 것이다.

그러나 이 돌파 작전은 그리 순탄치만은 않았다. 무엇보다도 아쉬운 점은, 유엔군이 9월 30일에 38도선에 도달하고도 10여 일을 허비한 후 38도선을 돌파한 것이다. 북진 작전의 주공부대인 미 제1기병사단이 북한군 2개 사단을 섬멸한 금천 전투에서 4일을 소모했다는 사실이다. 이는 북한군 지도부로 하여금 안정적인 철수를 할 수 있도록 시간을 준 것과 다름없는 상황이었다. 이때 만약 미 제1기병사단을 북한군이 탄탄하게 방어하고 있는 금천이 아닌, 토산－신계 축선에 투입했다면 어땠을까? 모르긴 몰라도 금천보다는 나은 상황으로 전개되었을 것이다.

나중에 밝혀진 사실이지만, 이 지체기간에 북한의 구원요청과 중공군 파병논의가 이루어졌었다고 하니 통탄을 금할 길이 없는 노릇이다. 이는 마치 전쟁 초기 북한군이 서울에서 3일간 지체한 것 때문에 한국군이 전력 보존 및 작전수행에 여유를 확보했던 사실을 떠올리게 하는 것이었다. 북한군 역시 이 기간 동안 부랴부랴 방어선을 편성하였던 것이고, 이로 인해 후일 평양에서 안전하게 철수를 실시할 수 있었다.

↘ 그림 6-22. 60mm박격포 지원사격

북진을 위한 유엔총회의 결의(10월 7일)와 낙동강에서 38도선까지 약 300km를 불과 10일 만에 진출한 탓에 부대정비에도 시간을 투자해야 했다. 그러나 유엔군의 진격이 지연될 만한 사정은 있었지만, 공격작전에서 기세와 시간이 얼마나 중요한지를 생각해보면 역시 아쉬울 수밖에 없다. 바로 북진한 한국군 제1군단 및 제3사단 역시 유엔군 휘하 미군보다 무장이 열악했음에도 지체 없이 공격을 감행하여 10여일 만에 상륙부대보다 먼저 원산을 점령하였다. 이를 감안해보면, 당시 유엔군의 진격에 대해서는 안타까운 점이 많아 보인다.

Ⅳ. 북진작전

1. 원산상륙작전

9월 26일, 맥아더 원수는 라이트(Wright) 장군이 이끄는 합동전략기획

↘ 그림 6-23. **원산상륙을 대기중인 함정(우)과 기뢰촉발로 파괴되는 한국 소해정(좌)**
원산항의 기뢰가 제거되는 동안 상륙함들은 모선 주위를 맴돌고 있다.

작전단(JSPOG)에 38도선 이북지역에 대한 상륙계획을 작성하라는 지시를 내렸다. 인천상륙작전 이후 또 한번의 상륙작전을 생각하고 있던 것이었다. 다음날인 27일, 라이트 장군은 계획을 완성시켰다. 미 제8군은 서해안을 따라 평양을 목표로 하여 진격을 실시하고, 미 제10군단은 원산에 상륙한다는 계획이었다. 다시 말해, 미 제8군이 평양을 점령하면 그와 동시에 미 제10군단을 원산에 기습적으로 상륙시킨다는 작전이었다. 그리고 그것이 성공한다면, 양군은 평양과 원산을 연결하는 선에서 북한군의 퇴로를 차단한 후 바로 섬멸할 생각이었던 것이다.

이 계획이 참모들에게 공개되자, 인천상륙작전 때와 같이 반대의견이 비 오듯 쏟아졌다. 인천에서 기습을 허용한 북한군이 대규모 기뢰를 설치해놓았을 가능성이 높고 목표지까지의 작전거리가 비교적 짧기 때문에 지상군이 진격하는 속도보다 늦게 상륙할 가능성이 크다는 것, 그리고 상륙부대인 미 제10군단 인원 및 장비의 승선이 다른 부대의 보급에 지장을 준다는 것 등의 의견이었다. 그러나 이러한 반대에도 불구하고, 원산상륙작전은 맥아더 원수의 의지와 함께 강행되었다. 그리하여 미 제8군사령부에서 계획하였던 상륙 없는 북진계획은 묵살된 채 5개 사

조금 더 알아볼까요?

원산상륙작전은 많은 반대에도 불구하고 강행하게 된 데에는 어떠한 이유가 있었나요?

첫째, 북한의 지형이 태백산맥의 연장선인 낭림산맥으로 인하여 동서교통이 지극히 열악하고 통신문제 또한 험난하기 때문에 단일 지휘권 아래 통합하는 것은 어렵다.

둘째, 전선이 북상하면서 병참선이 신장되고 또 이를 유지하기가 어렵기 때문에 동해안의 양항(良港)인 원산을 확보할 필요가 있다.

셋째, 적의 주력을 포착 섬멸하여 전쟁을 조기에 종식시키기 위해서는 전군이 병행 전진하는 것보다 적 배후의 요충인 원산에 아군을 상륙시켜 도주하는 적의 퇴로를 차단하는 것이 최선의 방책이다.

단 규모의 대규모 원산상륙작전준비가 실시되었다.

맥아더 원수의 명령에 따라 미 제10군단은 경인지역을 미 제1군단에 인계하고 상륙작전을 준비하였고, 미 제7함대는 청진 남쪽부근 해안을 봉쇄하여 제10군단의 원산상륙을 지원할 준비에 매진하였다.

그러나 우려했던 일이 현실로 다가왔다. 10월 9일부터 시작된 미 제10군단의 승선 및 장비의 적재는 인천과 부산항의 보급 기능을 2주 이상 마비시켰고, 이로 인해 미 제8군의 북진 속도는 눈에 띄게 저하되었다.

이러한 문제점을 안고, 마침내 10월 16일에 상륙함정이 출항하기 시작했다. 원산상륙에 동참하기로 한 미 제7사단은 부산으로 이동하여 다음날인 17일에 부산에서 승선 및 적재를 완료하였다. 그러나 상륙함대가 원산에 도달했을 때는 이미 한국군 제1군단이 원산을 장악한 뒤였고, 여기에 엎친 데 덮친 격으로 함정 3척이 원산 앞바다에서 기뢰에 의해 크게 파손되고 말았다. 이때 원산 앞바다에 설치되어 있던 기뢰의 숫자는 약 3,000여 개에 달하였다고 한다. 이에 유엔군은 상륙 이전에 어쩔 수 없이 기뢰 제거 작업을 하지 않을 수가 없게 되었다.

10월 19일에 원산 해역에 도착한 후 대기하고 있던 미 제1해병사단은 그로부터 일주일이나 지난 시점인 10월 26일에 겨우 상륙을 시작할 수 있었다. 기뢰 제거 작업으로 많은 시간을 소비한 결과였다. 이들은 28일에 상륙을 완료할 수 있었다. 한편 미 제7사단은 계획을 수정하여 10월 29일부터 함경남도 이원 지역에 대한 상륙작전을 실시하였다.

2. 원산상륙작전의 교훈

앞서 살펴본 바와 같이, 원상상륙작전은 계획이 수립되기 전부터 반대 의견 및 지적사항이 많았다. 이러한 상황에서 이 작전의 강행은, 그 주도자가 맥아더 원수였기 때문에 가능한 것이었다. 특히 당시 인천 상륙의 큰 성공으로 인해 맥아더 원수의 계획에 반대할 수 있는 사람은 아무도 없었다.

그러나 이 작전은, 맥아더 원수의 화려했던 군 생활 중 가장 큰 오점을 남긴 것이라 할 수 있을 정도의 완벽한 실수였다. 병력과 자원은 낭비되었으며 한 박자 늦어진 작전 진행으로 인해 원산상륙작전은 행정적인 상륙, 즉 별 의미 없는 상륙작전으로 마무리되었다.

그렇다면 맥아더 원수는 왜 이 작전을 강행하였던 것일까? 맥아더 원수가 개인적인 명예욕에서 원산상륙작전을 진행시켰을 수도 있을 것이고, 진정 승리를 자신해서 강행하였을 수도 있을 것이다. 하지만 그것은 중요하지 않다. 중요한 것은 이로 인한 피해가 매우 컸다는 점이다.

한국군의 지상군이 이미 점령한 원산에 상륙하기 위해 미 제10군단 예하의 5개 사단이, 그것도 북진작전이 진행되고 있는 중요한 시기에 바다 위에서 아무 의미 없이 시간을 보낸 것이다.

또한 원산상륙에 우선권이 부여됨으로써 북진작전의 주력인 미 제8군에서 계획했던 작전에 지장을 초래한 점도 간과할 수 없겠다.

처음부터 미 제8군사령관 워커 중장의 상륙 없는 북진작전으로 진행하였다면 어떻게 되었을까? 만약 그대로 진격을 실시해서 미 제10군단을 동부나 중부축선으로 신속히 진출시켜 평양을 포위했다면 '북한 전쟁지도부의 퇴로를 차단하고 중공군 개입 여유를 박탈하는 등의 상황을 가져올 수도 있지 않았을까' 하는 아쉬운 여운이 맴돈다.

V. 평양을 점령하라!

1. 평양으로의 진격

평양은 한반도 북부의 대표도시로 수많은 유적과 함께 대동강으로 유명한 도시이다. 특히 대동강은 하폭이 400~500m 정도로 유속이 매우 빠르고 깊어 도섭이 불가능한 하천이다.

평양은 대동강을 기준으로 동남쪽의 동평양과 북서측의 본평양으로 구분된다. 본평양과 동평양을 연결하는 교량은 인도교인 대동교와 복선화된 대동강 철교가 가설되어 있었다.[13]

↘ 그림 6-24. 평양공격작전 준비에 한창인 한국군과 유엔군(출처: 미 국립문서 보관소)

유엔군의 북진이 비록 여러 이유로 지연되기는 하였지만 유엔군의 북진속도는 북한과 중공의 예상을 뛰어넘는 것이었다. 그래서 결국

13. 국방부 전사편찬위원회(김종구), 『평양공격작전』, 1986, pp. 133~134.

↘ 그림 6-25. 미 제1군단장과 백선엽 제1사단장

↘ 그림 6-26. 대동강을 도하하는 한국군 제1사단

북한은 주요 기관 및 부대의 철수 시간을 더 벌기 위해 대동강, 동평양을 연한 내곽 방어선에서 최후의 저항을 시도하였다.

미 제8군의 주공으로 평양 탈환 임무를 부여받은 미 제1군단장 밀번(Milburn) 소장은 미 제1기병사단을 주공으로, 미 제24사단을 조공으로 설정한 후 한국군 제1사단에게는 후방작전 임무를 수행하도록 하였다. 이는 한국군 제1사단의 상대적으로 열악했던 전투력 및 기동력을 염두에 둔 지시였다.

평양 진격 작전 당시 모든 한국군 및 유엔군 부대가 가지고 있던 생각은 바로 '먼저 평양을 점령하겠다'는 것이었다. 적국의 수도를 점령한다는 것의 상징적 의미는 큰 것이었다. 그리하여 당시 한국군 제1사단장 백선엽 준장은, 밀번 소장에게 평양을 공격할 수 있게 해달라 요청하였다. 이에 밀번 소장은 미 제24사단과 한국군 제1사단의 역할을 바꾸어, 제1사단이 조공으로 평양공격작전에 참여할 수 있도록 하였다.

평양에 최초로 입성하기 위한 한국군과 유엔군의 경쟁은 치열했다. 각 사단 간, 또는 사단 내의 각 연대까지도 치열하게 경쟁하였을 정도였으니 그 치열했음을 가히 짐작할 만하다. 특히 미 제1기병사단과 한국군

ↆ 그림 6-27. **평양 시청 앞에서 연설하는 이승만 대통령**
수많은 평양 시민이 몰려들어 연설을 듣고 있다 (출처: 미 국립문서 보관소).

제1사단의 경쟁이 치열하였는데, 각각 평양공격작전의 주공 및 조공부대였으니 당연한 일이었다.

미 제1기병사단은 10월 12일 금천의 북한군 2개 사단을 격멸시키고 이후 서흥(16일)－사리원(우회)－황주(17일)－평양 남측 흑교리(18일)－대동강 남쪽 도달(19일)까지 파죽지세로 진격하였다.

한편 한국군 제1사단은 미 제1기병사단보다 이틀이 늦은 10월 11일 아침에 38도선을 돌파하였다. 그리고 시변리(13일)－신계(14일)－수안(16일)－상원 · 율리(17일)－평양 동남쪽 지동리(18일)－대동강 동쪽 도달(19일 아침)까지 미 제1기병사단과 앞서거니 뒤서거니 하며 진출을 계속하였다. 마침내 19일 오전 11시경에 한국군 제1사단 12연대가 대동교 동쪽 100m 지점에 있는 동평양의 선교리에 진출하면서 미 제1기병사단보다 먼저 평양에 입성하였다. 그것은 곧 평양에 가장 먼저 도착했다는 뜻이었고, 이로써 한국군 제1사단 12연대는 평양에 최초로 입성한 부대가 되었다.

곧 미 제1기병사단이 합류하였고 비슷한 시각에 한국군 제7사단도 합류하였다. 한국군과 유엔군이 대동강 변에 도달하자 북한군은 대동강의 다리를 폭파시켰고, 이에 한국군과 유엔군은 도하장비를 준비하는 데 시간을 지체할 수밖에 없었다. 미 제1기병사단은 10월 20일 부교를 가설하고 도하를 감행하였다. 그러나 한국군 제1사단은 사단장의 지시에 따라 주변 지역을 꼼꼼히 연구하여 결국 적합한 도섭지점을 찾아내었다. 이들은 바로 19일 밤에 급히 도하를 감행하여, 이번에도 역시 미군보다 빨리 대동강을 건너게 되었다. 이로써 한국군 제1사단은 제11·12연대가 동평양에, 제15연대가 본평양에 제일 먼저 점령함으로써 평양점령 주력부대의 영광을 차지하였다.

한편 제7사단 역시 제8연대가 대동강을 건너 19일 밤 평양에 입성하여 김일성대학과 방송국을 점령한 다음 서북쪽 외곽으로 밀고 나아갔다.

이로써, 최초로 그리고 직접 한국군의 힘으로 평양을 점령하라고 했던 이승만 대통령의 지시는 성공적으로 마무리되었다.

2. 평양점령의 교훈

마침내 한국군과 유엔군이 평양을 점령하였다. 하지만 북한군과 북한의 전쟁지도부는 항복하지 않고 압록강 변으로 철수를 감행하였다. 그리고 이후 중공의 지원을 받아 항전을 계속하였다.

북한의 심장부인 평양을 손에 넣었음에도 불구하고 북한 전쟁지도부의 철수를 전혀 차단하지 못하였다는 점은 한국군과 유엔군에게 있어서 큰 오점으로 남았다. 그리고 결국 힘들게 이루어낸 평양 점령은, 북한의 중요도시를 손에 넣었다는 상징적인 의미만을 갖게 되었다. 만약 평양진입에 열을 올리지 않고 평양을 포위하였거나, 이승만 대통령이 한국군 제2군단을 평양 후방 차단에 투입시켰다면, 아마 모르긴 몰라도 전쟁의 양상은 전혀 다른 방향으로 나아갔을 것이다.

당시 북한은 평양에 많은 기밀서류를 남기고 철수했다. 그리고 이것은 한국군 제1사단이 아니라 미 특수임무부대인 인디언 헤드특공대가 수거해갔다. 이 기밀문서에는 전쟁의 여러 내용이 적나라하게 들어 있었다. 이 문서들은 6·25전쟁이 북한이 일으킨 남침전쟁이라는 물질적 증거이다. 그러나 당시에 우리가 직접 이 문서들을 챙기지 못하였기 때문에, 결국 문서 수거 후 20년이 지난 후에야 우리는 이것들을 열람할 수 있게 되었다.

만약 이 문서를 우리가 진작 수거했더라면 이전 20년간 난무했던 남침설, 북침설, 유도설 등으로 인한 소모적인 국론분열 현상이 초래되지는 않았을 것이다. 이는 전쟁이 가져오는 인적·물질적·정신적·사회적 피해가 향후 얼마나 오랜 시간 동안 지속되는지 알 수 있는 대목이다. 전쟁의 직접적, 간접적 피해 및 후유증이란 이처럼 아주 작은 부분에서도 그 충격은 얼마든지 크게 전달될 수 있는 것이다. 참으로 오싹하고 무서운 일이 아닐 수 없다.

3. 점령지역에 대한 통치권 갈등

북진이 진행됨에 따라 북한 점령지역에 따른 통치권 문제를 둘러싼 갈등이 빚어지게 되었다.

한국 정부는 '헌법에 명시된 바에 따라 북한지역의 통치권은 당연히 대한민국 정부가 행사해야 하기 때문에 탈환된 북한지역은 즉시 한국 정부의 통제 아래 두어야 한다'고 주장했다.

반면 전쟁을 주도하던 미국 정부는 '통일 한국의 문제는 유엔의 결의에 따라야 한다'는 정책을 견지하며 북한지역에 대한 한국 정부의 통치권을 인정하지 않았다. 이 시기에 미국 정부는 통일 정부 수립을 위한 3단계 군정정책을 수립하였다. 제1단계는 북한지역에 질서가 회복되고 사회적으로 안정될 때까지 미국정부와 유엔군 사령부의 통제하에 군정을 실시한다. 제2단계는 한반도 전역에서 자유로운 선거를 실시한다. 제

3단계는 한반도에 통일정부가 수립되어 외국군이 한국에서 출군하면서 새로운 정부에 대한 유엔의 통제를 점차 줄여나간다는 점진적인 정책이었다. 이러한 미국의 정책은 '북한 점령지역에 대한 독자적인 통치권을 행사해 즉각적인 통일 정부를 수립하겠다'라는 한국 정부의 의지와는 다른 정책이었다.

그러나 유엔은 유엔군사령부 등이 협의해 군정을 시행할 것을 미국 정부에 요청하기에 이르렀다. 이에 이승만 대통령은 10월 16일 '유엔 임시위원회의 결정은 한반도 내에서 공산주의자들을 보호해 주는 결과를 초래하게 될 것'이라는 이유를 걸고 유엔결의에 완강히 반대하였다.

실제로, 이후 대한민국 정부와 유엔군사령부는 북한 점령지역을 두고 지속적으로 엇박자를 내게 되었다. 각기 따로 민정관을 파견하고 관리위원을 두는 등 서로 북한지역에 대한 통치권을 행사하고자 하였다. 이에 북한주민들은 어느 말을 들어야 할지 갈팡질팡하게 되었고, 이것은 곧 점령정책 시행 자체에 적지 않은 혼선을 초래하였다.

이러한 갈등은 오랜 시간이 지나지 않아 해결의 물꼬를 트게 되었다. 먼저 유엔군사령부에서 군사작전이 계속되고 있는 상황하에서 대한민국 정부와 갈등을 야기해서는 안 된다는 자세를 취하였다. 그러자 대한민국 정부도 조병옥 내무부 장관이 유엔과 협의하여 문제를 해결할 수 있음을 밝혀 북한지역 통치에 관한 문제가 논의되었다. 그러나 이때 중공군이 전쟁에 개입하면서, 전선의 상황이 급박해지자 북한지역 통치문제는 일순위의 문제가 아니게 되었다. 이로 인해 자연스럽게 이 문제에 대해서는 흐지부지해졌다.

위와 같은 사례는, 점령하는 것도 중요하지만 점령지역을 안정시키는 것 역시 매우 중요하다는 사실을 여지없이 보여주고 있는 것이라 할 수 있겠다. 점령지에 대한 통치를 잘하여 물리적 통일을 화합적 통일로 발전시키는 것이 무엇보다 중요하다. 왜냐하면 그 결과에 따라 이후 상황에 있어 많은 차이가 있을 수 있기 때문이다. 즉 점령한 곳에 대해 안정을 잘 시키느냐 못 시키느냐에 따라 이후 전개되는 상황은 더 나아질 수도 있으며 더 악화될 수도 있다는 것이다.

VI. 웨이크도(島) 회담

1. 웨이크도 회담의 내용

1950년 10월 15일 트루먼 미국 대통령의 요청으로 태평양상의 섬 웨이크에서 트루먼 대통령과 맥아더 원수의 회담이 이루어졌다. 원래는 본국 방문을 요청하였으나, 맥아더가 전쟁지휘로 인해 장시간 전장을 떠날 수 없다는 뜻을 밝힘에 따라 이를 존중하여 결정된 회담이었다.

트루먼 대통령은 전쟁의 전망과 중공군의 개입가능성에 관해 질문했고 맥아더 원수는 전쟁의 전망에 대해 '북한군의 조직적 저항은 추수감사절까지 끝날 것이며 크리스마스 이전까지 미 제8군을 일본으로 되돌려 보내는 것이 희망사항'이라고 말했다. 그리고 중공군의 개입 가능성에 대해서는 '중공군은 참전의 개입시기를 상실하였고, 그래도 만약 그들이 압록강을 건너 참전한다면 막강한 공군력으로 최대의 살육전을 펼칠 것'이라 답변하였다.

↘ 그림 6-28. 숙천·순천 공정작전(10월 20일) 작전목표였던 북한군 수뇌부와 유엔군 포로들은 이미 빠져나간 상태였다.

2. 웨이크도 회담의 교훈

웨이크도 회담은 종전이 임박된 것으로 판단되는 한반도 전쟁이 대통령의 뜻에 의해 수행되고 있다는 사실을 내외에 과시하기 위한 회담이었다. 그와 동시에 맥아더 원수의 명성을 대통령 자신과 연결시킴으로써 자신의 위상을 높이기 위한 정치적 목적도 있었다.

결국 종전 자체나 중공군의 참전 가능성 등을 진지하게 토의하기보다는 단순히 계획과 정보를 맥아더에게 확인하는 수준에 그치고 말았다. 그러나 회담 자체의 결과는 미국 정책에 그대로 반영되어 큰 영향을 미치게 되었다.

웨이크도 회담에 따라 미국 지도부는 조기 종전을 확신하고 유엔군의 추가파병과 보급품 추가 선적을 제한하였다. 이는 차후작전에 막대한 지장을 초래하였다. 또한 중공군의 개입 가능성에 대해서도 그대로 오판을 받아들여 전혀 대비하지 않았다. 유엔군이 이처럼 안일한 상태에 머물고 있을 때, 중공군은 이미 6·25전쟁에 끼어들 채비를 마치고 있었다.

VII. 압록강을 향해 진격하다

1. 진출한계선 철폐

10월 24일, 서울을 탈환한 지 26일째, 38도선을 돌파한 지 14일째에 유엔군의 선두는 38도선으로부터 200km 북방인 청천강 변까지 진출하였다. 북한군 일부병력이 신의주 지역으로, 주력은 강계지역으로 철수를 계속하고 있었다. 한국군과 유엔군 지휘관들은 마치 전쟁이 끝난 것처럼 기쁨에 들떠 있었다. 미군 지휘부가 전쟁에 대해 낙관하고 있을 때 전장에 있는 병사들의 마음은 더욱 들떠 있었다.

맥아더 장군은 10월 19일 한국군 제1사단이 평양을 탈환하자 9월 27일 훈령에 의거한 한국군 이외의 유엔군의 북진한계선을 정주－영원－함흥을 연하는 선(맥아더 라인)에서 선천－고인동－평원－풍산－성진선(신 맥아더 라인)으로 수정하였었다.

그러나 평양을 점령한 이후 적의 주력과 접촉이 단절되었다고는 하지만 도처에서 북한군의 저항이 예상되었기 때문에 워싱턴의 명령대로 한국군만으로 작전한다는 것은 무리라고 생각하였다. 또한 염려했던 중공과 소련의 개입징후도 없었기 때문에 이날 맥아더 장군은 자신의 책임하에 변경된 북진한계선마저 철폐하고 한 · 중 국경선으로 총 추격 명령을 하달하였다.

2. 유엔군의 추수감사절 공세

1950년 10월 중순, 한국군과 유엔군은 늦어도 추수감사절(1950년 11월 23일)까지는 전쟁을 끝낼 수 있을 것이라 생각했다. 그리고 맥아더 원수는 10월 24일에 미 제8군사령관과 제10군단장에게 전 병력을 투입하여 최대한 빠른 속도로 압록강과 두만강을 향해 진격하라는 명령을 내렸다. 이 명령은 사실상 유엔군의 진출한계선을 철폐하는 조치였으며 바로 유엔군의 '추수감사절 공세'였다. 이에 북진작전을 수행하고 있던 각급 부대들은 일제히 압록강과 두만강을 향한 진격준비에 박차를 가하게 되었다.

그 무렵 '뉴욕 타임즈'지의 사설은 "한 · 만 국경에서 불의의 사태가 일어나지 않는 한, 이 전쟁의 승리는 약속되어 있다"라고 기술하였다. 이 관측은 미국조야의 일반적인 관측이었다.

3. 한국군 제6사단의 국경선 진격

평양을 우회하여 순천에 진출한 한국군 제2군단은, 10월 21일 오전 6시에 제6사단 7연대를 선두로 하여 개천을 향하여 공격을 개시하였다. 이때 진격하는 곳마다 북한군이 무질서하게 도주하여 진격에는 별 문제가 없었지만, 아무래도 당일 중으로 개천에 진출하기에는 시간이 빠듯하였다.

개천으로 진격하는 것을 중요하게 여긴 한국군 제6사단 7연대 3대대장은 패주하고 있는 북한군의 중앙을 돌진하여 개천으로 직행하고 만약 적이 사격하지 않으면 사격을 하지 말고 그대로 전진하라는 명령을 내렸다. 이에 따라 제3대대는 북한군을 향해 '전쟁은 끝났다, 그러니 총을 버리고 고향으로 돌아가라'고 외치면서 개천으로 진격하였다. 그리고 이 소리를 들은 많은 북한군들은 총을버리고 도주하였다. 이로 인해 한국군 장병들은 한 차례의 총격전도 없이 개천을 점령할 수 있었다.

한편 청천강 도하지점에서 북한군

↘ 그림 6-29. **압록강 물을 수통에 담고 있는 한국군 제6사단 병사**
(출처: 전쟁기념관)

↘ 그림 6-30. **평양을 탈환하고 압록강을 향해 북진하는 한국군 제1사단**
얼마 뒤 제1사단은, 영변 북쪽 운산에서 몰래 들어와 있던 중공군의 1차 공세에 부딪쳐 치열한 전투를 치르게 된다 (출처: 중앙일보, 〈내가 겪은 6 · 25와 대한민국〉).

의 차량을 노획하여 전 부대가 차량화가 된 한국군 제6사단 7연대는 10월 26일 오전 7시에 압록강을 향해 나아갔다. 그 과정에서 북한군 제8사단의 패잔병들과 교전이 있기도 했다. 그러나 큰 차질 없이 10월 26일 오후 2시 15분에 압록강에 진입하였고, 압록강 물을 수통에 담을 수 있었다.

이때 한국군 제6사단 장병들은 무슨 생각을 했을까. '조국통일'의 최선봉이라는 자부심을 느끼지 않았을까? 어떠한 생각을 하였든, 그들은 아마 무어라 표현하기조차 벅찰 만큼의 격한 감동을 한껏 만끽하고 있었을 것이다. 정말 당장이라도 통일이 될 것만 같았다.

영화에서 보면 '다 끝났다'라는 생각이 드는 순간에 반전이 등장하는 경우가 종종 있다. 이때도 마찬가지였다. 어둠의 그림자는 어김없이 다가오고 있었다. 그 정체는 바로 중공군이었다. 이미 중공군은 참전을 위한 준비를 모두 마친 상태였다. 아니, 그 순간에는 벌써 6·25전쟁에 끼어들고 있었다.

'눈앞에 와있는 조국의 통일'이라는 감격에 겨워 있던 한국군과 '이제 전쟁이 끝나고 집으로 갈 수 있다'는 꿈에 부풀어있던 유엔군, 이들이 중공군이라고 하는 어둠의 그림자와 맞닥뜨리기까지는 이때로부터 그리 오래 걸리지 않았다.

4. 북진작전에 대한 평가

인천상륙작전으로부터 역전된 전쟁의 양상. 한국군과 유엔군은 그 분위기를 타고 북진을 단행하여 38도선을 돌파하고 평양을 수중에 넣었다. 그리고 한·만 국경을 향해 진격하여 마침내 압록강까지 진출하였다.

이에 김일성은 1950년 12월 21일에 열린 주요간부 회의에서 다음과 같이 분석하였다.[14]

---

14. 대한민국 부사관 총연맹, 『전쟁사』, 도서출판 글로벌, 2007, p. 374.

↘ 그림 6-31. 혜산진에 진출한 미 제17연대

첫째, 예비병력의 부족을 말하였다.

둘째, 조직성과 부대규율의 미약을 들고 있다.

셋째, 적의 유생역량(有生力量)[15]을 조기 소멸하는 데 실패하였다.

넷째, 해 · 공군 및 화력이 우세한 적과 싸우는 법에 미숙하였다.

다섯째, 적 후방에서 유격전 수행이 소홀하였다.

여섯째, 적절한 병참지원에 실패하였다.

일곱째, 필승의 의지가 결여되었다.

이처럼 반격작전은 북한군 지도부로 하여금 패배를 절실히 느낄 수 있게끔 전개되어 나갔다. 그러나 한국군과 유엔군은 반격작전을 수행하면서 적의 패잔병에 대한 소탕을 실행하지 않고, 오로지 경쟁적으로 북

15. 전투에 참가하는 모든 사람 또는 짐승. 군인뿐만 아니라 민간인, 말, 개 따위의 짐승도 포함한다.

진에 매진하였다.

이러한 한국군과 유엔군의 빠른 북진에 따라 병참선 및 퇴각로가 차단된 일부 북한군은 지리산–소백산–태백산을 잇는 산악지대와 태백산–오대산–금강산을 잇는 산악지대로 들어가게 되었다. 이들은 이후 게릴라 작전 및 아군의 병참선을 공격하는 등의 방법을 통해 지속적으로 한국군 및 유엔군에 피해를 입혔다. 또한 이들은 후에 중공군의 개입으로 인해 한국군과 유엔군이 후퇴하여 내려올 때도 아래에서 공격해옴으로써 매우 골치 아픈 존재로 인식되었다.

북진작전을 전개함에 있어서 그 의지나 속도는 매우 높았으며 빨랐다. 그러나 북한군 패잔병 및 전선의 정리에 소홀하였던 점은 안타까운 모습이었다. 여기에서 우리가 취할 수 있는 교훈이 하나 있다. 그것은 바로 전쟁에서는 앞만 보고 나아가는 것이 아니라 왼쪽, 오른쪽, 심지어는 뒤까지도 잘 살펴보아야 한다는 것이다. 즉 너무 사소하여 신경 쓰지 않고 그냥 패스(pass)했던 어떠한 한 요인이, 나중에 가서 전혀 생각지도 못한 정도로 큰 여파를 불러일으킬 수도 있다는 것이다. 마치 한국군과 유엔군이 북한군의 패잔병을 소탕하지 않고 북진에만 집중하였다가 훗날 그들의 게릴라전에 대해 부담을 느꼈던 것처럼 말이다. 다시 말해, 전시에는 일종의 '나비효과(Butterfly Effect)'와 같은 것을 염두에 두고 항상 신중해야만 한다고 할 수 있겠다.

제 7 장

중공군의 공세와 유엔군의 재반격

Ⅰ. 중공군의 참전 및 제1차 공세

Ⅱ. 유엔군의 크리스마스 공세와 중공군의 제2차 공세

Ⅲ. 한국군 및 유엔군의 철수작전

Ⅳ. 중공군의 제3차 공세와 1·4후퇴

Ⅴ. 휴전 제의와 유엔군의 제1차 반격

Ⅵ. 중공군의 제4차 공세와 유엔군의 제2차 반격

Ⅶ. 유엔군의 38도선 재돌파와 중공군의 제5차 공세

Ⅷ. 중공군의 제6차 공세와 유엔군의 제3차 반격

제7장

중공군의 공세와 유엔군의 재반격

I. 중공군의 참전 및 제1차 공세

1. 중공군이 전쟁에 개입한 이유

한국군과 유엔군은 압록강과 두만강을 향해 거침없이 진격해 나아갔다. 그들, 특히 한국군은 한반도의 통일에 한 걸음 한 걸음 가까워지고 있다는 느낌을 매우 강하게 받고 있었다. 그런데 믿을 수 없는 일이 일어났다. 예상치 못했던 중공군의 참전이었다. 중공이 6 · 25전쟁에 개입한 이유는 무엇일까?

중공이 전쟁에 개입한 첫 번째 이유는 중공의 대 한반도정책에 있었다. 중공은 예로부터 한반도를 '순치보거(脣齒輔車)'[1]의 관계로 인식하였다. 즉 한반도를 중공 안보의 완충지대로 생각하고 있었던 것이었다. 이와 마찬가지로 북한지역을 미국을 비롯한 민주주의 진영과의 완충지대로 생각하고 있었는데, 북한이 6 · 25전쟁에서 위기를 맞이하게 되자 전

1. 입술과 이 중에서 또는 수레의 덧방나무와 바퀴 중에서 어느 한쪽만 없어도 안 된다는 뜻이다. 여기에서는 서로 없어서는 안될 만큼 중요한 관계를 맺고 있는 상황을 가리킨다.

쟁에 개입한 것이다.

↘ 그림 7-1. 항미원조[2] 국가보위 궐기대회

두 번째 요인은 중공의 국익추구에 있었다. 중공은 당시 장제스의 국민당 정권을 대만으로 몰아내고 건국을 한 지 불과 1년여밖에 지나지 않았다. 따라서 내부적인 혼란이 많을 수밖에 없었다. 중공은 이러한 내부적인 혼란을 중공군 파병을 통해 수습하고자 했다. 정권의 안정과 경제회복, 대만 영토의 수복, 그리고 국제사회의 지위 향상 및 아시아 내에서의 역할 증대 등과 같은 중공의 실질적인 국익추구를 노렸던 것이다.

이 외에도 자유주의 진영 내에서 주도적 역할을 맡고 있으며 대만 정

조금 더 알아볼까요?

조 · 중 상호방위협정의 내용이 궁금해요!

1. 양측은 여하한 성질의 침략에 대하여도 공동방위를 한다. 또 어떠한 제국주의 세력이든 북한 또는 중공의 일방을 공격할 경우 양측은 그 제국주의 세력에 대한 공동전쟁에 있어 공동행동을 취한다.
2. 중국공산당은 1949년 7월 1일부터 8월 31일까지의 기간 중 만주로부터 북한에 무기와 병력을 제공한다.
3. 북한은 만주에 있는 일본기술자 및 고용원과 만주에 있는 일본 군수품 사용에 관하여 최우선권을 보장한다.
4. 북한과 중국공산당은 양측이 경제적 필요에 의거하여 물물교환을 한다.

---

2. 항미원조(抗美援朝)는 미국에 대항하고 조선을 돕는다는 뜻으로, 한반도에 투입된 중공군도 항미원조 지원군(抗美援朝 志願軍)이라고 하여 순수한 의용군임을 과시하였다. 정명복, 『6 · 25전쟁기 중공군 5월 공세에 관한 연구』, 박사학위 논문, 2009, pp. 23~27.

부에 대한 지원을 하고 있는 미국에 대한 중공의 적개심, 5회에 걸친 중공의 전쟁 개입 경고를 미국이 무시한 점, 그리고 1949년 3월 18일에 맺은 '조·중 상호방위협정'도 중공군 개입의 요인이 되었다.

한편 웨이크도 회담을 통해서 중공군이 개입하지 않을 것이라 확신하고 있던 유엔군과 조국 통일의 기대감에 들떠 있던 한국군은 예상치 못했던 중공군의 참전으로 인해 혼란에 빠지고 말았다.

2. 중공군, 어떤 군대인가?

1950년 미 지상군의 전선 투입이 구체화되었을 때, 중공은 중국 동북 지역의 안전과 필요시 북한을 지원하기 위해 '동북변방군(東北邊防軍)'을 조직하였다. 이는 13병단(兵團)의 4개 군, 포병 3개 사단, 1개 고사포연대, 1개 공병연대 등 25만 5천 명으로 구성되었다. 그리고 중공은 미국에게 직·간접적인 통로를 통하여 '강력한 경고'를 전달하였다.

이후 한국군과 유엔군의 북진이 확실시되자 마오쩌둥은 동북변방군을 '중국인민지원군(中國人民志願軍, 이하 '인민지원군')'으로 개칭하고, 펑더화이(彭德懷)를 지원군 사령관으로 임명하였다. 이들이 바로 우리가 소위 말하는 중공군이다.

↘ 그림 7-2. 펑더화이와 김일성

이들은 사실 중공의 정규군, 즉 '인민해방군'의 일부였다. 한반도에 투입된 중공군은 위에서 소개한 동북변방군이 주축이었고, 그들은 전투경험이 있는 군인들이 대부분이었다. 이 군대의 명칭은 중공이 보낸다는 뜻의 '지원군(支援軍)'이 아니라 '지원군(志願軍)'이었다. 이러한 일련의 조치는 인민지원군을 '북조선의 인민을 돕기 위해 지원한 인민들로 이루어진 민간차원의 군대'라고 겉포장하기 위한 장치에 불과한 것이었다. 즉 중공군을 보내는 의미가 어디까지나 '북조선을 돕기 위한 것'이지 '미국과 유엔에 대하여 선전포고' 하는 것이 아님을 표방하기 위한 것이었다. 그리하여 실제로 한동안 유엔군은 중공군의 정체를 파악하는 데 어려움을 겪기도 하였다.

3. 미국의 중공군 개입 예측 실패

중공은 개전 초기 전황이 북한에 유리하게 돌아가고 있을 때는 가만히 있었다. 그러다가 인천상륙작전 이후 한국군과 유엔군의 북진이 시작되어 전세가 북한에 불리하게 전개되자 전쟁 개입의 의사를 보이기 시작했다.

하지만 미국은 중공이 내전을 겪은 지 얼마 되지 않았기 때문에 타국의 전쟁에 대한 군사적 개입을 할 수 없을 것이라 판단하고 이를 무시했다. 그리고 결정적으로, 앞서 소개한 웨이크도 회담에서 미국은 치명적인 오류를 범하고 만다. 맥아더 원수는 중공이 나타낸 개입 의사를 일종의

↘ 그림 7-3. 한국전쟁에 개입하기 위해 안동 일대로 집결하는 동북변방군

유엔군의 판단과는 전혀 다르게 유엔군이 38도선을 넘자 중공 제4야 전군은 1950년 10월 19일 압록강을 도하했다.

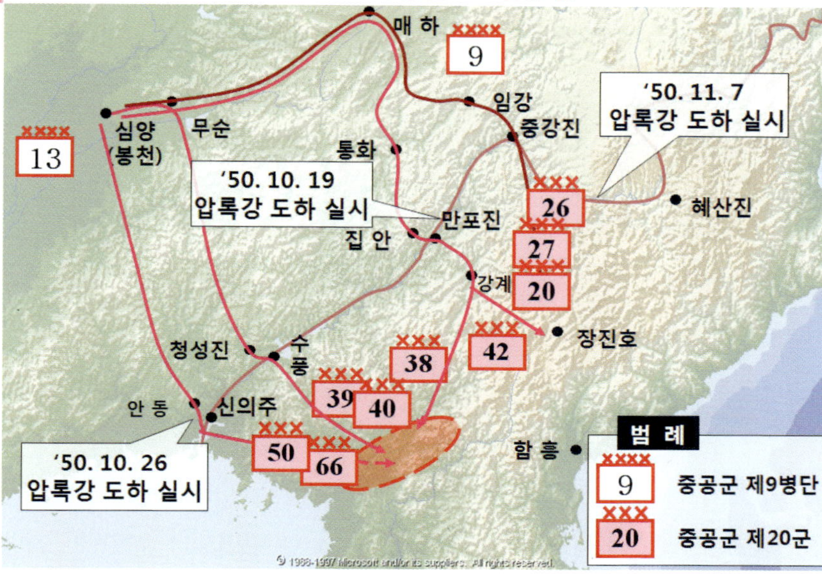

↘ 그림 7-4. 중공군의 이동 경로

↘ 그림 7-5. 압록강을 건너는 중공군

↘ 그림 7-6. **중공군 포로**
중공군 포로들은 이미 동계복장을 갖추고 있었다.

'속임수'라고 생각했고, 만약 그들이 참전하더라도 재래식 무기로 무장한 중공군이 기계화된 미군을 상대할 수 없을 것이라 생각했던 것이다.

그리하여 미국은 중공군이 6·25전쟁에 개입할 것이라는 내용의 민간인이 제공하는 여러 가지 첩보 및 대만 정부의 통보를 묵살하였다. 하지만 불행하게도 이러한 예측은 완전히 빗나가고 말았다. 이 시기 이미 약 15만 명의 중공군이 압록강을 넘어왔거나 넘어오는 중이었고, 11월 초순에 투입된 중공군은 약 30만 명이었다. 그중 약 18만 명은 미 제8군 정면으로, 나머지는 미 제10군단 지역으로 투입되었다.

4. 중공군의 전술

중공군은 과거 국·공 내전에서 '거보적(巨步的) 전진·후퇴의 운동전'[3]을 주로 사용하였다. 그러나 중공군 지휘부는 기동공간이 중공에 비해 좁은 한반도에서는 이 작전이 적합하지 않다고 판단하였다. '진지전

↘ 표 7-1. **6·25전쟁 당시 유엔군과 중공군의 편제 비교**

유엔군	사단	군단	야전군	집단군
중공군	사단	군	병단	야전군

출처: 육군본부, 『현리·한계전투』, 2009, p. 2.

3. 마오쩌둥의 게릴라전 이론에서, 부대의 기동을 바탕으로 적에게 피해를 주고 다른 곳으로 이동하는 것을 반복하는 전투를 말한다. 정규 작전에 상대하는 개념이다. 기동전과 유사함.

(지역방어)과 운동전의 배합' 방침을 채택하고 '분리와 소멸'이라는 기본 개념과 상황에 따라 역습, 기습, 매복으로 적의 유생역량(병력)을 소멸하는 전술이 바람직하다고 생각했다.

↘ 그림 7-7. 중공군 전차병들의 모습
(출처: 밀리터리 리뷰)

간단히 정리해보면, 일단 미군과 한국군을 분리하고 미군에 비해서 상대적으로 전력이 약한 한국군을 먼저 소멸시킨 후에 미군의 측방을 노출시켜 그 퇴로를 차단·포위함으로써 미군까지 소멸시킨다는 작전이었다.

이들은 기도비닉을 위하여 밤에만 산간 도로를 따라 1일에 30km씩 이동하였고, 낮에는 유엔 공군기의 감시를 피하기 위해 은폐된 곳에서 숙영하였다. 이러한 방법으로 유엔군의 막강한 최신식 장비의 화력과 공군기에 의한 공격을 피하고 야간공격을 감행함으로써 큰 전과를 올리기도 하였다.

또한 중공군은 방어에 유리하며 유엔군이 공격하기 어려운 산악지대에 진지를 구축하면서, 피리와 꽹과리를 불며 압도적으로 많은 수의 병력을 투입해 밀집대형을 이루며 공격해 들어왔다. 이 전술은 '마치 사람이 바다를 이룬 것처럼 그 수가 매우 많다'고 하여 '인해전술(人海戰術)'이라고도 불렀다.

5. 중공군의 제1차 공세

중공군은 10월 16일 선발대(42군 1개 연대) 투입에 이어 10월 19일 저녁, 3개 방향에서 비밀리에 압록강을 도하하여 작전 예정지역으로 급속

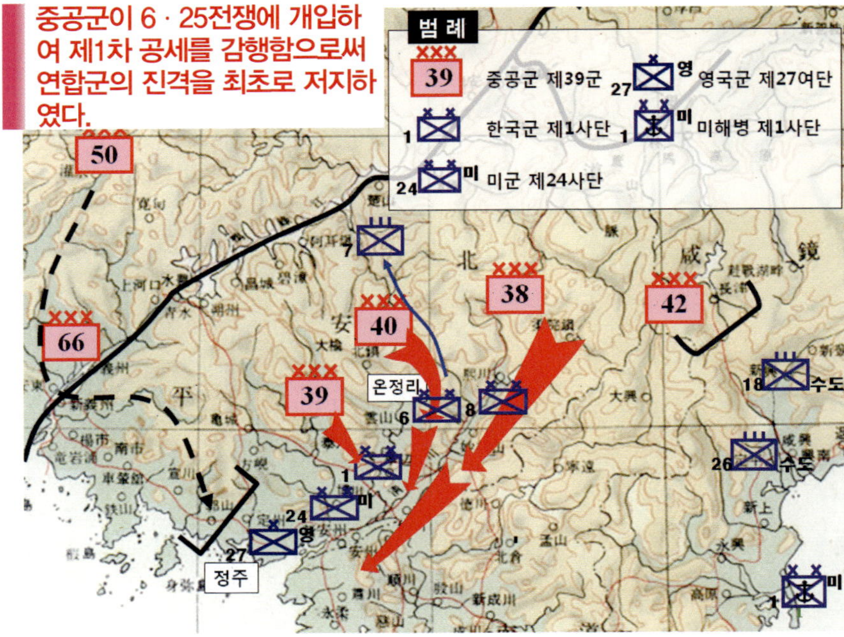

↘ 그림 7-8. 중공군의 제1차 공세

한 진출을 서둘렀다. 최초에 중공군은 서부지역에 2개 군, 동부지역에 1개 군을 집중 투입하여 '적극적인 방어'로 작전 기지를 확보하려 하였다. 그러나 10월 21일 마오쩌둥이 공세 작전을 펼치라는 지시를 내리면서 중공군은 '적극적인 방어'가 아닌 '적극적인 공세' 작전으로 큰 틀을 전환하게 되었다. 즉 앞서 소개한 그들의 전술대로 한국군을 먼저 공격하여 유엔군과 한국군의 전진을 봉쇄하고 전선의 균형을 파괴함으로써 한반도에서 작전 기지를 확보하려 했던 것이다.

추수감사절 공세 계획에 따라 한국군과 유엔군은 총공격을 감행하였다. 이때가 10월 24일이었다. 서부전선에서 청천강을 도하해 압록강을 향하였고, 동부전선에서 함흥과 흥남을 점령한 후 장진호(湖)와 청진으로 진격해나갔다. 그러자 중공군은 다음날인 25일부터 공세작전을 단행하였다. 이것은 중공군이 6 · 25전쟁에 개입한 이후 최초로 실행한 작전이었다.

중공군은 압록강을 넘어온 6개의 군 중에서 5개의 군을 서부전선 적

↘ 그림 7-9. 85mm고사포의 야간사격

↘ 그림 7-10. C-119 수송기의 공중보급
운산전투 시 한국군 제1사단에 탄약이 공중보급되고 있다.

↘ 그림 7-11. 운산전투의 중공군
미군의 우세한 공군과 포병화력을 회피하기 위하여 산불을 질렀다.

유령산맥 남단에 전개시켜놓고 운산－회천 방향으로 공격하게 했다. 또한 동부전선에서는 1개 군을 장진호 북쪽에 전개시켜 한국군 및 유엔군의 진격을 저지하도록 하였다. 이때, 한국군의 선봉부대인 제6사단 7연대는 그 진출 경로가 중공군의 경로와 엇갈린 관계로 26일에 압록강변 초산에 도달하는 데 성공하였다. 또한 서해안 축선에 있던 미 제24사단과 영연방 제27여단은 11월 1일에 신의주 남서쪽 33km 지점 정거동까지 진출하였다. 하지만 이 외의 부대들은 중공군의 공격에 부딪혀 붕괴되거나 포위 · 고립되어 버렸다. 이것이 바로 중공군의 제1차 공세였다.

중공군의 제1차 공세는 한국군과 유엔군으로 하여금 진격을 멈추고 방어 태세를 취하게 하였다. 예상치 못한 중공군의 강력한 공세로 인해 추수감사절 공세가 실패로 돌아간 것이었다. 이처럼, 중공군은 한국군과 유엔군의 북진을 멈추게 하는 데 성공하였다. 하지만 그들이 애초에 계획한대로 '섬멸적인 타격'을 입히는 데는 실패하였다. 그 이유는 중공군의 군량과 탄약 보급 사정이 악화되고, 그에 비해 유엔군의 지상 및 공중 공격의 화력이 강력해졌기 때문이었다.

이렇듯, 보급 사정이 악화되어 전열을 재정비할 필요를 절감한 펑더화이는 11월 5일 공격을 중단하고 제1차 공세를 멈출 것을 명령하였다. 그러나 결과적으로 중공군은 제1차 공세에서 적극적인 작전을 강행하여 한국군과 유엔군의 진격을 저지하는 데 성공하였으며 작전 기지, 즉 '확고한 근거 기반'까지 확보할 수 있었다. 뿐만 아니라 북한군이 정비시간을 획득하는 계기가 되기도 하였다.

한편 유엔군은 이러한 중공군의 개입을 북한에 대하여 제한된 범위 내에서만 지원공세를 하는 것이며 유엔군을 한 · 중 국경선에서 철수시키기 위한 무력시위 정도라 생각하였다. 그리하여 중공군의 대대적인 공세는 없을 것으로 예상하였다. 따라서 차후에 실시할 유엔군의 '크리스마스 공세'를 통하여 전쟁을 종결지으려는 계획은 아무도 의심을 하지 않았다.

II. 유엔군의 크리스마스 공세와 중공군의 제2차 공세

1. 유엔군의 크리스마스 공세

비록 한국군과 유엔군이 중공군의 공세로 인해 북진을 멈추긴 하였으나, 앞에서 언급한 바와 같이 중공군의 개입을 크게 생각하지 않았다. 그리하여 전쟁을 마무리할 공세 준비에 박차를 가하였다.

중공군 역시 1950년 중에 반드시 평양－원산을 연하는 선까지 진출하겠다는 목표를 세우고 있었다. 지난 10월, 제1차 공세에서 자신감을 얻은 중공군은 이 경험을 살려 '반격을 통한 공세로의 전환'이라는 새로운 개념의 공격 계획을 수립하였다. 이는 주로 도로를 따라 공격하는 한국군과 유엔군이 진격하는 동안에 노출되는 측방과 후방을 공격함으로써, 전세를 공세로 전환시켜 이를 확대하겠다는 공격 계획이었다.

중공군의 제1차 공세에 밀려 후퇴한 미 제8군이 청천강 남쪽에 방어선을 형성하고 있던 11월 7일, 강을 사이에 두고 대치하고 있었던 중공군이 갑자기 사라졌다. 이에 미 제8군은 공중정찰 및 위력수색(威力搜索)[4] 등을 강화하면서 영변과 박천을 점령하였다.

한편 맥아더 원수는 이 시기에 중공군의 개입 사실을 인정하였다. 그리고 그들의 조직적인 공격이 개시되기 전에 대규모 공세를 펼쳐 중공군을 섬멸하고, 확실하게 전쟁을 종결시키기 위한 공세 계획을 세웠다. 맥아더 원수는 '이번 작전이 전쟁의 최종 공세가 될 것이며, 앞으로 10일 이내에 전쟁을 끝내고 크리스마스까지는 집으로 돌아갈 수 있을 것'이라는 말을 하기도 하였다. 이로 인해 이때의 공세를 '크리스마스 공세'라 부르기도 한다.

공격 첫날인 11월 24일에 미 제24사단은 정주를 점령하였고, 한국군 제1사단도 태천 일대 근방까지 진출하는 등 별다른 저항 없이 북진하였다. 이때까지만 해도 맥아더 원수가 말한 것처럼 정말 크리스마스 이전에 전쟁이 끝날 것 같이 보였다. 그러나 이것은 한국군과 유엔군의 큰 오

4. 일부러 적을 위협하여 적으로 하여금 출동하거나 사격하게 함으로써 그 역량이나 배치 상태를 알아내는 일.

한국군과 유엔군이 크리스마스 총공세를 시작한 다음 날인 1950년 11월 25일, 중공군은 30여만 명 규모의 병력으로 끝없이 밀고 내려와 연합군의 북진을 저지하였다.

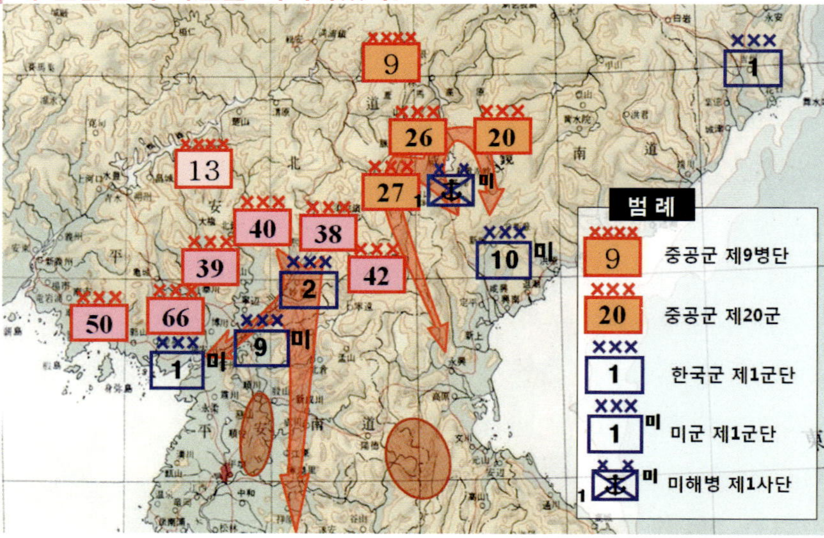

↘ 그림 7-12. 중공군의 제2차 공세

판이었고, 이러한 오판은 이후 전쟁의 양상을 바꾸어 놓는 결정적인 한 장면이 되고 말았다.

2. 중공군의 제2차 공세

11월 24일에 시작된 한국군과 유엔군의 크리스마스 공세 시에 중공군은 제13병단이 적유령산맥 남쪽 일대에서, 제9병단이 장진호 및 개마고원 일대에서 전투태세를 갖추고 대기하고 있었다. 그리고 하루 뒤인 25일, 중공군은 그들의 제2차 공세를 실시하였다.

한국군과 유엔군은 크리스마스 공세를 시작하는 그 순간까지도 중공군의 병력 숫자를 제대로 파악하지 못하고 있었다. 게다가 중공군이 의용군으로 구성된, 기껏해야 몇 개 사단에 불과하며 중공이 중공군의 주력을 전쟁에 개입시키진 않을 것이라 보고 있었다. 그러나 제2차 공세 당시 중공군은 조직적 지휘체제를 갖춘, 30개 사단의 약 30만 명에 달하는 어마어마한 규모였다.

원활하게 북진을 계속하던 한국군과 유엔군은 11월 25일에 서부전선의 모든 지역에서 중공군의 완강한 저항에 부딪치게 된다. 중앙의 미 제25사단은 운산 남쪽에서 더 이상 진격하지 못하였고, 한국군 제2군단의 7, 8사단도 묘향산 일대에서 진격을 멈춰야 했다.

설상가상으로 동부전선에서는 장진호 일대에서 미 제1해병사단이 포위되기까지 하였다. 군우리에서는 미 제2사단이 괴멸되었다. 이 외에도 여러 지역에서 한국군과 유엔군은 예상치 못했던 중공군의 완강한 저항을 뚫지 못해 진격을 멈출 수밖에 없었다.

앞에서 중공군은 재래식 무기로 무장하였고, 유엔 공군기의 활동으로 인해 여러 면에서 큰 제약을 받았다고 하였다. 그렇다면 중공군은 제공권도 장악하지도 못한 채 화력과 보급의 열세 속에서 어떻게 성공적으로 한국군과 유엔군의 북진을 저지할 수 있었을까? 그 이유는 다음과 같

↘ 그림 7-13. 장진호지역으로 이동 중인 중공군

↘ 그림 7-14. 눈 녹인 물로 자축하는 중공군

은 전술을 사용한 결과라 판단된다.

첫째, 중공군은 적의 강력한 진지나 병력을 피하는 대신에 약한 진지와 병력에 대해서 서슴없이 공격을 감행하였다.

둘째, 유엔 공군기의 감시를 피하기 위해 주간 공격을 피하고 야간 공격을 실시하였다.

셋째, 야간 공격을 실시함에 있어서 정면 공격과 더불어 후방 교란과 퇴로 차단 후에 방어 진지 돌파와 각개 격파를 시도하였다.

넷째, 중공군은 강한 방어력을 분산시켜 약하게 만들어 이를 공격하였다. 이러한 전술로 중공군은 그들의 약점을 극복하려 했다.

3. 유엔군사령부의 새로운 조치

크리스마스 때까지 병사들을 고향에 돌려보내겠다던 유엔군 측의 호언장담이 중공군의 강력한 저항 앞에 좌절될 기미를 보이자, 맥아더 원수도 '새로운 전쟁'에 직면하고 있다는 표현을 내비침으로써 방어로 전환할 채비를 갖추도록 하였다.

이때, 우측방이 돌파되어 청천강 교두보를 포기하고 병력을 청천강 남쪽으로 집결시키고 있다는 미 제8군의 보고와 미 제1해병사단이 포위되고 퇴로차단의 위험에 처해 있다는 미 제10군단의 보고를 받았다.

보고를 받은 맥아더 원수는 미 제8군사령관에게 우측방의 위협을 피할 수 있을 만큼 후퇴할 것을 승인하였고, 미 제10군단장에게는 중공군과 접촉을 유지하면서 함흥과 흥남의 해안 교두보지역으로 병력을 집결시킬 것을 지시하였다. 미 제8군과 제10군단을 연결시키는 것이 바람직하다는 미 합참의 견해와는 달리, 맥아더 원수는 미 제10군단이 해안 교두보를 확보함으로써 중공군 병력을 그곳에 묶어두는 것이 철수를 수월하게 하는 방법이라고 판단하였기 때문이다.

이제 한국군과 유엔군은 완전히 북진을 멈추고, 남쪽으로 내려가는 길을 걷게 되었다.

4. 미국을 비롯한 우방의 새로운 조치

중공군의 참전으로 인해 전세가 역전되었다. 미 제8군은 청천강 남쪽으로 후퇴했고, 동부지역의 미 제10군단도 철수를 시작했다. 이러한 와중에 유엔군사령부가 북진작전 이후 계속 유지해왔던 공세의 자세를 버리고 방어태세로 급전환하게 되자, 미국을 비롯한 자유주의 우방 국가들의 입장에서도 가만히 앉아 구경만 하고 있을 수는 없게 되었다. 맥아더 원수는 만주지역에 대한 폭격과 중공의 해안 봉쇄를 할 수 있도록 해줄 것, 그리고 타이완의 군대를 투입시켜줄 것을 요청했다. 그러나 미국은 맥아더 원수의 요청을 수락하지 않았다.

한편 전쟁수행에 관한 전략의 재정립을 위한 자유진영 우방들의 논의는 계속해서 이루어졌다. 11월 30일에는 트루먼 미국 대통령에 의해 '원자폭탄 사용 가능성'이 언급되기도 하였다. 그러나 당시 홍콩을 지배하고 있었던 영국은 어떻게든 중공과 일정한 관계를 유지할 필요가 있었기 때문에, 미국의 원자폭탄 사용 가능성에 대해 즉각적인 반대 의사를 밝혔다.

그래서 영국 수상 애틀리(Attlee)는 워싱턴을 방문하여 트루먼 대통령과 회담을 가졌다. 이들은 회담에서 '방어선을 유지해 전쟁의 확산을 방지하면서 명예롭게 종식시키는 방향'에 대한 의견을 나누었다. 한반도에서 결코 핵무기가 사용되지 않을 것임을 재차 확인하고, 유엔의 후원하에 휴전을 모색하기로 합의한 것이었다. 이러한 합의의 배경은 다음과 같다.

첫째, 당시 미국의 주적은 어디까지나 소련이었기에 중공과의 전쟁에서 힘을 소비하는 것은 곤란하였다는 점이다. 둘째, 당시 일본방위를 위해 주한미군의 전력을 보존해야 한다는 생각도 있었을 것이다. 이러한 연유로 미국은 명분만 있다면 휴전을 추구하려는 전략을 추진해나갔다.

심지어 미 합동참모본부는, 중공군의 참전 목적이 한반도에서 유엔군을 몰아내려는 것이 명백해진다면 유엔군은 가능한 빠른 시간 내에 철수를 결정해야 한다고 생각하고 있었다. 이에 따라 미국은 맥아더 원수에게 불가피한 상황이 도래할 경우 인력과 물자의 손실을 최소화하면서 한반도에서 철수할 것을 통보하였다. 이와 더불어 한국 정부를 제주도로 망명시킬 계획까지 수립해놓은 상태였다.

그러나 맥아더 원수의 의견은 달랐다. 그는 합참의 철군 통보를 '전쟁에서 싸워 이기려는 의지를 상실한 것'이라며 강하게 비판하였다. 이와 더불어 중공에 대한 강력한 보복조치를 요구하였다. 그러나 이에 대해 트루먼 대통령은 '중공 본토에 대한 직접적인 군사행동으로 일본이나 서유럽이 대규모의 적대행위에 말려든다면 결코 이롭지 못하다'고 하며 반대하였다.

이렇게 6·25전쟁은 새로운 국면에 접어들고 있었다. 이전까지 유지해오던 '군사적 공세와 응징'의 기본 전략에서 '정치적 협상에 의한 전쟁의 종결', 즉 휴전을 궁극적 지표로 삼는 정책으로 전환된 것이었다.

조금 더 알아볼까요?

당시 맥아더 원수가 요구한 중공에 대한 보복조치 내용이 뭔가요?

① 중공 해안 봉쇄
② 중공의 기간 산업시설을 해·공군의 공격으로 파괴
③ 타이완군을 유엔군으로 참전 허용
④ 타이완군의 중공 본토 상륙공격 허용

5. 중공군의 제2차 공세 결과

중공군의 입장에서 보면 그들은 제2차 공세를 통해 2단계 작전목표였던 38도선 진출을 달성하는 성과를 거두었다. 그러나 보급지원 제한으로 추격작전에 한계가 있었다. 또한 한국군과 유엔군의 북진을 저지하고 많은 피해를 입혔다고는 하나, 중공군 또한 심대한 손실을 입었다.

한국군과 유엔군의 입장에서는, 크리스마스 이전 종전을 목표로 한 계획이 무산됨에 따라 2주에 걸쳐 무려 250km나 후퇴해야만 했다. 하지만 무엇보다도 컸던 것은 심리적인 충격이었다. 압록강의 물을 수통에 담으며 승리를 확신했던 한국군 및 유엔군은, 이러다가 일본으로 철수해야 할지도 모른다는 불안감마저 느끼게 된 것이었다. 이처럼 중공군의 제2차 공세로 인하여 파급되는 충격은 매우 컸다.

Ⅲ. 한국군 및 유엔군의 철수작전

1. 청천강 철수작전

1950년 11월 28일, 도쿄에서 유엔군사령부의 긴급 작전회의가 열렸다. 여기에서 맥아더 원수는 미 제8군사령관 워커 중장에게 중공군의 포위를 벗어나는 데 필요하다면 철수하는 것을 허락하겠다고 했다. 그리고 미 제10군단장에게는 동부전선의 한국군과 미군을 함흥과 흥남 일대로 철수시킬 것을 명령하였다.

이에 워커 중장은 청천강 남쪽에 방어선을 구축하기로 결정하고 전 부대에 철수명령을 하달하였다. 그리하여 미 제8군 예하부대들은 12월 1일에 숙천－순천(평안남도 순천)을 잇는 선에 방어선을 구축하게 되었다.

조금 더 알아볼까요?

우리나라와 터키의 끈끈한 우정에 대해 알아보아요
(6 · 25전쟁과 2002년 한 · 일 월드컵)

1. 6 · 25전쟁과 터키

■ 11월 26일부터 30일에 걸쳐 순천으로 철수할 때까지 터키 여단은 총 병력의 15% 이상, 장비는 70% 이상의 손실을 입었다. 218명이 전사하였고 455명이 부상을 당하였으며, 100여 명이 넘는 실종자(포로)가 발생하였다(군우리 전투에서 터키 여단이 입은 피해).

■ 터키군은 절대 물러서지 않는 것으로 유명했다. 그것은 미군이 보기에 불필요하게까지 보일 정도였다.

■ 전쟁이 끝날 무렵 터키군의 전체 사상자는 총 3,216명이었다. 전사 741명, 부상 2,068명, 실종 163명, 포로 244명이었다. 298명은 비전투 사상자였다.

터키는 6 · 25전쟁 때 유엔 참전국 중 4번째로 많은 병력(14,936명)을 파병하였고, 3,000명이 넘는 사상자가 발생하였습니다. 터키는 우리나라의 자유를 위해 값비싼 희생을 치르면서도 지원을 아끼지 않았던 것입니다.

2. 2002년 한 · 일 월드컵과 터키

6 · 25전쟁 전 · 후의 우리나라는 국민소득을 측정하기도 민망할 수준의 아주 가난한 나라였습니다. 이때 터키는 많은 지원을 아끼지 않았습니다. 우리나라를 '형제의 나라'라고 생각했기 때문이었죠. 이후 우리나라는 '한강의 기적'을 일으키며 빠르게 발전하여 마침내 1988년에는 서울 올림픽을 개최하였습니다.

올림픽이 성황리에 마무리되고 나서 14년 후인 2002년에 한국은 다시 한번 세계적인 축제를 개최하게 됩니다. 바로 '2002 한 · 일 월드컵'이었는데요. 당시 터키는 준결승전에서 브라질에 1:0으로 패하며 우리나라와의 3 · 4위전을 위해 한국으로 입국을 하였습니다.

경기가 시작되기 전 터키의 국가가 먼저 울릴 때였습니다. 터키의 국가가 나오기 시작하자마자 경기장에는 엄청난 환호와 더불어 대형 터키국기가 등장합니다. 또한 모든 한국 관중들이 일어서서 소형 터키국기를 들고 응원을 했지요. 당시 대형 터키국기는 선수단 우측에 등장하게 되어 몇몇 터키선수들이 이를 발견하고 쳐다보게 됩니다. 터키의 대형국기와 한국 관중들 손에 들려 있는 수많은 소형 터키국기를 말입니다. 이 장면은 그대로 전 세계에 중계되었고, 이에 터키의 많은 국민들은 실제로 눈물을 흘리며 우리나라에 대한 고마움을 표하였습니다. 자국에서도 보기 힘든 대형 국기가 혈맹국인 대한민국에서 등장했고, 이 장면을 전 세계 사람들이 보고 있다는 것에 매우 흥분했다고 합니다.

그리고 경기가 종료되자 다시 한번 터키의 대형국기가 등장했고 그 위에는 그보다 작은 태극기가 등장합니다. 자국 국기보다 상대편 국기가 더 큰 것은 전 세계에서 처음이었지요. 그리고 터키와 대한민국 선수들이 서로 손을 잡고 어깨동무를 하며 관중들에게 인사를 하고 양 팀이 서로의 국기를 들고 축하해주며 위로해주었습니다. 사실, 3등과 4등을 가리는 시합에서 이런 훈훈한 모습이 나오기가 쉽지는 않은 것이지요.

이때 당시 터키대표팀의 투가이 선수는 자신의 아들을 그라운드로 데리고 와서 함께 그라운드를 달렸습니다. 이후 투가이 선수는, "나는 지금껏 경험해보지 못한 가장 아름다운 모습을 아이의 눈에 담아주고 싶었습니다."라고 말을 하기도 했지요. 뿐만 아니라 스쿠르 선수는 "나뿐 아니라 터키 모든 선수들이 한국인들에게 깊은 감동을 받았습니다. 이건 절대로 그냥 하는 말이 아닙니다"라고 말했고, 벨로조글루 선수는 "이런 큰 대회의 중요한 경기에서 상대 홈팀의 관중들로부터 응원을 받는 일은 지금까지도 없었고, 앞으로도 없을 것입니다."라는 말을 남겼습니다.

전 세계 외신들은 이날의 경기를 세상에서 가장 아름다운 경기였다고 보도하였고, 특히 터키에서는 무려 한 달 이상 보도되었다고 하네요. 스포츠가 단순한 스포츠를 넘어서 어떠한 하나의 '공동체 네트워크'로서의 역할을 할 수 있다는 것을 단적으로 보여주는 사례라 할 수 있겠습니다.

2002 한 · 일 월드컵 동반 4강
우리나라와 터키 선수들의 모습이다.

2. 군우리 전투, 그리고 평양 철수

한국군과 미군이 청천강 일대에서 중공군과 맞서고 있던 그때, 덕천 지역의 한국군 제7사단 방어지역이 뚫리고 말았다. 이에 터키 여단이 군우리 북쪽에 투입되었다. 터키 여단은 중공군 제38군과 전투를 벌여 1/3의 병력 피해를 입었다. 그러나 이때의 전투는, 청천강 이북에 있는 유엔군의 주력이 철수하는 데 필요한 시간을 벌 수 있도록 해주었다.

한편 미 제8군의 최종 엄호부대로 군우리에 남아 있던 미 제2사단은 군우리－순천 간 연하는 계곡을 통해 철수하던 도중에 중공군 제42군의 집중공격을 받게 되었다. 여기에서 미 제2사단은 참전 이후 최대의 피해를 받았다. 상황이 이렇게 좋지 않게 흘러가자, 미 제8군은 청천강 부근의 방어선을 포기하고 평양 북쪽의 순안－성천을 연하는 선으로 철수하여 평양방어선을 구축하였다. 이 날이 12월 3일이었는데, 중공군의 끈질긴 추격이 계속되는 바람에 다음날인 4일에 평양에서도 철수할 수밖에 없었다. 이에 유엔군사령관은 전장에서의 파국을 면하기 위한 길은 오직 철수밖에 없다는 판단을 내리고, 미 제8군사령관의 건의에 따라 38도 선상까지 철수를 단행하였다.

3. 장진호 전투

미 제1해병사단은 서부전선의 미 제8군과 연결한 후 압록강까지 밀고 나가 전쟁을 끝내겠다는 생각을 갖고 있었다. 그리하여 11월 27일에는 유담리까지 진출하였는데, 여기서 압도적인 수의 중공군의 공격을 받아 미 제1해병사단은 퇴로가 차단되면서 괴멸될 위기에 봉착하였다. 미 제1해병사단은 중공군의 맹렬한 공격, 혹한의 날씨, 험한 지형 등의 악전고투를 거듭하며 12월 초순 겨우 하갈우리까지 철수하는 데 성공하였다. 이때가 돼

서야 마침내 사단 전체가 집결할 수 있었다.

그리고 장진호 동쪽 통로를 따라 북상하던 미 제7사단 31연대가 철수대열에 합류했다. 이때 집결한 병력은 약 1만여 명이었고, 피난민들은 1,500여 명이었다. 이에 미 제1해병사단 스미스(Smith) 소장은 고민하지 않을 수 없었다. 이 병력들과 피난민들, 그리고 1,000여 대의 차량 및 장비를 어떻게 안전하고 신속하게 철수시키느냐의 고민이었다. 모든 장비를 버리고 병력만 수송기로 철수시키는 게 어떻겠느냐는 참모들의 의견이 있었다.

결국 사단은 12월 6일부터 철수작전에 돌입하였고, 이때 스미스 소장은, '미 해병 역사상 그 같은 치욕은 없었다'는 말을 남기기도 하였다.

한편 중공군은 미군이 통과할 계곡의 도로 양쪽 산악에 이미 병력을 배치해놓은 상태였다. 중공군은 이내 협공해왔다. 이때 중공군에 의해 공세를 받았던 이 계곡은, 훗날 '죽음의 계곡'이라 불렸을 정도로 험준한 지형이었다. 이 계곡을 통과하는 것 자체도 버거웠을 텐데 여기에 중공군의 포위망까지 있었으니 당시의 어려움이 가히 짐작되고도 남음이 있다.

결국 2주에 걸친 기간 동안 이들이 중공군의 포위망을 돌파함으로써 끔찍했던 장진호 철수작전이 종료되었다.

중공군이 2주 동안 이 계곡에 전투력을 집

↘ 그림 7-15. **장진호 전투에서 미군이 생포한 중공군 포로**
(출처: 미 국립문서 보관소)

↘ 그림 7-16. **눈밭에서 휴식을 취하고 있는 미군**(1950년 11월)
가장 무서운 적은 중공군이 아닌 혹독한 추위였다(출처: 미 국립문서 보관소).

↘ 그림 7-17. **장진호 일대에서 철수하고 있는 미 제1해병사단 장병들**
(출처: 미 국립문서 보관소)

중함으로써, 함경북도까지 진출해 있던 한국군과 유엔군 부대들은 큰 문제없이 흥남으로 집결할 수 있었다. 그리고 이러한 상황은, 이후에 이어지는 흥남 철수작전을 가능케 해준 원동력으로 작용하였다.

4. 흥남 철수작전

미 제1해병사단의 장진호 철수작전이 마무리되자 미 제10군단장은 미 제3사단과 미 제7사단, 그리고 한국군 제1군단을 함흥 일대에 배치하였다. 당시 미 제10군단은 병력 105,000명, 차량 18,422대, 전투장비 35,000톤을 철수시켜야 했다. 그리하여 순차적이며 안전한 철수작전이 이루어질 수 있게끔 3개의 작전 통제선을 설정해두었다. 이를 위해 미 해군은 125척의 수송선을 지원하였으나 이것만으로는 부족했다.

이러한 상황에서 한국군 제3사단이 가장 먼저 철수하였다. 그 다음으로는 미 제1해병사단의 병력 및 장비를 태운 수송선이 부산으로 출항했다. 물론 이러한 와중에도 공산군의 거센 공격은 계속 이어졌다. 이에 한국군과 유엔군은 교두보 확보를 위해서 항공폭격 및 함포사격 등 가용한 모든 화력을 동원하였다.

↘ 그림 7-18. **철수 후 폭파시킨 흥남 부두를 관측하는 USS begor호**
(출처: 미 국립문서 보관소)

이후 미 제7사단과 미 제10군단사령부가 승선하였다. 그리고 12월 24일 오후 2시가 되자 미 제3사단을 중심으로 한 마지막 부대가 승선을 완료하였다. 특히 흥남 철수작전에서는 남쪽으로 피난을 결심한 민간인 91,000명까지 동행했다. 또한 항공기를 이용해 3,600여 명의 병력과 196대의 차량, 1,300톤의 물자를 수송하기도 하였다. 하지만 200톤의 탄약과 얼어붙어 있던 폭약 400톤, 500발의 포탄, 200여 드럼의 유류는 수송하지 못하고 철수 이후 부두를 폭파할 때 같이 폭파시켰다.

↘ 그림 7-18-1. 흥남 철수작전을 배경으로 한 가요 〈굳세어라 금순아〉(좌), 수많은 피난민을 구조해서 기네스 기록까지 보유하고 있는 메러디스 빅토리아호 모형(우). 해상철수 중에 배에서 태어난 아기도 있었다.

육 · 해 · 공 합동작전으로 전개된 흥남 철수작전이 성공함으로써 한국군과 유엔군은 전력의 상당부분을 보존할 수 있었고, 이는 다음 작전을 수행하는 데 중요한 밑거름이 되었다.

Ⅳ. 중공군의 제3차 공세와 1 · 4후퇴

1. 38도선에서 전선이 형성되다

한국군과 유엔군이 철수작전을 펼침에 따라, 전선은 다시 38도선을 경계로 형성되었다.

중공군사령관인 펑더화이는 12월 17일에 중화–수안지역의 미 제8군을 공격하여 이를 섬멸하고, 38도선을 돌파하겠다는 공격계획을 마오쩌둥에게 보고하였다. 그리고 만약에 38도선 북쪽에 유엔군의 주력을 격멸하지 못하면, 중공군은 38도선을 넘지 않고 1951년에 새로운 공격 작전을 실시하여 유엔군의 주력을 격멸하고자 한다는 점도 분명히 했다. 또한 북한군은 38

↘ 그림 7-19. 리지웨이 제8군사령관

도선 남쪽으로 침투하여 공세에 앞서서 후방 교란과 퇴로 차단 작전을 실시하겠다고 하였다.

한편 유엔군사령관 맥아더 원수는 축자적인 방어를 실시한다는 개념 아래 38도선에서 강력한 방어선을 구축하라는 명령을 하달하였다. 이러한 공격과 방어 계획에 따라 양측은 공격과 축차 방어 준비를 서둘렀다.

한국군과 유엔군이 불안하게나마 점차 방어선의 모습을 갖추어가고 있을 때, 미 제8군사령관 워커 중장이 교통사고로 사망하는 사건이 발생하였다. 이에 그의 후임으로 리지웨이(Ridgway) 중장이 임명되었는데, 리지웨이 중장은 맥아더 원수로부터 미 제8군에 관한 전권을 위임받게 되었다. 이와 같은 미 제8군사령관의 교체와 더불어 유엔군은 작전 현장에서 단일 지휘 체계를 갖추게 되었고, 미 제8군사령관은 자신의 판단에 따라 공격과 방어 및 철수작전을 임의로 수행할 수 있게 되었다. 즉 전열이 재정비된 셈이었다.

조금 더 알아볼까요?

미 제8군사령관 워커 중장의 사망

"아버지는 그날 중공군의 인해전술에 밀려 고전하고 있는 우리 미 제24사단을 독려하고 후퇴작전 중에 큰 전과를 올린 데 대한 부대 표창과 미국 정부가 저에게 수여한 은성무공훈장을 제 가슴에 직접 달아주시려고 짚차로 달려오시다가 의정부와 문산 간의 어느 도로에서 후퇴 중인 한국군 트럭에 부딪혀 현장에서 돌아가시고 말았습니다.

계속되는 추위와 끝없이 밀려오는 중공군의 대공세에 밀려 전 전선이 계속 패주할 수밖에 없는 상황 속에서 모처럼 아군이 큰 승리를 했고 그 승리의 주인공이 아들이라니 얼마나 기뻤겠습니까? 크리스마스 이틀 전인 1951년 12월 23일이었습니다. 나중에 알았지만 며칠 전 맥아더 사령관은 미국 정부에 아버님의 대장 진급을 상신해 놓았더군요. 이렇게 해서 우리 부자간의 한국에서의 첫 만남은 영원히 이루어지지 못하게 되었습니다."

'불독'이라는 별명으로 유명했던 아버지 월튼 H 워커 대장(중장으로 전사, 사후 대장으로 추서)의 우락부락한 모습과는 달리 멋진 미 육군 정장에 네 개의 별이 반짝이는 바나나 모자를 쓴 훤칠하고 잘생긴 아들 S 워커 미 육군 예비역 대장은 알링턴 미 국립묘지의 아버지 무덤에 한참이나 거수경례를 한 뒤 눈물을 글썽이며 인터뷰를 이어갔다.

"이틀 뒤 나는 도쿄의 UN군총사령관 맥아더 원수에게 불려갔습니다.

사령관이 제게 말씀하시더군요.

'워커 대위! 아버님의 전사를 진심으로 애도한다.

월튼 워커 대장은 정말 훌륭한 군인이었다. 그의 죽음은 우리 미군은 물론 미국의 커다란 손실이다. 귀관에게 고 월튼 워커 대장의 유해를 알링턴 국립묘지에 안장하는 임무를 맡긴다.'

저는 격렬하게 반대했습니다.

각하, 그것은 안 됩니다. 저는 일선의 보병 중대장입니다.

그리고 지금 저희 부대는 후퇴 중입니다. 후퇴작전이 얼마나 어렵고 위험하다는 것을 각하는 잘 아십니다. 이 순간에도 제 부하들은 목숨을 건 위험에 노출되어 악전고투하고 있으며 우리 중대에 제가 없으면 안 됩니다.

고 월튼 워커 대장의 유해는 의전부대에 맡기십시오. 저는 전선으로 돌아가겠습니다.'

그때 이미 문을 향해 걸어 나가던 맥아더 사령관이 뒤돌아서더니 조용히 말했습니다.

'이것은 명령이야.' 그리고는 방을 나가 버렸습니다.

그래서 제가 아버님의 유해를 가슴에 안고 이곳 알링턴까지 와서 바로 이 자리에 안장했습니다. 예상했던 것처럼 저는 이미 워싱턴의 육군본부로 발령이 나 있었습니다. 저는 지금 그때 맥아더 장군이 왜 그런 명령을 내렸는지 이해는 합니다. 사랑하는 부하와 그 아들을 한 전선에서 한꺼번에 죽이기가 싫었겠죠.

그러나 결코 그 결정에 찬성하지는 않습니다. 명령이라 어쩔 수 없이 따를 수밖에 없었지만 군인이 부하를 위험한 전장에 남겨놓고 치열하게 전쟁 중인 한국을 떠나 왔다는 생각이 지금도 가슴을 무겁게 합니다."

그는 후에 아버지와 함께 최초의 미군 부자대장(父子大將)이며 미 육군 최연소 대장 진급자가 되었다.

또한 오늘날의 워커힐 호텔은 바로 이런 월튼 H 워커장군을 기리기 위하여 명명되었다는 사실을 아는 사람은 별로 없다.

2. 중공군의 제3차 공세 준비

중공군 현지 사령관 펑더화이는 제1, 2차 공세를 통해 지친 군대를 2~3개월의 정비와 휴식을 통해 재정비한 후 춘계공세를 하려고 계획하였다.

그러나 마오쩌둥의 생각은 달랐다. 마오쩌둥은 제1, 2차 공세의 전과를 확대하고 유엔 연방국 간의 약화된 결속력을 이용해 공격을 계속하여야 한다고 했다. 서부전선을 주공방향으로 유엔군 1~2개 사단을 포위 섬멸하고, 서울을 점령하여 전쟁의 주도권을 장악한 후에 차후작전을 준비하겠다는 생각이었다. 결국, 펑더화이는 마오쩌둥의 지시에 따라 계속 공세를 취하기로 결정하였다.

중공군은 성공적인 제3차 공세를 위해 다음과 같은 준비를 했다.

첫째, 중공군과 북한군을 통합 지휘할 수 있는 연합사령부를 설치하

중공군의 제3차 공세로 인하여 수도 서울을 다시 내주게 되었다.

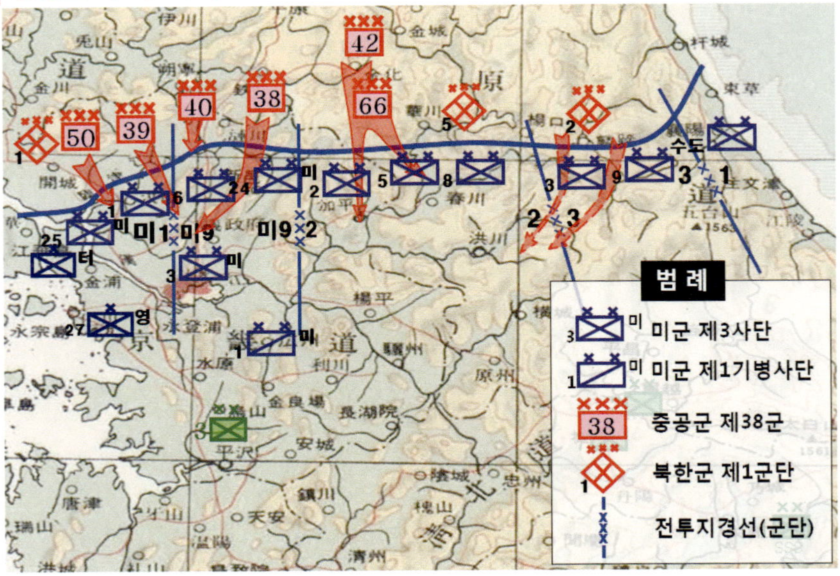

↘ 그림 7-20. 중공군의 제3차 공세

였다. 둘째, 제19병단에 병력을 보충하여 전투에 투입할 준비를 하도록 하였다. 셋째, 원활한 보급을 위해 선로와 도로의 보수를 위한 공병을 증강하였다. 넷째, 북한지역에서 조직적인 현지 조달을 실시하여 3만 톤의 식량을 확보해두었다. 다섯째, 대규모 공세에 대비한 예비 기동과 작전을 실시한다는 것이다. 이처럼 통합 지휘 체계를 갖춘 중공군과 북한군은 제3차 공세를 위한 준비를 마쳐나가고 있었다.

3. 유엔군의 축차 방어

유엔군의 방어 계획은 38도선부터 시작하여 부산에 이르는 공간을 6개의 방어선으로 설정하여 축차적인 지연전을 수행한다는 것이었다. 그와 동시에 공산군에게 최대한의 출혈을 강요한 후에 공세로 전환한다는

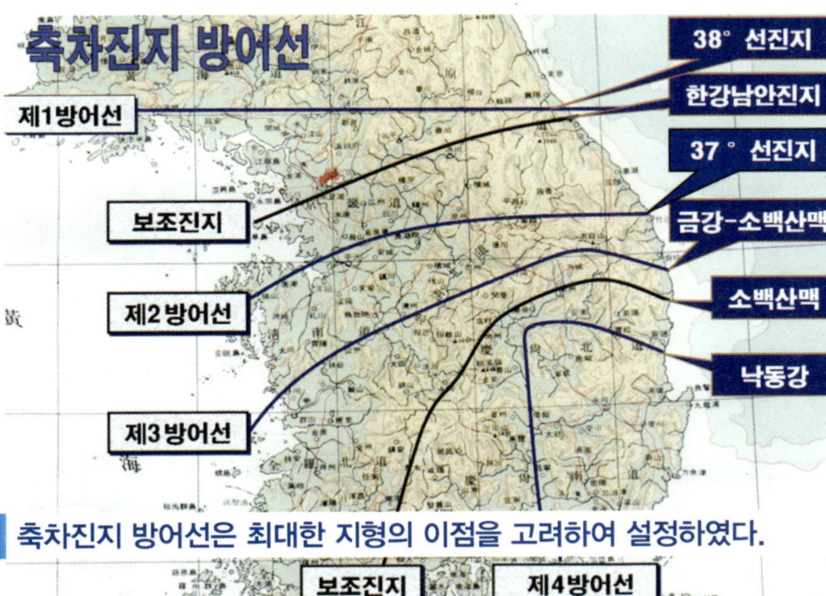

↘ 그림 7-21. 유엔군의 축차진지 방어선(출처: 한국전쟁(中), 국방부군사편위, pp. 289~291)

개념의 계획이었는데, 이 작전에 설정된 6개의 방어선은 다음과 같다.

제1방어선: 임진강 하구에서 동해안의 양양을 잇는 선.

제2방어선: 수원-양평-홍천-주문진을 잇는 선(보조진지).

제3방어선: 평택-안성-원주-삼척을 잇는 선.

제4방어선: 금강과 소백산맥을 잇는 선.

제5방어선: 소백산맥 선(보조진지).

제6방어선: 낙동강 방어선.

또한 여기에 낙동강 방어선과 부산 사이에 마산-동해안, 진해-동해안, 낙동강 하구-동해안을 잇는 3개의 반원형 방어선을 추가로 설정해 놓았다.

4. 중공군의 제3차 공세와 1·4후퇴

중공군은 1950년 12월 31일 오후 5시에 단시간의 공격준비사격을 실시하였다. 그리고 바로 전 전선에서 공격을 개시하였다. 서부전선의 계곡과 능선은 20만 명에 가까운 중공군으로 뒤덮였다. 중공군은 문산 우측의 한국군 제1사단과 동두천의 제6사단을 집중 공격했다.

상대적으로 전력이 약했던 한국군을 먼저 공격한다는 기존의 전술을 수행하는 것이었다. 한국군과 유엔군은 중공군과 북한군에 맞서 고군분투하였지만, 시간이 흐름에 따라 강력해지는 중공군의 인해전술을 당해낼 수 없었다.

결국 다음날인 1월 1일에 전투현장을 시찰하던 리지웨이 중장은 이대로라면 적에게 포위될 위험이 크다는 판단을 내리게 되었다. 게다가 설상가상으로 마침 한강이 얼어버려 장애물로써의 기능이 현저히 떨어져 있는 상태였다. 이 상태에서 중공군의 도하를 막기란 쉽지 않았기 때문에 일단 한강을 건너 후퇴한 후에 성공적인 방어를 해내고, 그 다음에 공격으로의 전환을 모색하고자 했던 것이다. 리지웨이 중장은, 1월 3일 오후에 한강 선에서 평택—안성을 잇는 선으로 철수할 것을 명령하였다.

이 명령에 따라 1월 4일 오전까지 한강 이북의 모든 부대들이 한강에 설치된 임시교량을 이용하여 철수를 시작하였고, 서울로 돌아왔던 국민들 역시 다시 피난길을 떠나야 했다. 이때의 후퇴가 바로 '1 · 4후퇴'이다. 오후 1시경에는 마지막 엄호부대가 철수하면서 임시교량을 폭파시켰고, 텅텅 빈 서울에 들어온 중공군이 서울을 접수했다. 결국 이날 오후 3시경, 서울시청에는 인공기가 걸리게 되었다.

한강에서 철수를 감행한 한국군과 유엔군은, 수원과 오산을 지나 37도선까지 후퇴하여 6일에는 평택—안성을 잇는 선에 방어선을 구축하였다. 그런데 이게 웬일인가. 한국군과 유엔군은 귀신에라도 홀린 기분이었다. 더 이상 중공군이 보이지 않았던 것이다. 왜냐하면 그들의 3차 공세 목표가 바로 '서울을 점령하는 것'이었기 때문이었다. 하지만 여기서 끝이 아니었다. 전열을 가다듬은 북한군이 움직이기 시작했던 것이다.

↘ 그림 7-22. 중공군의 서울점령(1951년 1월 4일)

↘ 그림 7-23. 중공군의 신정공세

5. 북한군의 공세 및 원주쟁탈전

12월 중순, 홍천–원주지역에서는 대규모의 북한군이 태백산맥의 험한 지형을 타고 후방으로 침투해 기존의 유격대와 합류했다. 여기서 말하는 기존의 유격대란, 한국군과 유엔군의 반격작전이 시작되었을 즈음부터 남한지역에 잔존해 있던 북한군 패잔병 무리를 비롯한 북한의 세력을 가리키는 것이다. 이리하여 전방에서는 북한군 2개 군단이, 후방에서는 기존의 유격대 및 일부 북한군이 공격을 가하는 그림이 되었다.

결국 북한군은 비교적 손쉽게 원주–평창과 영월–단양 일대까지 진출하였다. 이러한 상황에서 만약 북한군이 이 여세를 몰아 충주–대전 방향으로 진격한다면, 한국군 및 유엔군의 후방이 차단될 우려가 컸다. 따라서 원주가 중요하게 되었다. 원주를 점령한 북한군 2개 군단은 중공군이 공세를 멈춘 후에도 계속 밀고 내려왔다. 그나마 다행인 것은 중공군이 남진을 중지하였다는 것이었다. 이때 만약 중공군과 북한군이 동시에 남진해왔더라면, 아마 전황은 걷잡을 수 없이 악화되었을 것이다. 아무튼 북한군 단독으로 남진해 옴으로써 그들의 전력은 분명한 한계가 있었다.

게다가 그사이에 전투력을 회복한 미 제2사단이 역습을 감행하였다. 그리고 원주를 둘러싼 치열한 공방전이 전개되었다. 결국 1월 11일에 미 제2사단이 북한군으로부터 원주를 탈환하는 데 성공함으로써 미 제8군은 고무되었고 나아가 차기반격을 위한 계기를 확보할 수 있게 되었다.

6. 중공군 제3차 공세 결과 분석

중공군 제3차 공세는 마오쩌둥의 '서울점령'지침에 따라 작전목표를 서울이라는 지역목표에 두고 있었다. 그 결과 중공군은 서울을 점령할 수는 있었지만, 한국군과 유엔군으로 하여금 대부분의 주력을 보존함으로써 훗날을 기약할 수 있게끔 만들었다. 만약 이때 중공군이 작전목표를 서울점령이 아니라 '한국군 및 유엔군 주력의 격멸'로 세우고 공격을 지속하였다면, 실로 암울한 상황이 도래하였을 것이다. 즉 중공군의 제3차 공세가 이루어지던 이 시기는 6 · 25전쟁 최대의 위기라고 볼 수 있을 정도로 위태로운 시기였다.

리지웨이 중장은 부임하자마자 서울을 내주는 뼈아픈 패배를 겪게 되었다. 하지만 그는 좌절하지 않고 이때의 패배를 교훈삼아 차후작전을 수립하였다. 패배가 오히려 중공군의 전력을 냉철히 평가할 수 있게 한 기회가 된 것이다. 중공군의 공세가 멈춘 후에 펼쳤던 위력수색과 제한된 반격작전 등은 중공군의 능력을 시험해 보기 위한 작전이었다. 그 결과, 중공군의 전력을 어느 정도 분석할 수 있었으며 이것은 훗날 전장의 분위기를 바꾸는 데 큰 영향을 주었다.

V. 휴전 제의와 유엔군의 제1차 반격

1. 중공에 대한 휴전 제의

앞서 살펴본 중공에 대한 맥아더의 보복조치 요구에도 불구하고 영국의 주도하에 중공과의 휴전회담이 적극적으로 추진되었다. 휴전회담을 위해 자유진영이 중공에게 제시한 조건은 다음과 같다.

첫째, 즉시 휴전제의.
둘째, 외국군대는 적당한 시기에 철수.
셋째, 타이완의 장래와 중공의 유엔가입 문제는 토의를 통하여 해결할 것.

하지만 전선에서 유리한 상황에 있었던 중공은 이를 거부하였다(1951년 1월 17일). 휴전협상이 거부되자 미국은 유엔에서 중공을 침략자로 결의할 것을 요구하지만 중공과의 관계를 걱정한 서방국가들(특히 영국)은 유엔 결의를 미루고 중공과 접촉할 방법을 다각도로 모색했다.

이때 전선에서 희소식이 전해져 왔다. 미 제8군의 위력수색 결과 중공군의 전력이 몹시 약화되어 있으며, 유엔군이 즉각 반격할 예정이라는 소식이었다. 소식이 전해진 후 유엔에서는 곧바로 2월 1일 총회를 열어 압도적인 지지로 베이징 정부를 침략자로 의결하였다. 뿐만 아니라 이후 유엔은 한반도에서의 작전목표를 '침략자를 한국에서 축출하는 것'으로 수정하였다.

2. 유엔군, 반격을 준비하다

중공군의 제3차 공세로 인해 37도선까지 후퇴하여 전열을 재정비하고 있던 유엔군은 서울을 다시 빼앗겼다는 패배감에 휩싸여 있었다. 그리고 중공군의 공세가 이어지지 않고 중공군의 모습이 보이지 않자 오히려 불안감과 초조함만 늘어가고 있는 상황이었다. 이에 리지웨이 중장은 떨어진 병사들의 사기를 올리기 위해 노력하였고, 무작정 중공군의 공격을 기다리는 것으로는 병사들의 사기를 올릴 수 없다고 판단하여 전선에서 사라진 중공군을 찾아 나섰다.

리지웨이 중장은 1개 연대 규모의 위력수색으로 중공군의 배치, 규모, 장차 기도 등을 파악하기로 하고 이 임무를 미 제1군단에 맡겼다. 이에 따라 미 제1군단 예하 25사단 27연대가 위력수색부대로 선정되었다. 그래서 이 작전은 제27연대의 부대명칭에서 따와 '울프하운드 작전

(Operation Wolfhound)'이라고 이름 붙여졌다.

제27연대는 1월 15일 아침에 평택-오산을 연결하는 1번 도로를 따라 수원 방향으로 조심스럽게 진격해 나아갔다. 오산에 도착할 때까지는 적을 발견하지 못하였으나, 16일 아침에 수원에 진입하였을 때 600~800여 명으로 추정되는 중공군의 강력한 저항을 받게 되었다. 중공군을 발견한 군단장은 위력수색의 목적을 충분히 달성하였다고 판단하고 1월 16일 오후 2시, 공격부대의 철수를 명령하였다.

3. 유엔군의 제1차 반격

울프하운드 작전에서 중공군이 수원-이천을 연결하는 선 북쪽에 배치되어 있는 것과 화력 및 보급이 매우 열악한 상태에 있다는 사실을 확인한 리지웨이 중장은 곧바로 공격을 하지 않았다. 대신에 울프하운드 작전보다 한 단계 높은 위력수색을 1월 25일부터 실시하기로 하였다. 이때의 위력수색은, 울프하운드 작전보다 더욱 강력하고 신속하게 실시되어야 한다는 의미에서 '선더볼트 작전(Operation Thunderbolt)'으로 명명되었다.

선더볼트 작전은 오산과 여주를 연하는 서부지역에서 한강까지의 구간에 5개의 통제선을 설정하고, 미 제1군단과 제9군단이 각각 1개 사단을 앞세워 통제선을 차근차근 점령해 나간다는 계획이었다. 또한 전차로 증강된 미군 1개 사단과 군단장의 판단에 따라 한국군 1개 연대를 추가로 투입하여 한강까지 수색작전을 펼치기로 하였다.

리지웨이 중장은 유엔군이 공세를 개시하기 전에 자신이 직접 훈련기를 타고 전선을 정찰한 후에 1월 25일 오전 7시 30분에 오산-여주 선을 공격하기 시작하였다. 11월 24일에 있었던 크리스마스 공세 이후 2개월 만의 공격작전이었다. 즉 선더볼트 작전은 중공군이 참전한 이래 계속 후퇴만을 거듭해 오던 한국군과 유엔군이 다시 한번 반격해 나아가는

유엔군은 적극적인 공세를 함으로써 자신감을 갖게 되었다.

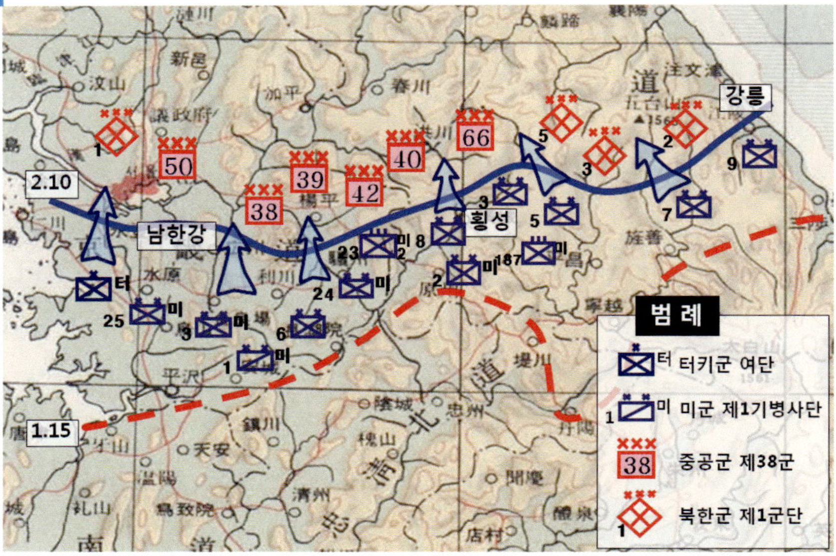

↘ 그림 7-24. 유엔군의 제1차 반격

전환점이 된 것이었다.

적의 저항은 오산, 수원, 이천 등에서는 완강했으나 전반적으로는 예상보다 경미하였다. 그래서 비교적 순조로운 진출을 계속할 수 있었다. 이렇듯 미약한 적의 저항을 확인한 리지웨이 중장은 1월 31일 안양–양평을 연하는 선에 도달한 미 제1군단과 제9군단에게 '주력을 전방에 투입하는 적극적인 공격으로 전환'할 것을 명령하였다.

한편 한국군과 유엔군은 수원–신갈을 지나 한강을 향해 진출하기 위해 극복해야 할 장애물이었던 수리산과 관악산을 치열한 전투 끝에 점령하였다. 2월 10일에는 영등포–노량진 선으로 진출하여 1·4후퇴 후 1개월 만에 서울을 바라볼 수 있었다. 서측의 미 제25사단은 영등포와 인천으로 진출한 후에 계속하여 김포비행장과 김포반도로 진출하였다.

이제 눈앞에 서울을 두고 언제 탈환할 것인가를 결정하는 일만 남게 되었다. 하지만 리지웨이 중장은 서두르지 않았다. 왜냐하면 미약한 전투력을 강북에 배치할 경우에 배후의 한강으로 인해 배수진의 형태가 되어 전황이 불리할 것으로 보았기 때문이다.

이렇듯 선더볼트 작전이 순조롭게 진행됨에 따라, 중공군이 보급에 취약하다는 확실한 약점을 간파하게 되었다. 이에 수도 회복을 위한 공격을 준비해나갔다. 리지웨이 중장은 한강이 가로막고 있기 때문에 공격이 어려운 서부전선으로의 돌파보다는, 중동부 지역의 전선을 북상시키고 홍천 일대에서 중공군의 주력을 섬멸한 후에, 서울을 동쪽 원거리에서부터 포위해가는 전략을 계획하였다. 이렇게만 된다면 서울 탈환에 보다 유리한 상황을 조성할 수 있을 것이라 확신하였다. 곧 리지웨이 중장은 중부지역의 미 제10군단으로 하여금 적극적인 공세를 취하도록 명령하였다.

전투는 며칠 동안 치열하게 벌어졌다. 그 결과 유엔군은 전술적 요충지인 동해안의 항구와 비행장을 손에 넣었고 동해안 도로의 요지인 대관령과 횡계까지 확보하였다.

반면에 북한군은 평창 · 영월―안동까지 침투해 있는 북한군 제2군단과의 연결이 차단됨으로써, 전방지역뿐 아니라 후방지역에서의 활동마저 어렵게 되었다. 이로써 한국군과 유엔군은 자신감을 충전할 수 있었다.

VI. 중공군의 제4차 공세와 유엔군의 제2차 반격

1. 중공군의 제4차 공세

1951년 2월로 접어들면서 중공군이 주력을 가평－홍천 일대로 집결시키고, 원산에서 재편성한 중공군 제9병단을 춘천으로 이동시키며 부대를 재배치하는 것이 관측되었다.

중공군의 재배치는 중부전선에서 유엔군의 주력을 섬멸하려는 펑더화이의 복안에 따라 이루어지고 있었다. 즉 서부전선에서는 한강의 장애물을 이용하여 유엔군의 진격을 막고, 주력을 가평－홍천 일대에 집결시켜 양평－횡성(삼마치 고개) 일대의 유엔군 전선 돌출부에 대한 공세를 결심한 것이었다.

중공군 제13병단은 2월 11일 오후 8시 30분, 9개 사단 병력을 한국군 제8사단과 제3사단이 방어 중인 횡성 북방의 삼마치 고개에 투입하였다. 기습공격을 받은 한국군은 사력을 다해 방어했으나 수적인 열세를 극복하지 못하고 3시간 후인 12일 오전 1시경 후방으로 진출한 중공군에 의해 고립되고 말았다. 게다가 지휘통신마저 두절되었다. 이에 사단의 장병들은 탈출을 위해 소규모 부대로 분산하여 철수하였다. 중공군의 공격 4시간 만에 부대의 건제가 무너진 것이다.

횡성 전투의 대처방안으로 리지웨이 중장은 지평리－원주를 연결하는 새로운 방어선을 설정하고 2월 12일 오후에 원주 일대의 새로운 방어지역을 점령하도록 하였다. 이로써 지평리가 유엔군의 새로운 방어의 중심지역이 되었다.

그러나 중공군도 12일 지평리 남쪽의 곡수리를 차단함으로써 지평리

중공군은 제4차 공세에서 6 · 25전쟁 개입 이래 최초로 패배하였다.

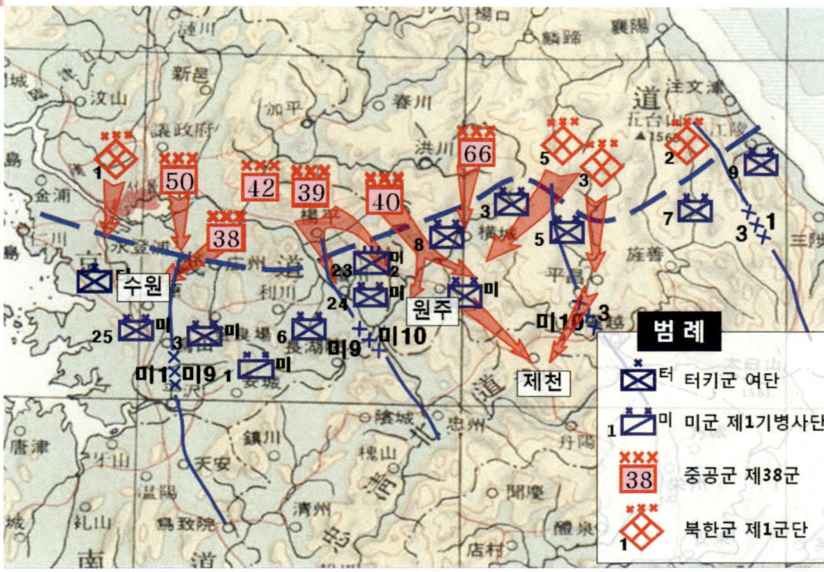

↘ 그림 7-25. 중공군의 제4차 공세

↘ 그림 7-26. 지평리 전경

↘ 그림 7-27. 횡성 전투에서의 중공군

1951년 2월 중순 중공군은 횡성(橫城)에서 반격전을 시작하여 중부전선(電線)의 한국군에 심각한 타격을 입혔다.

를 고립시키고 유엔군의 철수 및 증원에 대비한 강력한 저지선을 구축하였다. 2월 13일의 어둠이 찾아오자 중공군의 공격이 시작되었고, 전투는 15일까지 계속되었다. 결국 유엔군은 악전고투 끝에 가까스로 진지를 사수할 수 있었다.

중공군이 제4차 공세를 감행하기 이전까지 수행했던 3차례의 공세가 모두 기대 이상의 성과를 거두면서 중공군은 자신감에 차 있었다. 그러나 이러한 자신감은 미국을 비롯한 자유진영 국가들의 잠재역량을 과소평가한 마오쩌둥의 오판이었다.

미국의 경우는 한반도 정책을 제외한 전쟁수행의 전권을 유엔군사령관에게 위임하여 맥아더 원수의 의도에 따라 공세작전이 이루어지고 있었다. 반면 중공군의 경우는 베이징에 위치한 마오쩌둥이 거의 전권을 행사하고 있었는데, 정작 마오쩌둥 자신은 현장의 분위기를 제대로 알지 못했다. 즉 전장에 있는 장수가 아니라 궁궐에 있는 임금이 명령을 내리고 있는 것과 같은 상황이었던 것이다.

결과적으로 중공군의 제4차 공세는 중공군이 6·25전쟁에 개입한 이래 최초의 패배로 기록되었고, 반면 한국군과 유엔군에게는 '중공군은 머릿수만 많지 별거 아니다'라는 자신감을 심어주는 계기가 되었다.

2. 유엔군의 제2차 반격

지평리에서의 승리로 자신감을 되찾은 리지웨이 중장은 중공군의 제4차 공세를 불과 1주일 만에 격퇴시키고 작전의 주도권을 다시 장악하였다. 리지웨이 중장은 적에게 새로운 공격을 준비할 시간적 여유를 주지 않으면서 제천–영월지역의 적 주력을 포위섬멸하기 위한 즉각적인 반격작전을 계획하였다. 이것의 명칭은 작전의 목적이 적의 주력을 포위 섬멸하는 데 있다는 것을 강조하기 위해 '킬러 작전(Operation Killer)'으로 명명하였다.

이에 따라 1951년 2월 21일부터 미 제9군단은 원주–횡성 방향으로, 미 제10군단과 한국군 제3군단은 제천–평창 방향으로 각각 공격하기로 하였다. 그러나 이때부터 기온이 급격히 상승하고 때때로 비까지 내려

↘ 그림 7-28. 유엔군의 제2차 반격 경과도

↘ 그림 7-29. 중공군의 대전차 공격

↘ 그림 7-30. 리퍼작전 중 미 제25사단의 한강도하

항공정찰과 근접항공지원이 불가능하게 되었다. 또한 하천은 떠내려 오는 유빙으로 도하가 불가능했고, 도로는 진창길로 바뀌었으며 곳곳에서 산사태가 발생해 터널이 붕괴되는 등 도로 및 철로가 두절되는 사태가 속출하였다. 설상가상으로, 24일에는 전선을 정찰 중이던 제9군단장 무어(Moore) 소장이 헬기 추락으로 사망하는 사고까지 발생하였다.

이러한 애로사항들과 험준한 지형을 이용한 북한군의 거센 저항으로 인해 진격이 지연되긴 하였으나, 결국 3월 6일에 예정된 목표선에 도달하면서 킬러작전은 종료되었다. 킬러작전의 결과로 한국군과 유엔군은 한강－횡성－강릉을 연결하는 선까지 진출할 수 있었다. 이에 따라 이제는 정말로 '언제 서울을 탈환할 것인가'가 가장 큰 관심사가 되었다.

이때 미 제8군사령부는 현재의 전투력으로 서울을 직접 공격하는 것은 위험요소가 많다고 판단하였다. 그리하여 현 전선의 중앙지역(횡성)으로부터 홍천－가평 및 춘천 방향으로 대규모의 돌파구를 형성하여 서부의 중공군과 동부의 북한군을 분리시킨 후에 서울을 남쪽과 동쪽에서 양익 · 포위한다는 전략을 세웠다. 작전명은 '절단작전(Operation Ripper)'이었다. 작전이 시작되기 전에 리지웨이(Ridgway) 중장은 유엔군이 우세한 포병, 전차 그리고 공군의 화력으로 먼저 집중포격을 가하도록 하였다. 공격은 그 다음에 개시되었다.

미 제8군은 절단작전에서 중부에 있는 미 제9군단이 주축을 이루어 서울 동쪽의 덕소–가평–춘천북방–한계를 연하는 목표선까지 진출하도록 하였다. 이 계획이 성공한다면 적을 양단함은 물론이요, 동측으로부터 서서히 수도권 지역에 대해 압박을 가할 수 있었다.

이후 5일간 미 제8군은 비축물자를 확보하였고 지형이 험준하여 진출이 지연되었던 미 제9, 10군단의 일부 부대들도 진출을 시켰다. 그런 다음 한국군과 함께 3월 15일에 서울을 재탈환하는 데 성공하였다.

VII. 유엔군의 38도선 재돌파와 중공군의 제5차 공세

1. 유엔군의 38도선 재돌파

서울을 재탈환한 한국군과 유엔군에게 주어진 다음 문제는 38도선의 재돌파 여부였다. 미국 정부는 이 문제를 미 제8군사령관인 리지웨이 중장에게 일임하였다. 그러나 이때의 38도선 재돌파는 1950년 10월에 있었던 북진작전의 경우처럼 대규모의 북진작전을 의미하는 것은 아니었다. 어디까지나 전술적 차원에서 유리한 방어선을 확보함과 동시에 차후 휴전에 대비하여 38도선 북방

↘ 그림 7-31. 제187공정연대의 강하

에 진출했다는 전쟁의 명분을 얻기 위함이었다. 이에 따라 미 제8군사령관은 38도선 확보를 위해 38도선 북쪽의 임진강－연천－화천 저수지－양양으로 이어지는 '캔사스선(Kansas Line)'을 방어지역으로 선정하였다.

캔사스선을 확보한 한국군과 유엔군은 중공군이 집결하여 공세를 준비 중인 평강－철원－김화를 연결하는 삼각지대(철의 삼각지)를 공략할 필요가 있었다. 철의 삼각지를 확보하기 위한 공격작전은 도처에서 적의 강력한 저항을 받아 공격이 저지되었다. 이에 따라 미 제8군사령관이 각 부대에 '적의 대공세에 대비하여 방어로 전환할 것'을 명령함으로써 한국군과 유엔군은 철의 삼각지를 눈앞에 두고 공격을 멈추었다.

2. 다시 불거진 휴전 방안 모색

당시 유엔이 한반도에 통일정부를 건설할 의지가 있었다면 아마 패주하는 적을 추격하여 압록강까지 올라갔을 것이다. 왜냐하면 당시 유엔 지상군이 보유하고 있던 최신식 무기의 막강한 화력을 비롯한 해 · 공군의 우세는 이를 뒷받침해주는 내용이다. 그런데 왜 계속하여 진격하지 않았을까? 철의 삼각지를 비롯한 여러 전선에서 중공군과 북한군의 저항이 막강하였기 때문이었을까? 물론 이 말도 대답이 될 수는 있겠다. 하지만 이것만이 전부는 아니었다. 분명히 다른 이유가 있었다.

유엔군은 대한민국 정부와 국민들의 간절한 북진의지를 애써 무시하면서 좀처럼 캔사스선을 넘으려 하지 않았다. 왜냐하면 유엔군의 입장에서 보았을 때, 설령 압록강까지 진격한다 하더라도 그것이 전쟁의 끝이 아니라 오히려 그때부터 더욱 거세어진 중공군의 저항에 부딪힐 거라 예상했기 때문이었다. 즉 전쟁이 언제 끝날지도 모를 정도로 길어질 거라 본 것이었다. 그리고 또 하나의 중요한 이유가 있었다. 이 전쟁에서 미국이 장기전으로 휘말림으로써 힘을 낭비하게 하는 것은, 그 누구보다도 소련이 가장 바라고 있는 것이었다. 이것은 결국 냉전체제하에서 세력의 불균형을 초래할 수 있는 중대한 문제였다.

↘ 그림 7-32. 임무수행 후 임진강을 건
복귀하는 M4A3셔먼 전차 행군모

결국 이런저런 이유로 이번 전쟁을 휴전으로 일단락시키자는 의견이 다시 고개를 들게 되었다. 이에 유엔군 측에서는 적이 휴전회담에 응하도록 하기 위해서는 적당한 수준의 군사적 압력이 필요하다고 판단하였다. 아울러 현 접촉선이 휴전선이 되었을 경우에 대비하여 차후 방어에 유리한 감제고지(瞰制高地)[5]를 확보한 후 방어진지를 구축해놓았다. 모든 준비는 끝난 것이었다. 이제부터의 작전은 군사적인 작전보다는 정치적 논리에 의해 휴전을 이끌어내기 위한 작전이 전개될 것이 너무도 자명하였다. 이와 같이 수정된 작전의 모습은, 이후 바로 이어진 유엔군의 북진한계선 설정에서 확인할 수 있었다.

3. 유엔군의 북진한계선 설정

앞의 설명에서 유엔군의 북진한계선 설정이 궁극적으로 휴전을 이끌어내기 위한 차원에서 세워진 작전의 결과라고 설명하였다. 하지만 꼭 이것만이 유일한 이유는 아니었다. 즉 어떤 타당한 이유가 있었을 것이라는 말이다. 과연 그 이유는 무엇이었을까?

캔사스선까지 확보하고 있는 상태에서의 가장 큰 문제는 '이제 또 어

5. 적의 활동을 살피기에 적합하도록 주변이 두루 내려다보이는 고지.

는 선을 확보해야 할 것인가'였을 것이다. 그 선은 한국방위에 가장 적합하고 행정적으로도 편리해야 하며, 그리고 무엇보다도 장차 한국군 단독으로도 방위할 수 있는 선이어야 했다.

결국 확보해야 하는 선은 '군사적인 관점, 행정적인 관점, 독립적인 관점'에서 모두 적합해야 했던 것이다. 만약 이 조건들을 모두 충족시키지 못한다면 공산군은 또다시 공격해올 것이 분명하며, 그렇게 되면 궁극적으로 공산군 측을 회담장의 테이블로 끌어들일 수 없게 되는 것이었다.

4. 전선 사령관 교체

1951년 4월 11일 정오. 일본의 라디오 방송에서는 트루먼 대통령이 맥아더 원수를 해임시켰다는 내용의 음성이 흘러나오고 있었다. 전장의 최고 지휘관과 군 통수권자인 대통령의 의견충돌이 전선 사령관 교체라는 결과로 나타난 것이었다.

맥아더 원수와 트루먼 대통령의 갈등은 중공군이 개입하면서부터 시작되었다. 특히 1951년 3월에 접어들면서부터 한국군과 유엔군이 자신감을 회복하고 38도선을 향해 순조로운 진출을 계속하면서부터 확대되었다. 당시 논쟁의 핵심은 '38도선을 회복한 후의 전략방침을 어떻게 세울 것인가' 즉 '대한민국의 범위를 어디까지로 할 것인가'에 따른 인식 차이의 문제였다.

↘ 그림 7-33. 밴 플리트 장군

대한민국의 범위를 38도선 이남으로 보고 있었던 트루먼 대통령은 종전을 위한 전략을 추구하려 하였지만, 대한민국을 한반도 전역으로 보고 있었던 맥아더 원수는 북진 전략을 추구하였던 것이다. 이러한 의견의 갈등으로 인해 맥아더 원수는 유엔군사령관 자리에서 해임되고 후임으로 미 제8군사령관 리지웨이 중장이 임명되었다. 또한 새로운 미 제8군사령관에는 밴 플리트(Van Fleet) 중장이 임명되었다.

새로 부임한 유엔군사령관과 미 제8군사령관의 최대 관심사는 소련의 개입 가능성이었다. 당시 파악된 정보에 의하면 소련은 중공과 북한에 대해 군사 고문단과 장비 및 물자 지원을 통해서 간접개입하고 있다는 것이었다. 그러나 소련은 중공군의 제5차 공세가 시작된 1951년 4월 말까지 북한이나 중공을 적극적으로 돕지 않았는데, 당시 소련이 전쟁에 적극적인 개입을 망설였던 이유로는 세 가지를 들 수 있다.

첫째, 중공이 전쟁에서 승리하여 아시아에서 주도권을 장악하는 것은 공산권 세계의 종주국을 자처하던 소련에게 달가운 일이 아니었다.

둘째, 제2차 세계대전의 피해로 인해 소련의 국력이 허용하지 않았을 가능성도 있다.

셋째, 당시 소련의 기술수준으로 제작된 무기는 미국의 무기를 당해낼 수 없었다.

위와 같이, 소련의 확대개입 가능성이 낮아짐에 따라 유엔군사령부와 미 제8군은 그동안 비교적 용이하게 작전을 구사할 수 있었다.

5. 중공군의 제5차 공세(4월 공세)

1951년 4월 중순 한국군과 유엔군의 주력부대들이 38도선 북쪽의 캔사스선까지 진출하였다. 이때 자유진영에서는 캔사스선을 미래의 휴전

↘ 그림 7-34. 제5차 공세를 준비하는 펑더화이

↘ 그림 7-35. 제5차 공세를 위한 부대이동

선으로 구상하고 한반도의 전쟁을 평화회담으로 마무리 짓는 방안을 모색하였다. 반면 공산군은 전략적 요충지인 철의 삼각지대에 대규모 병력과 보급품을 집결하여 공세를 준비하고 있었다.

4월 22일. 어둠이 깔리자 공산군은 한국군과 유엔군의 전 전선에 걸쳐서 강력한 공격준비사격을 시작으로 공세를 취하였다. 바로 중공군이 '5

↘ 그림 7-36. 임진강을 도하하는 중공군

↘ 그림 7-37. 가평전투에서 미군을 공격하는 중공군
1951년 4월 하순 제5차 공세기간에 중공군은 가평(加平)에서 미군에게 공격을 시작하였다.

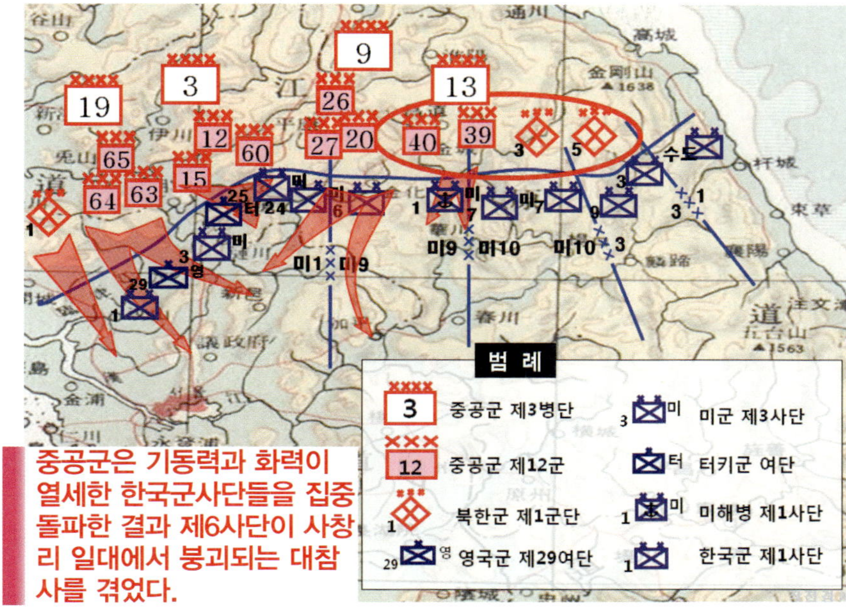

↘ 그림 7-38. 중공군의 제5차(4월) 공세

차 전역 제1계단 공세'라고 말하는 제5차 공세(4월 공세)를 시작한 것이다. 공산군은 이번 작전에서도 기동력과 화력이 열세한 한국군 사단들을 먼저 돌파하여 후방으로 진출한 후에 유엔군의 병참선을 차단하려 하였다.

공산군의 이와 같은 공격으로 서부지역에서는 한국군 제1사단이 파평산 일대에서, 영국군 제29여단이 설마리 일대에서 최대의 혈전을 펼쳤다. 또한 중부지역에서는 한국군 제6사단이 사창리 일대에서 붕괴되는 대참사를 겪었다.

중공군의 입장에서 제5차 공세는 2개월간의 공세준비 기간을 거쳤으므로 승리를 확신하고 감행했던 공세였다. 그러나 뚜껑을 열어보니 상황은 여의치 않았다. 그들의 공세는 한국군과 유엔군의 강력한 저항과 함께 항공폭격 및 포병화력으로 막대한 인명피해를 입고 저지되었다. 뿐만 아니라 8만 명이 사살되고 5만여 명이 부상당하는 등 심각한 인원손실을 입어야 했다.

4월 26일. 펑더화이는 제5차 공세의 실패를 자인했다. 마오쩌둥에게 보고하고 4월 29일부터는 방어로 전환함으로써 불과 8일 만에 제5차공세의 막을 내렸다. 이어서 펑더화이는 제5차 공세의 실패를 조기에 만회하기 위해 차후 공세를 준비하는 한편 제5차 공세의 실패에 대하여 다음과 같이 분석하였다.

첫째, 공세를 위한 준비가 불충분하였다.

둘째, 적군의 배치가 상호 밀집되어 틈새가 없었다.

셋째, 적이 종전과는 달리 강력히 저항하였다.

넷째, 아군이 깊숙이 진출할 경우 후방지역에 적의 상륙기도가 우려되었다.

펑더화이의 분석 중 특이한 점은, 중공군이 상륙작전을 두려워했다는 점이다. 그러나 실제로 유엔군이 상륙작전을 계획하고 있지 않았다는 점에서 맥아더 원수의 인천상륙작전 성공이 얼마나 큰 영향을 미쳤는지 확인할 수 있는 대목이라 할 수 있겠다.

Ⅷ. 중공군의 제6차 공세[6]와 유엔군의 제3차 반격

1. 중공군의 제6차 공세(5월 공세)

이제까지 중공군은 한 차례 공세가 끝난 후면 반드시 다음 공세까지

6. 최용호 · 최용성, 『6 · 25전쟁의 이해』, 2008, pp. 370~371.
중공 측 기록에는 4월 공세를 '제5차 전역 1계단 공세'로 표기하고 5월 공세를 '제5차 전역 2계단 공세'로 표기하고 있다. 본서에서는 독자들의 이해를 돕기 위해 '제5차 전역 2계단 공세'를 제6차 공세(5월 공세)라고 하였다.

↘ 그림 7-39. 중공군의 제6차(5월) 공세

약 2~3개월에 걸친 준비기간을 가져왔다. 그리하여 한국군과 유엔군은 중공군의 다음 공세를 6~7월로 예상하고 있었다.

그러나 항공정찰과 포로들의 진술을 종합해 본 결과(제5차 공세의 대실패에 따른 극심한 피해에도 불구하고) 전선지역에 중공군 54만여 명, 북한군 20만여 명이 배치되어 있었으며 만주에도 그들의 지원군 75만 명이 대기하고 있었다.

이와 같은 정황으로 미루어 보았을 때, 공산군은 추가보급만 이루어진다면 언제든지 대규모 공세를 취할 수 있는 능력을 가지고 있었던 것이다. 이때 미 제8군사령관 밴 플리트 중장은 적이 공세를 감행할 경우 현 방어선에서 철수한다면 적의 사기를 올려주어 차후 휴전협상을 이끌어 가는 데 많은 지장이 따를 것으로 판단하였다. 이에 따라 현 방어선을 주저항선으로 설정하여 더 이상 후퇴하는 것 없이 적의 공세를 저지하기

↘ 그림 7-40. 산에서 항공기를 피해 은폐하면서 휴식
눈밭에서 노숙하고 있다. 고양된 사기에 의존해
장병들은 평상시 참기 어려운 고난과 시련을 극복하였다.

↘ 그림 7-41. 중공군의 야간공격
운동전(運動戰) 기간에 중공군은 주로
야간을 이용하여 진격하였다.

↘ 그림 7-42. 중공군의 박격포 사격
중공군 박격포병은 유동작전 시 간단한 사격(포 다리를
달지 않고 포신을 몸에 감싸 안음)으로 생각지 못했던
곳에서 발사한 후 즉시 위치를 이동하였다.

↘ 그림 7-43. 감자로 배를 채우는 중공군
중공군의 참전초기 몇 달 내 적기의 항공차단으로
후방근무의 보급이 매우 어려움을 겪게 되어
부대는 매일 밥을 먹지 못했다.

로 결심하고 만반의 준비를 하였다.

한편 4월 말 중공군의 펑더화이는 제5차 공세의 실패를 만회하고 작전의 주도권을 다시 장악하기 위해 '5차 전역 제2계단 공세(제6차 공세/5월 공세)'를 계획하였다.

중공군은 이미 수차례 공세의 경험을 통해 병력이 우세하더라도 화력이 열세하면 승리할 수 없다는 교훈을 얻었다. 그러므로 서울점령이라는 정치적 목적보다는 중 · 동부 산악 지역에서 한국군 사단들을 격멸한 후에 고립된 미군을 섬멸할 수 있는 기회를 마련하려 하였다. 즉 6차 공세의 작전목표는 '적 부대 격멸'이었다. 그리고 주공의 위치는 중서부에서 중동부로 바뀌었다.

6차 공세에서 중공군의 작전은 '3중 양익 포위작전'이라 간단히 말할 수 있는데 그 내용은 무엇이었는지 자세히 알아보도록 하겠다.

첫 번째 포위망은 서측에서 중공군 제20군이 한국군 제7사단이 있는 오마치 고개 방향으로 공격을 감행하여 오마치 일대를 차단하는 것이었다. 동시에 동측에서도 북한군 제5군단이 한국군 제3사단을 돌파하여 오마치 방향으로 진출하여 서측과 연결함으로써 현리 일대의 한국군 제7 · 3 · 9사단을 포위 섬멸한다는 것이다.

두 번째 포위망은 서측에서 중공군 제27군이 신남 일대의 한국군 제5 · 7사단을 돌파하여 침교 일대를 차단하는 것이었다. 그리고 동측에서는 북한군 제2군단이 설악산 일대의 한국군 제3 · 1군단을 돌파하여 계방산 · 장촌 · 장진평 일대 요지를 점령한 후 서측과 연결함으로써 남으로 철수하는 한국군 부대들을 포위 섬멸한다는 계획이었다.

세 번째 포위망은 서측에서 중공군 제12군이 자은리 일대의 한국군 제5사단을 돌파하여 속사리 방향으로 공격하는 것이다. 또한 동측에서는 북한군 제2군단의 1개 사단이 신속히 속사리 방향으로 진출하여 중공군 제12군단과 연결한 후 역시 남으로 철수하는 한국군 부대들을 포위·섬멸한다는 계획이었다. 이뿐만이 아니었다. 중공군은 동해안 일대의 한국군 제1군단을 격멸한다는 작전을 계획하기도 하였다.

이러한 작전을 기반으로 하는 중공군의 제6차 공세는 5월 16일 오후 6시경, 한국군 제7사단 지역에서부터 시작되었다. 서쪽에서는 한국군의 강력한 저항이 있었지만 중공군은 첫 번째와 두 번째 포위망을 구축하는 데 성공하였다. 이때까지만 해도 제6차 공세는 계획대로 잘 진행되는 듯했다.

그러나 세 번째 포위부대인 중공군 제12군이 공격한 자은리 일대에서 미 제2사단의 강력한 저항을 받아 진출이 저지되었다(벙커힐 전투). 중공군은 자은리 일대에 한국군 제5사단이 포진하고 있을 것이라 판단하였던 것이고, 이것은 제6차 공세에서 결정적인 오판이 되었다. 이 전투로 인해 중공군의 3중 포위망은 완성되지 못하였고, 앞서 완성된 2개 포위망만이(그것도 부분적으로) 구축되었다.[7]

한편 동쪽에서는 북한군 제5군단이 한국군 제3사단을 돌파하기 위한 공격을 하고 있었다. 당시 한국군 제3사단은 가리봉 일대의 험준한 지형을 적절히 활용하며 정상적인 방어편성을 유지하고 있었으나 한국군 제3사단장은 오마치 고개[8]가 중공군에 의해 차단되었다는 소식을 듣고 퇴로차단을 우려하여 철수를 명령했다.

이때 북한군은 가리봉과 윤리산에 진출했지만 험준한 산악지대를 극복하지 못하여 서쪽의 중공군 제20군과 연결에 실패함으로써 방대산 후방의 산악통로를 차단하지 못하였다. 또한 동측의 두 번째와 세 번째 포

7. 정명복, 「6·25전쟁기 중공군 5월 공세에 관한 연구」, 박사학위 논문, 2009, pp. 165~166.
8. 말 다섯 마리가 겨우 지날 정도의 고개라 해서 이러한 이름이 붙여졌다. 현재 강원도 인제군 상남면의 31번 국도에 있다.

위망을 구축하려는 북한군 제2군단의 공격도 한계령과 설악산의 험준한 지형과 눈이 쌓인 날씨로 인해 좌절되었다. 결국, 동측 포위망 구축을 노렸던 북한군 포위부대들의 진출 실패로 인해 후속부대인 북한군 제3군단마저 후방진출에 실패하고 말았다.

그러나 한국군도 중공군 본대의 침투에 적잖이 당황하였다. 여기에다 적의 규모에 대한 오판이 겹치면서 부대에 대한 통제가 걷잡을 수 없이 무너지면서, 결국 한국군 제3군단(제3사단/9사단)은 무질서하게 방대산을 넘어 철수하기 시작하였다. 이러한 와중에 최종적으로 수습된 병력은 40% 정도였으며 장비는 30% 정도였다. 만약 공산군들이 세운 최초의 계획대로 포위망이 완성되었더라면, 그 결과는 더욱 참담하였을 것으로 생각되는 대목이다.

5월 19일이 되자 중공군은 고질적인 보급제한[9]으로 인하여 공격기세가 현저히 둔화되었다.

이에 따라 미 제3사단은 중공군의 주력이 집결된 운두령 일대를 공격하기로 하였다. 치열한 전투 끝에 미 제3사단이 5월 22일에 운두령을 점령함으로써, 속사리 일대에 진출한 중공군의 퇴로를 차단하는 데 성공을 거두었다. 이로써 중공군은 한국군이 그랬던 것처럼 퇴로가 차단되어 무기력하게 무너지게

↘ 그림 7-44. **북쪽으로 가는 군인, 남쪽으로 가는 피난민**(출처: 미 국립문서 보관소)

9. 정명복, 「중공군 5차 전역 2단계 작전간 피 · 아 작전지도에 관한 고찰」, 『군사(제67호)』, 국방부 군사편찬연구소, 2008, pp. 289~290.

되었다.

2. 유엔군의 제3차 반격

리지웨이 유엔군사령관은 유엔군이 운두령에서의 승리로 중공군을 위기에 몰아넣자 즉시 반격으로의 전환을 명령하였다. 이에 따라 한국군과 유엔군은 5월 20일에 중서부지역에서 반격을 시작하였다. 그리고 25일이 되면서 서부에서는 임진강까지, 중동부에서는 춘천에 도달하였다.

한편 동쪽에서는 미 제10군단의 알몬드 소장이 후퇴할 징후를 보이는 중공군의 후방을 차단하고 이들을 지대 내에서 포위 · 격멸하기 위하여 신속한 반격을 감행하였다.

이 작전은 신속한 전차의 기동과 충격적인 돌파에 의하여 완수되었

유엔군 제3차 반격작전의 개념은 중공군 공세로 빼앗긴 지역의 측방을 타격하여 중공군의 퇴로를 차단하고 치명적인 타격을 주는 것이다.

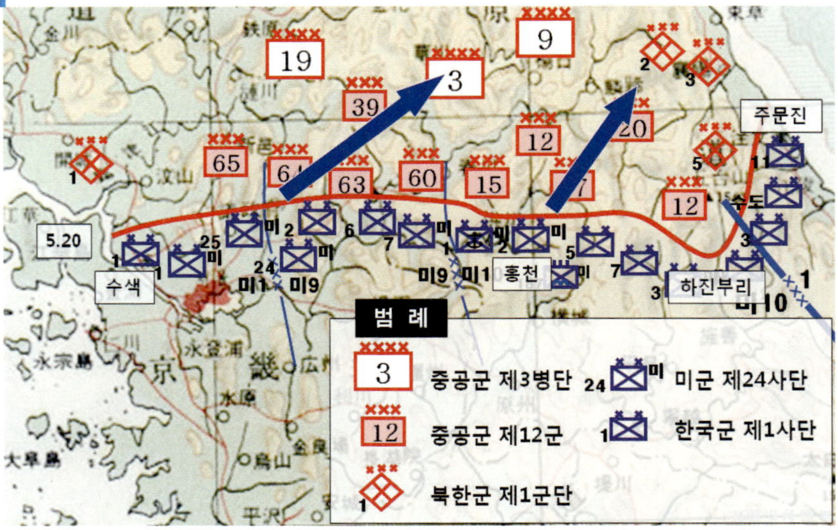

↘ 그림 7-45. 유엔군의 제3차 반격

고, 결국 유엔군의 제3차 반격은 대성공을 거두게 되었다.

중공군은 자신들의 제6차 공세와 유엔군의 제3차 반격 기간 동안에 6·25전쟁 참전 이후 가장 큰 피해를 입고 처참한 패배를 경험하게 되었다. 반면 유엔군은 제3차 반격작전으로 인하여 한국전쟁의 휴전선으로 구상하고 있었던 캔사스선을 확실하게 다시 확보할 수 있었다.

뿐만 아니라, 한층 더 강력해진 '말뚝을 박는다'는 뜻의 '파일 드라이버(Operation Piledriver)'작전을 구사하여 애초 캔사스선의 전초선으로 선정했었던 '와이오밍선(캔사스선 북방의 10~20km를 연하는 선)'까지 확보하는 성과를 거두었다.

이와 같이 제3차 반격작전에 의해 전술적 목표선에 도달한 유엔군은 이전보다는 한껏 여유를 가지고 중공군의 반응을 기다리게 되었다.

제 8 장

전선교착과 휴전협정

Ⅰ. 협상을 위한 인식의 변화와 예비회담

Ⅱ. 쉽지 않은 협상, 그리고 군사분계선

Ⅲ. 포로송환 협상과 백마고지 전투

Ⅳ. 중공군의 최후공세

Ⅴ. 휴전협정이 조인되다

제8장

전선교착과 휴전협정

I. 협상을 위한 인식의 변화와 예비회담

1. 협상 이전의 각국 상황

1951년 전반기부터 미 행정부는 '적절한 휴전협상하에 전쟁을 종결하고 전쟁 이전의 상태로 복귀한다'는 새로운 정책을 모색하였다. 그러나 한국 정부와 국민의 통일의지는 변함이 없었으며 휴전을 반대하는 목소리는 점점 높아만 갔다.

당시, 자유진영에서 무엇보다도 두려워했던 적은 소련이었다. 소련의 전쟁 개입 위험성은 자유진영에게 큰 부담이었다. 때문에 미국은 소련이 한국전에 개입할 경우 발생하게 될지도 모르는 제3차 세계대전의 위험을 무릅쓰면서까지 한반도에 통일 정부를 세울 이유가 없었던 것이다.

그래서 미국은 38도선을 회복하자마자 새로운 극동정책을 발표한다. 새 정책의 핵심은 한반도 문제를 당면목표와 최종목표로 구분하였다. 당면목표인 전쟁의 해결은 전쟁 이전의 상태로 회귀해 휴전으로 해결하고, 최종목표인 통일국가 수립은 유엔 기구를 통해 계속 추구한다는 것이었다.

중공은 6·25전쟁에 참전한 이후 총 6차례에 걸쳐 엄청난 병력을 투입해 공세를 펼쳤지만, 유엔군을 한반도에서 축출해낸다는 당초의 목표를 달성하기 힘들어졌다는 것을 인식하게 되었다. 뿐만 아니라 계속된 전쟁에서의 엄청난 인명피해는 자신들의 경제건설에 투입되어야 할 자원을 낭비하고 있는 것이었다. 결국 한계를 인정한 마오쩌둥은 이제까지 취했던 대규모 공세 방식을 지양하고 38도선 인근에서 소규모 공세로 전환하도록 지시하였다. 이제 중공군이 선택할 수 있는 방책은 유엔군이 원하고 있는 휴전회담에 응하는 수밖에 없었다.

사실, 휴전을 가장 절실히 원하고 있는 사람은 김일성이었다. 전쟁이 장기화되면서 북한의 피해는 견딜 수 없는 수준에 도달하였다. 특히 밤낮없이 계속되는 유엔군의 공습으로 인해 한계상황에 도달하였다. 소련의 경우는 전쟁을 통해 미국과 중공의 대결이 심화되고 적당히 지치는 것을 바랬지만, 휴전을 계속 미룰 경우 북한지역을 완전히 상실할 가능성이 있었다.

2. 예비회담

1951년 5월 31일과 6월 5일에 미국은 두 차례에 걸친 막후접촉을 통해 소련과 휴전회담 개최문제에 대해 의견을 나누었다. 그 결과 6월 27일에 소련이 미국의 제의를 받아들여 휴전회담에 임할 뜻을 보여왔고, 이에 미국도 정식으로 의사를 통보하고 리지웨이 중장에게 예비교섭을 지시하였다.

이에 리지웨이 중장은 밴 플리트 중장에게 현 전선에서 정지하라는 긴급명령을 하달하였다. 이어서 6월 30일에는 라디오 방송을 통해 공산군 측에게 회담 일시와 회담 장소에 대해 제안을 하였다. 그리고 공산 측

↘ 그림 8-1. **휴전회담 UN군 수석대표**
개성 휴전회담에 참가한 UN군 수석대표 미국 극동 해군사령부 조이 중장이 봉장(鳳庄)에 도착하였다. 차량에 꽂힌 백기는 규정을 식별하기 위한 표지다.

↘ 그림 8-2. **개성에 위치한 휴전 회담장**
(출처: 전쟁기념관)

도 북경방송을 통해 이에 응답했고, 몇 차례 의견이 오고간 뒤에 휴전회담의 예비회담을 7월 8일 개성에서 개최하기로 결정하였다.

예비회담에서는 대표명단의 교환, 정식회담의 개최, 상호 안전에 관한 사항 등이 논의되었고, 회담의 결과 본 회담은 7월 10일 오전 11시에 개성에서 열기로 합의하였다.

II. 쉽지 않은 협상, 그리고 군사분계선

1. 협상에 임하는 각국의 자세

7월 10일 아침, 드디어 휴전협상 제1차 본회담이 시작되었다. 그러나 양측은 의자의 높이와 탁자 위에 놓는 국기 크기에서부터 신경전을 벌이기 시작하였다. 그리고 쌍방은 협상에 임하는 자세에서 큰 차이를 보였다.

유엔군 측은 협상의제 채택, 군사분계선 설정, 휴전 감시 방법 및 그 기구의 설치, 그리고 전쟁포로에 관한 문제 등 휴전에 선행되어야 할 군사적인 문제만을 협상을 통해 해결할 것을 주장하였다. 이에 반해 공산군 측은 쌍방이 적대행위를 즉각 중지하고 38도선을 군사분계선으로 설정하는 문제와 한반도로부터 외국군의 철수문제가 우선적으로 토의되어야 한다는 정치적 주장을 앞세웠다.

결국 7월 26일이 되서야 토의 의제[1]가 결정되는 등, 회담은 매우 더디게 진행되었다. 그리고 의제가 결정된 뒤에도 군사분계선 설정 문제를 두고 유엔군 측의 새로운 군사분계선 설정 주장과 공산군 측의 38도선 주장이 팽팽히 맞섰다.

그로부터 약 한 달여가 지난 8월 23일, 결국 공산군 측이 일방적으로 회담불참을 선언함으로써 회담의 전망은 점점 어두워져 갔다.

2. 군사분계선을 설정하다

공산군 측이 회담불참을 선언하자 유엔군은 다시 군사적 압력을 가해 공산군 측을 회담장으로 불러낸다는 방침을 수립했다. 이에 따라 양구 지역의 피의 능선[2]과 단장의 능선[3], 백석산 등에서 공세를 취하여 점령하기도 하였다.

이렇게 휴전회담이 중단된 채로 10월이 되었다. 이 기간 중 한국군과 유엔군은 전선의 요충지를 하나하나 점령해 나갔다. 그리고 이와 같은

---

1. 제1항: 협상 의제 채택, 제2항: 군사분계선의 설정, 제3항: 휴전 감시 방법 및 그 기구의 설치, 제4항: 포로 교환에 관한 협정, 제5항: 쌍방의 당사국 정부에 대한 건의였다.
2. 말 그대로 온 산이 피로 물들었다, 즉 '피로 얼룩진 능선'이란 뜻에서 붙여진 이름이다. 이곳에서의 싸움이 그만큼 처참했다는 것을 알 수 있는 대목이다.
3. 단장(斷腸)이란 창자가 끊어진다는 뜻으로, 마치 창자가 끊어지는 것 같은 고통을 이곳에서 느꼈다는 의미에서 붙여진 이름이다.

↘ 그림 8-3. **군사분계선 설정을 토의하는 양측 대표단의 모습**
조금이라도 유리한 상황을 만들기 위해 양측 모두 집중하고 있다(출처: 미 국립문서 보관소).

상황에 부담을 느낀 공산군 측은 결국 회담 재개를 요청하였다. 두 달 만에 열린 휴전회담은 판문점에서 열리게 되었다.

두 달간의 정회기간 동안 양측은 각각의 양보안을 마련하였다. 첫 교섭에서 큰 차이를 보였던 군사분계선 설정에 대해 '현 접촉선을 기준하여 군사분계선을 설정한다'는 것으로 가닥을 잡았다. 그러나 개성을 두고 양측은 공방을 펼쳤다.

한국의 입장에서 볼 때 개성은 전쟁 전부터 남한에 속해 있었으며 고려의 도읍지라는 역사적인 상징성과 서울의 방어종심(防禦縱深)[4]을 확보한다는 군사적인 측면은 물론, 한국을 대표하는 인삼의 집산지라는 경제적인 측면에서도 매우 중요한 지역이었다. 또한 공산 측의 입장에선, 그

4. 방어 부대들이 위치한 최전선에서부터 다른 부대나 예비대가 배치된 곳까지의 길이 또는 그 안의 지역을 말한다.

들의 인민들에게 전쟁에서 결코 지지 않았다는 사실을 보여주기 위해서라도 최소한 개성만큼은 소유해야만 했다.

이와 같이 개성에 대한 갈등이 계속되자, 결국 회담 자체가 결렬될 것을 우려한 유엔군 측이 개성을 양보하면서, '현재의 접촉선을 변경함 없이 군사분계선으로 한다'는 내용에 합의할 수 있었다. 합의를 하였다고 하나, '현재의 접촉선'이라는 것에 대한 해석에서 이견이 나타나기도 하였다.

하지만 이후, 유엔군 측에서 '어떠한 일이 있더라도 개성을 유엔군이 점령하는 일은 없을 것'이라며 한걸음 물러나면서, 결국 이렇게 현재의 휴전선과 흡사한 군사분계선이 확정되었다(1951년 11월 27일). 그러나 완전한 휴전협정은 이 시점에서부터 1년 8개월이 지난 후에야 체결될 수 있었다. 그렇다면, 완전한 휴전도 아니고 전면전 상황도 아니었던(군사분계선이 설정되었기 때문) 그 애매한 기간 동안 도대체 양군은 무엇을 했던 것일까?

3. 고지쟁탈전의 원인 및 전개

7월 10일에 휴전협상이 시작되면서, 양국은 협상을 파국으로 빠뜨리지 않기 위해 전면적인 공세는 자제하였다. 대신에 유리한 상황조성을 위한 '제한공격'에 주력하는 모습을 보였다.

이제 전쟁은 더 이상 대규모로 이루어지는 전면전이 아니었다. 유엔군은 협상과정에서 주요 쟁점사항이 해결되지 않을 경우 이를 타개하는 수단으로, 또한 공산군 측에게 휴전조건을 강요하는 수단으로 고지쟁탈전을 택했다.

한편 공산군 측은 휴전회담에서 주도권을 장악하기 위한 방법으로, 빼앗긴 일부 진지를 탈환함으로써 군사력을 과시하려는 목적의 '고지쟁탈전'을 전개하였다. 결국, 양측 모두 휴전 협상 후 생길 군사분계선을 조금이라도 자신 쪽으로 유리하게 하기 위해서 고지쟁탈전을 전개한 것

↘ 그림 8-4. **전차 기동이 제한되는 지형에서 전차사격으로 지원하는 모습**
고지위로 높이 사격하기 위해 전차 후방을 땅 속에 묻어 고각을 높이하고 있는 모양이 특이하다.
1951년 후반기 이후 전차운용 모습이다.

이었다.

북한군과 중공군은 서부전선에서는 유엔군의 화력 때문에 승산이 없다는 것을 알고 있었기 때문에, 상대적으로 빈약한 중동부의 산악지역에 집중하였다. 그래서 중동부전선은 고지쟁탈전의 격전지가 되었고 351고지(동부), 펀치볼 지역, 피의 능선, 단장의 능선, 수도고지(중부), 저격능선, 백마고지 등에서 치열한 고지쟁탈전이 벌어졌다.

미 제8군은 1951년 8월 중순부터 펀치볼 및 피의 능선 지역에서 하계공세를 개시하였는데, 이때 북한군의 강력한 저항을 받아 고전하였다. 특히 피의 능선에서는 4×5km 정도의 조그마한 고지를 탈취하는 데 3주나 되는 기간이 소비되었고, 인원손실은 3천 명이나 되었으며, 포탄도 41만여 발이나 소모하였다. 고지쟁탈전의 폐해를 실감한 밴 플리트 중장은 고지쟁탈전을 지양하고, 중동부전선에서 대규모의 공세작전을 실시하여 상황을 반전시키려 했다. 이를 목적으로 8월 말에 새로운 공세 계획인 '맹조의 발톱 작전(Operation Talon's)'[5]을 수립하고, 이를 유엔군사령

5. 이 작전명의 뜻은 독수리가 병아리를 채가듯이 북한군에게 치명적인 일격을 가한다는 것

관 리지웨이 중장에게 건의하였다.

하지만 리지웨이 중장은 공산군에게 치명타를 입힐 경우 휴전회담에 큰 장애가 될 것이라는 이유로 휴전회담에 영향을 미치지 않을 정도의 지상 작전만을 승인하였다. 이와 같은 통제로 인해 미 제8군은 기존과 같은 고지쟁탈전을 계속할 수밖에 없었다.

4. 983고지의 전투(피의 능선 전투)

피의 능선 전투는 1951년 8월, 북한군의 주보급로인 양구 북방의 문등리 계곡과 사태리 계곡을 감제할 수 있다는 이점을 목적으로 취해진 아군의 제한된 공세작전을 시작으로 전개되었다.

당시 983고지 일대를 장악하고 있던 북한군이 유엔군의 후방지역인 인제 일대까지 관측하면서, 포격을 실시하고 있었다. 때문에 유엔군에게는 983고지가 반드시 확보해야 하는 감제고지였던 것이었다.

한국군 제5사단 예하 제36연대가 선공을 실시하였다. 그러나 북한군은 이미 예상접근로 지점에 지뢰를 매설해두었을 뿐만 아니라 강력히 저항하였기에 점령하기가 쉽지 않았다. 이에 황엽 연대장은 지뢰에 대한 포격이 선행되어야 할 것이라는 판단을 내렸고, 오후 8시부터 지뢰제거 포격을 개시하였다. 2시간 동안 이어진 포격이 끝나고 다시 한번 돌격을 시도하였으나 결국 철수할 수밖에 없었다.

이후 연대는 983고지의 가장 우측에 자리하고 있는 773고지와 가운데에 자리한 940고지를 먼저 공격하여 기습적으로 983고지를 향해 공격을 개시하였다. 그리고 8월 22일, 연대는 마침내 고지를 점령할 수 있었

이다. 작전의 내용은 원산부근에 상륙 및 공수작전을 실시하여 북한군의 배후를 공격하는 동시에 지상군이 대규모 공세로 전환함으로써 전선을 김화–금강산을 연하는 선까지 밀어 올린다는 계획이었다.

↘ 그림 8-5. 전투 중에 "제갈량(諸葛亮)회의"
1951년 10월 중공군 제64군은 마량산(馬良山)에서 영국 연합 제1사단과 쟁탈전을 반복하였다. 전투기간 부대는 "제갈량회의"를 소집하여 전술토론을 하였다.

↘ 그림 8-6. 전투가 할퀴고 간 "피의 능선"

다. 그러나 북한군은 그날 밤부터 바로 역습을 시도하였고, 결국 26일에는 다시 983고지를 빼앗기고 말았다.

그 후에도 983고지를 쟁탈하기 위한 공격이 계속되었으나, 9월 초까지 별다른 차도가 없었다. 그러던 와중에 미 제2사단 예하 9보병연대가 합류하였다. 고지 왼쪽에서는 한국군이, 오른쪽에서는 미군이 공격을 개시하여 983고지를 포위하기 시작하자 북한군은 후퇴하였다. 9월 5일 오후 2시경, 아군은 983고지를 점령하였다. 그리고 이 983고지는 후에 '피의 능선'이라 이름 붙여졌다.

이 전투에서 쌍방 간에 받은 피해는 엄청났다. 그 피해 내용은 다음과 같다.

↘ 표 8-1. 피의 능선 전투 피해 현황

구 분	한국군 제5사단 제36연대				미 제2사단	북한군
	소 계	전 사	부 상	실 종		
인원(명)	2,772	326	2,032	414	1,700	15,000

출처: 주시후, 『전쟁사』, 홍익재, 2006, p. 149.

5. 한국군과 유엔군의 추계작전

맹조의 발톱 계획이 보류된 이후 계속된 고지쟁탈전은, 얻는 것보다 잃는 것이 더 많은 전투였다. 그래서 밴 플리트 장군은 다시 맹조의 발톱 계획과 유사한 '추계작전계획'을 수립하여 리지웨이 사령관에게 건의하였다. 그러나 이번에도 이전과 같이 제한된 지상 작전만이 승인되었다.

이에 미 제8군사령부는, 추계작전계획에 따라 예하부대에 지상 작전을 계속하도록 명령하였다. 한국군과 유엔군은 단장의 능선 전투와 백석산 지구 전투를 펼쳤고, 밀고 밀리는 치열한 전투 끝에 고지를 점령할 수 있었다. 그리고 결국 이때의 전선이 큰 차이 없이 이후 군사분계선으로 확정되었다.

조금 더 알아볼까요?

단장의 능선, 그 이름의 유래를 아시나요?

앞에서 미 제8군사령부가 추계작전계획에 따라 예하부대에 지상작전을 계속하도록 명령하였다고 하였죠? 이 같은 지시에 따라 1951년 9월 5일에 양구 북방의 피의 능선 일대를 무혈점령한 미 제2사단은, 제23연대에게 '9월 12일부로 피의 능선 북방의 929고지 일대를 공격하라'고 지시를 내립니다.

이로 인해 929고지 일대는 격전의 장소가 되었는데요, 이때 종군기자 스탠 카터(Stan Carter)는 929고지 일대의 치열한 전투상황을 취재했습니다. 그가 전방 대대의 구호소를 방문하였을 때, 한 부상병이 벌벌 떨면서 '가슴이 찢어지는 것 같다(Heart Break)'며 고통스럽게 부르짖고 있었다고 합니다. 이 장면을 목격한 기자는 이곳에서의 전투상황을 'Heart Break Ridge Line'이라는 제목으로 보도하였고, 그때부터 929고지 일대를 '단장의 능선'이라 부르게 되었습니다.

III. 포로송환 협상과 백마고지 전투

1. 포로송환, 휴전협상의 난제

1951년 11월 27일, 이제 휴전협상의 다음 과제는 포로송환 문제였다. 당시 미국은 제네바 협약[6]의 조인국이었고, 북한 역시 전쟁이 시작된 후에 제네바 협약의 정신과 조항을 엄수한다고 선언한 바 있었기 때문에 이 문제만큼은 쉽게 타결될 것으로 보였다.

그런데 문제가 생겼다. 유엔군의 포로가 된 북한군과 중공군 중에 본국으로 송환되는 것을 거부하는 포로들이 (생각보다) 많았던 것이었다. 그들 중에는 본래 한국군이었으나 낙오된 사람들이 꽤 있었고, 또한 북한군에 의해 강제 징집된 민간인들도 있었기 때문이었다(중공군 포로의 경우에도 국공내전 당시 국민당 소속이었던 포로들이 있었다).

심지어 자기나라의 정치제도를 반대하는 입장에서 제3국을 택하는 등의 여러 가지 이유를 들어 귀국을 거부하는 포로도 있었다. 이는 제네바 협약의 조인국들이 미처 예상하지 못한 부분이었고, 결국 이것은 포로송환 협상에 있어 쟁점이 되었다.

그래서 이 문제에 대해 미국은, 유엔군이 억류하고 있는 포로가 공산군이 억류하고 있는 포로보다 많다는 것에 착안하여 포로송환의 방법으로 1:1 동수교환을 제안하였다. 또한 양측은 협상 끝에 포로의 명단을 먼저 교환하기로 하였다.

하지만 여기서 문제가 발생했다. 유엔군 측이 추산하고 있던 행방불명자는 10만 명에 가까웠으나, 공산군 측이 제시한 포로명부에는 1만

6. 제네바 협약에서는 '포로는 적극적인 적대행위가 종료한 후 지체 없이 해방하고 송환하여야 한다'라는 규정을 하였다.

1,555명밖에 없었던 것이다. 이는 공산군 측도 마찬가지였다. 공산군 측은 행방불명자를 18만 8천 명으로 추산하고 있었으나 유엔군이 제시한 포로는 13만 2,474명에 불과하였다.

유엔군 측은 일단 자유송환[7]을 주장하고, 만약 그것이 안 된다면 강제송환[8]에 응할 수밖에 없는 입장이었다. 그러나 이는 포로의 숫자가 어느 정도 일치할 때 가능한 상황이었다.

결국 포로송환 협상은 합의점을 찾지 못한 채 3개월이 지나 1952년 2월이 되었다. 그리고 이때서야 유엔군 측이 자유송환을 고수한다는 원칙만 정했을 뿐 특별한 진척이 없었다.

2. 거제도 포로수용소

한국군과 유엔군이 인천상륙작전의 성공으로 북진을 계속하게 되자 포로의 숫자가 급격히 증가하여 10만 명 정도나 되었다. 획득된 포로는 평양, 인천 등지에 분산하여 수용하고 있었다. 그러나 중공군이 개입하고 다시 38도선 이남으로 후퇴하게 되면서 포로들은 부산으로 이송하여 수용되었다. 이때 포로의 숫자는 14만 명에 육박하였다.

이렇게 포로의 숫자가 늘어나자 이들을 보다 안전하게 수용할 시설이 필요했다. 그래서 미 제8군사령부는 1950년 10월 거제도를 새로운 수용소의 입지로 선정하고, 신현리 독봉산 기슭의 계곡을 이용하여 수용소를 건설하였다. 좁은 구역에 밀집된 시설을 배치함으로써 시설의 관리와 경비는 용이하였으나, 포로들의 접촉이 많아지면서 그들 사이에서 사상교환과 집단행동이 가능하게 되었다.

7. 포로 개인의 의사를 존중하여 희망자만 송환하는 방법.
8. 포로 개인의 의사와 상관없이 전체를 강제로 송환하는 방법.

휴전협상이 진행되면서 휴전의 분위기가 무르익자, 수용소 안에서는 친공 집단과 반공 집단으로 나누어져 사상적이고 집단적인 충돌이 일어나기 시작했다. 1951년 9월에는 친공 포로들이 주도하는 소위 인민재판이 열려 반공 포로 15명을 살해하는 사건이 발생했다.

한편 휴전협상에서 공산군 측의 강제송환 주장에 맞서 자유송환의 원칙을 수립한 유엔군은 1952년 초, 포로 개개인의 의사를 파악하여 보다 정밀한 포로명단을 만들기로 했다.

이에 따라 거제도의 포로수용소는 포로의 송환여부를 파악하기 위한 심사를 앞두고, 수용소 측과 친공 포로 간의 대립이 더욱 격화되게 되었다. 결국 유혈충돌과 함께 수용소장인 도트(Dodd) 준장이 포로들에게 납치되는 사건이 발생하게 된다. 이에 후임 수용소장으로 임명된 콜슨(Colson) 준장은 포로들과 협상을 하여 합의각서를 쓰고 도트 준장의 신병을 인도받을 수 있었다.

이때 작성된 각서에는 1. 유엔군이 다수의 포로들을 살상하는 유혈사태가 있었음을 시인한다. 2. 포로의 송환문제는 판문점에서 논의된 결정에 따른다. 3. 포로들의 강제심사는 없을 것이다. 4. 포로의 대표단 조직을 승인한다 등의 내용이었다.

그런데 콜슨이 작성한 이 각서가 판문점에 나와 있는 북한 측 대표의 손에 들려 있었다. 이에 따라 유엔군은 포로문제 협상에서 매우 불리한 입장에 처하게 되었다.

이때 수용소에서는, 포로들이 인공기와 중공기를 게양하고 미군을 비난하는 플랜카드를 걸었으며 강력한 무기들로 무장을 강화하고 있었다.

새로이 수용소장으로 부임한 보트너 준장은 포로들에게 강력한 실력행사를 결행하기로 하고, 최루탄과 진동 수류탄으로 무장한 병력을 수용소 내부에 진주시켜 포로들을 분리시키고 숨겨놓은 무기들을 압수했다. 이로써 포로들의 폭동은 막을 내리게 되고, 개인의 의사가 확인된 반공

포로들을 각 지역으로 분리하여 수용하는 계기가 되었다.

3. 395고지 전투(백마고지 전투)

1952년의 무더운 여름, 판문점에서는 포로송환 문제로 휴전회담이 난항을 거듭하고 있었다. 휴전회담이야 어찌되었든, 이 시기에도 전투는 계속되었다. 그중 하나가 395고지 전투였다.

물론 이 장에서는 포로송환에 관한 내용을 주로 다루고 있기는 하지만 395고지 전투는 시기상 이때에 치러졌고, 그 치열함이 말로 다하기 힘든 전투였기 때문에 굳이 소개하고 넘어가고자 한다.

395고지 전투는 1952년 10월 6일~15일까지 한국군과 미군이 중공군과 싸워 승리를 거둔 전투이다. 중공군은 비교적 전선이 안정된 서부와 동부지역보다는 중부지역을 자주 공략했다. 395고지는 강원도 철원군 묘장면 산명리의 야산으로, 철원 서북방 12km 효성산 남쪽의 끝자락에 있는 고지이다.

↘ 그림 8-7. **백마고지 전투에서 사용된 포탄의 탄피들**
어마어마한 양의 포탄이 이 전투에서 사용되었다 (출처: 밀리터리 리뷰).

이곳은 1951년, 휴전협상이 시작될 즈음부터 갑자기 관심지역으로 부상하였다. 왜냐하면 만약 이곳을 공산군이 점령한다면 철원평야가 적의 감제하에 놓이게 되며, 중부지역에 배치된 유엔군의 병참선인 3번 도로를 사용할 수 없게 되기 때문이었다.

백마고지 전투는 1951년 11

월 3일, 1개 대대 규모의 중공군이 방어 중인 한국군 제9사단 예하 29연대를 공격함으로써 시작되었다. 이때 제29연대가 잘 막아내자 중공군은 5일 오후 9시에 다시 쳐들어왔다. 이 전투에서 제29연대 1대대는 결국 백마고지를 중공군에 빼앗기고 말았다.

이에 사단에서는 제28연대의 2개 대대로 역습을 감행하여 다시 고지를 탈환하였는데, 이후 1952년 전반까지 이곳에서 특별한 전투는 없었다. 그사이에 한국군 제9사단의 사단장 박병권 준장이 이임하고, 춘천 전투의 영웅 김종오 소장이 새 사단장으로 부임하였다.

이곳에 투입된 중공군 부대 또한 교체되었는데, 새로 투입된 부대는 중공군 제38군이었다. 이들은 6·25전쟁에서 혁혁한 전과를 거두어왔고 마오쩌둥으로부터 만세군(萬歲軍)이라는 칭호까지 부여받은, 소위 말하는 '잘나가는' 부대였다.

중공군의 공격은 1952년 10월 6일에 시작되었다. 오전부터 공격준비사격을 퍼부은 중공군은 북쪽 전방에 있는 봉래호의 수문(水門)을 폭파시

조금 더 알아볼까요?

백마고지와 백마부대, 그 이름의 유래는?

백마고지 전투에서 중공군은 8,234명이 사살되고 추정살상 6,098명과 포로 57명 등 약 14,000여 명의 손실을 입었습니다. 한국군 제9사단에도 3,416명의 사상자가 발생하였죠. 또한 전투 기간 중 중공군이 55,000발의 포탄을, 한국군이 219,954발의 포탄을 발사함으로써 무려 274,954발이 이 작은 고지에 쏟아지게 되었습니다. 여기에 유엔군의 항공기가 754회 출격하여 폭격을 가함으로써 고지는 완전 황폐화되었답니다.

이때 받은 포격 및 폭격으로 인해 고지의 수림이 다 쓰러져 버리고 난 후에 나타난 산의 형태가(산은 이미 민둥산이 되었겠죠?) 마치 백마가 누워 있는 것처럼 보인다고 하여 이때부터 395고지를 백마고지라 불렀다고 하네요. 그리고 백마고지 전투 때 용감히 싸웠던 한국군 제9사단을 이후에 백마부대라 부르게 되었다고 합니다.

켜서 아군의 후방을 관통하는 역곡천을 범람시켰다.

중공군은 이와 같이 공격의 기반을 다져놓은 후(하천을 범람시킴으로써 한국군의 증원 및 군수지원을 차단) 바로 공격해 들어왔다. 중공군은 특유의 인해전술로 공격해왔고, 이에 한국군 제9사단은 3개 연대(제28, 29, 30연대)를 교대로 투입하면서 치열한 전투를 치렀다.

10일간의 전투에서 395고지의 주인은 7번이나 바뀌었다. 이는 그만큼 대혈전(大血戰)이 벌어졌다는 말로 풀이할 수 있을 것이다. 결론적으로 한국군 제9사단을 비롯한 유엔군은 끝까지 투지를 불사르면서 395고지를 장악할 수 있었다.

4. 한 · 미 상호방위조약

휴전회담을 시작할 때부터 이승만 대통령을 비롯한 대한민국 정부, 그리고 온 국민들은 모두 휴전에 적극 반대하였다. 그러나 이승만 대통령은 미국이 휴전을 결의한 이상 아무리 반대한다 해도 휴전을 막을 수 없을 것이라는 사실을 잘 알고 있었다.

1953년에 이르러 휴전협상이 타결될 분위기가 조성되자 국민들은 대대적인 '휴전반대운동'을 전개하였다. 정부는 미국에서 휴전회담이 이루어질 경우 한국군을 유엔군으로부터 분리시켜 단독으로라도 공산군과 싸울 것이라는 의견을 표명하였다. 그러나 미 국무부는 유엔군사령부를 통해 대한민국 정부가 북진 정책을 포기하도록 설득하기만 할뿐, 달라지는 것은 아무것도 없었다.

이후 휴전회담의 타결 가능성이 확실시되자, 정부는 종래의 휴전 반대 태도를 바꾸어 휴전협정에 동의하되 조건을 달기로 했다. 그것은 한 · 미 상호방위조약 체결, 한국군 증강을 위한 지원 및 소련의 침략행위에 대비하여 미 해군의 한국해역 봉쇄, 공중방위를 보장해야 한다는 것이었다.

또한 이승만 대통령은 한국의 안전보장 차원에서 정치적 거래를 위한 최후의 수단으로 반공포로 석방을 단행하기도 하였다. 그 결과 미국으로부터 한 · 미 상호방위조약을 얻어냈으며 이는 6 · 25전쟁의 최대성과라고 할 수 있다. 한 · 미 상호방위조약은 오늘날 연합방위 체제의 법적 근간으로서 한미주둔군지위협정과 정부 간 또는 군사 당국자 간의 각종 안보 및 군사 관련 후속협정들의 기초를 제공하고 있다.

한편 한 · 미 상호방위조약의 체결은 6 · 25전쟁이 휴전되고 난 이후인 1953년 10월 1일 미국 워싱턴에서 변영태 대한민국 외무부장관과 덜레스 미 국무장관이 서명함으로써 체결되었다.

5. 반공포로 석방

1952년 말, 미국에서는 '한국전쟁을 조기에 종결시키겠다'는 공약을 앞세운 아이젠하워가 새로운 대통령으로 당선되었다. 그리고 1953년 3월 5일에는 소련의 스탈린이 사망하고 말렌코프가 정권을 넘겨받게 되었다. 소련의 새 정부 역시 전쟁의 조기 종결의 입장을 표명하였다.

↘ 그림 8-8. **미국 대통령 당선자 아이젠하워**(왼쪽에서 두 번째)**의 전선 방문**

국제사회의 여론이 조기휴전으로 가닥을 잡아가자, 유엔군사령관 클라크(Clark) 대장(그사이 유엔군사령관이 교체됨)은 1953년 2월 22일에 상병(傷病)포로를 우선으로 교환하자는 내용의 서한을 공산군 측에 발송했다. 이에 공산군 측도 3월 28일에 응답하여, 4월 20일부터 5월 3일까지 판문점을

↘ 그림 8-9. 1953년 7월 부산 제9포로 수용소의 크게 뚫린 철조망

반공포로들의 탈출을 돕기 위해 한국군 경비병이 비밀리에 절단

↘ 그림 8-10. 휴전반대운동을 펼치고 있는 여학생들

1953년 6월 11일 부산에서(출처: 유용원의 군사세계)

통해 상병포로들의 교환이 이루어지게 되었다.

이승만 대통령은 포로송환 협정이 체결되기 이틀 전인 6월 6일에 헌병총사령관 원용덕 장군에게 반공포로를 석방할 수 있는 방법을 연구하여 보고하라는 지시를 내렸다. 이에 원용덕 장군은 육군헌병 경비대가 기습적으로 수용소를 개방하여, 반공포로를 석방한다는 내용을 결정하고, 대통령의 승인을 받았다. 결국 6월 18일 "제네바협정과 인권정신에 입각하여 반공포로를 석방하게 되니 각 경찰 관리들은 이들을 지도 보호하라"는 이승만 대통령의 담화와 함께 반공포로 3만 5,698명 중 2만 7,000여 명이 석방되었다[9].

---

9. 반공포로를 석방한 당일에 열린 미국의 NSC에서 드와이트 아이젠하워 대통령은 직접 이승만을 "친구가 아니라 또 하나의 적이다"라고 언명했다. 그리고 "위험을 종식시킬 수 있는 유일하고 신속한 방법은 쿠데타며, 이런 행동은 고려할 만한 가치가 있다"고 발언한 아이젠하워 대통령은 직접 나서 이승만 대통령을 제거한다는 내용의 '에버레디 오퍼레이션(Ever ready operation)'을 검토하였다. 박명림, 「반공포로 석방(1953년)충격 아이젠하워 이승만 반대 쿠데타도 준비했다」, 중앙일보 1면(2011년 1월 28일).

이 사건은 미국을 당황스럽게 하기에 충분하였다. 공산군 측도 유엔군 측을 비난하고 나섰지만, 휴전회담이 결렬될 수준의 강도는 아니었다.

이렇듯 휴전협상이 진행되면서 한국과 미국의 관계는 오히려 악화되고 있었다. 이에 미국은 국무부 극동담당 차관보 로버트슨(Robertson)을 특사로 한국에 파견했다. 로버트슨 특사는 이승만 대통령과 한 · 미 양국의 '상호방위조약' 체결, 장기간의 경제원조 제공, 한국군을 20개 사단으로 증편, 휴전 후의 정치회담 등에 관한 합의를 한 다음 이를 1953년 7월 12일에 발표했다.

이에 따라 한 · 미 간의 갈등은 해결되었고, 이제 휴전은 조인만을 남겨두게 되었다.

Ⅳ. 중공군의 최후공세(금성지구전투)

1. 양 진영의 상황개요

1953년 초, 휴전회담이 여전히 중단된 상황에서 전선은 소강상태를 유지한 가운데 양 진영은 그동안 계속된 고지쟁탈전 후의 휴식과 정비를 하고 있었다. 한편으로는 휴전회담의 최대 걸림돌인 포로문제를 조기에 타결하고자 하면서 자신들의 입장을 관철하기 위한 영향력 행사에 골몰하였다. 휴전과 관련하여 보다 양호한 방어선의 확보, 그리고 정치 심리적으로 유리한 입장에서의 전쟁 종결 등 군사 · 정치적 목적에서 새로운 작전을 전개하기 위한 군사전략 모색에 전력투구하고 있었다.

공산군 측은 이러한 맥락에서 1953년 3월까지 방어력을 강화하고 공세역량을 쌓는 데 집중하였다. 중단된 휴전협상의 본회담이 6개월 만인 4월 26일에 재개되었음에도 불구하고, 5월부터 하계공세, 즉 '최후의 공세'를 한 것이다. 반면 유엔군 측은 협상을 통하여 전쟁을 조기에 종결하기 위하여 군사작전을 스스로 억제함으로써 수세의 입장에 처하게 되었다. 그러나 공산군 측이 휴전회담을 지연시키면서 군사력을 계속 강화하자, 유엔군 측도 군사적으로 단호한 대응을 했다. 유엔군사령관은 만주폭격을 포함한 확전계획을 건의하였고, 추가하여 아이젠하워 행정부는 이 교착상태를 타개할 방안으로 핵무기의 사용을 포함한 다각적 압박전략을 신중히 모색하기도 했다.

당시 미군 및 유엔군은 종전전략에 의하여 증원이 곤란한 상황이었으므로 유엔군사령관은 점점 증가하는 공산군의 위협에 대응하기 위해서 한국군의 20개 사단 증편안을 강력히 추진하였다. 그리고 사단 증편안은 4월 22일에 확정되었다. 이것은 현실적으로 공산군의 전력증강에 효과적으로 대처할 수 있을 뿐만 아니라 휴전 후 북한의 재도발을 억제할 수 있는 방법이기도 하였다. 한국군의 전력증강은 휴전이 되면 휴전협정의 규제로 인해 대규모 중장비 도입이 사실상 불가능하게 되므로 휴전 전에 이루어져야 할 과제였던 것이다.

이에 따라 1953년 5월 1일에는 한국군 제3군단을 재창설하였다. 그리고 약 한 달 후인 6월 18일까지 제26 · 제27사단이 창설되면서 이제 한국군은 3개 군단 18개 사단의 전력을 갖추게 되었다.

중공군은 최후공세를 1953년 5월 13일~7월 27일까지 76일 동안 3차례에 걸쳐 단계적으로 전개하였으며 점차 그 규모가 증가되었고 전투의 치열함은 높아만 갔다. 또한 이 공세는 중공군과 북한군이 연합하여 모든 전선에 최대의 병력을 투입한 공세였는데, 중공군의 주력은 주로 한국군 제2군단이 방어중인 금성–화천 축선의 금성돌출부지역에 지향되었다.

2. 전초전(前哨戰): 최후공세 제1차 공격

↘ 그림 8-11. 금성계곡 북쪽의 진지

중공군의 최후공세는 1953년 5~7월에 전개되었지만 그들은 이미 3월부터 공격 기세로 전환하기 시작하였다. 1~2월에는 전력증강과 진지공사에 주력하다가 겨울이 지나고 3월이 되자 작전에 양호한 기후 조건을 이용하여 유엔군의 전초, 특히 서부전선의 유엔군 전초진지에 대하여 제한된 규모이지만 집중적인 공격을 가하였다.

중공군의 최후공세가 시작된 무렵 전선은 한강하구—판문점—철원 백마고지—금성(남단)—교암산—동해안의 감호를 연한 선에 형성되어 있었다. 이에 따라 중부전선의 화천북방전선이 금성 쪽으로 불거져 이 부분을 금성돌출부라 하였다.

중공군은 제60군 제180사단이 한국군의 제5사단 전초진지 공격을 시작으로 5월 13일부터 금성돌출부 정면의 전초진지에 대해 공격을 가해왔다. 한국군 제2군단과 제9사단 및 수도사단은 많은 희생을 감수하고 대부분의 공격을 격퇴하였으나, 제8사단의 전초는 피탈되고 말았다. 5월 24일까지 실시되었던 중공군의 최후공세 제1차 공격은 북한강과 금성천의 합류지점 부근에 집중된 특징을 보이고 있으며, 이는 곧이어 전개한 제2차 공격이 이곳에서 재개될 것임을 시사하는 징후이기도 했다.

3. 중공군 6월 공세: 최후공세 제2차 공격

1953년 6월 8일에 포로송환 협상이 타결되면서 다시 휴전회담의 물꼬가 트이게 되었다. 그러나 공산군은 휴전회담의 분위기와는 관계없이 최후의 공세를 준비하는데 혈안이 되어 있었다. 당시 전선에 배치된 공산군의 수는 약 180만 명(중공군 약 135만 명, 북한군 약 45만 명)에 달할 정도로 대병력이었다. 병력만 불어난 것이 아니었다. 화력도 재정비하여 강화시켰고 전투물자도 부족하지 않게 준비해 둔 상태였다. 그 결과 공산군 측의 전력은 더욱 강력해졌다. 공산군이 이렇게 전력을 강화하여 대규모 공세를 하려 한 이유는 다음과 같다.

첫째, 휴전이 발효되기 이전에 점령지역을 최대한으로 확대함으로써 이 전쟁의 승자는 공산군임을 대내외에 과시하고자 하였다. 그러기 위해서는 유엔군의 보복을 유발하지 않는 범위 내에서 공세를 감행해야만 한다는 것이다.

둘째, 한국 내에서 들끓고 있는 휴전반대 운동과 한국 정부의 북진주

↘ 그림 8-12. 중공군 6월 공세 요도

(출처: 중앙일보 10면(내가 겪은 6 · 25와 대한민국, 2011년 2월 8일)을 참조하여 재구성)

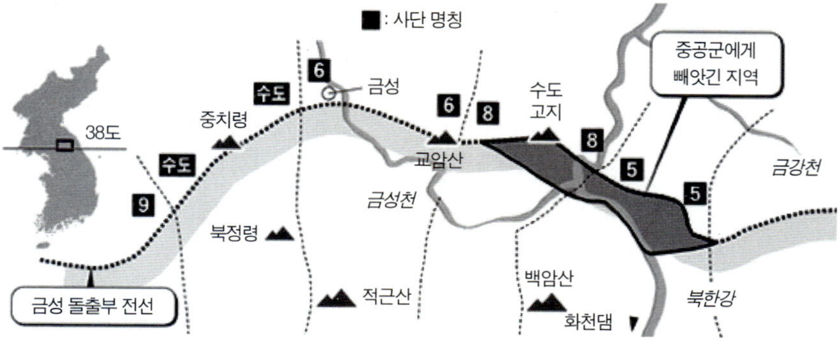

장을 위축시키기 위해 한국군에게 심각한 타격을 주고자 했다.

공산군들은 앞의 두 가지 조건에 가장 부합되는 지역을 한국군 제2군단이 담당하고 있는 강원도 금성 지역으로 선정하였다. 왜냐하면 이곳은 지형이 험준하여 기갑 및 화력지원을 포함한 인적·물적 지원이 어렵고, 지형적으로도 북쪽으로 돌출되어 있어 점령하는 데 유리할 것으로 판단하였기 때문이었다.

이에 따라 중공군은 6월 10일 밤에 '51년 5월 공세(제6차공세) 이후 최대 규모인 1개 군(군단급)을 투입, 한국군 제2군단(금성 돌출부지역의 수도고지 지역)을 공격하였다. 하지만 이러한 중공군의 공세를 막기에는 한국군 제2군단의 제8사단 및 제5사단의 병력이 너무도 부족했다. 결국 한국군은 13km의 정면에서 4km를 남진하여 북한강 남안까지 철수하게 되었다. 다행히 유엔군 전폭기의 집중적인 지원을 받음으로써 중공군의 공격기세는 꺾이게 되었으며 6월 18일에는 황급히 구축한 방어선에서 어렵게 전선을 안정시키는데 성공하였다. 이 상태에서 공산군 측은 6월 공세의 성공에 만족해 하며 그들의 계산에 따라 곧 이뤄질 휴전협정의 조인을 기다리게 됐다.

4. 중공군 7월 공세: 최후공세 제3차 공격

다시 소강상태로 접어든 전선의 상황에서 이대로 휴전협정이 마무리된다면, 애초 목표대로 그림이 그려지는 상황이었다. 그러나 상황은 공산군 측이 그린 그림대로 진행되지 않았다. 이승만 대통령의 명령으로 전국의 포로수용소에서 약 27,000여 명[10]에 달하는 반공포로가 일방적으

10. 6월 18일 당일에는 2만 5,000명이 포로수용소 문을 빠져나왔고, 이어서 2~3일 동안

로 석방된 것이었다. 전 세계는 경악하였고 이에 휴전협정이 중단되어, 전선에는 다시 긴장감이 감돌게 되었다. 이를 틈타 공산군 측에서 다시 한번 공세를 취해올 가능성이 매우 컸는데, 실제로 중공군은 마지막 최종공세를 준비하고 있었다.

중공군은 6월 공세에서 얻은 효과가 반공포로 석방으로 상쇄됐다고 판단하고, "실추된 그들의 이미지를 군사작전을 통해 갚겠다"는 의도로 화천저수지를 목표로 하여 최종공세를 취하기로 했다. 중공군이 화천저수지를 점령할 수만 있다면, 지난 1951년 5월 현리–한계 지역에서 당한 5월 공세의 뼈아픈 패배를 만회하고, 6 · 25전쟁에서 최종적으로 승리했다는 이미지를 구축할 수 있었다. 또한 북진을 주장하고 있는 한국군에게 패배를 안겨줘 휴전에 순순히 응하게 함과 동시에 휴전 후의 도발 가능성에도 쐐기를 박을 수 있다는 계산이었다. 이를 간파한 유엔군사령관 클라크 대장은 일본에서 정비 중이던 미 제24사단과 제187공수연대를 한국으로 불러와 재배치하였다.

↘ 그림 8-13. 중공군이 공격출발 직전에 당시 작전 지역 모형을 만들어 놓고 전술토의를 하고 있다 (출처: 중앙일보 10면(내가 겪은 6 · 25와 대한민국, 2011년 2월 15일)).

이윽고 중공군은, 7월 13일 밤에 공격해 내려왔다. 이번에는 지난번의 공세보다 더 큰 규모였다. 무려 5개 군(군단급)의 병력을 투입시킨 것이었다. 그들은 금성의 좌

2,000여 명이 추가로 탈출하였다. 백선엽, 내가 겪은 6 · 25와 대한민국(2011년 1월 26일, 중앙일보 10면).

우측에서 양익포위전술을 구사하며 한국군 제6사단과 제8사단 후방을 차단한 후 섬멸하고자 하였다. 이대로 시간이 경과한다면 한국군 제6사단과 제8사단은 꼼짝없이 포위될 판이었으므로 미 제8군사령관 테일러 장군은 한국군에게 방어선을 금성천 남단으로 조정한 후 철수할 것을 명령하였다. 따라서 한국군 제2군단과 미 제9군단은 적근산과 백암산을 연하는 선으로 후퇴할 수밖에 없었고, 급한 대로 그곳에 새로운 방어선을 구축하였다. 다행히 7월 16일에는 중공군의 공세가 저지되었다. 이에 한국군 제2군단은 재빨리 대반격을 개시하여 7월 19일에는 다시 금성천과 북한강을 연하는 선까지 탈환하였다. 한국군은 계속하여 금성천 북안으로의 반격을 시도하였으나 7월 20일 휴전문제를 고려한 미 제8군사령부의 공격중지 명령으로 실행하지는 못하였다.

결국 한국군 제2군단은 중공군의 최후 공세로 금성지역 약 22km의 정면에서 최대 9km까지 철수하였다가 다시 반격으로 잃었던 금성지역의 절반정도를 회복하는데 그치고 작전은 종료되었다. 그리고 현 접촉선은 휴전으로 인하여 군사분계선으로 확정되고 말았다. 하지만 중공군의 대규모 부대를 맞아 투혼(鬪魂)을 발휘한 한국군의 활약은 남진한 중공군이 자그마치 약 6만 명 정도의 사상자를 내었을 정도로 두드러진 것이었다.

Ⅴ. 휴전협정이 조인되다

1. 1953년 7월 27일 오후 10시

1953년 7월 중순, 앞서 소개한 바와 같이 이승만 대통령과 로버트슨 간의 협의에 따라 한국 정부도 휴전을 인정하게 되었다. 물론 그때까지도 한국 정부로 하여금 휴전협정을 이행하도록 하는 대책이라든가, 혹은 포로 인도장소 및 휴전협정 조인장소에 대한 문제 등 몇 가지 문제가 남아 있는 상황이었다.

그러나 이러한 사항들은 협정을 조인하는 데 있어 큰 걸림돌이 되지 않았다. 그리하여 1953년 7월 27일, 수많은 우여곡

↘ 그림 8-14. **휴전 소식을 접한 뒤 환호하는 유엔군의 모습**(출처: 중앙포토)

휴전협정서에 서명하는 김일성의 모습

서명하는 유엔군사령관 클라크 대장

서명하고 있는 중공 대표 펑더화이

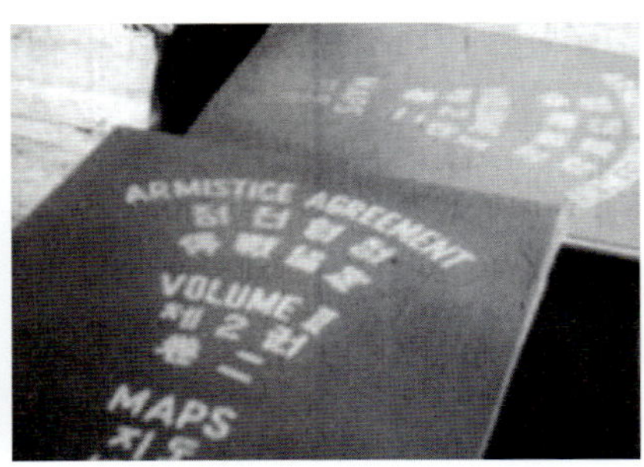

'정전협정'이라고 쓰여 있는 문서보관철

↘ 그림 8-15. **휴전협정서에 서명하는 각국 대표들의 모습**
우리나라의 이승만 대통령은 끝내 서명하지 않았다(출처: 한겨레신문).

절 끝에 결국 휴전협정을 당일 22시를 기해 발효시키기로 합의하였다.

휴전 조인 직후, 지상전투는 중지되어 있었지만 포격전은 계속되었다. 하늘에서 유엔군 전투 폭격기들은 북한의 비행장 · 철로 등을 폭격했고, 바다에서는 해군의 전함들이 원산에 함포사격을 실시하였다.

그리고 1953년 7월 27일 오후 10시. 약 3년 1개월간 한반도를 피로 물들게 했던 동족상잔의 비극 6 · 25전쟁은 마침내 이렇게 휴전으로 일단락되었다.

2. 총성은 End, 전쟁은 ing

휴전협정 이후 휴전선이 그어졌고 온 전선에서 총성이 멈췄다. 그러나 총성만이 멈췄을 뿐, 휴전협정은 전쟁의 종결을 의미하는 평화조약이나 강화조약과는 다른 것이었다. 종전(終戰)이 아닌 휴전(休戰)…. 말 그대로 전쟁을 잠시 쉬는 것뿐, 종결된 것은 아니다. 실제로 북한은 현재까지도 계속적인 도발을 감행하고 있으므로 지금 이 순간에도 전쟁이 계속되고 있다는 사실을 우리 모두가 잊어서는 안 될 것이다.

제 9 장

해군과 공군의 전투

Ⅰ. 한국 해군의 작전
Ⅱ. 유엔 해군의 작전
Ⅲ. 한국 공군의 작전
Ⅳ. 유엔 공군의 작전

제9장

해군과 공군의 전투

I. 한국 해군의 작전

1. 한국과 북한의 해군력

한국 해군은 규모와 장비의 한계로 인해 대규모 해상작전이나 합동작전을 수행할 수 있는 수준까지는 도달하지 못한 상태였다. 그리하여 해군은 해안의 정찰과 봉쇄, 병력의 수송과 침투 지원, 도서 방어와 경비 등 제한적인 작전만을 수행할 수밖에 없었다. 또한 기나긴 해안선으로 인해 방어적으로 함정을 운용할 수밖에 없는 한계점을 가지고 있기도 하였다. 하지만 북한 해군은 한국 해군과는 달리, 제한적인 작전 수행이라 할지라도 함정을 공격하는 작전을 운용하여 초기에 주도권을 잡을 수 있었다.

병력 규모를 보면 한국 해군이 6,956명(해병대 1,241명 포함)인 데 비하여 북한은 남한의 2배가 넘는 1만 5,570명의 병력을 보유하고 있었다. 이러한 이유는 북한이 전쟁발발 직전에 모집한 육전대원의 병력이 상대적으로 높았기 때문이다. 북한해군이 해상전투나 지상군에 대한 함포지원

사격 등을 목표로 하기보다는 지상군 진격을 지원하기 위한 상륙작전에 중점을 두었다는 것을 알 수 있다. 함선도 한국 해군이 경비함정 28척, 보조선 43척을 합한 71척이었고 북한 해군은 함선 30여 척과 보조선 80여 척을 보유하고 있었다.

그러나 화력 면에서는 한국 해군이 북한 해군보다 다소 우세하다고 평가할 수 있겠다. 한국 해군은 북한함정에 장착된 57밀리와 40밀리 포보다 구경이 큰 3인치 포를 보유하였기 때문이다.

이처럼 한국 해군은 북한 해군에 비해 상대적으로 불리한 상황이었다. 그럼에도 불구하고 한국 해군은 북한군의 동 · 남해안 후방지역 병력 투입 기도를 제한적으로 차단하면서 한국군의 지상 작전을 지원하는 성과를 거두었다.

2. 북한군의 해상 침투와 초기 해전

북한군은 1950년 6월 25일에 육군이 남침을 감행하기 전 한국군 제8사단 후방지역인 옥계, 삼척, 임원 등지에 게릴라와 육전대 병력을 상륙시켰다. 한국군 제8사단을 전후방으로 공격하면서 태백산 지역에서 활동 중인 게릴라들과 함께 작전을 수행하려 하였다. 하지만 한국군 해안 초소에서 이를 감지한 후 즉각 보고하였고, 이에 묵호경비부는 바로 출동하였다. 그러나 북한 함정의 공격을 받아 일시 철수하였다가 재출동하여 북한군 상륙정 1척을 격파하였지만 상륙병력 전원을 소탕할 수는 없었다. 그리고 육군이 철수함에 따라 묵호경비부도 포항으로 철수하였다.

한편 진해에서도 북한군의 남침 소식을 듣고 해안 정찰과 경계를 하던 도중 대한해협에서 정체불명의 함정을 발견하였다. 식별한 결과 북한 함정임을 알게 되어 침몰시켰는데, 이는 북한군이 게릴라 병력 600여 명을 남해안에 상륙시킨 뒤 후방에서 한국군을 교란시키려 하였던 것으로 확인되었다.

이와 같이 한국 해군은 제한적이지만 동해안과 남해안 일대의 북한군 상륙 기도를 차단하는 전과를 올릴 수 있었다. 그리고 서해안에서도 한국 해군은 38도선 부근의 해상을 봉쇄하면서, 옹진반도에서 철수 중이던 한국군 제17연대의 철수를 지원하였다. 이후 제17연대는 철수한 지 채 3개월이 되지 않아 해군의 대규모 작전인 인천상륙작전에서 한국 육군 대표로 참전하여 서울을 탈환하는 데 큰 역할을 하였다.

↘ 그림 9-1. 한국 해군 소속 금강산호의 모습
(1950년 6월, 출처: 미 국립문서 보관소)

또한 한국 해군은 유엔 해군과 협의하여 37도 이남지역은 한국 해군이 담당하고 이북지역은 유엔 해군이 담당하여 작전을 수행하였다. 그리고 7월에 1만여 명의 병력을 확보하면서부터는 지상군의 작전도 지원하게 되었다.

당시 정보감 함명수 소령은 전쟁발발 초기 위급한 상황에서 한국 해군의 조치에 대해 이렇게 술회했다.

> '전쟁 초기 북한의 갑작스런 기습에 당황한 우리 육군은 계속 남쪽으로 밀리는 상항에서 지휘통제 기능이 거의 마비된 상태였으나, 우리 해군은 전쟁발발 이전부터 진해통제부를 제2지휘소 개념으로 준비해 왔기 때문에 전쟁초기를 비롯한 전쟁기간 내내 해군지휘부와 예하 함정 및 부대간에 지휘통신이 원활하게 이루어졌다. 이러한 해군의 조치는 높이 평가를 받을 만한 일이다.'

3. 옥계해전

제766부대는 동해안을 따라 남하하는 북한군 제5사단과 함께 남진을 촉진하기 위해 강릉의 한국군 제8사단 배후를 교란하는 한편 삼척 주둔 제8사단 21연대의 강릉지원을 차단하는 임무를 부여받았다. 무장수송선 1척과 어뢰정 4척의 호위 아래 발동선 30척으로 구성된 북한해군의 상륙함선단은 6월 25일 오전 3시 30분에 옥계를 비롯하여 삼척, 임원 등을 목표로 아군의 배후에 게릴라부대를 상륙시켰다. 즉 약 1,800명의 무장병력은 1,000톤급의 무장수송선과 어뢰정의 엄호를 받으면서 발동선에 분승하여 금진 및 옥계 방면에 상륙했다. 또 삼척지역에 약 800명의 무장병력과 임원 방면에도 약 500명이 각각 상륙했으며 약 600명의 무장병력은 남해안으로 상륙을 기도하기 위하여 남하하고 있었다.

북한지상군이 오전 4시를 기해 전면 남침하기 30분 전에 이미 특수부대를 태운 북한해군 선단이 동해안에 상륙함으로써 6 · 25전쟁은 해상으로부터 시작됐던 것이다.

6월 24일 묵호 근해를 경비하고 있던 JMS-304정은 경비임무를 YMS-509정에 인계하고 부산으로 귀항하고 있었다. 509정이 묵호에 도착한 날이 토요일이라 승조원들은 시내로 외출하였다. 외출을 하고 저녁에 돌아온 승조원들은 다음날이 일요일이라는 것을 생각해 편안한 마음으로 잠을 자고 있었다.

↘ 그림 9-2. **옥계해전에서 활약한 YMS-509정**(가평)

그런데 일요일 오전 5시경 긴급출동 명령을 받은 509정은 오전 6시에 묵호항을 출항하여 북상했으나,

짙은 안개로 시정이 불량할 뿐 아니라 너울이 있어서 함정이 30도~40도까지 기울어지는 해상조건이었다. 오전 7시 20분, 안개 낀 옥계 해상에서 509정은 아군의 소해정으로 보이는 선박 1척을 발견하고 "국적은 어디냐?"란 발광신호를 보냈다. 그러자 상대 선박은 갑자기 40mm기관포로 509정에 연발로 포격을 가했다.

상대 선박이 적선임을 파악한 509정장은 포격명령을 내려 37mm로 응사했다. 갑판에 40mm 2연장 기관포로 무장한 적 PGM(砲艦)은 철선으로서 509정보다 반 이상이나 더 크고 속도가 빨랐으며, 마스트에 붉은색 인공기를 달고 있었다. 509정 포 요원들은 높은 파도로 함정이 위아래로 움직임에 따라 조준해야 하는 상황에도 불구하고 37mm포로서 너울을 이용하여 적 함정에 정확하게 명중시켰다. 20여 분간에 걸쳐 계속된 교전에서 결국 적선은 몇 군데 명중되어 시커먼 연기를 내면서 북으로 도

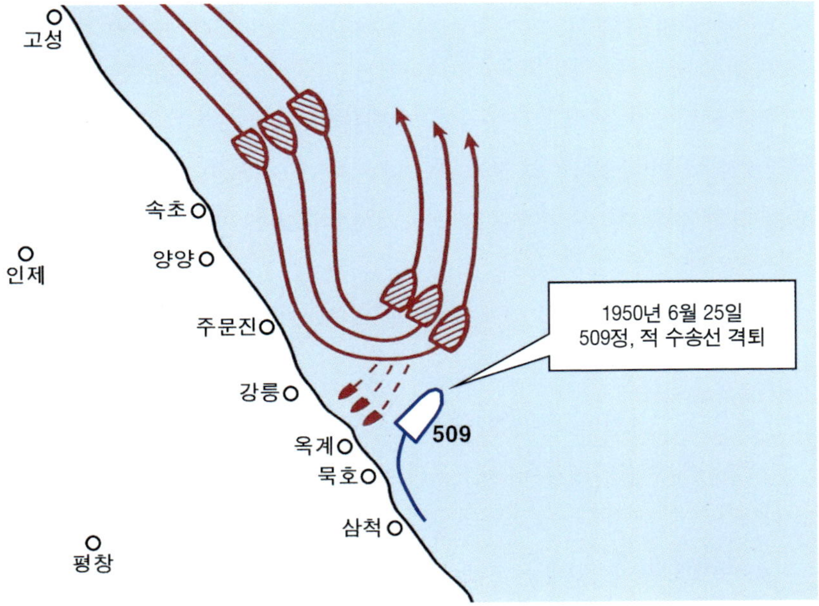

↘ 그림 9-3. 옥계해전 작전요도

주했다. 509정은 함수에 적 포탄 1발이 명중되었으나, 목선인 관계로 치명적인 피해는 발생하지 않았다.

그러나 북한군은 이미 상륙을 완료한 후였다. 오후 3시에 509정은 다시 옥계 북쪽 3km 지점에서 상륙 중인 적을 발견하고 근거리까지 접근하여 포격을 가했다. 이때 적은 실시 중이던 하역작업을 중지하고 산속으로 분산 도주한 후 약 15분 후부터 509정에 여러 문의 박격포 사격을 실시했다. 오후 5시 30분에 509정은 해안에 있던 적 상륙정 1척을 격파하고, 발동선 1척을 노획하여 묵호항으로 입항한 다음 묵호기지사령부에 인계하였다.

509정이 옥계해전에서 기록한 전과 및 손실은 적 PGM 1척을 격퇴시킨 것을 비롯해 상륙정 1척을 격파하고 발동선 1척을 노획했다. 509정은 함수 부분의 피격으로 일부 손상이 있었으나, 수리가 가능한 정도였다.

4. 대한해협해전

701(백두산)함은 해군장병들과 국민들의 성금으로 미국에서 구매한 함정으로서 한국 해군 최초의 전투함이자 유일한 전투함이었다. 3인치포를 장착한 701함은 전쟁이 발발하기 2개월여 전인 4월 10일 진해에 입항하였다.

한국에 도착한 701함은 국민들의 정성어린 성금에 보답하는 의미에서 손원일 해군총참모장의 지시로 주요 항구를 순방하면서 국민들에게 관람시켰다. 701함은 순방기간 중 강도 높은 해상훈련을 병행하였으며, 모든 순방과 훈련일정을 마치고 6월 24일 오후 11시 30분 진해항에 복귀했다.

전쟁발발 당일 새벽에 동해안의 옥계 등지에서 무장병력을 태운 북한함선들이 출현함에 따라 전날 진해항에 입항한 701함은 6월 25일 오

↘ 그림 9-4. 한국 해군 최초의 전투함인 백두산함 모습(우)과 미국 뉴욕항에서 백두산함 명명식 장면 (1949년 12월 26일 백두산함상). 왼쪽으로부터 손원일, 이건주 소령, 로빈슨 대위, 박옥규 함장

전에 진해통제부사령관으로부터 동해로의 긴급출동 명령을 받았다. 출동준비를 끝낸 701함은 512정과 함께 6월 25일 오후 3시에 진해항을 출항하였다. 동해로 향하던 중 오후 8시 12분경 미식별 선박을 발견하여 확인한 결과 적의 선박으로 밝혀졌다. 결국 26일 00시 30분부터 치열한 교전을 벌인 끝에 오전 1시 38분경에 완전히 침몰시켰다. 당시 침몰한 이 적선은 1,000톤급 무장수송선으로 속력 10~12노트, 선체길이 약 230피트, 선폭 약 30피트 정도이고, 앞부분과 중앙에 마스트가 2개였다. 무장은 57mm포 1문, 중 · 경기관총 2~4정, 병력은 해군 · 지상군 약 600여 명이었다.

이후에 701함은 6월 28일 한국해역에 도착한 미국 군함들과 동해안에서 방어 및 봉쇄작전을 수행하였다. 특히 대한해협해전 승전은 다음과 같이 다양한 측면에서 큰 의의가 있다고 생각된다.

첫 번째는 미군이 참전하기 이전 우리 해군이 단독으로 무장병력을 태운 적 선박을 격침시켰다는 것이다. 백두산함이 포탄이 아까워 사격훈련도 제대로 하지 못했음에도 불구하고, 적의 무장선박과 첫 해전에서 승리함으로써 우리 해군은 적과의 싸움에서 이길 수 있다는 자신감을 가

↘ 그림 9-5. 해군사관학교 교정에 설치된 701함의 3인치 포

졌다고 볼 수 있다.

두 번째는 일본, 미국 등지에서 군수물자와 증원 병력을 부산으로 이송하는 해상교통로의 안전을 확보했다는 것이다. 북한의 무장선박이 남해안까지 침투시켜 해상교통로를 교란했다면 유엔군 참전이 다소 지연되었을지도 모른다. 권주혁은 그의 저서 『바다여, 그 말하라』에서 "백두산함은 북한의 기도를 사전에 분쇄해 초기 제해권을 장악함으로써 부산을, 아니 대한민국을 구했다"고 적고 있다.

세 번째는 대한해협해전의 결과로 북한은 당초에 계획된 해상작전을 변경시키지 않을 수가 없었다. 대한해협해전에서 패전한 북한해군은 지상군 작전과 연계하여 무장게릴라 병력을 해안에 상륙시킨다는 작전을 철회하고 서해안에 산재한 도서지역 침투로 선회했다. 그 결과 북한은 해상통제권 장악이 없는 상황에서 지상군 진격만으로는 한반도 점령을 달성할 수 없게 되었다.

네 번째의 큰 의의는 남해안 상륙을 기도하는 적의 게릴라부대를 격멸하여 후방교란을 미연에 방지했다는 것이다. 이 작전이 실패하여 적의 게릴라부대가 부산 등 대도시에 상륙했다면 전쟁 초기에 아군은 물론 국민 전체에게 주는 혼란은 더욱 심각했을 것이다. 노만 존스(Norman Johnson)는 그의 저서 『6 · 25 비사』에서 "701함의 대한해협해전은 6 · 25 전쟁의 분수령이 되었다"고 평가했듯이 북한의 게릴라가 부산을 점령했더라면 전쟁의 양상은 전혀 다른 방향으로 전개될 수도 있었을 것이다.

5. 통영 상륙작전

한국 해병대의 활약으로 인해 함안과 진동리를 통한 마산 접근이 힘들어지게 된 북한군은 기존의 작전계획을 수정하였다.

통영을 점령한 후 견내량 해로와 거제도를 확보하여 진해를 위협하면서 한국군에게 압력을 가하고자 하였다. 이의 일환으로 북한군은 8월 16일에 350여 명을 통영에 진출시키고 300명을 후속하도록 하였다. 이에 맞선 한국 해병대의 김성은 부대는 8월 17일이 되자 해군 함정 7척과 부근의 목선을 이용하여 장평리 해안에서 단독 기습상륙작전을 실시하였다.

북한군의 저항 없이 장평리 일대에 상륙을 성공한 해병대는 곧바로 통영 탈환작전에 돌입하였다. 마침내 8월 19일, 해병대는 통영 지역의 북한군 및 그들의 선박을 몰아내는 데 성공하였다. 또한 원문고개에 새로이 진을 쳐서 혹시 모를 이쪽 지역으로의 재침입에 대비하기도 하였다. 이 상륙작전은 규모가 그리 크지는 않았지만, 한국군 최초의 상륙작전으로서 그 의미가 매우 크다고 할 수 있겠다.[1]

한편 북한군도 통영을 재탈환하기 위해 고성에서 통영으로 병력을

1. 통영지구 상륙작전은 인천상륙작전보다 약 한 달 먼저 전개되었다.

남하시킨 후 공격을 개시하였다. 그러나 이미 고성과 통영의 입구인 원문고개에 방어진지를 치고 있던 해병대의 투지에 부딪혀 격퇴당하고 말았다. 이 전투에서 해병대는 전투의 승패를 가를 정도로 중요한 지점이었던 매일봉 고지를 먼저 점령하여 적을 격멸하였는데, 이로써 낙동강 교두보선의 서측방 위협을 제거할 수 있었다. 이때 해병대는 전사 15명, 부상 47명의 손실을 입었다. 그러나 북한군 469명을 사살하였으며 83명을 생포한 점을 고려하면, 결국 크게 승리를 거둔 것이라고 할 수 있다.

결론적으로 통영지구 전투의 승리는, 단순한 측면에서의 승리가 아니라 후퇴와 방어에만 급급했던 국면을 진군과 공격으로 바꾸는 전환점이 되었다는 점에서 그 의미를 찾을 수 있을 것이다.

조금 더 알아볼까요?

여러분, 혹시 '귀신 잡는 해병'이라는 말 들어보셨나요? 이 말은 어디에서 처음 나왔을까요? 그 유래에 관한 이야기입니다.

1950년 8월, 북한군의 공격을 막아내기에 급급했던 한국군과 유엔군에게 가뭄 속 단비와 같은 소식이 전해집니다. 그것은 바로 8월 17일에 실시된 통영지구 상륙작전 성공소식이었는데요, '귀신 잡는 해병'이라는 말의 유래는 이때로 거슬러 올라갑니다.

상륙작전이 있은 지 6일 후인 8월 23일, 미국 '뉴욕타임즈'의 기자 '마거릿 히킨즈'는 한국 해병대가 방어진지를 구축하고 있는 통영 원문고개에 취재차 방문을 하게 됩니다. 여기서 그는, 적은 수의 병력(한국 해병대 1개 대대)으로 우세한 적군(북한군 7사단 600여 명)에 대해 기습적인 상륙 및 공격을 감행하여 적의 점령지를 탈환한 예는 일찍이 없었다며 김성은 부대의 활약을 높게 평가하였지요.

나중에 그는 'They might capture even devil'이라는 제목으로 이 취재 내용을 보도하였는데, 이것이 훗날 귀신 잡는 해병이라는 말이 탄생하게 된 배경이었다고 합니다.

6. 덕적도 및 영흥도 탈환작전

한국 해군은 전 해안을 봉쇄해 적의 해상활동을 차단했으나, 해안 가까이에 위치하여 적의 육상포 사정권에 있는 일부 도서에 대해서는 부득이 포기할 수밖에 없었다. 북한군은 이들 도서를 한국군 함정의 동정을 감시하는 거점으로 이용하고 있었다.

여기에 대응해 한국 해군은 적정을 탐지하고 지형정찰과 필요한 정보를 수집하기 위한 거점을 확보하고자 서해안의 덕적군도(德積群島)를 비롯한 주요 도서를 탈환하는 작전을 전개했다. 해군본부는 8월 16일 기함 702함의 지휘아래 도서탈환작전을 수행하도록 명령했다. 이 작전은 기함의 함장인 이희정 중령의 성을 따서 '이작전(李作戰)'이라고 명명됐다.

이 덕적군도는 그 위치가 인천 접근수로 입구에 위치하고 있어 장차 인천상륙작전을 위해서는 우선적으로 확보되어야 할 중요한 도서였다. 당시 덕적도에는 1개 소대 약 30명의 북한군 병력이 주둔했고, 통신대가 인천의 북한군 지상군과 통신을 유지하고 있었다. 또 좌익청년으로 조직된 자위대가 해상감시초소를 설치하여 운용하고 있었다.

덕적군도를 탈환하기 위한 이작전부대는 8월 16일 각 함정으로부터 인원 111명을 차출해 상륙반 1개 중대를 편성했다. 당시 상륙중대의 무장은 99식 소총, M-2카빈(자동연발식), 수류탄 정도였으며, 실탄이 부족해서 개인당 5~8발 정도 지급받았다. 더욱이 차출된 상륙중대 대원들은 그동안 육상전투에 대한 경험이나 별도의 훈련을 받은 적도 없었다.

8월 18일 오전 6시경에 상륙반은 301, 309정에 나누어 타고 영국 순양함 케냐함(Kenya), 캐나다 구축함 애서배스칸함(Athabaskan) 그리고 한국 해군 702, 704함의 함포지원을 받으며 덕적도 남동쪽 해안의 상륙지점인 진리(鎭里)로 향했다.

상륙부대는 제1상륙지점인 진리 남방 3km 지점을 북한군의 저항 없

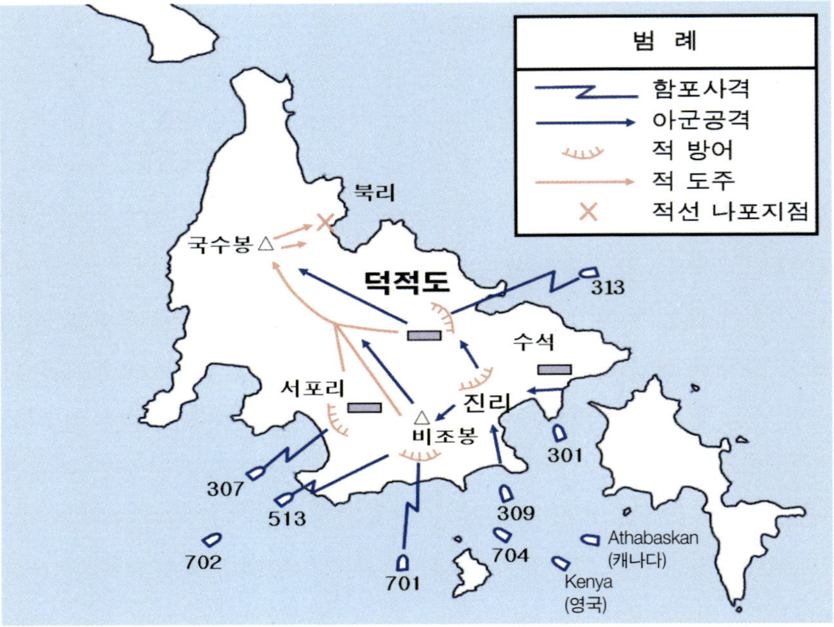

↘ 그림 9-6. 덕적도 탈환작전 요도

이 상륙 점령했다. 이어서 제2상륙지점인 진리 북방 3km 지점에도 상륙해 즉시 남·서쪽으로 진출했다. 오전 7시 30분경에 상륙중대가 진리에 도달하였을 때에 북한군은 이미 진리를 포기하고 북서부 산악지대로 도주하였는지 보이지 않았다.

북한군은 상륙부대의 진격을 저지하기 위해 서포리 비조봉과 북부 고지에서 중기관총과 소총으로 맹렬히 사격하며 저항하였으나, 함포사격으로 인해 진지를 포기하고 다시 북·서쪽의 국수봉(國壽峯)을 향해 도주했다. 결국 북한군은 발동선 1척으로 북리(北里)로부터 탈출을 기도했으나, 상륙부대는 이를 나포하고 이날 오후 2시경에 덕적도를 완전히 점령했다.

상륙중대는 이 작전에서 적 사살 26명, 포로 7명, 구금되어 있던 주민

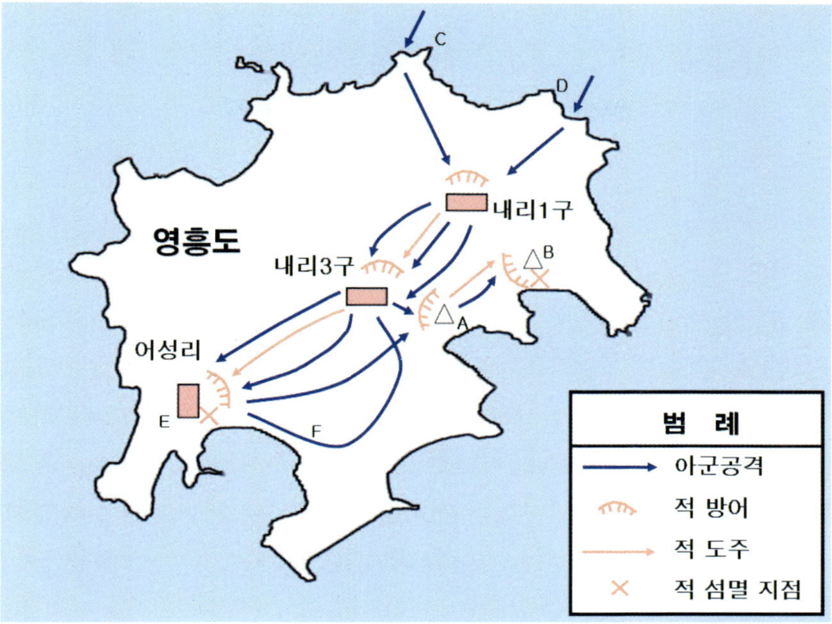

↘ 그림 9-7. 영흥도 탈환작전 요도

9명을 구출하고 기타 많은 무기를 노획하는 전과를 거둔 반면, 피해는 없었다. 또한 8월 20일에는 해군의 313정이 인근 도서인 대이작도(大伊作島)를 공격해 인민의용군 24명을 생포하고 끝까지 저항하는 7명을 사살하는 전공을 세우며 이 섬을 완전히 탈환했다.

한편 덕적도와 함께 인천의 교량이 되는 영흥도는 인천상륙작전의 중요한 거점이었으므로, 한국 해군은 덕적도를 완전히 점령하자 곧이어 영흥도 탈환작전을 전개했다. 영흥도의 해안선 일대는 비교적 평탄하며, 동부에 해발 약 100m의 고지가 있고 남서부 어성리(魚城里) 북쪽에도 같은 높이의 고지가 위치했다. 북한군은 여기에 정규군 약 30명과 좌익청년들을 동원해 소총으로 경무장을 갖추었다.

덕적도 상륙작전을 통해 지상전투의 경험을 어느 정도 쌓은 상륙중대는 사기가 왕성했다. 덕적도작전보다 적은 90명으로 편성된 영흥도 상륙중대는 8월 20일 오전 6시경 함포지원을 받으며 영흥도 북쪽에 있는 2개 돌출지점에 3개 소대가 상륙을 감행했다. 함포지원에 힘을 입은 상륙중대는 적의 큰 저항 없이 상륙한 후 계속 진격하여 오전 8시에 내리 1구를 점령했다.

당시 상륙중대의 무장은 덕적도 작전 때와 같았으나, 화력 보강을 위해 옆으로 탄창을 끼우는 기관단총 30여 정을 영국함정 케냐함으로부터 급히 빌려 소대당 몇 정씩 나누어 가지고 상륙했다.

상륙중대가 계속 진격하여 이날 오전 11시경 내리 3구의 고지에 돌입하자 적은 또다시 서쪽으로 도주했다. 이에 따라 상륙중대는 정오쯤 내리 3구를 완전히 점령하고 감금되어 있던 육군 4명을 구출한 후 오후에 다시 적을 추격하여 어성리로 접근했다.

이후 상륙중대는 702함으로부터 12명의 병력을 증원받아 8월 20일~21일간에 걸쳐 잔적을 완전히 소탕했다. 이 작전의 결과 북한군 사살 6명과 인민군 중위를 포함한 포로 33명, 각종 무기 28정과 탄약 1,000여 발 등을 노획했다. 그러나 한국군도 전사 4명과 경상자 7명이 발생했다. 상륙중대는 영흥도의 청년과 주민들의 협력을 받아 치안을 확보하고 탈환작전을 종결한 후, 장병 20여 명의 경비원을 남긴 다음 8월 24일 702함으로 귀함했다.

II. 유엔 해군의 작전

1. 유엔의 해군력

유엔의 최초 해군력은 미 극동 해군을 주축으로 형성이 되었다. 당시 미 극동 해군은 대규모의 해군이 아닌 제96기동부대와 상륙전대인 제90기동부대가 전부였다. 하지만 1950년 6월 27일에 발표된 유엔 결의안에 의해 영국 해군을 미 극동 해군에 배속시키고 또 뉴질랜드, 오스트레일리아, 캐나다가 전투함을 출동시킴에 따라 유엔의 해군력은 한층 강력해질 수 있었다.

이로 인해 동원할 수 있는 해군력은 미 극동 해군, 미 7함대, 영연방 함대를 합한 해군력이 되었으며 한국 해군도 작전 수행에 일부분 가담하게 되었다. 또한 영연방 해군과 한국 해군이 제96기동부대로 편성되었기 때문에 유엔 해군은 크게 제96기동부대, 제90기동부대, 제7함대까지 세 개의 부대로 이루어지게 되었다.

조금 더 자세히 알아보도록 하자. 유엔의 제96기동부대는 경(輕)순양함(巡洋艦)[2]과 구축함 4척이 있었으며 제90기동부대는 지휘함 1척, 공격 인원수송함 1척, 공격화물수송함 1척, LST 1척, 함대 예인함 1척을 보유하고 있었다.

이러한 주력 부대에 부가하여 미 극동 해군은 연안 소해함 6척과 함대 소해함 4척으로 구성된 기뢰전대와 일본 승조원이 운용하는 수송선박들이 있었다. 또한 제7함대는 2만 7,100톤급의 항공모함 1척과 항모강습부대인 77기동부대 및 몇 개의 기동전대로 구성되어 있었다. 영국의 경우 1만 3,000톤급의 경항공모함과 2척의 경순양함, 구축함 3척, 프리깃함 4척을 보유하고 있었다.

유엔 해군은 이러한 보유전력 외에도 여러 국가의 함대가 추가됨으로써 더욱 강화되었지만, 그 화력만으로 한반도 해역을 전부 차단하고 봉쇄하기는 사실상 어려운 상황이었다.

---

2. 전함보다 빠른 기동력, 그리고 구축함보다 우수한 전투력을 지닌 큰 군함을 가리킨다. 유도탄 순양함, 방공(防空)순양함, 대잠(對潛)소탕순양함 따위가 있으며 크기에 따라 중순양함, 경순양함으로 나누어진다.

2. 해상 봉쇄작전과 함포 지원: 동해안 지역에서의 전개

유엔 해군의 해상 봉쇄와 함포 지원은 주로 동해안에서 이루어졌다. 특히, 한국군 제8사단이 대관령을 넘어 철수한 이후에는 동해안을 따라 남쪽으로 밀고 내려오는 북한군의 진출을 저지하는 데 해군의 함포 지원이 커다란 역할을 수행하였다.

그리고 미국 경순양함인 Juno호는 6월 29일 묵호까지 남하한 북한군 병력에 30분간 포격을 가하였고, 동해안을 따라 함포 사격을 실시하면서 해상 봉쇄작전을 수행하였다. 영연방 함대는 서해안 지원 임무를 수행하였는데, 이후 상황이 악화됨에 따라 동해안에서도 작전을 수행하게 되었다. 7월 2일에 정찰을 수행 중이던 미국 경순양함과 영국의 경순양함 및 프리깃함은, 탄약 수송 어선을 호송한 후 어뢰정 4척을 포함한 북한군 함선 2척을 발견하고 전투를 벌였다. 그 결과 북한 어뢰정 3척과 함선 2척을 격침시키고 2명을 생포하였는데, 이 전투로 인해 한반도의 전 해역을 장악할 수 있었다.

이로써 이후 실시된 해상작전이나 해상포격을 손쉽게 진행시킬 수 있었으나, 전쟁기간 동안 유엔 해군의 전투는 위에서 소개한 내용들이 처음이자 마지막이 되었다.

↘ 그림 9-8. 한미 해병대의 인천상륙작전 함포사격
(출처: 미 국립문서 보관소)

동해의 제해권을 완전히 장악한 유엔 해군은 지속적이면서 신속하고 과감한 해안 포격 및 봉쇄작전을 수행하였다. 7월 4일에 삼척과 주문진 연안에 해안 포격을 가했고, 7월 5일과 6일에는 주문진의 유류 저장고와 선박을 공격하였다.

7월 8일에는 영국 경순양함인 Jamaica호가 해안 도로를 포격하던 중에 북한군의 포탄에 맞아서 4명의 전사와 8명이 부상을 입는 피해가 발생하기도 하였다.

그러나 유엔 해군은 북한군의 남쪽진출을 저지하기 위해 해안포격과 병참선을 차질 없이 차단했다. 성진 남쪽 16km 지점까지 진출하여 9명의 특공조를 육상에 투입시키면서 터널과 열차를 파괴하는 성과를 올리기도 하였다. 이와 같이 유엔 해군은 북한군의 진출을 저지하기 위해, 해안포격 및 후방 병참선 차단작전을 과감히 수행하였다. 뿐만 아니라, 유엔 해군은 지상군의 화력 지원 요청에 응한 함포사격 임무도 수행하였다. 한국군 제3사단으로부터 영해에서 영덕까지 진출한 북한군에 대한 화력지원 요청을 받은 Juno함은 지원 포격을 실시하였으며, 해안 도로를 포격하기도 하였다. 이후 북한군 제5사단에 대한 포격까지 추가로 가함으로써 북한군의 남진을 지연시킬 수 있었음은 물론, 미 제1기병사단이 포항을 통해 수월하게 한반도로 들어올 수 있게끔 해주기도 하였다.

또한 유엔 해군은 한국군 제3사단의 영덕 탈환작전을 지원하기 위해 해상 포격과 조명탄 지원을 수행하기도 하였다.[3] 7월 21일부터 22일까지 한국군이 진출할 수 있도록 포격을 계속하였으나, 결국 북한군의 반격으로 한국군은 후퇴하고 말았다. 그리고 7월 27일부터는 중순양함인 Helena호와 Toledo호가 증원되어 해안선을 포격함으로써 북한군의 공격 의지를 꺾을 수 있었다.

8월 7일에는 Helena호가 함경남도 단천에 함포사격을 가하여 그곳의 시설물을 파괴하였으며, 야간에는 속초 부근의 도로에 포격을 가하였다.

---

3. 이것은 유엔 해군을 비롯한 모든 유엔군이 참가하여 실시한 육 · 해군 합동작전이었다.

14일과 15일에는 단천과 고성에 야간 기습 상륙을 실시하여 여러 시설물을 파괴하는 데 성공하였고, 한국군 제3사단의 해상 철수를 위한 화력 지원도 실시하여 제3사단이 구룡포로 안전하게 철수시킬 수 있게 도움을 주었다. 그리고 8월 하순에는 청진, 성진, 단천 등지에까지 포격을 실시하여 북한군에게 막대한 피해를 입히기도 하였다.

미 극동 해군은 북한군의 공세가 낙동강 서남부지역, 마산지역에까지 이르렀을 때 진해만에 화력지원구역을 설정하고 낙동강 남해 전선을 지원해 주기도 했다.

이후에도 이러한 계획에 따라 8월 말부터 9월 말까지 미 제25사단의 지상 화력 통제반과 협조하여 효과적인 화력 지원을 실시하였다.

3. 해상 봉쇄작전과 함포 지원: 서해안 지역에서의 전개

서해안의 영연방 해군은 동해안의 전선이 급박하여 잠시 동해안에서 작전임무를 수행하였으나, 경항공모함이 합류하고 난 이후에는 서해안에서 독자적인 작전을 수행하였다. 그러나 이 시기 서해안에서의 지상작전은 이미 종결된 상태였기 때문에, 대체로 해상 봉쇄선을 구축하고 병력과 보급 수송을 차단하고자 하는 한국 해군의 작전을 지원하는 역할을 수행하였다. 또한 항공기와 더불어 후방 병참 시설과 철로를 파괴하고 차단하는 작전을 수행하기도 하였다.

↘ 그림 9-9. 미주리 함포 사격 장면
(출처: 포토뉴스)

이와 같이 유엔 해군은 한반도의 전 해역에서 해안 도로와 여러 시설물 및 병참선에 대한 포격과 차단, 지상군의 화력지원 등 주어진 임무를 효과적으로 수행하였다.

4. 해상 수송, 그리고 포항상륙작전

전쟁 수행에 있어서 병력과 장비 및 보급품의 원활한 공급은 필수적이라 할 수 있다. 그리고 당연한 이야기이지만, 이를 위해서는 수송능력이 매우 중요하다. 이뿐만이 아니다. 수송한 병력이나 장비 및 보급품을 목표지점에 신속하게 상륙시킬 수 있는 능력 또한 간과할 수 없는 중요한 기능일 것이다.

6 · 25전쟁 당시 유엔 해군은 병력과 장비 및 보급품의 수송을 담당하였는데, 특히 일본 선박 통제국 소속의 LST 39척과 화물선 12척이 매우 중요한 역할을 하였다. 7월 초에는 1만 5,000여 명의 병력과 1,700여 대의 차량을 수송하기 위해, 55척의 함선이 부산에 입항하였다. 이렇듯 유엔 해군은 병력과 장비 및 보급품을 제때에 수송할 수 있도록 수송 임무 수행에 만전을 기하였다. 이러한 수송 임무가 진행되기에 알맞은 곳으로 낙점된 곳은 바로 부산이었다. 개전 이후부터 많은 병력과 장비 및 보급품이 부산을 거쳐 갔지만, 7월 초가 되자 부산은 포화상태에 이르게 되었다.

결국 부산을 통한 원활한 병력과 장비의 수송은 사실상 불가능해지게 되었는데, 이에 미 극동 해군 사령관은 포항으로 미 제1기병사단을 상륙시키려는 계획을 수립하고 맥아더의 승인을 받아내는 데 성공하였다. 당시 미 제24사단은 끊임없는 전투로 인하여 병력의 피로도가 극에 달해 있었으므로, 미 제24사단과의 교대 병력이 절대적으로 필요한 때였다.

7월 10일, 포항으로 상륙 지점이 선정되어 11일에는 상륙에 필요한 모든 것들이 보수되기 시작하였다. 그리고 16일부터 17일까지는 상륙에 방해가 되는 기뢰 등을 제거하는 소해작업을 거쳤고, 마침내 18일과 19일에는 미 제1기병사단이 포항에 상륙하는 데 성공하였다. 포항에 미 제1기병사단이 상륙하는 동안에 해군의 지원 선단은 포항을 엄호하였으며 제77기동부대의 함재기들은 원산, 함흥, 평강 등을 폭격하였다.

이렇게 진행된 미 제1기병사단의 포항상륙작전은 낙동강 방어선이 구축될 때까지의 시간을 끌어주었다는 점에서 상당히 중요한 의의를 갖는다.

5. 항공모함부대의 공습과 항공지원

제77기동부대는 7월 3일 새벽에 해주 남서쪽 120마일의 해상에 도착하였고 곧바로 해주를 공격할 준비에 착수하기 시작했다. 잠시 후인 오전 5시 45분, 영국 항모 함재기 21대가 발진 후 8시 15분에 귀환할 때까지 해주의 비행장과 도로와 교량을 폭격하였다. 비슷한 시각, 미국 항모의 함재기는 오전 6시에 발진하여 평양 상공에서 북한군 수송기 및 YAK 전투기를 격추하면서 평양비행장을 폭격하였다. 이들은 이날 오후에도 출격하였는데, 이때 평양의 철도와 교량을 폭격하고 화차와 기관차를 맹공격하였다.

또한 7월 4일에도 출격하여 대동강의 교량을 파괴한 뒤 오키나와로 귀환하였다. 이처럼 이틀에 걸쳐 실시된 평양과 해주의 공습은, 여러 주요 시설물을 파괴함은 물론 북한 공군기 65대를 파손시킴으로써 유엔군이 실질적으로 제공권을 장악하는 데 결정적인 기여를 하였다.

평양과 해주의 공습이 큰 성공을 거두자 미 극동공군 사령관은 동부지역에 대한 공습 명령을 하달하였다. 이에 7월 18일 오후 5시, 미국 항모의 함재기 21대가 원산으로 출격하여 정유 공장을 폭격하였다. 원산 공습을 마친 함재기들은 7월 19일 평강과 함흥으로 출격하여 비행장과 기타 여러 시설물을 파괴하였고, 지상에 대기 중이던 북한군 항공기 50여 대 중 절반을 파괴하였으며 나머지도 일부 파손시키는 데 성공하였다.

그러나 이때 북한군의 대공사격으로 인해 함재기 2대가 격추되는 피해를 입기도 했다. 이와 같이 항공모함 함재기에 의해 실시된 북한지역에 대한 공습은, 북한군의 사기를 꺾어놓기에 충분하였으며 유엔군이 조기에 제공권을 확보하는 데도 큰 도움을 주었다.

한편 유엔군의 항모기동부대[4]는 후방공습과 더불어 근접항공지원[5]의 임무도 수행하게 되었다. 북한군이 빠른 속도로 남하를 강행하고 있던 당시, 호남지역에 아직 미 제8군의 지상 방어 병력이 배치되지 않고 있자 북한군 제6사단은 이곳으로 우회하였다. 상황이 이렇게 되자 육군은 해군과 공군에 지원해줄 것을 요청하기 시작했고, 이에 미 해군과 공군은 7월 25일 해군 함재기로 군산–전주–남원–광주를 잇는 서부지역을 공격하였다. 그러나 이때의 공격은 연락망의 혼선과 공군과의 협조 미비로 인해 큰 성과를 거두지 못했다.

26일에도 공격을 시도하였는데, 이때는 다수의 항공기를 목표지역에 한꺼번에 투입하여 공격하지 않고 1개 편대씩 투입하여 대전과 영동 사이에 배치된 북한군을 공격하였다. 또한 28일에는 영동과 함창 부근에 있는 북한군 집결지를 집중 공격하였고, 29일에는 순천–하동지역의 북한군 트럭과 전차 및 지역 내의 교량을 폭격하였다.

하지만 북한군의 강력한 8월 공세로 인해 낙동강 전선이 위태로워지자 8월 8일부터 17일까지는 모든 항공기가 근접항공지원과 차단 임무를 수행하였다.[6]

---

4. 항공모함기동부대의 줄임말.
5. 항공기가 적의 지상군에 대해 사격을 가하거나 폭격을 실시하는 것을 말한다.
6. 그러나 항공 통제반의 부족으로 인해 지정된 표적의 정밀폭격의 효과가 아니라, 전투지역의 북한군 병력을 공격함으로써 북한군의 공격 강도를 약화시키고 주간 작전을 포기하도

특히 해병여단의 마산지역 전투와 영산지역 전투에서는, 해병과 해병항공대 간에 긴밀한 협조가 이루어짐에 따라 전투 정면 50m 전방의 북한군 진지까지도 폭파하는 정밀 근접항공지원이 빛을 발하기도 하였다.

지금까지 살펴본 바와 같이 해군의 함재기들은 공군과 더불어 유엔 지상군의 작전을 효율적으로 지원하였고, 이로 인해 낙동강 전선을 방어하는 데 큰 도움을 줄 수 있었다.

III. 한국 공군의 작전

1. 한국과 북한의 공군력

해방과 더불어 한국군은 항공력의 중요성을 널리 알리고 항공인들을 규합하기 위하여 1946년 8월 10일에 '한국항공건설협회'를 창설하였다. 그리고 1948년 5월 5일에는 통위부[7] 직할로 최초의 항공부대가 창설되었으며, 6월 27일에 항공부대의 소속이 조선경비대 소속으로 바뀌었다.

미군으로부터 L-4연락기 10대를 인수하여 1948년 9월 4일에는 비행훈련을 시작하였다. 그리고 9월 13일에는 항공기지부대를 '항공사령부'로 개칭하였는데, 육군 항공사령부는 여순 10 · 19사건 진압 작전에 참가하는 등 여러 가지 임무를 수행하였다. 하지만 당시에 항공사령부가 가지고 있던 L-4는 효과적인 작전을 수행하기에 한계가 있었으므로 미국으로부터 L-5항공기 10대를 공급받기도 하였다.

록 하는 효과만을 볼 수 있었다.

7. 8 · 15 광복 직후의 미군정 시기에, 군사 업무를 통괄하여 맡아보던 관청. 1946년에 국방부를 고친 것인데 1948년에 다시 국방부로 바꾸었다.

1949년 10월 1일, 드디어 공군이 창설되었다. 창설되었으므로 엄연히 공군이라는 군대가 존재하는 것이었겠지만, L형의 연락기로는 공군의 가장 중요한 역할인 제공권을 장악하는 것이 사실상 불가능하였다.

그리하여 공군은, 항공 전력을 강화하기 위해 국민에게 호소하여 국민이 낸 성금으로 1950년 3월에 AT-6훈련기 10대를 캐나다로부터 구입하였다. 이와 같은 노력을 통해 6 · 25전쟁 발발 직전, 한국 공군은 병력 1,897명에 경항공기 22대를 보유한 전력을 갖출 수 있게 되었다.

다음으로 북한의 공군에 대해 알아보도록 하자. 북한의 공군은 1945년 10월에 '신의주 항공대'를 창설함으로써 시작되었다. 신의주 항공대는 1946년 2월까지 항공요원을 400여 명까지 양성시켰으나, 훈련경비와 장소 등의 문제로 평양학원에 흡수되었다. 그 후 1947년 9월, 인민군총사령부를 통한 북한군이 모습을 드러내자 평양학원 소속 항공중대는 항공과와 비행대대로 증편되었는데 곧이어 1948년 2월에 인민군이 창건되면서 예하부대인 제25비행연대로 확대 · 편성되었다.

소련은 북한 공군을 계속 지원하였으며 그 지원에 힘입어 북한 공군은 IL전폭기 75대, YAK-9전투기 100대를 포함한 200여 대의 항공기와 2,200명의 병력을 보유하게 되었다. 이로써 한국 공군과 북한 공군은 개전직전 엄청난 수준과 차이를 보였다. 그 내용은 육군과 마찬가지로, 북한이 월등히 앞선 것이었다.

2. 북한 공군의 공습과 한국 공군의 초기 작전

개전 직후, 한국 공군에게는 북한 공군의 폭격과 기총소사를 막을 수 있는 방법이 거의 없었다. 1950년 6월 25일 10시경 북한군의 YAK전투기 2대가 여의도와 김포비행장을 정찰하고 돌아갔다. 이날 정오경 4대의 YAK기가 용산역과 서울 공작창, 운전사무소와 통신소 등에 기총소사를 하였고 용산의 육운국(陸運局)[8]을 폭격하였다.

오후 4시경에는 YAK기 5대가 출현하여 2대는 김포기지와 석유 탱크, 미 항공수송단 소속 C-54기 1대를 공격하고 나머지는 여의도 기지의 한국 공군기 AT-6 1대를 파괴하였다. 또한 오후 7시경에는 김포기지를 공격하여 C-54기를 완전히 파괴하였으며, 북한 공군기의 공격은 26일에도 이어졌다.

그러나 이와 같은 북한 공군기들의 공격에 대해 한국 공군은 뾰족한 대책을 강구하지 못하였는데, 그나마 할 수 있는 것은 항공기를 분산·대피시키고 여의도에 작전지휘소를 설치하는 것이었다. 그 뒤 한국 공군은 북한군의 남진을 저지하기 위해 출격하였는데, 낮은 높이에서 비행하면서 조종사 뒤에 앉아 있는 관측사가 직접 손으로 폭탄을 투하해야 하는 열악한 상황이었다. 그리고 6월 27일, 그나마 있던 폭탄도 모두 소비되자 한국 공군은 정찰과 연락 임무로 전환하여 수행할 수밖에 없었다. 이처럼 한국 공군은 모든 면에서 열악한 환경이었고, 이로 인해 대공전의 수행이나 지상군의 근접 지원 작전 등 제대로 된 임무수행을 할 수가 없었다.

하지만 6월 27일, 상황이 달라지기 시작했다. 미국이 전쟁에 해군과 공군력을 투입하기로 결정한 것이었다. 또한 한국 공군의 투지는 이미 활활 타오르고 있었다. 한국 공군 조종사 10명은 미 공군이 제공하는 F-51전투기를 인수하기 위해 일본으로 떠났고, 미 공군의 전투기가 여의도와 김포비행장을 초계(哨戒)[9]하기 시작했다.

이때 두 차례에 걸쳐 북한의 YAK전투기가 여의도와 김포비행장을

---

8. 교통부에 소속된 하나의 국(局). 육상의 운수(運輸)에 관한 사무를 맡아 보며 운수과, 차량과, 여객과 등을 두었다.
9. 적의 항공기나 함정의 기습에 신속히 대처하기 위하여 실시되는 특정한 공역(空域) 및 수역(水域)에 대한 경계를 뜻한다.

공격하였다. 그러나 미 공군 편대가 반격을 개시, 전투기 3대를 격추시킴으로써 전쟁 중 미군 항공기가 북한기를 격추시킨 최초의 전과를 기록했다. 그리고 같은 날 IL-10기 8대 중 4대를 격추시키기까지 하였으나 북한 공군기는 수원비행장과 영등포역, 시흥역을 공격하여 철도와 열차를 파괴하였다.

1950년 6월 29일, 맥아더 원수는 한국 전선을 시찰하기 위해 일본에서 한국으로 오는 중에 북한의 비행장을 즉시 공격하라는 명령을 하달하였다. 이 명령은 대단히 중요한 것으로, 그전까지 38도선 이남에서만 작전을 실시하였던 미군의 항공 작전이 이제는 북한까지 확대되었음을 의미하는 것이었다.

3. 정찰 및 근접항공지원작전

이처럼 미 해군과 공군의 작전범위가 남한에서 북한지역까지 확대되자, 한국 공군은 정찰과 근접항공지원작전을 주로 실시하며 일정한 역할을 수행하였다.

미군이 제공한 F-51전투기를 일본에서 가져온 한국 공군은, 7월 3일부터 북한군의 남진을 저지하기 위해 지상군을 지원하는 작전을 수행하였다. 시흥지역의 연료저장소를 공격하고 영등포지역에서 전차 2대와 트럭을 파괴시켰으며, 안양 일대에서 북한군의 전차를 공격하였다. 하지만 이때 이근석 대령이 적의 대공 포화에 맞아 산화하기도 하였다.

그러나 이와 같은 어려움에도 불구하고 한국 공군은 미군이 지원한 로켓탄으로 무장한 채 끊임없이 북한군에 대해 공격을 가하였으며, 그 성과는 가히 눈부셨다. 7월 3일부터 26일까지 총 91회를 출격하여 전차 7대, 차량 17대, 여러 주요 건물시설, 300여 명의 북한군을 살상하는 전과를 기록한 것이었다.

↘ 그림 9-10. 항구주변을 비행하고 있는 AT-6건국기 편대의 모습
오른쪽에 보인다(출처: 미 국립문서 보관소).

이후 한국 공군은 북한군의 빠른 남진속도로 인해 사천으로 기지를 이동시켰다가 다시 진해로 옮겨 미 제25사단의 마산지역 방어를 지원하게 된다. 한국 공군의 F-51비행부대는 비행훈련에 모든 역량을 쏟아부은 뒤 8월 15일부터는 미 공군과 함께 편대를 조직하여 출격하였으며, 낙동강 전선에서 항공지원이 필요한 지역에 모두 출격하여 지상전을 지원하였다.

한국 공군 F-51비행부대는 8월 15일부터 9월 11일까지 93회나 출격하여 북한군의 차량 115대와 교량 20개소를 파괴하는 전과를 기록하였다. 이렇듯 한국 공군은 미 공군과 협조하여 북한군의 남진을 저지하고 낙동강 방어선을 지키는 지상군에 대한 근접 지원 작전을 수행하여 지상군에게 커다란 도움을 주는 혁혁한 전공을 세웠다.

그리고 한국 공군 정찰 비행대와 AT-6비행부대 역시 한국 해병대의 통영 상륙작전을 비롯한 정찰 및 전투기 유도 등의 임무를 수행하였다.

당시 정찰 비행대대는 괴산, 제천, 영월과 동해안 지역을 정찰하다가 북한군의 남진에 따라 이동하면서 한국군의 작전을 지원했다. 낙동강 방어선 지역의 정찰 임무를 수행하며 지상군의 작전 수행에 많은 기여를 한 것이다.

또한 AT-6비행부대는 북한군의 9월 공세가 한창일 때 정찰임무와 전투기 유도 임무를 수행하여 효과적인 화력지원이 이루어질 수 있도록 도와 영천 탈환 작전에 큰 도움을 주기도 했다.

이와 같이 한국 공군은 정찰, 전투기 유도, 근접항공지원 및 상륙 작전 지원 등의 임무를 포괄적으로 수행하면서 지상군의 작전을 도왔다.

4. 한국 공군의 3대 작전

6 · 25전쟁 기간 중에 실시되었던 승호리철교 차단작전, 평양 대폭격작전, 그리고 351고지전투 항공지원 작전은 한국 공군의 3대 작전이라고 일컬어진다.

먼저 승호리철교 차단작전은 1952년 1월 중순에 있었던 작전이다. 북한군과 중공군은 경의선과 만포선을 통하여 만주로부터 군수물자를

↘ 그림 9-11. **평양 대폭격작전을 실시하기 위해 이륙 준비 중인 한국 공군기들**(F-51)
(출처: 미 국립문서 보관소)

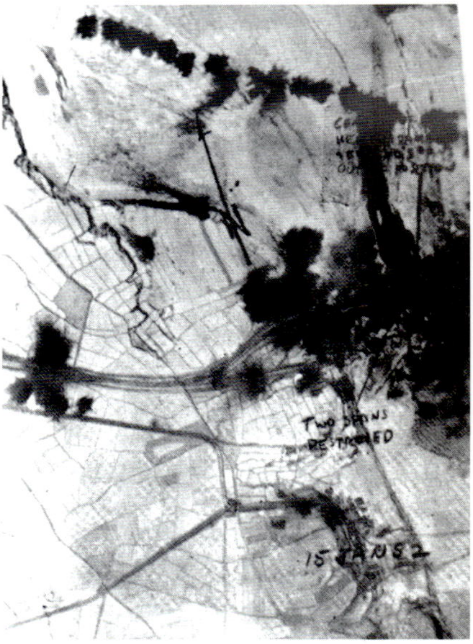

↘ 그림 9-12. 공격 후 승호리철교 항공사진

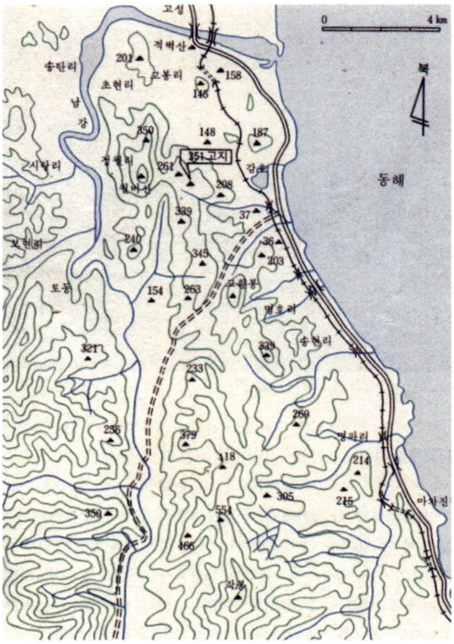

↘ 그림 9-13. 351고지 중심의 주요 전투지역

평양으로 수송했으며, 이를 다시 평양에서 서부와 동부전선으로 보급하고 있었다. 승호리철교는 평양 동쪽 10km 지점에 위치하고 있으며 대동강 지류인 남강에 설치된 철교로서 군수물자를 중·동부전선으로 수송하는 적 후방 보급로의 요충지였다.

미 제5공군은 그 군사적 중요성에 따라 승호리철교를 이미 폭파 차단하였으나 북한군은 본래의 철교 위치에서 하류방향인 북쪽 200m 지점을 우회하여 새로운 철교를 가설하고 그 주위에 대공 방어시설을 집중 배치하였다. 이후 미 제5공군 합동작전본부는 신설된 철교를 차단하기 위하여 미 공군 전투기들을 출격시켰으나 폭파하지 못한 채 한국 공군에 임무를 인계하였다.

한국 공군은 승호리철교 폭파임무를 수행하고자 1952년 1월 12일부터 여러 차례 출격하였으나 실패함에 따라 강릉전진부대 제10전투비행전대장은 휘하 지휘관 및 참모와 전술적 문제를 논의하였다. 그 결과 북한군의 극심한 대공포화의 위협을 감수하고라도 4,000피트 고도에서 강하하여 1,500피트에서 폭탄을 투하하는 저고도 공격방법을 택하기로 하였다.

이러한 전술은 한국 공군 전투조종사가 상당한 위험을 감수해야 하는 공격방법으로 승호리철교를 반드시 폭파하겠다는 일념에서 나온 특단의 조치였다. 이와 같은 결정에 따라 1952년 1월 15일 아침에 공격을 개시하여 마침내 승호리철교 폭파에 성공한 것이었다. 이때의 성공은 한국 공군의 명예를 걸고 기필코 성공해야 하겠다는 전투조종사들의 구국일념(救國一念)과 감투정신(敢鬪精神)에 기인한 저고도 공격전술로 이룬 성과였다.

다음은 평양 대폭격작전이다.

유엔공군은 주·야간 폭격을 증대하여 북한군이 공세의 여유를 갖출 수 없도록 만들었으며, 이와 함께 대량공중공격을 가하여 전쟁능력과 의지를 말살시킴으로써 유엔군 측이 제시한 휴전협상에 응하도록 압력을 가하고자 하였다. 이를 위한 수단으로 새로운 전략인 항공압박(Pressure Pump)작전[10]을 시작하였다.

이 공습작전은 계획에 따라 평양시내에 있는 북한군의 군사시설을 대상으로 감행되었으며, 당시 미 극동공군사령부 예하의 작전가능한 모든 공군부대가 최대한 동원되었다.

평양대폭격작전에는 한국 공군에도 미 제5공군으로부터 목표지역이 할당되었다. 한국 공군에 할당된 목표는 R-3지역인 대동강철교 서쪽의 평양 금속공장과 평양 곡산공장지역이었다.

---

10. 항공압박(Pressure Pump)작전: 미 극동공군사령관(웨이렌드 장군)은 정전회담의 성공을 위해 공중공격으로 적을 압박하는 것이 공군력을 가장 효과적으로 사용하는 것이라 생각하였다. 그리하여 1951년 7월 개성에서 정전회담이 개최될 당시 평양의 군사목표에 대해 대량 공중공격을 감행한 작전으로 이 작전은 6·25전쟁 중 미 공군이 계획한 최대의 작전이었다.

이날 한국 공군은 미 제5공군으로부터 부여받은 평양의 군사목표지역에 총 36대의 F-51전투기를 출격시켜, 공장건물 9동을 파괴하고 10동에 피해를 가하였다. 8월 29일 평양대폭격작전이 성공적으로 끝난 후 미 극동공군에서는 평양시 재건은 당분간 곤란할 것이라고 평가하였다.

끝으로 351고지 전투 항공지원작전에 대하여 알아보도록 하겠다.

351고지는 강원도 고성 남쪽의 월비산으로부터 동쪽 2km 지점에 위치한 곳으로 동부전선의 최북단 돌출부이며, 동해안 지역으로 침투하는 적에게 직접적인 위협을 가할 수 있는 감제(瞰制)고지이다. 또한 인근에는 원산에서 강릉까지 이어지는 해안 도로가 있어 교통의 요지였다. 따라서 동해안 지역의 전투를 담당하고 있던 한국군 제1군단이 만약 351고지를 잃게 된다면 동부전선에 직접적인 위협이 미치게 되므로 전선을 유지하기 위하여 반드시 고수해야 할 진지였다.

한국 지상군은 1951년 유엔군과의 추계공세에서 수도사단이 동부전선에 투입되어 고성 일대의 요충지인 월비산과 351고지 등 인근지역을 확보함으로써 전장 주도권을 장악하였다. 그러나 이후 북한군과 치열한 전투가 전개됨에 따라 351고지의 주인이 수시로 바뀌었다.

특히 1952년 추계공세가 끝난 후 공산군은 휴전회담이 진행되는 동안 이 지역에 병력을 증강하여 부대를 재정비하였고, 유엔군의 지상포화와 공중공격에 대비할 수 있는 난공불락의 요새를 구축하였다. 이에 한국군도 적의 공격에 대비하여 방어를 강화하였고, 필요할 경우 동해 근해에 위치한 미 극동함대와 미 제5공군의 항공지원을 받을 수 있도록 하여 대치상황을 유지하였다.

이와 같은 351고지에 대한 한국 공군의 근접항공지원작전은 1952년 10월 28일 한국군 제5사단에서 방어 중인 351고지 및 339고지에 북한군 제7사단이 공격을 가함에 따라 4대의 F-51전투기 편대가 출격하여 적 벙커를 공격하면서 시작되었다. 이후 휴전협정이 체결된 7월 27일까지 고

전 중인 지상군을 엄호하기 위해 월비산 지역을 비롯한 351고지 인근지역으로 수없이 출격하여 북한군의 기동로를 차단하였고, 대공화기 및 벙커 등을 파괴하였다. 이처럼 한국 공군은 휴전이 성립되는 순간까지 항공지원작전을 감행함으로써 지상군의 사기앙양과 공산군의 전세를 위축시키는 역할을 하였다.

무엇보다도 351고지작전은 휴전협정을 앞두고 북한군과 한국군이 한 치의 땅이라도 더 확보하기 위하여 진지를 뺏고 빼앗기는 치열한 혈전을 벌이는 상황에서, 한국 공군과 미 5공군 및 미 해군7함대가 함께 수행한 최초의 대규모 연합공지합동작전이었다. 이러한 한 · 미군과 육 · 해 · 공군의 성공적인 작전수행 결과, 현재 38도선 북쪽인 설악산과 속초지역 및 거진 · 간성지역을 한국 영토로 확보할 수 있게 되었다.

Ⅳ. 유엔 공군의 작전

1. 유엔의 공군력

유엔 공군 중 6 · 25전쟁에 최초로 투입된 부대는 미 극동 공군 예하 소속인 제5, 13, 20공군과 오스트레일리아 공군 제77비행대대였다. 당시 미 극동 공군 예하 중에서 가장 주력으로 꼽히던 미 제5공군은 사령부를 나고야(名古屋)에 두고 있었으며, 제13공군의 사령부는 필리핀 북부의 루손 섬에 있는 클라크 기지에 위치하고 있었다. 그리고 제20공군의 사령부는 오키나와에 있는 가데나 기지에 있었고, 오스트레일리아의 공군 제77비행대대는 이와쿠니에 기지를 두고 미 제5공군의 작전통제를 받고 있었다.

6 · 25전쟁 발발 직전, 미 극동 공군이 보유하고 있던 항공기는 총

1,172대로 북한군의 200여 대와는 비교가 되지 않을 정도였다. 이처럼 개전 초기부터 미 극동 공군은 북한 공군에 비해 월등히 앞서는 전력을 보유하고 있었다. 그러나 한국에 대한 방어 임무는 즉시 수립되지 않고 있는 실정이었다.

2. 공중 수송과 초기 작전

개전 직후, 미 공군은 우선 한국에 거주하고 있던 미국인들을 해상으로 철수시키기 위해 인천항에서 출발하는 해군 선박을 한국 해역에서 벗어날 때까지 보호하는 임무에 착수하였다. 작전을 수행하고 있던 6월 26일 저녁, 미국의 트루먼 대통령이 38도선 이남의 공격 작전 수행을 허가하였다. 이에 맥아더는 27일 새벽부터 남한지역의 제공권을 장악하라는 명령을 하달하였다.

하지만 전쟁 상황이 점점 악화되자 긴급 공중 수송을 시작하였으며 김포, 수원, 부산 등지에 있는 주한 미국인 938명을 철수시켰다. 이 과정에서 미 공군은 김포에서 북한군 YAK전투기 3대, 그리고 IL-10전투기 4대와 공중전을 벌여 이를 격추시키기도 하였다.

↘ 그림 9-14. **미 공군의 평양철교 폭격**(1950년 7월 2일)

남한지역에서 자유로운 군사 행동이 허용된 미 극동 공군은 28일부터 본격적인 작전에 돌입하였다. 이들은 사진 및 육안 정찰을 통한 목표물 공격을 실시하여 38도선 이남지역의 목표물에 대해 공격을 강행하였고, 29일에는 폭파되지 않은 한강철교를 폭격하여 끊어버렸다.

그러나 북한 공군도 이에 대한 반격을 개시하여 29일에는 수원비행장에서 대기 중이던 C-54 1대를 파괴시켰고 수원 상공에서 또 한대를 격추시켰다. 또한 전투기와 B-26경폭격기에 대해 기총소사(機銃掃射)[11]까지 실시하여 피해를 입혔다.

이로 인해 미 극동 공군은 제공권 확보를 위해 북한지역에서의 작전 수행에 대한 필요성을 느끼게 되었는데, 이에 맥아더는 이를 수락하고 북한지역에 있는 비행장을 공격하라는 명령을 하달하였다. 이렇게 해서 미 극동 공군의 작전 범위는 한반도 전역으로 확대되었다.

3. 제공권 확보 작전

미 극동 공군은 작전 범위가 한반도 전역으로 확대되자, 우선적으로 제공권 확보를 위한 작전을 개시하기 시작하였다. 그리하여 6월 29일 저녁, B-26경폭격기 18대를 출격시켜 평양 비행장을 공격하여 25대의 항공기를 파괴하고 공중에서 대응하는 YAK기 1대를 격추시키는 데 성공했다.

또한 미 지상군이 한국 전선에 개입할 때 같이 이동한 미 해군 제77기동부대 함재기들은, 7월 3일과 4일에 평양과 온정리 비행장을 공격하여 항공기 10대를 파괴하고 공중에서 YAK기 2대를 격추시켰다.

하지만 북한 공군은 북한군의 지상 작전을 지원하면서 미 공군기의 연료 소모와 작전 시간의 한계를 계산하여 그 타이밍에 기습 공격을 실시하는 전술을 사용하였다. 이 전술의 효과로 북한 공군기는 미 지상군을 공격하면서 미 공군의 항공기 1대를 격추시켰고, 여러 시설물에 대한 공격을 시도하기도 하였다. 그리하여 미 극동 공군은, 제공권 장악을 위

11. 기관총으로 비질하듯이, 빈틈없이 휘둘러 쏘는 것.

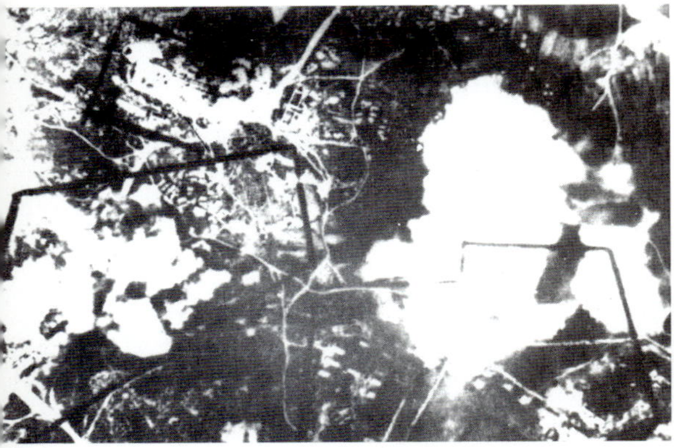

↘ 그림 9-15. 평양 대폭격작전 직후에 촬영된 평양 시내의 항공사진(출처: 미 국립 문서보관소)

↘ 그림 9-16. 적의 지상포화에 피탄되어 동체 착륙한 F-51전투기

한 적극적인 작전 수행의 필요성을 깨닫게 되었다.

이후 북한 공군의 과감하고도 기습적인 작전을 무력화시키기 위해 미 극동 공군은 김포기지를 공격하고 김포 비행장 활주로를 파괴시켰다. 그리고 이후 1952년 7월 12일부터 북한의 전쟁의지 말살을 위해 1,080대의 항공기를 투입해 개전이후 최대의 폭격작전으로 '평양 대폭격작전'을 실시하였다. 그 결과 30개 이상의 주요 목표를 완전 파괴시키는 전과를 올렸다.

이때 한국 공군은 F-51전투기 36대를 참가시켜 평양 군사목표 2개소를 완전 파괴함으로써 적의 전쟁능력과 전쟁의지 말살에 기여하였다. 열악한 조건에서도 7월 22일까지 해군 함재기와 더불어 북한 내의 항공기지를 공격하여 지상의 항공기를 파괴함은 물론, 활주로까지 사용할 수 없게 만들었다. 이로 인해 북한의 항공기들은 전장에 투입되기가 힘들어졌고, 자연스럽게 유엔 공군이 한반도의 제공권을 확보할 수 있게 되었다.

유엔 공군은 제공권 장악을 계속 유지할 수 있도록 끊임없이 정찰을 실시하여 위험요소에 대한 무차별적인 폭격을 개시하였다. 그리하여 유엔 공군이 장악한 제공권은 확고히 다져질 수 있었고, 이후 북한 공군의 위협은 거의 없다시피 하였다. 또한 이로 인해 유엔 해군의 항공모함과 함재기, 함선들이 전장에 자유롭게 투입되어 효과적인 작전 지원을 수행할 수 있게 되었다.

4. 근접항공지원 및 후방 차단 작전

미 공군과 해군은 전폭기와 함재기를 출격시켜 후방 폭격이나 근접지원 임무에 투입되었고, 이는 공중 화력을 대폭 강화시켜 주었다. 하지만 맥아더 원수는, 이러한 화력의 강화만큼이나 공격 목표의 정확한 선택과 배정이 중요하다고 여기고 있었다. 곧 맥아더 원수는, 사령부 내에 '목표선정위원회'를 설치하여 후방 차단 공격의 효율성을 높이기 위한 노력에 정진하였다.

이런 부단한 노력의 결실로 인해 효과적인 항공 공격이 가능해졌고, 지상군의 작전을 지원하는 것도 더욱 용이해졌다. 그리하여 해병대의 마산지역 작전을 비롯한 이후의 여러 작전에서 그 지원효과는 대폭 상승할 수 있었다.

또한 미 공군은, 효과적인 근접항공지원을 위하여 항속 거리를 줄이고 체공 시간을 늘릴 수 있는 방법을 강구하기 시작하였다. 이에 일본 내 항공 기지를 한국에 가까운 곳으로 옮기고 고공비행을 통해 연료 소모를 줄이거나 보조 연료 탱크를 장착하는 방법을 구상하였으나 별다른 효과를 거두지 못하였다. 이로 인해 한국 내 기지를 대구, 포항, 수영에 비행장을 확장시키는 방법을 이용하여 운영하기도 하였다.

곧이어 전개된 북한군 8월 공세의 여파로 인해 대구에 있던 기지가 위험하다고 판단, 일본으로 다시 철수시켰다. 그러나 8월과 9월 초에 걸쳐 최소한의 병력으로 2,268회 출격하여 지상군의 작전을 지원하는 모습을 보여주었다(이는 단순한 출격 후 지원이 아니라, 그 당시로서는 아주 대단한 것이었다).

포항에서도 동해안 작전을 지원하였지만, 북한군 제5군단의 강세로 인해 다시 일본으로 철수할 수밖에 없었다. 이러한 여러 가지 어려움에도 불구하고 유엔 공군은 한국 내에서 기지를 확장하여 항공지원을 하기 위해 부단한 노력을 하였다.

한편 미 제25사단과 미 제1기병사단이 고전하고 있던 7월에는 지상군 근접 지원에 총력을 기울였다. 특히 낙동강전선의 북한군 8월 공세가 점점 거세어지자 모든 항공기가 지상군 근접 지원을 하였다. 8월 16일 11시 58분부터 12시 24분까지는 98대의 B-29폭격기가 500파운드의 무게가 나가는 폭탄 3,084개와 1,000파운드의 폭탄 150개로 왜관지역에 융단폭격을 가하기도 하였다. 이처럼 미 공군과 해군, 그리고 해병의 함재기들은 낙동강 방어선 모든 지역에 투입되어 북한군의 장비와 병력을 공격하여 북한군의 간담을 서늘하게 만들었다.

잠시 유엔 공군의 전술적인 면을 구체적으로 살펴보자면, 당시의 작전 중에서 후방 차단 작전은 북한군의 지상 전력과 작전 강도를 약화시킨 최고의 작전이었다. 아군을 돕고 공산군의 진격을 저지한다는 궁극적 목표를 지닌 이 작전은, 북한군의 보급 차단에 중점을 두고 전개되었다.

이후 평택 지역에서 7월 7일부터 9일까지 미 공군은 차량 197대와 전차 44대를 파괴하였다. 그리고 10일에는 117대의 차량과 38대의 전차, 7문의 자주포를 파괴함과 동시에 북한군 다수를 살상하는 전과를 올리기도 하였다. 하지만 이러한 전과에도 불구하고 북한군의 공세가 심해지자 최초로 투입된 미 제24사단이 위험에 자주 노출되었다.

이에 미 공군은, 후방 차단과 폭격을 위해 주목표를 북한군의 병력과 장비로 결정하고 부수적으로 보급창과 주요 시설물까지 폭격 목표로 선정

↘ 그림 9-17. **집중폭격에 의해 파괴된 평양 조차장과 차량수리소 기관차량들의 모습**
(출처: 미 국립 문서보관소)

하였다. 7월 13일 원산 조차장(操車場)[12]의 폭격을 시작으로 16일에는 서울 조차장, 8월 7일에는 평양 조차장, 8일에는 함흥 조차장을 폭격하였다. 이렇게 8월 내내 북한지역의 여러 시설물과 교통망에 대한 폭격은 계속되었고, 그 결과는 매우 성공적이었다. 이리하여 한국 공군과 미 극동 공군은 140개소의 교량과 47개소의 철도망, 93개의 도로망, 1,400여 대의 차량, 2,900여 대의 화차, 450여 대의 기차를 파괴·파손시킴으로써 북한군의 전력을 한풀 꺾어놓을 수 있었다.

이와 같이 유엔 공군은 조기에 제공권을 확보하여 근접항공지원과 후방 차단 작전을 성공적으로 수행함으로써 낙동강 방어선의 효과적인 방어에 한몫할 수 있었다. 또한 보급선의 차단도 지속적으로 실시함으로써 북한군의 전력을 약화시키는 데 성공하였다.

지금까지 6·25전쟁 기간에 있었던 한국군 및 유엔군의 해·공군 작전 및 전투에 대해 살펴보았다. 특히 한국 해군 및 공군은, 당시의 열악한 상황 속에서도 나라를 지키겠다는 일념 하나로 용감히 북한군에 맞서

12. 객차와 짐차를 조절하는 곳을 말한다. 철도에서 열차를 잇거나 떼어내는 곳이다.

왔다는 것을 확인할 수 있었다. 그리고 무엇보다도, 육군과 마찬가지로 해 · 공군 역시 아비규환의 전선에서 조국을 위해 한 목숨 바쳐왔음을 느끼게 되었다. 우리는 이와 같은 한국군의 숭고한 희생정신은 물론이요, 아무런 연고도 없는 먼 타국에서 쓰러져간 수많은 유엔군의 값비싼 희생까지도 잊어서는 안 될 것이다.

조금 더 알아볼까요?

밴플리트 장군과 아들의 편지

"사랑하는 어머니에게"

이 편지는 군인의 아내에게 바치는 편지입니다. 눈물이 이 편지를 적시지 않았으면 합니다.

어머니, 저는 자원해서 전투비행훈련을 받았습니다. B-26 폭격기를 조종할 것입니다.

저는 조종사이기 때문에 기수(機首)에는 폭격수, 옆에는 항법사, 후미(後尾)에는 기관총 사수와 함께 있습니다.

아버님께서는 모든 사람들이 두려움 없이 살 수 있는 권리를 위해 지금 한국에서 싸우고 계십니다.

드디어 저도 미력한 힘이나마 아버님에게 힘을 보탤 시기가 도래한 것 같습니다.

어머니, 저를 위해 기도하지 마십시오. 그 대신 미국이 위급한 상황에서 조국을 수호하기 위하여 소집된 나의 승무원들을 위해 기도해 주십시오. 그들 중에는 무사히 돌아오기만을 기다리는 아내를 둔 사람도 있고, 애인이 있는 사람도 있습니다. 저는 최선을 다할 것입니다. 그것은 언제나 저의 의무입니다.

그럼 안녕히 계십시오.

〈당신의 아들 지미 올림〉

이 편지는 리지웨이 장군의 후임으로 부임한 밴플리트 미 제8군 사령관의 아들 지미 밴플리트 2세 공군 중위가 이제 막 해외 근무를 마쳤기 때문에 6 · 25전쟁에 참전할 의무가 없었음에도 불구하고 자원해서 아버지가 사령관으로 있는 6 · 25전쟁에 참여하면서 어머니에게 보낸 편지이다.

그리고 그것이 마지막 편지였다.

1952년 4월 2일.

지미 밴플리트 중위는 압록강 남쪽의 순천 지역을 폭격하기 위해 출격했다.

새벽 3시, 김포 비행단의 레이더와 접촉한 후 표적을 향해서 날아가더니 레이더에서 사라진 뒤 소식이 끊겼다.

즉시 수색작전이 시작된 것은 물론이다. 4월 4일 아침 10시 30분경 미 제8군 사령관 밴플리트는 미 제5공군 사령관 에베레스트 장군으로부터 지미 밴플리트 2세 중위가 폭격비행 중 실종되었고 지금 수색작업이 진행되고 있다는 보고를 받았다.

그는 묵묵히 듣고 있다가 담담하게 다음과 같이 지시했다고 한다.

"지미 밴플리트 2세 중위에 대한 수색작업을 즉시 중단하라.

적지에서의 수색작전은 너무 무모하다." 라고..

아버지가 아들 구출작전을 무모하다고 중지시킨 것이다.

이것은 인접 한국군 부대장으로서 회의에 참석했던 전 주월 한국군 사령관 채명신 장군의 증언이다.

제 10 장

1953년 7월 27일, 그 이후

Ⅰ. 아, 6 · 25!

Ⅱ. 피바람이 휩쓸고 지나간 자리

Ⅲ. 6 · 25전쟁이 우리에게 주는 교훈

제10장

1953년 7월 27일, 그 이후

I. 아, 6 · 25!

1. 6 · 25전쟁은 어떤 전쟁인가?

6 · 25전쟁은 전쟁의 성격 면에서, 그리고 전쟁의 수행방식과 종결 모양이나 상태 면에서 양면성을 띤 전쟁이었다. 먼저, 전쟁의 성격 면에서 20개국에 달하는 교전 국가를 포함하여 세계의 모든 나라가 다양한 방법으로 6 · 25전쟁에 개입되거나 관련된 국제전이라고 할 수 있다. 그리고 직접적으로 무력을 사용하고 구체화된 정치적 목표를 달성하기 위한 현실전이면서도, 동 · 서 이념분쟁의 이념전을 동시에 지닌 전쟁인 것이다.

GUINNESS WORLD RECORDS

CERTIFICATE

The most countries to support an ally in war is 67 and was achieved by nations supporting the Republic of Korea during the Korean War of 1950-1953.

GUINNESS WORLD RECORDS LTD

↘ 그림 10-1. 기네스북 세계기록 인증
6 · 25전쟁(1950~1953) 당시 67개국이 다양한 방법으로 대한민국을 지원하였는데,
이는 역사상 가장 많은 국가가 한 전쟁에 참여한 세계 기록이다(출처: 월드피스자유연합).
그러나 국방부는 최종적으로 연구 및 분석한 결과 63개국으로 확정 발표하였다(국방부/ 2012년 5월 11일자 국방일보).

전쟁 수행방식에 있어서도 전장(戰場)규모

면에서 보면 분명히 국지전이지만 전 세계의 거의 모든 국가[1]가 어떤 형태로든 참여한 점을 고려해 보면 가히 전면전이라 할 수 있다. 또한 전 세계적 차원에서 전장이 한반도와 그 근해로 국한되었기에 핵 시대에 치러진 제한 전쟁이지만 남북한 단독의 힘에 의해서가 아니고, 미군과 중공군의 힘까지 동원되었으므로 전쟁 당사국의 입장에서 보면 총력전(總力戰)이 분명하다. 그리고 6·25전쟁은 전쟁사에 있어서 현대에 치러졌으므로 현대전(現代戰)이라고 할 수 있으나 핵폭탄을 사용하지 않고 재래식 무기를 사용한 점이나 전략·전술도 재래식으로 구사된 점 등을 감안하면 재래식 전쟁의 전형이기도 한 것이다.

이러한 점을 종합해 볼 때, 6·25전쟁은 전쟁 종결 방식을 포함하여 현대에 재래식 무기를 가지고 재래식 전술전략으로 싸우다가 아무런 정치적 목적을 거두지 못한 채 300만이 넘는 억울한 한민족의 원한만을 남긴 전쟁이라고 생각된다. 궁극적으로 동서 양대 진영의 이념적 냉전이 그 축소판이라고 할 수 있는 한반도에서 촉발된 전쟁이었고, 역으로 한반도 내의 동족내분(同族內紛)이 동서의 국제냉전을 확대시키면서, 이 두 가지가 상승·복합작용을 거듭한 결과라고 할 수 있겠다.

다시 한번 살펴보면 6·25전쟁은 대한민국 건국 이후 불과 2년이 되기도 전에 맞은 대재앙이었다. 이 전쟁은 김일성의 무력통일 열망과 한반도에서 자유민주주의체제를 붕괴시킨 후 미국의 영향력을 완전히 배제하고, 나아가 일본과 동남아를 적화하려는 스탈린의 '세계적화전략'이 맞아떨어져서 발발한 것이라고 볼 수 있다. 결국 북한공산주의 집단은 단군 이래 우리 민족 역사상 가장 비극적이고 끔찍하며 고통스러운 참극을 일으키고야 만 것이었다. 북한 공산주의자들은 목적을 달성하기 위해서는 어떤 수단과 방법도 가리지 않았으며 대한민국 국민 모두는 그들의

1. 월드피스자유연합, 그림 10-1 참조: 기네스북 세계기록인증(2010년 9월 3일).

잔인성과 자유의 억압을 너무나도 뼈저리게 경험하였다.

그러나 대한민국은 불법적인 남침에 굴하지 않고 재난을 극복하기 위해 남녀노소를 가리지 않았다. 개전 초기 북한군의 소련제 T-34전차를 막아낼 방법이 없을 때, 한국군 용사들은 수류탄을 들고 돌진하여 적 전차를 파괴시키고 장렬히 전차와 함께 산화(散華)되었다. 또한 많은 학생들이 손에 책 대신 총을 들고 조국을 위해 목숨을 내놓기도 하였다. 많은 여성들과 지식인들도 가만히 있지 않았다. 그들은 다친 사람을 치료, 간호하거나 임시로 학교를 만들어 전쟁 속에서도 민족의 기개를 잃지 않게 하기위한 교육에 매진하기도 했다.

이처럼 대한민국 국민 모두는 침략해온 북한공산주의 집단에 맞서 결코 물러서지 않았다. 그 결과, 전쟁 초기의 상대가 안 되는 전력 열세를 극복하고, 곧 전세를 역전시킴으로써 북한의 한반도 적화 야욕을 저지할 수 있었다.

또한 이 재앙을 극복하는 데 있어 미국과 유엔 참전국의 도움 또한 매우 큰 것이었다. 자유를 위협하는 이 전쟁에서 한국군은 미군 및 유엔 참전국 군대들과 어깨를 나란히 하여 연합작전을 수행하였고, 미국은 전화에 휩싸인 한국정부와 국민들에게 물질적, 정신적으로 헤아릴 수 없는 도움을 주었다. 이는 대한민국이 북한의 적화야욕을 분쇄하고 위기를 극복하는 데 큰 힘이 되었던 것이다.

결과적으로 전쟁의 원인이야 어땠든, 6 · 25전쟁은 분명히 동족상잔의 비참한 전쟁이었다. 민족의 통일이라는 목표가 아무리 중요하다 하더라도, 더 이상의 민족적 자해 행위는 용납될 수 없다는 귀중한 교훈을 얻은 것이다. 우리가 겪은 6 · 25전쟁은 "민족의 통일은 민족의 보존을 전제로 해야 하며, 이를 위해서는 6 · 25전쟁 같은 전쟁을 막아야 한다"는 절대적인 명제를 우리 앞에 던져 놓고 있는 것이다.

2. 6 · 25전쟁의 영향[2]

약 3년 1개월간의 전쟁이 휴전으로 귀결된 6 · 25전쟁은 국내외적으로 많은 영향을 미치게 되었지만, 그중에서 남한사회의 전반에 대해 미친 영향은 실로 심대하다고 하겠다.

먼저, 국내정치적으로는 우익적이며 반공적인 국가질서를 강화시켰다. 북한의 남침 그 자체가 남북협상파와 중간파에 대한 국민적 신뢰를 크게 떨어뜨렸고 민주사회주의같은 온건한 이념조차 공산주의와 동일시되거나 용공(容共)[3]시되었다. 더욱이 중간노선과 협상노선을 추구한 지도자들이 대부분 월북했거나 납북됐고 또는 전쟁 중에 죽음을 당하기도 하였다. 결국 이러한 정치상황과 미국 및 국제연합에 의해 대한민국이 구출되었다는 인식은 우익적 · 반공적 정치질서와 친미 성향에 이바지하게 되었다고 할 수 있다.

국제관계에 있어서도 많은 영향을 주었는데 미국이 대한민국의 구원자이며 은인이라는 믿음이 국민들 사이에 널리 자리 잡게 되었고 한 · 미 상호방위조약은 국가의 안전을 위한 필수적인 요소로 받아들이게 됐다. 그리고 점차 친미적 외교노선을 추구하게 되었으며 국제연합에 대한 신뢰가 강화되었다. 국제연합이 북한의 남침으로부터 국가를 구해주었다는 인식은 국제연합을 대상으로 한 외교를 중시하게 만들었다.

6 · 25전쟁은 당연히 경제 분야에서도 큰 타격을 주었다. 당시 최악의 상황에서도 이승만 대통령은 미국과 유엔의 경제 원조에 힘입어 전후경제를 복구시켜 나갔다. 그러나 대한민국의 경제적 요구나 필요와는 관계없이 경제 원조가 이루어졌다. 또한 이를 바탕으로 하여 소비재 경공업 우선의 공업화가 추진됨에 따라 공업의 대외 의존적 성장과 농업의 침체

2. 김학준, 『한국전쟁』, 박영사, 2003, pp. 398-405.
3. 공산주의의 주장을 받아들이거나 그 정책에 동조하는 일.

현상이 생기게 되었다.

군사적인 영향도 지대하였다. 전쟁 발발 시에 6만 5천 명 규모이던 한국 육군이 휴전 직후 72만 명 규모로 확대되는 등 대한민국의 군부가 급격히 성장됨에 따라 국내정치에 대한 영향력도 커지게 되었다. 군부의 성장은 대체로 미국의 지원 아래 이뤄졌으며, 특히 1953년 10월 1일에 한·미 상호방위조약을 체결함으로써 미국 군사교리의 대폭 수용 등 미군의 지원이 체계화되었다. 이와 더불어 전쟁을 수행하면서 통감하였던 전력증강 및 군비증강의 필요성이 급부상하였다. 전략적으로도 재래식 전쟁의 대비가 필요하다는 인식과 한반도에 대한 전략적 가치를 재평가하게 되었으며 연합 및 합동작전이 매우 중요하므로 해군과 공군을 균형 발전시키고 작전능력을 향상시켜야 한다고 입을 모았다. 또한 전술적인 면에서는 특수전 부대에 대비한 대비정규전 수행능력과 산악작전 및 야간작전 능력을 향상시키고 무기체계 분야도 자주포와 전차 등 획기적으로 발전시켜야 한다는 분위기가 고조되었다.

정신적으로도 크게 영향을 미친 6·25전쟁은 또한 반공주의적인 정신적 분위기를 높였다. 반공은 '국시(國是)'의 지위를 차지하여 때로는 대한민국의 대의명분인 자유민주주의를 대체해 나가기도 했고, 반공주의라는 미명하에 권위주의나 독재주의가 합리화되는 경향도 있었다. 그러나 반공주의가 부분적으로 부작용을 빚은 점은 비판받는 것이 마땅하나, 북한의 남침도발에 대한 국민적 경각심을 높이고 국가안보 유지에 공헌한 사실은 인정돼야 할 것이다.

사회적인 영향으로는 민족의 대이동, 도시로의 인구집중, 사망률 증가와 출산율 저하, 심각한 실업률 등을 꼽을 수 있다. 게다가 이 전쟁은 수많은 전쟁고아, 전쟁미망인 및 상이군경을 낳았고 국제결혼에 따른 혼혈아 문제가 발생하기도 했다. 그리고 전쟁으로 인하여 한국인들이 해외유학을 많이 가게 됨으로써 사회적 갈등 등 새로운 문제를 낳은 측면도 있었으나 전반적으로는 한국의 학문과 기술 및 예술 등에서 기여한 바가 크다고 하겠다.

끝으로 문학적인 분야에 대해서도 무척 큰 영향을 주었는데 심지어는 '6 · 25전쟁 문학'이라는 말을 보편적으로 사용하고 있을 정도로 6 · 25전쟁에 대한 문학이 일반화되고 대중화되었다.

이렇듯 자유민주주의 수호라는 측면에서 세계적으로도 크게 영향을 끼친 6 · 25전쟁은 각 분야에 걸쳐 전 방위적으로 영향이 심대하였으며 70여 년이 지난 오늘날과 앞으로도 계속하여 살아 숨 쉴 것이다.

II. 피바람이 휩쓸고 지나간 자리

1. 관련 국가들의 입장

1,129일 동안의 6 · 25전쟁에서 남한과 북한은 엄청난 피해를 입었으며, 가장 큰 피해자는 바로 남한과 북한의 국민들이었다는 것은 이론의 여지가 없다. 그러면 6 · 25전쟁에 직 · 간접적으로 참여한 국가들의 입장은 어떠하였는지 살펴보고자 한다.

먼저 미국의 입장은 6 · 25전쟁을 '아시아에서 미국을 시험해보기 위한 공산주의의 도전'이라고 생각하여 즉각 참전하였다. 이에 따라 미국은 6 · 25전쟁에 500억 달러가 넘는 전비를 투입했고 연인원 1백 80만 명에 가까운 병력이 참전하여 14만여 명에 달하는 인명피해를 보았다.

그러므로 6 · 25전쟁은 미국 국민과 군인, 모두가 마음이 내키지 않는 전쟁이었으며, 미국이 승패를 확실하게 매듭짓지 못한 최초의 전쟁이었다. 그러나 미국은 6 · 25전쟁에서 유엔군을 지휘하고, 주도적인 역할을 수행함으로써, 자연스럽게 자유세계의 리더로 부상하게 되었다. 이런 미국의 위상은 나아가 베트남 전쟁으로까지 이어져 아시아에서 소련과 중국 등 공산권 세력을 방어하는 데 추동력이 되었다. 이에 따라 미국은 6·25전쟁 이후 1960년대 중반까지 한국을 비롯한 30여 개 국가에 70만여 명 이상의 군대를 주둔시켰고, 42개국과 상호방위조약을 체결했으며, 53개의 국제조직을 주도하는 위치에 오르게 되었다.

반면 소련은 6·25전쟁에서 크게 얻은 것은 없으며, 오히려 전쟁의 배후 조종자로 지목되어 비난을 받는 결과가 되었다. 뿐만 아니라 북한을 적극적으로 지원하지 않았다는 이유로 공산권 내에서도 비방을 받는 입장이 되었고 중국을 전쟁에 끌어들여 미국과 함께 약화시키려는 책략을 꾸몄다는 의심도 받았다. 결과적으로는 북한에 대한 소련의 절대적인 영향력은 감소했을 뿐만 아니라 중국과도 적대적 관계로 발전하는 계기가 되고 말았다.

한편 중국은 전쟁에서 많은 사상자가 발생했고, 많은 국력을 소모한 만큼 경제 재건이 늦어졌다. 6·25전쟁이 없었다면 중국은 대만 통합도 가능했던 데 반하여 전쟁에 참전한 이유로 20년 동안 유엔에 가입할 수도 없었다. 그리고 6·25전쟁을 지원하는 과정에서 노출된 중국과 소련의 이견과 불신은 후일 중·소 분쟁으로까지 발전하게 되었다.

그러나 중국도 값비싼 대가를 치른 만큼 아시아에서뿐만 아니라 제3세계의 리더로 확고히 자리 잡게 되었다. 특히 중국은 북한에 남아 있던 중국군을 1958년 말 모두 철수시켰지만, 북한에서 소련이 하고 있던 위치를 대신하고 공산권 내에서도 독자적인 지위를 확보하게 되었다.

반면 대만의 장제스는 시간을 얻었다. 6·25전쟁 전까지는 미국이 대만을 보호할 계획이 아니었으나 6·25전쟁이 발발하자 미국은 제7함대로 대만해협을 봉쇄했다. 6·25전쟁으로 인하여 대만은 전화를 겪지 않고도 스스로 일어설 수 있는 기반을 닦게 되었다.

일본은 6·25전쟁으로 가장 큰 수혜국이 되었다. 태평양 전쟁 후의 일본은 암담한 처지에 있었고 다시 일어서는 것은 영원히 불가능하다고 생각했었는데, 경제적인 것은 물론이고 처지가 비슷한 독일과는 달리 분단을 면한 것부터가 일본에게는 행운이었다.

반면 한국이 일본을 대신해 분단의 멍에를 짊어지게 되었으며 6 · 25 전쟁이 발발하자 일본의 요시다 수상은 '천우신조'라며 기뻐했다고 한다. 일본은 6 · 25전쟁의 후방기지와 병참기지로 변모했으며, 경제는 호황을 누리기 시작했다. 일례로 전쟁발발 전에는 도산직전이었던 도요타 자동차가 미군트럭 1,000대를 수주함으로써 6 · 25전쟁의 특수를 누리는 등 경제적 효과가 지대하였다. 전쟁 기간 중 일본의 GNP는 매년 10% 이상 고도성장을 기록했다.

한편 제2차 세계대전 후 폐허가 되었던 유럽에서도 경제회복의 계기를 마련해 준 것은 바로 6 · 25전쟁이었다. 6 · 25전쟁이란 희생을 딛고, 서구유럽을 중심으로 한 세계경제는 소생하여 그 규모가 대폭 확대되었다.

6 · 25전쟁 중 미국과 소련, 유럽과 일본의 경제규모 모두가 큰 폭으로 상승했다. 전쟁수행에 필요한 갖가지 원료와 원자재의 교류, 그리고 전쟁물자의 생산 등과 같은 전쟁 산업으로 세계 각국의 경제가 살아나게 된 것이다.[4]

2. 인명 피해

전쟁이 휩쓸고 지나간 자리. 그 자리에는 항상 수많은 인명 및 물질적 피해가 발생하기 마련이다. 당연한 이야기이지만, 6 · 25전쟁도 마찬가지의 피해를 야기하였다.

6 · 25전쟁이 터지자 전 세계적으로 총 63개국이 한반도에서의 자유민주주의를 지켜내고자 지원하였다. 16개 국가에서는 전투부대를, 6개

4. 육군 군사연구소, 『6 · 25전쟁의 실패사례와 교훈』, 2013, pp. 512-514.

국가에서는 의료지원 및 시설을 파견했으며, 38개국의 물자지원과 3개국의 물자지원 의사표명이 있었다.

그렇다면 당시 한국군을 비롯한 유엔군의 피해 현황은 어떠하였을까? 그 현황은 다음 표에서 보는 바와 같다.

↘ 표 10-1. 6 · 25전쟁 당시 한국군 및 유엔군의 인명 피해 (단위: 명)

국 명	계	전사/사망	부 상	실 종	포 로
한 국	621,479	137,899	450,742	24,495	8,343
미 국	137,250	36,940	92,134	3,737	4,439
영 국	4,908	1,078	2,674	179	977
터 키	3,216	741	2,068	163	244
오스트레일리아	1,584	339	1,216	3	26
캐나다	1,557	312	1,212	1	32
프랑스	1,289	262	1,008	7	12
타 이	1,273	129	1,139	5	·
네덜란드	768	120	645	·	3
그리스	738	192	543	·	3
에티오피아	657	121	536	·	·
콜롬비아	639	163	448	·	28
벨기에	440	99	336	4	1
필리핀	398	112	229	16	41
뉴질랜드	103	23	79	1	·
남아프리카공화국	43	34	·	·	9
룩셈부르크	15	2	13	·	·
노르웨이	3	3	·	·	·
계	776,360	178,569	555,022	28,611	14,158

출처: 2006년도 국방백서 부록.

※ 한국군 포로 수치는 교환포로 및 추가 송환포로를 포함한 것임.

※ 한국을 지원한 나라는 병력지원 16개국과 의료지원 6개국(덴마크, 인도, 노르웨이, 스웨덴, 이탈리아, 독일), 물자지원 38개국, 물자지원 의사표명 3개국 등 총 63개국이었음.

전쟁에서는 누구나 불안하고 약한 존재일 수밖에 없겠지만, 그중에서 가장 약자는 바로 민간인일 것이다. 무장조차 하지 못한 민간인들은

↘ 그림 10-2. 전쟁이 남긴 민간인 희생들

전쟁에 휩쓸려 희생되는 경우가 많았다. 6 · 25전쟁 당시 남 · 북한의 많은 민간인들이 희생되었는데, 그 현황은 다음과 같다.

↘ 표 10-2. 6 · 25전쟁 당시 민간인 인명 피해 (단위: 명)

국 명	사망	학살	부상	납치	행방불명
남 한	244,663	128,936	229,625	84,532	303,212
북 한	약 200만 명 추정(사망, 부상 등 모든 피해자를 포함)				

출처: 『한국전쟁 피해 통계집』, 국방군사연구소, 1996.

6 · 25전쟁은 많은 군인들과 민간인 등 수많은 사람들의 목숨을 앗아갔다. 이처럼 전쟁이라는 것은 모든 것을 '총체적 파멸'의 단계로 치닫게 하는 무서운 것이다. 전쟁은 예전부터 그래왔고, (물론 전쟁이 일어나서는 안 되겠지만) 앞으로도 그럴 것이 틀림없다.

하지만 요즘 들어 우리 사회 일각에서는 전쟁을 지나치게 가볍게 생각하는 경향이 있는 것 같아 필자로서는 매우 안타깝고 오싹하기까지 하다. 만약 우리 모두가 전쟁의 참혹성과 그에 따른 고통, 슬픔, 정신적 피해 등을 간과한다면 어떻게 될까? 지나친 안보의식의 약화는 우리가 상상도 하지 못할 끔찍한 결과를 낳는다는 것을 우리는 역사를 통하여 이미 여러 번 몸소 겪지 않았는가! 특히 6 · 25전쟁은 현재 진행형이라는 점에서 더욱 "천하수안 망전필위(天下雖安 忘戰必危: 비록 나라가 평안하더라도 전쟁을 잊으면 반드시 위험이 닥친다)"라는 명언을 가슴에 새겨야 할 것이다.

조금 더 알아볼까요?

아이젠하워 대통령 부자와 노블레스 오블리주 정신

1952년 12월 어느 날, 미국 대통령 당선자이며 노르만디의 영웅 드와이트 D 아이젠하워가 한국 전선을 살피기 위해 방한하여 미 제8군사령부를 찾았다.

고위 지휘관과 참모들이 모두 참석하고 전 세계의 기자들이 지켜보는 가운데 밴플리트 사령관이 전선 상황에 대해 브리핑을 끝내자 조용히 듣고 있던 차기 미국 대통령 드와이트 D 아이젠하워 당선자가 뜬금없는 질문을 하였다.

"장군, 내 아들 존 아이젠하워 소령은 지금 어디에 있습니까?"

얼마 안 있어 대통령에 취임할 당선자의 야전 전투 사령관에 대한 첫 질문 치고는 너무나 대통령답지 않은 사적인 질문이기도 했지만 상대가 아들을 잃고도 꿈쩍하지 않은 밴플리트 장군이었기에 모두들 무슨 일이 벌어질까 바짝 긴장하지 않을 수가 없는 상황이었다.

"아이젠하워 소령은 전방의 미 제3사단 정보처에서 근무하고 있습니다."

라고 밴플리트 장군이 사무적으로 짤막하게 대답했다.

아이젠하워는 그야말로 참석자 모두가 놀라자빠질 사적인 부탁을 공공연히 했다.

"사령관, 내 아들을 후방 부대로 배치시켜 주시오."

참석자들이 모두 서로 두리번거리면서 웅성거리고 밴플리트 사령관도 언짢은 표정으로 아이젠하워를 응시하면서 의아해 하자 당선자가 조용히 말했다.

"내 아들이 전투 중에 전사한다면 슬프지만 나는 그것을 가문의 영예로 받아들일 것입니다.

그러나 만약에 존 아이젠하워 소령이 포로가 된다면 적군은 분명히 미국 대통령의 아들을 가지고 미국과 흥정을 하려 들 것입니다. 나는 결단코 그런 흥정에 응하지 않을 것입니다.

그렇지만 사령관이 잘 알다시피 미국 국민은 대통령의 아들이 적군의 포로가 되어 고초를 겪는 것을 용납하지 않고 '대통령의 아들을 구하라'고 외치며 나와 미국에게 적군의 요구를 들어주라고 압력을 가할 것입니다.

나는 그런 사태를 원치 않습니다.

그래서 나는 사령관이 즉시 내 아들이 포로가 되지 않도록 조치를 취해 주실 것을 요청하는 것입니다."

순식간에 두리번거리면서 의아해하던 분위기가 반전되어 모두들 고개를 끄덕이며 웃는 표정이 되었다.

"옛썰, 즉각 조치하겠습니다. 각하!"

밴플리트 장군의 힘차고 또렷한 목소리가 장내에 울려 퍼졌다.

이 에피소드는 같이 참석했던 미 제2사단 제72탱크대대장 T. R. Fehrenbach 중령이 전역 후 쓴 "This kind of war(한국 전쟁)"라는 책에서 생생하게 증언하고 있다.

또한 UN군 사령관인 마크 클라크 대장의 아들 클라크 대위도 금화지구의 저격능선에서 중대장으로 싸우다가 세 번에 걸친 부상으로 전역을 했으나 결국 그 후유증으로 사망했다. 6 · 25전쟁에 참가한 미군 장성과 유명 인사의 아들들은 모두 142명, 그 중 35명이 전사하거나 부상을 입었다. 이것이 바로 "노블레스 오블리주" 정신이라고 생각한다.

6 · 25전쟁에서 자유진영 국가들만 인명 피해를 입은 것은 아니었다. 공산진영 역시 많은 피해를 입었는데, 지금부터 공산진영의 인명 피해 현황에 대해 살펴보도록 하겠다. 먼저 북한군의 인명 피해 현황은 다음 표에서 보는 바와 같다.

↘ 표 10-3. 6 · 25전쟁 당시 북한군 인명 피해

(단위: 명)

구 분	사망 / 부상	비전투 손실	실종 / 포로	계
북한군	512,000	177,000	102,000	791,000

출처: 『한국전쟁 피해 통계집』, 국방군사연구소, 1996.

다음은 중공군의 인명 피해 현황이다. 중공군의 경우는 그 수치가 정확하게 발표된 바가 없다. 그렇기에 현재 가장 많이 쓰이고 있는 통계집의 집계 내용을 소개하도록 하겠다.

↘ 표 10-4. 6 · 25전쟁 당시 중공군 인명 피해

(단위: 명)

구 분	전투 손실			비전투 손실		계
	사 망	부 상	실종/포로	사 망	부 상	
중공군	135,600	208,400	25,600	13,000	590,000	972,600

※ 미군 추정자료 : 123만 명.
출처: 『한국전쟁 피해 통계집』, 국방군사연구소, 1996.

3. 물질적 피해

6 · 25전쟁은 인명 피해뿐 아니라 엄청난 양의 물질적 피해까지 남겼다. 그 내용을 잠시 살펴보도록 하자.

↘ 그림 10-3. 파괴된 한강철교를 바라보는 병사

↘ 표 10-5. 6 · 25전쟁으로 인한 물적 피해

기관 및 시설	수 량	기관 및 시설	수 량
민간가옥	612,000호	항만시설	100개소
각급 학교	15,427동(4,023개교)	경찰서	1,931동(1,176개소)
행정기관	2,700동	철로	329km
의료기관	1,500동	교량	312km
금융기관	1,100동	전선	61km
생산업체	13,100동	공업시설	43% 파괴
종교단체	800동	발전시설	41% 파괴
공공기관 및 단체	12,100동	탄광시설	50% 파괴
가 축	2,928,180두	총 피해액	2,281,054,217달러

이처럼 6 · 25전쟁은 한반도에서 일어난 전대미문의 참극이었다. 남 · 북 모두 너무나 큰 피해를 입었고, 너무나 큰 정신적 고통을 받아야만 했다. 전쟁고아가 10만 명, 전쟁 통에 남편을 잃은 미망인이 30만 명, 이산가족은 무려 1,000만 명에 이르렀다. 거기다가 이 전쟁이 같은 민족 간의 전쟁이었다는 점을 감안하면, 그 고통은 더욱 증폭될 수밖에 없다.

우리에겐 더 이상의 전쟁이란 없어야 할 것이다. 만약 또다시 한반도에서 전쟁이 발발한다면 240만 명의 인명과 주요시설 60%, 그리고 장비물자 54%가 1주일 이내에 피해를 입는다는 연구결과가 나왔다. 70년 전과 비교했을 때 그 파괴력은 몇 배, 몇 십 배로 작용할 수 있다는 말이다.

그렇다면 '제2의 6 · 25전쟁'을 막기 위해서 우리가 바람직하게 나아가야할 자세는 무엇일까? 6 · 25전쟁이 우리에게 준 교훈, 그리고 그것의 의의를 알아보면서 마음속에 새겨 보도록 하자.

Ⅲ. 6 · 25전쟁이 우리에게 주는 교훈

6 · 25전쟁은 우리에게 소중한, 그러나 너무나 뼈아픈 교훈을 주고 있다.

① 자주국방의 필요성을 절실하게 깨달았다.

우리는 자주국방의 역량을 갖추지 못한 상태에서 기습적인 북한의 침략을 받았다. 언제라도 우리를 위협하는 세력의 무력 도발을 제압할 수 있는 힘을 가져야만 한다는 것을 뼈저리게 느꼈다. 동족상잔의 비극이었던 6 · 25전쟁을 계기로 한국군은 더욱 더 발전하고 성장할 수 있었다. 전쟁을 치른 3년 1개월 동안 내내 적과 싸워서 이겨야겠다는 강한 정신력과 조국을 지켜내야 한다는 애국심, 그리고 투철한 반공(反共)사상으로 무장되어 있었다. 앞으로도 6 · 25전쟁을 통하여 직접 확인된 바 있는 전 · 후방 동시전투 체제의 확립과 전투수행능력 및 전투기량 등을 연마하여 명실공히 완벽한 자주국방태세를 확립함으로써 세계적인 군사강국으로 거듭나야 할 것이다.

② 기습도발 방지를 위해서는 입체적인 조기 경보 체제가 확립되어야 한다.

1950년 6월 25일에 북한의 대규모 정규부대가 남쪽을 향해 진격해올 때, 우리는 전혀 방어태세를 갖추고 있지 못했다. 이것은 당시의 열악한 국방력과 안일한 자세가 빚어낸 결과였다. 전쟁에서 기습을 당한 측은 작전의 주도권을 잃게 되고, 그때 받은 충격으로 회복이 어려우며, 또한 회복속도가 승패를 좌우한다는 것은 실전을 통하여 알았다. 때문에 적의 기도를 사전에 탐지하는 것이 매우 중요함을 인식하였다. 그동안 여러 가지 남침징후를 제대로 파악하지 못했거나 무시했던 과오를 거울삼아 연합 및 민 · 관 · 군 모두 입체적이고 과학적인 조기경보가 가능토록 체제를 확립해야 할 것이다.

③ 장차전에 대비한 연합 및 합동작전 능력이 요구된다.

우리는 6 · 25전쟁에서 미국을 비롯한 세계 여러 나라의 군대와 함께 전투를 치렀다. 미국을 중심으로 한 유엔군과의 연합작전 및 육 · 해 · 공군 합동작전의 성공이 있었기에 승리가 가능했다. 그리고 차츰 함께 전투를 치르고 작전을 수행해감에 따라 한국군과 유엔군은 더욱 더 강력한 힘을 발휘해 낼 수 있는, 시너지 효과를 톡톡히 볼 수 있었다.

현대전의 양상은 이미 어느 한 국가가 독립적으로 독자적 자주국방을 성취할 수 없게 되었으며, 특히 한반도와 같이 열강의 이해가 상충되는 지역에 있어서는 더욱 그러할 것이다. 더욱이 현대전에서는 연합 및 합동작전이야말로 필수불가결한 요소이다. 그러나 이러한 연합 및 합동작전을 성공적으로 수행하는 데에는 어려움이 많으므로 평소부터 꾸준한 훈련을 통해 작전능력을 구비하는 적극적인 자세가 필요하다.

④ 해 · 공군 전력의 균형된 발전으로 국방태세를 완벽하게 갖추어야 한다.

최근의 천안함 사태가 웅변으로 말해주고 있지 않는가! 6 · 25전쟁 초기 우리나라의 해군력과 공군력은 상당히 미약한 상태였다. 특히 T-34전차를 앞세운 북한의 육군은 가히 위협적이었다. 게다가 인해전술로 공격해오는 중공군을 상대하는 것은, 역시 한국군 단독으로는 불가능한 일이었다. 이때 큰 역할을 담당하였던 것이 바로 유엔의 해군력과 공군력이었다.

기간 중 미 제8군은 제공권을 장악하여 북한군의 전차를 무용지물로 만들었고 미 공군의 근접지원 및 융단폭격 등으로 적 병력의 집중을 방지하고 병참선 차단 및 기동을 마비시킬 수 있었다. 또한 해상권의 장악으로 인천상륙작전도 성공할 수 있었으며 해상 병참 보급 및 병력 등의 증원이 가능했고 적 진출을 저지할 수 있었던 것이다. 그리고 유엔과 연합한 한국의 해·공군도 시간이 흐름에 따라 활동영역을 넓혀, 점차 바다와 하늘에서 활약하게 되었다. 이처럼 6·25전쟁은 전투를 수행하는 데 있어서 해군과 공군의 중요성을 깨닫게 하였다.

북한이 해·공군의 증강을 서두르고 있는 것도 이러한 이유 때문이며 우리는 이에 대한 국방태세를 완벽하고 철저하게 갖추어야만 한다.

⑤ 투철한 정신전력 및 국민화합은 총력안보의 원동력이다.

군(軍)에서는 정신전력을 무엇보다 중요하게 생각하여 적극적으로 정신교육을 하고 있다. 아무리 좋은 무기가 있더라도 장병들의 정신전력이 약하다면 결코 강한 부대라고 할 수 없기 때문에 정신전력을 매우 중요시하고 있는 것이다. 특히 북한의 불법남침을 격퇴할 수 있었던 것은 비단 군인들뿐만 아니라, 온 국민 모두가 강한 애국심과 반공사상 등으로 무장하여 대항하였기 때문이었다.

6·25전쟁 발발 40여 일 만에 전 국토의 90%가 북한군의 수중에 들어가는 절망적 사태에 처했지만 북한군이 기대했던 민중봉기는 일어나지 않았으며 오히려 국민 대부분이 고난의 피난길을 택하고 또 어떤 이들은 맨주먹으로 북한군과 맞서 싸웠다. 뿐만 아니라 학생들까지도 자진해서 펜 대신 총을 잡고 전선에 뛰어들었다.

이러한 전 국민의 구국의지는 유엔 참전 전까지 맨주먹으로 북한군의 남하를 저지했으며, 풍전등화의 낙동강 방어선 위기를 구하는 원동력이 되었던 것이다. 우리 모두는 민족의 기상인 '호국의 얼'이야말로 총력안보의 구심점이며 국민화합과 정신전력의 원천으로서 길이 계승해야 한다는 것을 6·25전쟁을 통해 확인했다.

끝으로 무엇보다 중요한 것은 '전쟁 억제'를 위하여 국력을 신장하는 것이다.

전쟁이 발발한다면 당연히 승리하는 것이 최선일 것이다. 하지만 그보다 더 좋은 것은, 바로 전쟁이 일어나지 않도록 하는 것이라는 사실이다. 그렇다면 전쟁이 일어나지 않게 하기 위해서는 어떻게 해야 할까? 그것은 바로 '국력신장(國力伸張)'이라는 한마디로 표현할 수 있겠다. 일반적으로 국력이란 '한 나라가 지닌 정치, 경제, 문화, 군사 따위의 모든 방면에서의 힘'을 말한다. 그리고 신장이란 사전적으로 '세력이나 권리 따위가 늘어남, 또는 늘어나게 함'을 뜻한다. 종합해보면 '나라의 힘을 강해지게 함'으로 정리할 수 있겠다.

나라의 힘이 약하면 주변국으로부터 크고 작은 침략을 받기 쉬울 것이다. 하지만 반대로 나라의 힘이 강력하면, 쉽게 침략을 받지 않는다는 것은 역사를 통하여 알 수 있다. 다시 말해, 나라의 힘이 강력하면 쉽게 전쟁을 겪지 않는다는 것은 당연한 귀결이다. 이러한 사실을 우리는 6·25전쟁을 통해 뼈저리게 느낄 수 있었다.

또한, 동서고금에서 보듯이 모든 나라는 주로 정치, 경제, 사회적 불안과 그로 말미암은 국론의 분열로 국력이 약화되었을 때 외부로부터의 침략을 받아왔다. 북한의 남침도 결코 예외가 아니었다.

정치, 경제, 사회, 군 자체가 혼란했던 상황하에서 발발한 6·25전쟁은 그 어느 누구를 탓하기 전에 이러한 상황을 사전에 예방하지 못하고 또 극복하지 못한 우리 자신들에게 책임이 있다. 따라서 장차 이 땅위에 제2의 6·25전쟁을 방지하기 위해서는 미국을 비롯한 우방국과 안보 면에서 유대관계를 잘 유지하는 것도 중요하지만, 더욱 중요한 것은 국내적으로 정치, 사회적 안정을 바탕으로 한 국력의 신장이 가장 시급한 과제라 할 것이다.

에필로그

지금까지 6 · 25전쟁의 발발 원인, 경과, 교훈 등을 살펴보았습니다. '전쟁은 비극적이라는 것'을 새삼 느끼게 되었습니다. 그렇습니다. 전쟁은 비극입니다. 결국 전쟁에는 승자도 패자도 없는 것이죠. 우리는 이 명제를 꼭 기억해야 할 것입니다.

그런데 6 · 25전쟁은 시작된 지 70여 년이라는 시간이 지났음에도 불구하고 아직도 끝나지 않고 있습니다.

"평화를 원하거든 전쟁을 대비하라!"는 말이 있죠. 우리는 이 말을 교훈 삼아 국력신장과 자주국방, 그리고 지속적인 안보의식의 함양 등을 통하여 다시는 이 땅에서 전쟁이 일어나지 않도록 철저히 대비해야 할 것입니다. 나아가 한반도 평화통일이라는 위대한 과업을 수행할 선구자로서의 준비도 게을리해서는 안 되겠지요. 아무쪼록, 앞으로 찬란하게 빛날 대한민국의 밝은 미래를 기대하며 글을 마치도록 하겠습니다.

부 록

1. 6 · 25전쟁 연표
2. 6 · 25전쟁 주요전투
3. 유엔군 참전국가
4. 부대단위
5. 계급체계
6. 대표적인 전투병과
7. 6 · 25전쟁의 주요 인물
8. 주요 UN군 작전과 방어선 명칭

1. 6 · 25전쟁 연표

날 짜	작전 상황	기타 사항
	1950년	
6. 25	북한군 38도선 전역에서 남침	
6. 27	원창고개 전투(~29)	
6. 28	한국군 한강교 및 광장교 폭파/ 북한군, 서울 점령	안보리, 북한군 침략 격퇴를 위한 군사적 원조 결의 정부, 서울에서 대전으로 이동
7. 1	한국전에 최초로 참가한 스미스 대대 부산 도착	
7. 5	스미스대대, 오산 죽미령에서 북한군과 최초로 접전(죽미령 전투) 평택 전투(~6)	
7. 7	동락리 전투	
7. 11	미곡리 전투	
7. 12	청주 무명고지 전투(~14)	
7. 14		이승만 대통령, 한국군 작전지휘권을 유엔군사령관에 이양
7. 23	황간 전투(~24)	정부, 대전에서 대구로 이동
7. 28	영덕 181고지 전투	
8. 1	미 제8군사, 전 부대에게 낙동강 방어선으로 전면철수를 명령	
8. 13	왜관 154고지 전투(~20)	
8. 16	다부동(837고지) 전투(~21)	
9. 14	756고지 전투(~17)	정부, 대구에서 부산으로 이동
9. 15	한국군 및 유엔군, 인천상륙작전 개시	
9. 19	서울 탈환작전(~28)	
9. 25	서울역 부근 전투(~27)	
9. 28	서울 수복	
10. 1	한국군 제3사단, 동부전선에서 38도선 돌파	정부, 서울로 돌아옴

날 짜	작전 상황	기타 사항
10. 9	철령 전투	
10. 19	한국군 제1사단, 평양 입성	
10. 25	중공군 제1차 공세	
10. 26	한국군 제6사단, 압록강 초산 도달	
11. 21	미 제7사단, 두만강 혜산진 도달	
12. 14	흥남 철수작전(~24)	
1951년		
1. 4	1. 4 후퇴	
2. 11	지평리 전투(~15)	
3.	대곡산 전투	
3. 14	한국군 제1사단, 서울 재탈환	
4. 22	마지리 전투(~23)	
5. 6	매봉 · 한석산 전투(~9)	
5. 16	벙커(778)고지 전투(~19) 현리 전투(~22)	
7. 10		개성에서 휴전회담 개시
8. 18	피의 능선(983고지) 전투(~9. 5)	
9. 5	김일성(1211)고지 전투(~10. 14)	
9. 13	단장의 능선 전투(~10. 13)	
11. 27		현 접촉지점을 군사분계선으로 설정하는 데 합의
12. 25	크리스마스고지 전투(~28)	
1952년		
8. 11		거제도 포로수용소 폭동
9. 6	지형능선 전투(~20)	
10. 6	백마고지 전투(~15)	
10. 14	저격능선 전투(~24)	
12. 2		아이젠하워 미국 대통령 당선자 방한, 3일간 전황시찰
1953년		
1. 15	화천 949고지 전투(~16)	
6. 1	펀치볼지구(812고지) 전투(~9)	소련 스탈린 수상 사망
6. 2	351고지 전투(~6)	
6. 10	금성 전투(~7. 20)	
6. 18		반공포로 석방
6. 25	임진강 199고지 전투	
7. 27		휴전협정 조인

2. 6 · 25전쟁 주요전투

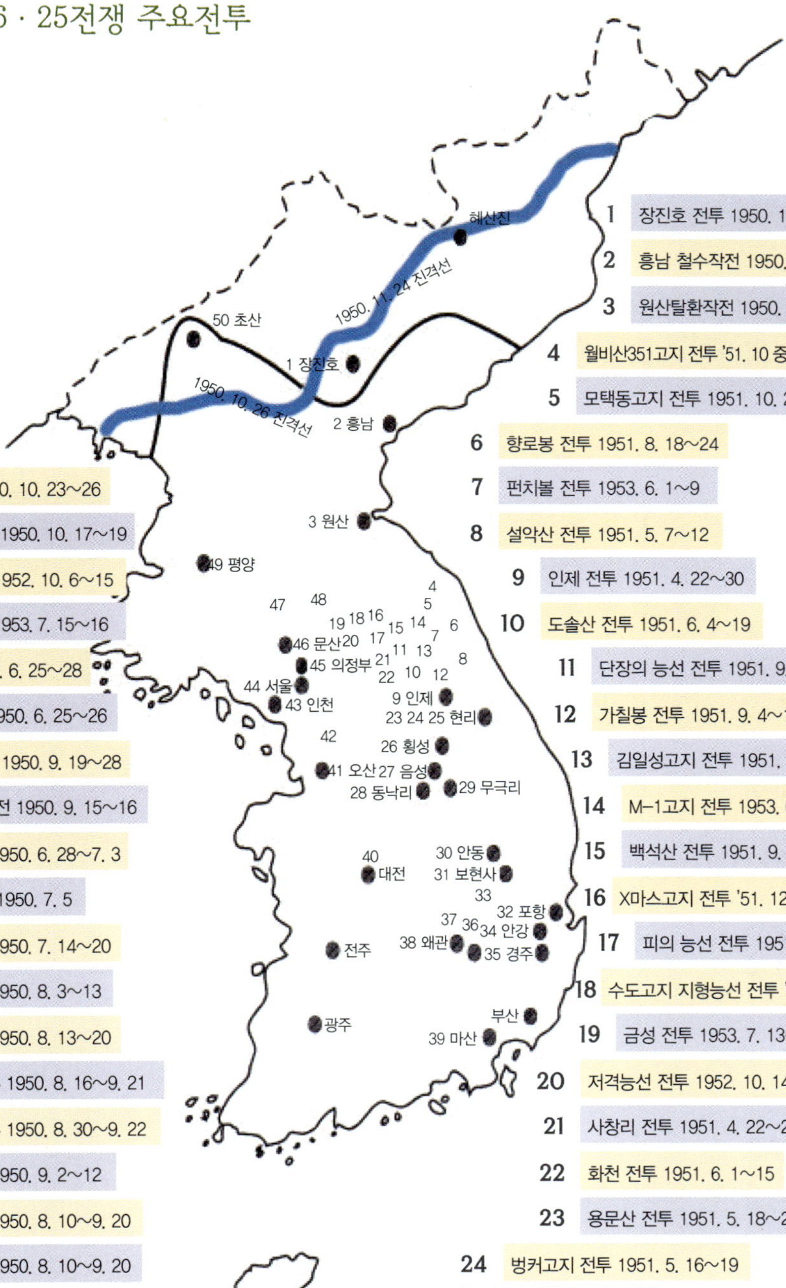

1 장진호 전투 1950. 11. 27

2 흥남 철수작전 1950. 12. 14~24

3 원산탈환작전 1950. 10. 10

4 월비산351고지 전투 '51. 10 중순~'53. 7 중순

5 모택동고지 전투 1951. 10. 21~11. 2

6 향로봉 전투 1951. 8. 18~24

7 펀치볼 전투 1953. 6. 1~9

8 설악산 전투 1951. 5. 7~12

9 인제 전투 1951. 4. 22~30

10 도솔산 전투 1951. 6. 4~19

11 단장의 능선 전투 1951. 9. 13~10. 13

12 가칠봉 전투 1951. 9. 4~10. 1

13 김일성고지 전투 1951. 9. 5~10. 14

14 M-1고지 전투 1953. 6. 10~23

15 백석산 전투 1951. 9. 21~10. 1

16 X마스고지 전투 '51. 12. 25~28

17 피의 능선 전투 1951. 8. 18~9. 5

18 수도고지 지형능선 전투 '52. 7. 7~10. 11

19 금성 전투 1953. 7. 13~20

20 저격능선 전투 1952. 10. 14~11. 24

21 사창리 전투 1951. 4. 22~24

22 화천 전투 1951. 6. 1~15

23 용문산 전투 1951. 5. 18~21

24 벙커고지 전투 1951. 5. 16~19

25 현리 전투 1951. 5. 16~22

26 횡성 전투 1951. 2. 5~12

27 음성 전투 1950. 7. 4~10

28 동락리 전투 1950. 7. 5~10

29 무극리 전투 1950. 7. 4~10

30 안동 전투 1950. 7. 29~8. 1

31 보현산 전투 1950. 8. 7~9. 4

32 포항 전투 1950. 8. 16~9. 18

33 기계 전투 1950. 8. 10~9. 20

34 안강 전투 1950. 8. 10~9. 20

35 영천 전투 1950. 9. 2~12

36 팔공산 전투 1950. 8. 30~9. 22

37 다부동 전투 1950. 8. 16~9. 21

38 왜관 전투 1950. 8. 13~20

39 마산 전투 1950. 8. 3~13

40 대전 전투 1950. 7. 14~20

41 오산 전투 1950. 7. 5

42 한강 전투 1950. 6. 28~7. 3

43 인천상륙작전 1950. 9. 15~16

44 서울 탈환작전 1950. 9. 19~28

45 의정부 전투 1950. 6. 25~26

46 문산 전투 1950. 6. 25~28

47 베티고지 전투 1953. 7. 15~16

48 백마고지 전투 1952. 10. 6~15

49 평양 탈환작전 1950. 10. 17~19

50 초산 전투 1950. 10. 23~26

3. 유엔군 참전국가

■ 전투병력 파견국

국 명		참전 연인원(명)	지상군	해 군	공 군
	미 국	1,789,000	보병사단 8 해병사단 1 연대전투단 2 병력 302,483명	극동해군 미 제7함대	극동공군
	영 국	56,000	보병여단 2 해병특공대 1 병력 14,196명	함정 17척 (항공모함 1척 포함)	-
	오스트레일리아	8,407	보병대대 2 병력 2,282명	항공모함 1척 구축함 2척 프리킷함 1척	전투비행대대 1 수송기편대 1
	캐나다	25,687	보병여단 1 병력 6,146명	구축함 3척	수송기대대 1
	네덜란드	5,322	보병대대 1 병력 819명	구축함 1척	-
	뉴질랜드	3,794	포병대대 1 병력 1,389명	프리킷함 1척	-
	프랑스	3,421	보병대대 1 병력 1,119명 (1,185)	구축함 1척	-
	터 키	14,936	보병여단 1 병력 5,455명	-	-
	필리핀	7,420	보병대대 1 병력 1,496명	-	-
	태 국	6,326	보병대대 1 병력 1,294명 (2,274)	프리킷함 7척 수송선 1척	수송기편대 1
	그리스	4,992	보병대대 1 병력 1,263명	-	수송기편대 1
	남아프리카 공화국	826	-	-	전투비행대대 1

에티오피아	3,518	보병대대 1 병력 1,271명	-	-
콜롬비아	5,100	보병대대 1 병력 1,068명	프리킷함 1척	-
벨기에	3,498	보병대대 1 병력 900명	-	-
룩셈부르크	83	보병소대 1 병력 44명(48)	-	-

※ 참전 규모의 병력은 전쟁 말기 최대수준을 유지한 병력(1953년 7월).
( ) 내의 병력은 전쟁 말기가 아닌 최대수준을 유지한 병력.

■ 의료지원국

국 명	참전 연인원(명)	지상군	지원부대 및 시설
스웨덴	1,124	154(162)	적십자병원
인 도	627	70(333)	제60야전병원
덴마크	630	100	병원선
노르웨이	623	105(109)	이동외과병원
이탈리아	128	72	제68적십자병원
독 일	117		서독적십자병원 ('54년 5월-'59년 3월)

※ 참전 규모의 병력은 전쟁 말기 최대수준을 유지한 병력.
( ) 내의 병력은 전쟁 말기가 아닌 최대수준을 유지한 병력.

4. 부대단위

■ **집단군**(集團軍, Army group)

몇 개의 야전군으로 구성된 군사 조직으로 무한정 기간 동안 자급자족 가능한 부대 편성 단위. 집단군은 단일 지휘관(보통 원수 또는 대장)이 지휘하는 가장 큰 야전 조직으로, 일반적으로 400,000~1,500,000명으로 이루어져 있다. 또한 이 집단군은 하나의 국가가 갖는 총 병력과 맞먹는 규모이기도 하다.

■ **군**(軍=야전군[野戰軍], Field army)

육군의 부대 편성 단위 중 가장 큰 부대단위. 사령부로 구성되어 있고, 보통 다수의 사단으로 이뤄진 군단을 최소 2개 이상 통제하는 부대. 대장 혹은 중장이 지휘.

■ **군단**(軍團, Corps)

야전군과 사단의 중간에 해당하는 전술 단위 부대. 2개 이상의 사단으로 구성되며, 통상은 3개 사단으로 구성된다. 작전에 따라 규모가 커질 수도 있고 작아질 수도 있으며 또한 군단 자체의 직할 전투부대(특공여단) 및 전투지원부대를 보유하고 있다. 병력 규모는 30,000~80,000명으로 작전지역 및 임무에 따라 차이가 날 수 있다. 북한군의 경우 포병부대가 군단으로 편제되어 있다. 통상적인 군단장은 중장.

■ **사단**(師團, Division)

연대나 여단보다는 크고 군단보다는 작은 부대 단위. 사단은 지역에 따라 독립적으로 작전을 수행하는 능력을 보유하는 최소의 전략 단위로 다루어지는 경우가 많다. 여러 개의 여단 또는 연대로 구성되며, 여러 개의 사단이 모여 군단 등을 구성한다. 21세기 초 현대의 각 나라의 육군 사단은 2~4개 연대 또는 여단을 기초로 하여, 보병, 포병, 공병 등의 전투 병과와,

군수 등의 후방 지원 부대 등으로 구성된다. 병력 규모는 대체로 6,000명에서 20,000명 정도이다. 통상적인 사단장은 소장.

■ 여단(旅團, Brigade)

연대보다 크고 사단보단 작은 부대 단위. 그러나 사단의 통제를 받는 연대와는 달리 여단은 군단 사령부의 통제를 직접 받는다. 비록 규모가 작더라도 여단은 일반적으로 사단과 동급의 단위 부대로 인식되고 있다. 통상적으로 1개의 보병여단은 4개의 보병대대와 1개의 포병대대, 그리고 직할대로 구성된다. 직할대에는 수색중대, 전차중대, 의무중대, 전투지원중대, 통신중대, 공병중대, 본부중대가 포함된다. 1개의 보병 여단은 3,000~5,000명의 병력으로 구성된다. 여단장은 준장이 맡는 것이 일반적이나, 대령이 맡는 경우도 간혹 있다.

■ 연대(聯隊, regiment)

대대보다 크고 여단보다 작은 부대 단위. 본래는 여단의 하급부대, 대대의 상급부대에 해당되지만, 사단 바로 아래에 연대를 두는 편제나 연대의 바로 아래에 중대를 두는 편제도 드물지 않다. 편제는 3개의 보병대대, 직할대 등으로 구성된다. 직할대에는 수색중대, 의무중대, 전투지원중대, 통신중대, 본부중대가 포함된다. 1개의 보병 연대는 2,000~3,000명의 병력으로 구성된다. 통상적인 연대장은 대령이나, 중령이 맡는 경우도 간혹 있다.

■ 대대(大隊, Battalion)

중대보다 크고 연대보다 작은 부대 단위. 대대는 단독작전이 가능한 최소단위의 부대이다. 일반적으로 3개의 보병 중대, 화기중대, 본부중대로 구성되어 있으며 병력은 300~1,000명 정도다. 통상적인 대대장은 중령.

■ **중대**(中隊, Company)

소대보다는 크고 대대보다는 작은 부대 단위. 중대장부터 가슴에 지휘관 휘장을 착용한다. 약 100여 명의 병력으로 구성되어 있으며, 중대장은 일반적으로 대위가 임명된다. 통상적으로 3개의 소대, 60mm포반, 중대본부로 구성되어 있다.

■ **소대**(小隊, Platoon)

분대보다는 크고 중대보다는 작은 부대 단위. 통상적으로 3개의 분대와 통신병, 부소대장, 소대장으로 구성되어 있다. 우리나라는 소대장은 위관장교, 부소대장은 부사관을 임명하나 다른 나라의 경우에는 대게 부사관들이 맡는다. 약 30~40명의 병력으로 구성된다.

■ **반**(班, Section)

소대보다는 작고 분대보다는 큰 부대 단위. 대부분의 군대에서 반은 10명에서 20명 정도의 군인으로 구성되어 있다. 보병중대 같은 경우에는 60mm박격포 부대가 반으로 편성되어 있다.

■ **분대**(分隊, Squad)

소대의 하급 부대이며 분대장이 지휘하는 10명 내외의 부대이다. 근대 이후의 보병 분대는 소총을 주력으로 하며 1정 정도의 경기관총(또는 경박격포 등 분대 지원 화기)을 장비하는 것이 보통이다. 해군 등에서도 육상전 부대를 편성하는 경우에는 이와 비슷한 편제로 구성한다. 대한민국 육군에서는 소총분대를 소총수 7명(분대장, 부분대장, 기관총 부사수 포함), 유탄발사기 사수 2명, 기관총 사수 1명으로 구성한다.

5. 계급체계(6 · 25전쟁 당시와는 다소 상이함)

1) 장교

■ **원수**(元首, 5 star general, General of the Army)

군의 최고 사령관. 5성 장군은 해군 원수, 육군 원수, 공군 원수 등의 지위를 갖는다. 5성 계급은 보통 가장 최고로 높은 계급이기 때문에 매우 드문 편이다. 따라서, 실제로 현역 5성 계급의 지위는 극히 소수의 나라에만 존재하고 보통은 전시에만 5성 장군 계급을 부여한다. 평시에는, 보통 상징적인 계급이다.

■ **대장**(大將, 4 star general, General)

군대에서 최상급 지휘관을 가리키는 데 사용하는 용어이다. 일반적으로, 4성 장군은 해군 대장, 육군 대장, 공군 대장의 지위를 갖는다. 야전군사령관.

■ **중장**(中將, 3 star general, Lieutenant General)

일반적으로 3성 장군은 해군 중장, 육군 중장, 공군 중장의 지위를 갖는다. 보통 군단장 직위를 수행한다.

■ **소장**(小將, 2 star general, Major General)

일반적으로 2성 장군은 해군 소장, 육군 소장, 공군 소장의 지위를 갖는다. 보통 사단장 직위를 수행한다.

■ **준장**(准將, 1 star general, Brigadier General)

소장의 바로 아래로, 장성 계급에서 가장 낮은 계급이다. 일반적으로 여단장 계급.

■ **대령**(大領, Colonel)

준장의 아래 계급으로 영관 계급 중에 가장 높다. 일반적인 연대장 계급.

■ **중령**(中領, Lieutenant Colonel)

영관 계급의 하나. 대령보다 낮고 소령보다 높은 계급. 일반적인 대대장 계급.

■ **소령**(少領, Major)

영관 계급의 하나. 중령보다 낮고 대위보다 높은 계급으로 영관 계급 중에 제일 낮다.

■ **대위**(大尉, Captain)

위관 계급의 하나. 소령보다 낮고 중위보다 높은 계급으로 위관 계급 중에 제일 높다. 일반적인 중대장 계급이며 중대장부터 지휘관 약장을 가슴에 단다.

■ **중위**(中尉, First Lieutenant)

위관 계급의 하나. 대위보다 낮고 소위보다 높은 계급. 일반적인 소대장, 부중대장 계급.

■ **소위**(少尉, Second Lieutenant)

위관 계급의 하나. 중위보다 낮고 준위보다 높은, 위관 계급 중에 제일 낮은 계급이다. 일반적인 소대장 계급. 장교들은 교육 후 임관과 동시에 소위 계급을 받는다.

■ **준위**(准尉, Chief Warrant Officer)

계급 체계상으로는 소위보다 낮고 부사관보다 높은 계급이며 군대에서 특정 분야의 전문가를 지칭한다. 따라서 이들은 자신이 종사하는 분야에만 종사하게 되어 있다.

2) 부사관

■ **원사**(元士, Sergeant of the Army)

부사관 계급의 하나. 준위보다 낮고 상사보다 높은 계급. 부사관 계급 중에 가장 높다.

■ **상사**(上士, Master Sergeant)

부사관 계급의 하나. 원사보다 낮고 중사보다 높은 계급. 일반적인 중대의 행정보급관 계급.

■ **중사**(中士, Sergeant First Class)

부사관 계급의 하나. 상사보다 낮고 하사보다 높은 계급. 일반적인 부소대장, 포반장 계급.

■ **하사**(下士, Staff Sergeant)

부사관 계급의 하나. 중사보다 낮고 병장보다 높은 계급. 부사관 계급으로 처음 임관하면 하사 계급을 받는다. 일반적인 선임분대장 계급.

3) 병

■ **육군, 해병대(공통)**

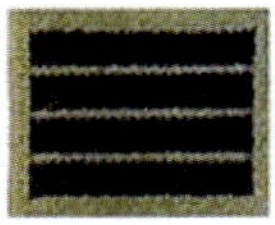

병 장

상등병

일등병

이등병

■ **해군**

병 장

상등병

일등병

이등병

■ 공군

병 장　　상등병　　일등병　　이등병

※ 육 · 해 · 공군의 병사 계급은 모두 같으나 구분을 위해 계급장 색을 달리한다.

6. 대표적인 전투병과(6 · 25전쟁 당시)

■ **보병(步兵)**

지상전력의 근간이 되며, 적을 공격해서 섬멸하고, 분쟁지역을 점령하거나, 적의 공격을 저지하고 격퇴하여 지역을 방어하는 것이 주임무이다. 보병전투는 전술공군 · 포병 · 기갑 등과의 긴밀한 협동과 지원하에 수행되는 것이 보통이며, 화력과 육박전으로 육상 전투를 한다. 주로 보병은 1~2명이 운반할 수 있는 소형 화기(개인화기 및 공용화기)를 이용하고 도보로 이동하는 것이 기본이다. 하지만 근래에는 보병에게도 상당한 화력, 기동력, 전자 병기가 요구되어 소형의 미사일 병기가 채택되고, 기계화 또는 차량화부대도 생겨났다. 따라서 기계화 보병 또는 차량화 보병을 따로 분류하기도 한다.

■ **포병(砲兵)**

대포 종류로 장비된 군대 또는 군인이다. 곡사포, 대공포, 대포, 로켓, 미사일 등을 쏘아 적을 공격하거나 아군을 엄호한다. 단, 박격포와 무반동총은 명칭이나 구경에 관계없이 보병으로 분류한다.

■ **기갑(機甲)**

전차(戰車)를 운용하여 보병의 화력을 직사화기로 지원하는 병과를 의미한다. 지상 전력에서 기동전을 구사하는 병과로서, 적을 직사화기로 공격해서 섬멸하고, 적을 전차로 격멸하는 것이 기갑병과의 주된 임무이다.

■ **공병(工兵)**
공병은 크게 전투공병과 시설공병으로 구분한다. 전투공병대는 보다 최전방과 전투 현장에서 전투부대를 지원하는 반면(지뢰 매설, 부교 가설, 전방 진지 공사, 폭파, 축성 등), 시설공병은 일반 민간 건설/토목회사와 비슷한 업무를 수행한다.

■ **통신(通信)**
통신은 크게 무선통신과 유선통신으로 나눈다. 통신은 실제 전투에서 빠져서는 안 될 가장 중요한 정보 공유 수단으로, 통신 상태에 따라 부대의 통솔 및 효과적인 전투 수행 여부가 결정된다.

7. 6 · 25전쟁의 주요 인물(계급은 6 · 25전쟁 중의 계급임)

1) 한국군

■ **강문봉 준장**: 1923년 함북 출생, 만주군관학교 5기, 일본 육사 59기, 1945년 12월 군사영어학교 임관. 1951년 백선엽 후임으로 1사단장, 1952년 10월 제2사단장, 1953년 5월 3군단장, 1954년 초대 제2군사령관, 1956년 김창룡 소장 살해사건으로 무기 징역형을 받음.

■ **김구**: 상해임시정부 수반, 독립투사, 남북 단일 정부 수립을 주장한 민족주의자, 안두희에게 암살당함.

■ **김백일 소장**: 1917년 함북 출생, 만주군관학교 5기, 1946년 2월 군사영어학교 졸업, 1950년 1월 제3사단장, 1950년 6월 육본 참모부장, 1950년 9월 제1군단장, 1950년 12월 흥남부두 철수 작전 시 미군 함정을 이용한 북한 피난민 후송에 기여, 군단장 재직 중 1951년 3월 28일 강릉에서 항공기 사고로 순직, 사후

육군 중장으로 추서.

■ **김석원 준장:** 조선임시군사위원회의 대표로 추대되었던 창군 원로. 육사 특별반을 거쳐 대좌, 준장 겸 제1사단장. 개전 초 한강선이 무너진 후 현역에 복귀하여 수도사단장, 3사단장 등을 지냈고 서울 성남 중 · 고교 교장으로 취임하여 육영사업에도 전념. 1956년 소장 예편.

■ **김정열 소장:** 1919년 서울 출생, 일본 육사 54기, 초대 공군참모총장(1949.10).

■ **김종오 준장:** 1921년 충북 청원 출생, 학도병 일본군 소위, 1946년 군사영어학교 졸업. 1950년 6월 제6사단장으로 춘천 지구 방어에 성공하여 북한군 서울 포위를 좌절시킴. 1951년 3월 제3사단장으로 오마치고개에서 패배함. 1952년 5월 9사단장, 1952년 11월 육사교장, 1954년 6월 1군단장, 1961년 6월 육군참모총장에 이어서 1965년 4월까지 제7,8대 합동참모회의 의장.

■ **김홍일 소장:** 1898년 평북 용천 출생, 1919년 중국 귀주무관학교 졸업, 중국에서 항일의용군사령관. 1949년 육사교장, 1950년 6월 보병학교장, 한강철교가 폭파되자 패잔병을 수습하여 시흥지구 전투사령관으로 한강선 방어 수행. 1950년 7월 1군단장, 1951년 예편.

■ **노재현 소령:** 개전 초 한국군 제1사단의 포병대대장. 1952년 4월 미 9군단의 도움으로 새로 창설되는 한국군 제2군단의 초대 포병사령관. 육군참모총장, 국방장관.

■ **민기식 대령:** 1921년 충북 청원 출생, 만주 건대 졸업. 1946년 3월 군사영어학교 졸업, 1949년 9월 보병학교장, 1950년 10월 제5사단장, 1953년 2월 제25사단장, 1963년 6월 참모총장.

■ **박정희 대령:** 1917년 경북 선산 출생, 1942년 만주 신경군관학교 졸업, 일본육사 57기. 1946년 육사 2기, 1954년 10월 포병학교장, 1955년 6월 제5사단

장, 1957년 9월 제7사단장, 1960년 부산 군수기지사령관, 대통령.

- **백선엽 준장:** 1920년 평남 강서 출생, 1941년 12월 만군 9기, 1946년 2월 군사영어학교 졸업, 1949년 7월 제5사단장, 1950년 4월 제1사단장, 1951년 4월 제1군단장, 1951년 7월 휴전회담 대표, 1951년 11월 지리산 토벌사령관, 1952년 3월 제2군단장, 1952년 7월 육군참모총장, 1953년 1월 최초로 대장 진급, 1954년 2월 제1군사령관, 1957년 5월 육군참모총장, 1959년 2월 합참의장, 1960년 5월 예편.

- **백인엽 준장:** 1922년 평남 강서 출생, 학도병 일본군 소위. 1946년 군사영어학교 졸업, 인천상륙작전 시 제17연대장, 1951년 제1훈련소장, 1952년 4월 제6사단장, 1956년 4월 제1군단장, 1958년 제6군단장, 1960년 5월 중장 예편. 백선엽의 동생.

- **송요찬 준장:** 1918년 충남 청양 출생, 지원병으로 입대, 종전 시 일본군 하사관, 경찰 재직 중 해방. 1946년 군사영어학교 졸업, 1950년 9월 수도사단장, 1953년 제8사단장, 1954년 8월 제3군단장, 1957년 제1군사령관, 1959년 참모총장, 1960년 5월 중장 예편.

- **신성모 국방장관:** 1891년 경남 의령 출생, 중국 남경 해양대 졸업, 영국 상선 선장, 1949년 국방부장관, 해양대학장.

- **신태영 소장:** 해방 전 일본군 대좌, 군사영어학교에 합류하지 못했으나 1949년 10월~1950년 4월 육군총참모장이었다가 채병덕 소장에게 직책 인계. 1952년 3월~1953년 6월까지 국방부장관으로 재직 중 작은 아들이 전선에서 전사하였다.

- **유재흥 소장:** 1921년 일본 나고야 출생, 일본 육사 55기, 1946년 1월 군사영어학교 졸업. 1949년 5월 제6사단장, 1950년 1월 제2사단장, 1950년 6월 제7사단장으로 의정부 방어. 1951년 5월 제3군단장으로서 중공군 5월 공세 시 군단

붕괴의 수모를 겪음. 1952년 1월 휴전회담 대표, 1952년 7월 제2군단장, 1957년 5월 합참의장, 1959년 2월 제1군사령관, 1960년 7월 중장 예편.

■ **이응준 소장**: 1891년 평남 안주 출생, 일본 육사 26기, 일본군 육군 대좌, 1945년 12월 미 군정청의 고문으로 추대받아 마지막 군번 110번으로 군사영어학교 졸업, 1948년 12월 총참모총장, 1949년 7월 제3사단장, 1950년 4월 제5사단장, 1955년 9월 중장 예편, 이형근 장군의 장인.

■ **이종찬 준장**: 1916년 서울 출생, 일본 육사 49기. 6·25가 발발하던 해에는 수도경비사령관으로 있었으며, 전쟁기간 중에는 제2사단장·제3사단장을 맡았다. 제3사단장으로 있을 때 사단이 1950년 10월 1일 38선을 가장 먼저 돌파하였다. 1951년 6월 총참모장, 1953년 7월 육대 총장, 1960년 5월 국방장관.

■ **이한림 준장**: 1921년 한남 안변 출생, 만주군관학교 2년 졸업, 일본 육사 59기. 1946년 군사영어학교 졸업, 1950년 10월 제2사단장, 1953년 제9사단장, 1954년 제6군단장, 1960년 10월 제1군사령관.

■ **이형근 준장**: 1920년 충남 공주 출생, 일본 육사 56기, 전직 일본군 대위. 군사영어학교 1기, 군번 1번으로 임관, 1946년 5월 국방경비대 사관학교 교장, 1949년 8월 제8사단장, 1950년 6월 한국전쟁 개전 시 보병 2사단장, 1950년 10월 제3군단장, 1951년 9월 휴전회담 대표. 1952년 1월 제1군단장, 1954년 대장 진급, 연합참모본부 의장, 1956년 육군참모총장.

■ **이성가 준장**: 중국 봉천 출신, 국민당군 소좌 출신, 군사영어학교 임관, 1950년 초대 8사단장으로 영천 전투 승리(낙동강), 영변 맹산에서 중공군에게 패전하여 중형을 받았다가 복직되기도 하여 승패의 기복이 심했던 지휘관, 7사단장, 소장 예편.

■ **임부택 대령**: 1919년 전남 나주 출생, 1946년 6월 육사 1기, 6사단 7연대장, 1951년 11월 제11사단장.

■ **원용덕 준장**: 해방 이전 만주군 중좌. 군사영어학교 졸업 후 국방경비대 사관학교 교장, 춘천에서 8연대장, 1953년 헌병사령관, 이승만 대통령의 지시로 반공 포로 석방, 중장 예편.

■ **장도영 준장**: 1923년 평북 선천 출생, 학도병으로 일본군 소위. 1946년 군사영어학교 졸업, 1950년 10월 제6사단장, 1951년 제5사단장, 1953년 6월 제8사단장, 1954년 2월 제2군단장, 교육 총본부장, 1961년 육군참모총장 예편.

■ **정일권 중장**: 1917년 시베리아 출생. 만주 봉천군관학교 5기, 일본 육사 55기, 일본 대위. 1946년 1월 군사영어학교 졸업, 1947년 1월 육군사관학교 교장, 1947년 9월 국방경비대 총참모장, 채병덕 총장 뒤를 이어 1950년 6월에 총참모장, 1952년 7월 제2군단장, 1954년 2월 참모총장, 대장 예편.

■ **채병덕 소장**: 1917년 평양 출생, 일본 육사 49기, 병기 소령으로 임관. 1946년 1월 군사영어학교 졸업, 1946년 5월 통위부 특별부대장, 1950년 4월 2대 총참모장, 1950년 6월 개전 초 남침 저지 실패. 정일권 장군에게 총참모총장 직을 인계하고 1950년 7월 26일 전남 지역에 북한군 6사단 출현 시 미 25사단 선발부대와 함께 전투 중 하동에서 전사, 사후 중장으로 추서.

■ **최창식 대령**: 일본 육사 56기. 1948년 12월 공병감, 1950년 6월 28일 한강교 조기 폭파 이유로 1950년 9월 2일 사형, 전쟁 후 재판으로 명예회복.

■ **한신 대령**: 1922년 함남 영흥 출생, 학도병 일본군 소위. 1946년 12월 육사 2기, 1951년 5월 수도사단 1연대장으로 대관령 고지를 선점 사수함으로써 중공군 5월 공세를 저지하는 수훈을 세움, 1956년 수도사단장, 1969년 제1군사령관.

2) 미군 및 유엔군

■ **게이(Hobert R. Gay) 소장**: 제2차 세계 대전 중 패튼 장군의 참모장. 한국전쟁 시

미 1기병 사단장, 1950년 7월 일본에서 포항으로 상륙하여 영동, 왜관에 투입한 이래 한국전쟁의 선봉에서 전투. 피난민이 몰려드는 낙동강 상의 왜관교 폭파의 여려운 결정을 내렸던 장본인. 북진 시 주공으로 평양 탈환, 중공군 침입 시 운산지역에서 5기병 연대의 포위로 예하 부대 구출을 포기하고 고통스러운 철수를 경험.

■ **더글라스 맥아더**(Gen. Douglas MacArthur) **원수**: 1880년 아더 중장의 아들로 출생, 미 육군 내 전설적인 인물, 미 육군사관학교를 최고성적으로 졸업, 제1차 세계 대전 시 최연소 사단장, 최연소 미 육군참모총장, 필리핀 창군의 주역, 태평양 지역 미군 총사령관으로 일본 점령, 1950년 7월~1951년 4월 미 극동군 총사령관, 유엔군 총사령관, 1951년 4월 트루먼 대통령에 의해 해임.

■ **도일**(John H. Doyle) **해군 소장**: 인천상륙작전을 계획하고 시행한 해군 제독, 해병 상륙 부대가 해두보를 구축할 때까지 상륙 작전 지휘관이었음.

■ **딘**(William F. Dean) **소장**: 1899년 일리노이 주 출생, 유럽 전선의 44사단장, 1948년 남한의 군정관으로 근무, 서울에서 7사단장. 한국전쟁 발발 시 미 24사단장으로 일본에서 한국전에 참전, 오산 전투에 첫 개입 이후 북한군 주공을 저지하였으나 대전 전투를 끝으로 행방불명되었다가 포로가 됨. 3년의 포로생활을 의연하게 버티어 생환함, 미 의회 최고 훈장과 한국정부로부터 태극무공훈장을 받음.

■ **러프너**(Clark L. Ruffner) **소장**: 지평리 전투 시 미 제2사단장.

■ **리지웨이**(Matthew B. Ridgway) **대장**: 1950년 12월 ~1951년 4월 주한 미 8군사령관, 1951년 4~1952년5월 2대 미 극동군 및 유엔군 총사령관. 제2차 세계 대전 시 82공정사단장, 공정대원의 복장에 수류탄 두 개를 달고 최전선에 상주하며 지휘관으로서 솔선수범의 모범을 보임. 한국군 지휘관들에게 지휘 통솔력을 직접 몸으로 가르치는 등 가장 영향력이 많았던 장군, 맥아더 해임 후 극동사령관, 나토군사령관 역임.

■ **마이클리스**(John H. Michaelis) **대령**: 1969년 10월~1972년 8월 제13대 유엔군 사령관 겸 15대 주한 미 8군사령관. 한국전쟁 초기 미 제25사단 27연대장으로 참전, 제한된 전투력 때문에 8군사령관이었던 워커 장군의 유일한 기동 타격 연대장. 북한군들의 돌파 지역마다 종횡무진으로 기동하여 돌파 지역을 봉쇄함으로써 워커장군을 내선 방어전의 명장으로 만드는 데 기여함. 한국군 1사단과 연합하여 다부동 전투(일명 볼링장 전투)를 승리로 이끎. 미 육군사관학교 생도대장, 사단장, 대장.

■ **마틴**(Robert R. Martin) **대령**: 한국전쟁 초기 딘 장군의 명령에 의하여 제34연대장으로 투입되어 천안 전투 시가전에서 북한군 전차와 맞서 싸우다가 1950년 7월 8일 전사함.

■ **몽클라**(Ralph Monclar) **중령**: 미 제2사단 23연대에 배속되어 지평리 전투에 참가한 프랑스군 대대장. 부대 지휘를 위해 자원하여 중장에서 중령 계급으로 낮추어서 참전한 노장.

■ **밀번**(Frank W. Milburn) **소장**: 1950년 12월 워커 장군 전사 후 잠시 8군사령관에 보임. 제2차 세계 대전 시 서독에서 미 1사단장, 프랑스 전선에서 21군단장. 1950년 9월 반격 및 북진 시 주공인 1군단장, 한국군 1사단을 배속시켜 연합작전 능력을 전수하였고 평양 공략 시 한국군 1사단을 조공으로 기용하여 평양 선봉 입성의 영예를 줌.

■ **밴 플리트**(James A. Van Fleet) **대장**: 1951년 4월~1953년 2월 주한 미 8군사령관. 리지웨이 장군의 후임으로 부임하여 한국전쟁의 중심에서 전쟁을 지휘하고 한국군을 훈련시킨 인물. 대 게릴라 전투의 전문가로 1951년 12월 백선엽 장군에게 지리산 토벌을 지시하고 작전함.

■ **버크**(Arleigh Burke) **해군 소장**: 7함대 예하 5순양함대사령관, 동해안에서 한국 1군단의 전투를 함포로 지원하였음. 극동해군 참모부장으로 1951년 7월 개시된 휴전회담의 미군 측 대표. 한국전쟁 이전 존스 국방장관에게 전략적 견해

차이를 표명하였다가 극동해군으로 좌천되었으나 1953년 아이젠하워가 대통령이 되자 두 계급 전격 진급하여 해군참모총장에 올라 6년간 재임한 전설적 인물.

- **브래들리**(Omar Bradley) **대장:** 제2차 세계 대전의 영웅, 패튼 장군(2군단장)의 부군단장, 군사령관으로 고속 승진하여 패튼 장군의 2군단을 지휘하기도 함, 대전 후 나토군 총사령관, 한국전쟁 시 미 합참의장.

- **스미스**(Charles B. Smith) **중령:** 뉴저지 출생, 미 24사단 21연대 1대대장, 한국전쟁 초기인 1950년 7월 1일 일본에서 한국으로 이동, 오산 죽미령에서 북한군 4사단 선봉연대와 첫 전투를 치렀으나 북한군 T34 탱크의 저지에 실패함.

- **스미스**(Oliver P. Smith) **해병 소장:** 인천상륙작전의 선봉 상륙 부대로 작전을 성공시킨 해병 1사단장. 인천상륙작전 시 10군단장 알몬드 장군과 작전 수행 방법을 놓고 자주 충돌함. 세심하고 주의력이 깊은 지휘관. 북진 시 원산에 상륙한 후 중공군 9병단 9개 사단의 포위와 혹한 속에 사투를 벌이며 탈출에 성공하여 극찬을 받음.

- **스트레트메이어**(George Stratemeyer) **공군 중장:** 제5전술공군 사령관, 한국전쟁 중 공군 우세권을 장악함.

- **알몬드**(Edward M. Almond) **소장:** 극동사령부 참모장, 맥아더 장군에게 충성하여 인천상륙작전 시 10군단장에 보임. 한국전쟁에 참가, 원산 상륙과 장진호 전투 등 북진 시와 중공군 공세시에 10군단을 지휘.

- **에이브람스**(William Abrams) **대령:** 제2차 세계 대전 시 패튼 장군 예하 선봉 전차대대장. 1954년 12월 제10군단 참모장, 한국군 1군 사령부 창설지원, 주월 미군 사령관, 미 육군참모총장. 에이브람스 전차(M1)에 그의 이름을 명명, 그의 아들 에이브람스 장군도 미 2사단장 근무로 한국과 인연, 대장 예편.

■ **워커**(Walton H. Walker) **중장:** 텍사스 출생, 1948년 9월~1950년 12월 제2대 미 8군사령관 겸 초대 주한 미군사령관. 제2차 세계대전 시 패튼 장군 밑에서 20사단장, 4기갑 군단장, 1948년 일본 주둔 8군사령관. 저돌적인 공격전의 명수, 한국전쟁 중에는 낙동강 전선에서 내선의 이점을 이용한 방어 작전을 성공시켜 명성을 얻음. 불독 워커라는 애칭, 한국전쟁 중 아들이 중위로 함께 복무하고 있음을 자랑스러워하였으나 1950년 12월 전선에서 교통사고로 전사함.

■ **조이**(Turner C. Joy) **해군 중장:** 미 극동해군사령관, 1951년 7월 개시된 휴전회담의 미군 측 수석대표.

■ **처치**(John H. Church) **준장:** 1892년 펜실베이니아 출생, 1947년 준장 진급, 극동사령부 군수차장, 맥아더에 의해 개전 초기 주한 미군 연락단장으로 임명됨, 딘 장군 실종 후 24사단장에 보임, 소장.

■ **콜린스**(Lawton J. Collins) **대장:** 미 육군참모총장, 인천상륙작전에 대하여 맥아더 장군과 이견이 있었으나 결국 계획에 동의함.

■ **클라크**(Clark) **해군 대위:** 미 해군 정보부 소속, 인천상륙작전을 위한 첩보 수집차 영종도에 잠입하여 활약, 인천상륙작전에 기여한 공로로 미 해군 수훈십자훈장 수상.

■ **클라크**(Mark W. Clark) **대장:** 1952년 5월~1953년 10월 3대 미 극동군 및 유엔군 총사령관, 1953년 7월 휴전조인문서에 서명.

■ **킨**(William B. Kean) **소장:** 미 제25사단장, 상주에 투입하여 낙동강 전선의 우익을 담당하다가 북한군 6사단이 진주 방향에 출현하자 긴급히 마산으로 기동하여 킨 특수임무부대를 편성해 북한군 6사단의 마산 침공을 저지함.

■ **테일러**(Maxwell D. Taylor) **대장:** 1953년 2월~1955년 4월 주한 미 8군사령관, 1955년 4월~1955년 6월 제5대 미 극동군 및 유엔군 총사령관. 제2차 세계 대

전 시 101공정사단장, 독일 주둔군 사령관.

■ **프리맨(Paul L. Freeman) 대령:** 미 제2사단 23연대장, 1951년 2월 중공군 4차 공세 시 지평리에서 거점 방어 지역을 고수함으로써 중공군의 우회 포위 돌파를 저지함. 대장 진급, 유럽 주둔군 사령관.

■ **하지(John R. Hodge) 중장:** 미 24군단장, 1945년 9월 한국에 상륙한 24군단장으로서 한국의 군정 총 책임자, 귀국 후 미 본토군 사령관, 대장 승진.

■ **화이트(Horton V. White) 대령:** 미 제25사단에서 유일하게 흑인으로 구성된 제24연대의 백인 연대장. 흑인부대는 미 남북전쟁 시 흑인들의 자긍심을 높이고 전투력 제고를 위해 북군에서 편성 운용했던 흑인들로만 구성된 버팔로연대에서 전통적으로 유래되었으나, 인권문제와 효율성 때문에 한국전쟁 중에 해체되어 흑백인 혼합 부대로 재편성하였다.

3) 북한군

■ **강건 중장:** 1918년 경북 상주 출생, 1947년 4월 최초 창설한 인민군 2사단장, 민족 보위성 부상 겸 군 총참모장. 1950년 6월 인민군사령부 총참모장, 전선 총사령부 참모장, 1950년 8월 낙동강 전선에서 유엔군 폭격으로 전사.

■ **김광협 중장:** 1913년 함북 출생, 소련 육군사관학교 졸업, 1948년 2월 인민군 2사단장, 1948년 6월 제3사단장. 1950년 6월 제2군단장으로 중부전선에서 춘천의 한국군 6사단의 선전으로 서울 포위 및 한국군 주력 격멸에 실패하여 2군단 참모장으로 좌천. 1주일 후 제1사단장, 1950년 8월 제2군단장 복직, 1951년 2월 인민군 총참모장, 1952년 대장, 1957년 보위상, 1960년 부수상.

■ **김달삼:** 제주도 출생, 박헌영의 남로당계, 학도병 일본군 소위 출신, 박헌영의 지시로 1948년 4월 제주 폭동을 일으킨 주모자, 폭동 실패 후 월북.

■**김무정 중장:** 중공 대장정에 참가한 유일한 한국인이자 전투 경험이 풍부한 팔로군 포병 사단장. 귀국 후 민족 보위성 부상, 인민군 포병사령관, 1950년 7월 2군단장 김광협 중장이 춘천 탈환 및 한국군 주력 격멸을 위한 포위에 실패하자 후임으로 보임. 낙동강 전선 공격의 지휘관이었으나 1950년 9월 인천 상륙작전으로 북한 인민군 총퇴각 시까지 전선사령관. 1950년 12월 21일 노동당 중앙 3차 회의 시 무분별한 퇴각의 책임을 물어 숙청됨.

■**김웅 중장:** 1914년 경북 김천 출생, 황포군관학교 졸업, 8로군 연대장, 1945년 만주의 조선의용군 제1지대장, 팔로군 166사단장, 1948년 귀국 후 민족보위성 전투훈련국장, 인민군 1사단장. 1950년 6월 제1군단장으로 서울 탈환 및 낙동강 전선 서측 군단장, 1950년 9월 강건 후임으로 전선 총사령부 참모장, 1951년 2월 중공군 참전 후 동부 지역의 인민군 2,3,5군단을 지휘한 전선총사령관. 1951년 민족보위성 부상, 1958년 대장으로 예편되었다가 연안파 반 김일성 사건에 연루되어 숙청, 1968년 10년 만에 다시 복당.

■**김일성:** 평남 대동군 출생, 1931년 중국 공산당 입당, 만주에서 항일 빨치산 활동을 하다가 관동군에 쫓겨 소련으로 건너감. 소련군 소좌로 북한에 들어와 함께 진주한 25군사령관 슈티코프의 후원으로 북한에서 정권을 잡는 데 성공함. 1945년 12월 조선공산당 북조선조직위원회 책임 비서, 1948년 9월 내각수상, 1950년 6월 개전 시 군사위원장, 7월 4일 최고사령관으로 직접 전쟁 지도, 8월 15일 부산 해방을 독려, 중국과 외교 협상으로 중공군을 끌어들임. 한국전쟁 기간 중 최고 사령관 겸 전쟁 지도자로서 역량을 발휘. 휴전 후 전쟁에 승리하지 못한 책임을 물어 정적들을 제거하고 일인 독재 체제 확립. 자주 노선을 주창하여 장기 독재 실시, 1994년 사망.

■**남일 중장:** 1939년 소련 타시켄트사범대 졸업, 1942년 소련군 대위로 제2차 세계 대전 참전. 1945년 김일성과 입북해 북조선인민위원회 교육국 차장, 군사 경력이 전무하였으나 인민군 전선사령부가 붕괴된 9월 29일 총참모장에 임명되어 유능하게 총참모장 직책 수행. 휴전 회담의 북측 수석 대표, 1957년 9월 부수상, 1972년 정무원 부총리 겸 경공업위원장.

■ **류경수 소장**: 만주파, 제105전차여단장. 최신형 소련제 T34 전차 242대를 운용, 서울을 함락시킨 후 제105전차사단으로 승격되었으나 낙동강 전선에서 총퇴각할 당시에 한 대의 전차도 돌아가지 못했음.

■ **리권무 소장**: 연안계, 개전초기 인민군 4사단장, 동두천 축선으로 남침하여 한국군 7사단을 돌파하고 서울을 탈환한 첫 번째 입성 부대장. 낙동강에서 총퇴각 후 중공군과 재침 시 서부전서에 재편된 인민군 1군단장.

■ **리영호 소장**: 만주파, 개전 초기 인민군 3사단장, 포천 축선으로 남침하여 한국군 7사단을 돌파하고 서울을 점령함.

■ **박헌영**: 전쟁 중 부수상으로 2인자. 경성제일고보 졸업, 1946년 11월 실질적인 남조선 노동당을 이끄는 지도자였으나 남한에서 공산당 활동이 불법화되자 월북하여 1948년 9월 내각부수상 겸 외상으로 전쟁을 치름. 그러나, 남침 초 장담하던 남조선 노동당원과 동조자들의 호응 봉기가 저조하고 남침 통일이 실패로 돌아가자 1953년 3월 반당, 반국가 파괴분자, 간첩혐의로 당적에서 제명, 동시에 부수상 겸 외상에서 해임, 1955년 12월 처형당함.

■ **방호산 소장**: 팔로군 출신, 1949년 7월 팔로군 166사단을 이끌고 북한에 입성하여 인민군 6사단으로 개편. 1950년 6월에 제6사단장으로 개성을 기습 남침하여 한국군 1사단 전방연대를 괴멸시키고 1950년 7월 기습적으로 진주에 출현하여 미 8군을 위기에 몰아넣었던 인물. 마산 공략에 실패하자 지리산과 태백산을 통해 탈출한 후 중공군 남침 시 인민군 5군단장으로 동부전선 펀치볼 전투에 재등장, 1953년 말에 숙청됨.

■ **유성철 중장**: 소련계, 민족보위성 작전국장.

■ **이상조 소장**: 해방 전 연안에서 활동, 1951년 인민군 전선사령부 참모장, 휴전회담 북측 대표. 1955년 8월 소련 대사, 1956년 9월 반당사건에 연루되어 숙청, 이후 소련에서 거주.

■ 이현상: 서울 출신 남로당원, 남로당 활동이 불법화되자 지리산으로 잠입하여 게릴라 제4지대(남부군)를 결성해 활동, 지리산에서 전사.

■ 최용건: 1900년 평북 출생, 운남군관학교 졸업, 황포군관학교 교관, 1926년 공산당 입당, 1930~1945년 김일성과 게릴라 활동. 1948년 김일성의 오른팔, 민족보위상, 1950년 남침 당시 인민군 최고사령관, 1952년 팽덕회 항미 원조군 사령부 부사령관, 1953년 2월 차수.

■ 최현 소장: 김일성과 생사고락을 함께한 소련군 출신, 만주파, 개전 전 서해 3 경비여단장. 개전 초 인민군 2사단장, 춘천에서 한국군 6사단에 대패, 서울 포위에 실패하였으나 후일 낙동강 전선에서 총퇴각 후 패잔병으로 게릴라 부대를 형성, 태백산 원산 일대의 제2전선 사령관으로 유엔군 전투력의 30%를 후방에 고착시키는 데 공헌. 인민군 2군단장으로 중공군의 남침을 선도한 수훈을 세움. 1956년 대장, 1965년 민족 보위상.

4) 중공군

■ 등화(1910-1980): 호남성 출신, 1949년 제4야전군 제15병단 사령관으로 광동 점령. 1950년 2월 광동성 인민정부위원, 해남도 군사 관제위 주임. 초기 투입된 중공 13집단군사령관, 항미 원조군의 총사령관 팽덕회의 부사령관으로 보좌, 1951년 4월 제19병단 사령관. 휴전회담 중국 측 대표, 1955년 9월 상장, 1980년 7월 상해에서 사망, 당시 해방군 군사과학원 부원장.

■ 모택동(마오쩌둥, 1893-1976): 항일 빨치산 전투와 국공내전의 주역이자 승리자. 대장정을 승리로 이끌고 장개석 국민군을 대만으로 몰아내어 중국을 통일. 1949년 10월 1일 중앙인민정부를 북경에 수립하고 주석 겸 인민혁명군사위 주석이 됨. 한국전쟁 참전을 결정하고 미국과 대항하여 항미원조전쟁을 치름. 1956년 9월 제8기 중앙위 주석, 중앙정치국위원, 1976년 사망.

■ 송시륜(1907-1990): 호남중학 및 황포군관학교 졸업, 1930년 제20군 참모장. 왕

진, 장종손과 함께 하룡 장군 휘하의 3대 용장으로 꼽힘. 1937년 항일전 발발 후 임표 휘하의 연대장, 1946년 제4집단군 제28군단장, 1949년 제3전군 제9병단 사령관. 한국전쟁 시 9병단을 이끌고 장진호에서 미 1해병사단을 포위 공격하였으나 섬멸에 실패함. 1952년 항미 지원군 부사령관, 1954년 9월 국방위원, 1955년 상장, 1958년 군사과학원 부원장, 1967년 실각, 1972년 복권, 1980년 군사과학원장, 중앙고문위 상무위원.

■ **임표**(린뱌오): 1907년생, 1924년 황포군관학교 입학, 1945년 동북민주연군사령관, 동북인민해방 군사령, 동북국 서기등을 거쳐 1949년 2월 제4야전군사령관 겸 정치위원. 1964년 9월 군사위원회 제1부주석 겸 국방부장, 1971년 9월 13일 쿠데타 음모 실패 후 비행기로 탈출 중 추락사.

■ **정기귀**: 1951년 4월 공세 시 60군단의 공격부대로 참전하였다가 철수할 때 미군에게 전멸당한 제180사단장.

■ **주은래**(저우언라이, 1908-1976): 1949년 10월 인민혁명군사위 부주석, 정무원 총리 겸 외교부장.

■ **팽덕회**(펑더화이, 1898-1974): 호남성 상담 출신, 모택동과 1928년 4월 중국 공산당 입당, 호남 국민당군 제2사단 대대장으로 호남성 평강에서 국민당 군을 이끌고 홍군에 가담, 1929년 홍군 제5군을 편성하여 군단장이 됨. 1935년 제5군, 제8군을 이끌고 대장정 참가, 1936년 제1방면군사령관 겸 서북전 공군총사령관, 1937년 국민혁명군 제8로군 제18집단군부총사령관, 1946년 서부인민해방군 사령관, 1949년 제1야전군 및 서북군구사령관. 1950년 10월 항미원조 조선의용군 총사령관에 임명되어 1953년 초까지 조선에서 항미원조 전쟁을 지휘. 1954년 9월 국방위 부주석, 국무원 부총리 국방부장, 1955년 원수, 1967년 3월 류소기파로 비판받음. 1968년 8월 홍기 제2호에 우익분자로 비판받음. 1974년 11월 북경에서 4인방의 잔혹한 박해를 받으며 사망. 당시 76세, 1978년 삼중전회(전당대회)에서 명예회복.

■ **해방**: 1908년생, 본명 해패연, 일본 육군사관학교 졸업. 1945년 임표를 따라 동북에 들어가 동북군구정치부 선전부장, 팽덕회의 항미 원조군 참모장 겸 정치위원, 휴전회담 시 중국군 대표.

■ **홍학지**(홍쉐즈): 1913년 호북성 출생, 한국전쟁 시 1950년 10월 항미 원조군 부사령관. 1951년 4월 제3병단 사령관, 인민해방군 총후근부 부장, 육군상장, 1959년 전인대 대표, 홍위병에게 테러를 당하고 실각, 복권, 정치협상회의 부주석.

8. 주요 UN군 작전과 방어선 명칭

1) 주요 UN군 작전 명칭(Major Military Operations with Code Names)

■ **크로마이트**(Chromite, 크롬): 1950년 9월에 유엔군 사령부가 계획하고 시행한 인천상륙작전의 암호명.

■ **킬러**(Killer, 살인자): 8군 사령관 리지웨이 장군의 명에 의거하여 1951년 2월 21일부터 일주일 동안 후퇴하는 중공군과 북한군의 퇴로를 횡성에서 차단하고 적의 주력 격멸을 시도한 작전.

■ **파일드라이버**(Piledriver, 말뚝박기): 1951년 6월 초 미 1군단이 철원~금화 지역을 확보하는 동안 미 10군단과 동해안의 한국군 1군단이 실시한 제한된 반격 작전.

■ **리퍼**(Ripper, 살인자): 미 1군단이 서울 동측방 한강 도하의 성공에 따라 형성된 돌출부를 회복하기 위해 8군사령관 리지웨이 장군의 명에 의거, 3월 7일 미 9군단과 10군단이 실시한 북진 작전으로 성공적인 결과를 얻음.

■ **라운드 업**(Round up, 몰이/체포): 1951년 2월 초 8군사령관 리지웨이 장군의 명에 의거하여 미 10군단이 홍천과 횡성을 장악하고 있는 북한군 2군단과 5군단을

밀어내기 위해 실시한 작전.

■ **러기드**(Rugged, 튼튼한/거친): 1951년 4월 5일 개시된 미 8군의 작전으로 38선에 연한 캔자스 선을 회복하기 위해 반격 시 확보해야 할 중간 목표 탈취 작전.

■ **스트랭글**(Strangle, 목조르기/질식사): 1951년 8월 중공군의 남진 속도를 둔화시키고 그들의 전방 추진 보급로를 차단하기 위해 미 5전술 공군이 처음 시도한 항공 차단(AI)작전.

■ **선더볼트**(Thunderbolt, 천둥): 1951년 1월경 37도선까지 후퇴하던 유엔군이 서울 수복을 위한 반격작전에 앞서 미 1군단과 9군단에게 중공군의 주력 부대 위치를 탐지하기 위해 실시한 대규모 무력 정찰(위력수색전투).

■ **터치다운**(Touchdown, 미식축구 용어/착륙): 1951년 10월 미 2사단이 실시한 10일간의 단장의 능선 탈취작전, 많은 희생을 치른 이 고지전에서 중공군과 북한군은 12,500명의 사상자피해를 입었음.

■ **울프하운드**(Wolfhound, 사냥개 이름): 중공군의 대공세로 후퇴하던 유엔군의 전투 의지를 되살리기 위해 1951년 1월경 유엔사 계획에 따라, 리지웨이 8군사령관의 적극적인 의지로 적의 위치를 파악하고자 실시했던 대규모 정찰 작전.

■ **랭글러**(Wrangler, 목동/카우보이): 1951년 밴 플리트 장군에 의거하여 계획한 '쿠드겔'이라고 명명된 동해안 상륙작전을 후속 지원하는 계획으로, 이 작전의 목적은 미 8군의 동측 미 10군단과 한국군 1군단 정면을 압박하는 북한군의 격멸을 목표로 함.

2) 주요 작전별 방어선 명칭(Major operational Phase Lines)

■ **데이비드**(Davidson) **선**: 1950년 8월 초 맥아더 장군의 명에 따라 낙동강 방어선에서 인민군의 공격을 저지할 수 없을 경우를 대비하여 준비한 2차 방어

선. 이 방어선 계획을 수립한 극동군 공병참모의 이름으로 방어선 명칭을 정함, 이 선은 울산 북방 8마일에 위치한 소동리에서 서측으로 밀양 옆의 무안리로 내려오면서 낙동강 내부의 마산 북동쪽을 연한 최소한의 방어선이었다. 이는 미군의 철수를 위한 최후의 철수 교두보가 될 수도 있었으나 다행히 이 선으로 철수하는 사태는 발생하지 않았다.

■ **아이다호(Idaho) 선**: 미 9군단과 10군단이 시행한 리퍼 작전의 목표 도달선. 1951년 3월 중순에 계획된 공격 단계선으로 서쪽에서부터 한강 줄기인 역곡천, 오산동, 필름리, 평반리 서측 3.5킬로미터 지점의 900고지, 재령리 말골, 북패산, 성대산, 물로리, 풍암리, 생공리 1181고지, 계방산, 황병산과 하평동을 잇는 선(덕소-가평-춘천북방-한계).

■ **캔자스(Kansas) 선**: 1951년 5월 유엔군에 의해 38도선 부근에 설치된 방어선. 임진강 입구에서 강의 남안을 따라 거슬러 북동쪽으로 이어져 화천호와 연결되고, 태백산을 넘어 38도선 북방 40킬로미터 지점의 해안과 연결됨(임진강 하구-전곡-화천-양양(186km)).

■ **미주리(Missouri) 선**: 1951년 4월 유엔군의 주요 보급 지대를 방어하는 철의 삼각 지대 지역의 방어선(가리산-신월리-915고지-대진리), 평강을 정점으로 남측 좌우에 철원과 금화가 위치한 지역이 철의 삼각 지대라고 불린다.

■ **노네임(No Name, 무명) 선**: 8군사령관 밴 플리트 장군의 명에 의거하여 1951년 4월 말 중공군의 춘계 공세가 끝나자마자 설치된 방어선. 밴 플리트 장군이 중공군의 기동 능력을 파악하기 이전이었으므로 후속 부대로 지속 공격을 하기보다 노네임 선에서 정지를 결정함, 이 선은 서울 북쪽 지점에서 북동쪽으로 동해안의 대포리까지 이어졌는데, 이는 대략 38도선 이북에 위치한 선(용문산-홍천-한계령-속초)이었다.

■ **유타(Utah) 선**: 미 8군이 시행한 돈트리스 작전을 위해 설치된 목표 도달선. 임진강을 따라 캔자스 선 북쪽의 태일, 탑거리, 봉망리, 고대산, 문혜리, 795고

지, 광덕산 철골을 잇는 선.

■ **와이오밍(Wyoming) 선:** 38도선 북쪽에 설치된 방어선(전곡-철원-김화-화천저수지 서쪽). 철원을 지향한 임진강 북쪽에서 북동쪽으로 김화 동쪽을 거쳐 약간 남동쪽으로 화천댐 근처의 캔자스 선과 이어짐. 1951년 봄, 이 선은 캔자스 선의 전초선 역할을 하였음.

참고문헌

1. 공식 간행물 및 저서

국방군사연구소 편, 『한국전쟁 (상 · 중 · 하)』, 1996.

국방군사연구소(김행복), 『한국전쟁의 전쟁지도』, 1999.

국방부 군사편찬연구소 역/편, 『소련고문단장 라주바예프의 6 · 25 전쟁보고서 1-4권』, 2001.

국방부 군사편찬연구소(조성훈), 『한국전쟁사의 새로운 연구 2』, 2002.

국방부 군사편찬연구소 역/편, 『중국군의 한국전쟁사 1-3권』, 2005.

국방부 군사편찬연구소, 『알아봅시다! 6 · 25 전쟁사』, 2005.

국방부 군사편찬연구소, 『6 · 25 전쟁사 1-7권』, 2004~2010.

육군본부 군사연구실, 『영천 대회전』, 1995.

육군본부 군사연구소, 『포병과 6 · 25 전쟁』, 2006.

육군본부 군사연구소, 『맞춤형 소부대전례』, 2007.

육군본부 군사연구소, 『현리-한계전투』, 2009.

육군본부 군사연구소, 『6 · 25전쟁의 실패사례와 교훈 』, 2013.

육군본부 군사연구소, 『중공군이 경험한 6 · 25 전쟁(상, 하)』, 2009.

육군사관학교(온창일 외), 『한국전쟁사 부도』, 2005.

육군사관학교(김경현 외), 『한국전쟁시 중공군 전술분석 및 평가』, 2004.

육군교육사령부(홍성태), 『한국전의 기동전 분석』, 1996.

육군대학 전쟁사 연구실, 『6 · 25 전쟁사 부도』, 2008.

해군본부 역사기록관리단, 『6 · 25전쟁과 한국 해군작전』, 2010.

공군본부, 『6 · 25전쟁 증언록』, 2002.

공군본부 정보작전 참모부, 『중국군 장군들의 한국전쟁회고』, 2004.

공군본부 역사기록관리단, 『6 · 25전쟁 중 공군 3대작전』, 2010.

한국전쟁연구회 편, 『탈냉전시대 한국전쟁의 재조명』, 2000.

행정자치부 정부기록보존소 편, 『한국전쟁과 중공 1, 2』, 2002.

권주혁, 『바다여 그 말하라!』, 중앙, 2003.
권주혁, 『한국공군과 한국전쟁』, 퓨어웨이 픽쳐스, 2010.
권주혁, 『기갑전으로 본 한국전쟁』, 지식산업사, 2008.
권주혁, 『승리자는 말이 없다』, 퓨어웨이 픽쳐스, 2010.
길광준, 『사진으로 읽는 한국전쟁』, 예영커뮤니케이션, 2005.
김영작 외, 『한국전쟁과 휴전체제』, 집문당, 1998.
김영호, 『한국전쟁의 기원과 전개과정』, 두레, 1998.
김학준, 『한국전쟁 원인. 과정. 휴전. 영향』, 박영사, 2003.
김형인 외, 『한국전쟁의 국제사』, 푸른역사, 2001.
남정옥, 『6 · 25전쟁 이것만은 알아야 한다』, 삼우사, 2010.
노병천, 『이것이 한국전쟁이다』, 21세기 군사연구소, 2000.
박명림, 『한국 1950 전쟁과 평화』, 나남, 2002.
박명림, 『한국전쟁의 발발과 기원 1, 2』, 나남, 1996.
박태균, 『한국전쟁: 끝나지 않은 전쟁, 끝나야 할 전쟁』, 책과 함께, 2005.
백선엽, 『군과 나』, 시대정신, 2009.
백선엽, 『조국이 없으면 나도 없다』, 월간아미, 2009.
안용현, 『한국전쟁비사(1－5권)』, 경인문화사, 1992.
안천, 『남침유도설 해부』, 교육과학사, 1994.
온창일, 『한민족전쟁사』, 집문당, 2002.
와다 하루키, 서동만 역, 『한국전쟁』, 창작과비평사, 1999.
이선교, 『6 · 25 한국전쟁 막을 수 있었다!』, 빛 된 삶, 2007.
이종학, 『6 · 25 전쟁사』, 서라벌군사연구소, 2006.
이희진 외, 『한국전쟁의 수수께끼』, 가람기획, 2000.
임부택, 『낙동강에서 초산까지』, 그루터기, 1996.
정병준, 『한국전쟁: 38선 충돌과 전쟁의 형성』, 돌베개, 2006.
정토웅, 『20세기 결전 30장면』, 가람기획, 1997.
주시후, 『전쟁사』, 홍익재, 2006.
최용호 · 최용성, 『6 · 25전쟁의 이해』, 양서각, 2008.
한우성, 『영웅 김영옥』, 북스토리, 2006.
Joseph C. Goulden(김병조 역), 『한국전쟁 비화』, 청문각, 2002.

Addison Terry, *The Battle for Pusan*: A Korean War Memoir(Presidio), 2000.

Billy C Mossman, *Ebb and Flow: November 1950—July 1951*(Center of Military History), 1990.

Bruce Cummings, *The Origins of The Korean War*(Princeton University Press), 1981.

Donald Knox, *The Korean War: An Oral History Pusan to Chosin*(A Harvest/HBJ Books), 1985.

Edward F. Murphy, *Korean War Heroes*(Prestidio), 2002.

Edwin P. Hoyt, *The Day The Chinese Attacked*: Korea 1950(MaGrawHill Publishing), 1990.

James A. Field, *History of Uniteds Naval Operations Korea*(University Press of the Pacific), 2001.

John G. Westover, *Combat Support in Korea*. Washington D.C.: Center of Military History US, 1987.

John Toland, (1991) *In Mortal Combat: Korea, 1950~1953*(William Morrow and Company), 1987.

John W Spainer, *The Truman—MacArthur Controversy and The Korean War: With New Material on The Nature of Limited Warfare*(The Norton & Company), 1995.

Li Xiaobing, Millet, Allan Ro. and Yu, Bin., trans. and eds, *Mao's generals remember Korea*(Kansas: University Press of Kansas), 2001.

Lyle Rishell, (1993) *With a Black Platoon in Combat: A year in Korea*(Texas A&M University Press), 2001.

Marguerite Higgins, (1951) *War in Korea: The Report of A Woman Combat Correspondent*(Doubleday&Company), 2001.

Michael Lee Lanning, *The Battle of 100: The Stories Behind History's Most Influential Battles*(Sourcebooks), 2003.

Raymond Maurstad, *SOS Korea 1950 Illustrated*(Beever Pond Press), 2003.

Richard Whelan, *The Korean War, 1950—1953*(Little Brown And Company), 1990.

Robert F. Futrell, *The United States Air Force In Korea 1950—1953*. (Office of Air Force History), 1982.

Roy E. Appleman, *Disaster in Korea: The Chinese Confront MacArthur*(Texas A&M), 1989.

Russell A. Gugeler, *Combat Actions in Korea*(Honolulu. Hawaii: University Press of the Pacific), 2005.

Spencer C. Tucker, *Encyclopedia of The Korean War: A Political, Social, and Military History*(Checkmark Book), 2002.

Terrence J. Gough, *US Army Mobilization And Logistics in The Korean War*(A Research Approach), 1987.

Thomas S. Grodecki, *From Powder River to Soyang; The 300th Armored Field Artillery in Korea*(Washington. D.C.: Center of Military History), 1989.

2. 논 문

김계동,「중국의 한국전 개입에 관한 영국의 정책」,『군사(제41호)』, 국방부 군사편찬연구소, 2000.

김행복,「한국전쟁시 유엔군의 상륙작전이 공산군에 미친 영향」,『군사(제28호)』, 국방부 전사편찬위원회, 1994.

남정옥,「한국전쟁 주요 10대 전투 고찰」,『전사(제3호)』, 국방부 군사편찬연구소, 2001.

뉴쥔,「중국군의 38선 남진배경」,『한국전쟁사의 새로운 연구(제1호)』, 국방부 군사편찬연구소, 2001.

박동휘,「맥아더에 대한 담론의 변화: 미국내 주요일간지 분석, 1941~1964」, 석사학위논문, 2009.

박명림,「한국전쟁 연구의 경향과 전망의 해석－1980년대이후를 중심으로」,『한국사론(제27호)』, 국사편찬위원회, 1997.

박창희,「중국의 전쟁수행 전략에 관한 연구: 모택동전략을 중심으로」, 박사학위 논문, 2001.

방종관,「전쟁사 연구에서 전투사의 성격과 연구방법: 횡성전투를 중심으로」, 석사학위논문, 2004.

백기인,「모택동의 유격전이론 형성과 전개」,『전사(제6호)』, 국방부 군사편찬 연구소, 2004.

백선엽,「밴 플리트 장군과 한국군」,『군사(제57호)』, 국방부 군사편찬연구소, 2005.

신종태,「6·25전쟁과 대북유격전 연구: 참전 유격대원 증언과 북한·중국 내부문서 분석을 중심으로」, 박사학위 논문. 2010.

양영조,「중공군 신정공세와 미국의 38도선 유지전략」,『전사(제4호)』, 국방부군사편찬연구소, 2002.

오규열, 「중국의 6.25전쟁에 대한 연구성과와 동향」, 『군사(제55호)』, 국방부군사편찬연구소, 2005.

온창일, 「중국의 한국전 개입에 대한 미국의 정책과 전략」, 『군사(제42호)』, 국방부 군사편찬연구소, 2001.

우병국, 「중국의 한국전쟁 연구현황에관한분석」, 『중소연구(제107호)』, 한양대 아태지역연구센터, 2006.

이완범, 「중국의 한국전쟁 참전－중공－러시아 자료의 비교를 중심으로」, 『정신문화연구(제79호)』, 한국정신문화연구원, 2000.

임성채, 「미국의 6 · 25전쟁 전략이 한국 해군력에 미친 영향 연구」, 박사학위 논문, 2008.

장준익, 「6 · 25전쟁 전 조선의용군(중공군 사단)의 인민군편입에 관한 연구」, 『한민족독립운동사논총』, 논총간행위원회, 1992.

전사편찬위원회, 「한국전쟁 전투사 임진강 전투－중공군 4월공세－」, 국방부 전사 편찬위원회, 1991.

전종순, 「중공군 정월공세시 Ridgway와 펑더화이회의 작전지도」, 『군사(제45호)』, 국방부 군사편찬연구소, 2002.

정명복, 「6 · 25전쟁기 중공군 5월 공세에 관한 연구」, 박사학위 논문, 2009.

정명복, 「중공군 5차 전역 2단계 작전간 피 · 아 작전지도에 관한 고찰」, 『군사(제67호)』, 국방부 군사편찬연구소, 2008.

정명복, 「6 · 25전쟁기 현리－한계전투의 전술적 교훈」, 『역사와 담론(제57집)』, 호서사학회, 2010.

정토웅, 「한국전쟁 중 미8군 사령관의 작전지도－워커, Ridgway, Van Fleet, 테일러 장군」, 『전사(제4호)』, 국방부 군사편찬연구소, 2002.

조학공, 「6 · 25 전쟁이 중공군사에 미친 영향」, 『군사(제65호)』, 국방부 군사편찬연구소, 2007.

홍면기, 「중국의 한국전쟁에 대한 인식변화」, 『전사(제4호)』, 국방부 군사편찬연구소, 2002.

정명복(鄭明福)

(현)한국열린사이버대학교 교수
서울성남중 · 고등학교 졸업
육군사관학교/육군대학 졸업
국립공주대학교 대학원 사학과 졸업(문학박사)
대대장, 연대장, 여단장, 육군본부 한국전쟁사 연구과장 역임
(전)한남대학교 사학과 강사/국방전략대학원 객원 교수
(전)국립공주대학교 안보과학대학원 교수
행정안전부 자체평가 분과위원장
충청남도 안보정책 자문관
한국 안보학연구소 소장
한국지식경제진흥원(KEPI) 전문강사
한국위기관리연구소 선임연구위원
통일안보전략연구소 연구위원
국방부 군사편찬연구소 객원연구원
육군 군사연구소 연구위원
극동사회문화연구원 자문위원
한국군사회복지학회 이사

저서: 『맞춤형 소부대 전례』
『과학기술과 무기변천사』
『생생 무기와 전쟁 이야기』
『성공으로 가는 삼위일체 리더십』
『생생 국가안보 그리고 통일』
『생생 세계전쟁 이야기』
『생생 통일안보론』
『중공군 공세 의지를 꺾은 현리－한계 전투』 외 다수

논문: 「6 · 25전쟁기 중공군 5월 공세에 관한 연구」
「전쟁사 연구방안 고찰」
「조직의 리더십에 관한 실증적 연구」
「중공군 공세작전간 작전지도에 관한 고찰」
「현리–한계전투의 전술적 교훈」
「위기극복을 위한 통합방위의 발전방안에 관한 연구」
「6 · 25전쟁과 징용」 외 다수